예술심리치료의 이해

이은진 • 최애나 • 임용자

창지사

추천사

외부병원체의 침입이 있어야만 육체의 병이 시작된다고 믿던 시절이 있었다. 그러나 의학의 발전에 힘입어 세균 등 외부 요인 외에도 정신적 심리적 상태가 발병의 주요원인이 된다는 사실이 밝혀졌다. 이로써 일체 유심조, 즉 모든 것이 마음에 달렸다는 동양 전통사회의 명심보감 류의 격언이 그 의학적 실체를 다시 인정받기에 이른 것이다. 이러한 흐름의 압권은 세계보건기구가 정신적 건강, 육체적 건강, 사회적 건강으로 규정되어 있던 기존 건강관 외에 영적 건강을 새로이 추가한 사실이다. 인간의 영혼의 깊이가 건강을 좌우하는 중요 요소가 될 수 있다는 것이다.

예술관련 정신활동은 영적 건강의 중요 요소를 이루고 있다. 훌륭한 예술 활동은 그것이 능동적인 것이든 수동적인 것이든 영적 성장에 기여한다. 그러한 의미에서 우리 마음의 가장 깊은 곳에 내재해 있는 예술에 대한 욕망이나 잠재력, 즉 예술혼은 어떠한 형태로든 표출되고 개발될 필요가 있다. 그것이 억제되면 병이 되고 발현되면 성장과 치유에 도움이 된다. 전문적인 예술가의 길을 걷지 않더라도 예술 활동 자체는, 작게는 정서함양 차원에, 크게는 영적 건강의 깊이를 더해 주어 종래는 인간의 전인적 건강을 지지해 주는 중요한 치료활동이 되는 것이다.

대부분의 고대 문화권에서 음악, 미술, 춤, 동작 등 주요 예술장르들은 제사와 치료의 도구로 출발하였다. 각종 예술 활동이 곁들어진 제사란 보이지 않는 영적 차원에 대한 숭배이므로 그 자체가 제사 참여자들의 영혼의 깊이를 더해주고(영적 건강), 집단구성원들의 심적 번민을 달래 주었으며(정신적 건강), 공동체의 결속을 다지는 제례행위이자 치료행위였다(사회적 건강). 제사와 제례를 위한 각종 예술 활동이 재미위주로 전락하게 된 것은 과학과 물질문명이 위세를 떨치면서부터이다.

약물 요법, 수술 요법들이 과학과 자본의 후원 하에 대대적으로 등장하면서 효과를 금방 입증하기 어려운 각종 전통요법들이 치료법의 대열에서 사라져 갔다. 예술치료의 경우도 예외가 아니었다.

주지하는 바와 같이 서양과학과 서양 주류의학의 한계가 명백해지면서 소위 마음과 육체와의 관계를 중시하는 심신상관의학의 재등장과 더불어 특히 영혼, 정신 등 비가시적인 차원의 정상성 회복에 탁월한 효능을 보이는 예술치료영역이 다시 주목받기 시작하고 있다. 단언컨대 오는 시대의 가장 큰 명약은 예술활동이 될 것이다. 예술활동은 본질상 예술치료활동이다. 심리상담기법과 결합한 예술치료활동은 잠자고 있거나 오염되어 있는 현대 인류의 영적 배아를 싹틔우고 개화시켜 각종 스트레스에 시달린 나머지 이미 미병(未病) 상태에 있는 현대인들의 심리적 병적 소인들을 완화시키거나 제거하는 데 크게 기여할 것이다.

이미 육체적 장애나 질병이 드러나 있는 사람이든 잠재적 질환자들이든 모두 영혼치료와 정신치료의 대상이 된다. 삶이란 자기바라보기, 자기알기, 자기사랑하기라는 지난한 과제의 연속이다. 그 과정에서 우리는 이러저러한 도구들의 도움을 받는다. 다른 도구들 못지않게 예술치료는 유용함을 자랑한다.

본서는 이러한 시대적 조류에 발맞춰 국내에서 처음 출간된 예술치료학 개론서이다. 원래가 음악, 미술, 무용동작은 별개의 것이 아니다. 공부야 따로 따로 할 수 있는 것이지만 치료현장에서는 이 세 분야의 통합적 활용이 절대적으로 요구된다. 물론 예술치료 영역에 음악, 미술, 춤 등 세 가지 영역만 있는 것은 아니나 본서의 저자 세 분은 일단은 현재 국내외의 주요 추세를 감안하여 이 세 분야를 중심으로 개론서를 구성한 것으로 이해된다.

저자들은 오래 전부터 예술치료의 통합적 성격을 꿰뚫어보고 이들 영역들의 학제적 연결성을 중시하는 연구를 계속해 온 분들이다. 본서는 그 오랜 연구 작업의 일단을 선보이는 셈이다. 이론과 실제 영역을 적절히 소개하고 있으므로 예술치료계에 종사하는 실무자나 예술치료에 관심을 갖고 있는 일반인들이 일독하기에 부족함이 없는 내용이다. 본서의 출간을 진심으로 치하하면서 이 책의 일독을 강호제현께 권하는 바이다.

대전대학교 보건 스포츠대학원 예술치료학과장
정광조 교수

저자서문

예술치료란 심리치료의 목표와 그 효과를 달성하기 위해 심리치료와 예술과정을 상호적용하고 통합하여 성립시킨 전문적 영역이므로 우리가 가진 전통적 개념의 예술과 심리치료 그대로와는 다른 것이 되어야 한다. 그럼에도 불구하고 여러해 예술치료 실천가로서 경험에 의하면 우리의 예술치료가 예술과 심리치료를 깊이 접목시킨 제3의 전문적 변형된 영역으로서의 예술치료가 아니라, 무언가 가시적 예술활동 자체나 예술의 기술적 방법에 몰두하는 것 같은 인상을 가지게 된다.

예술이란 모름지기 종합예술이 되어야 한다고 주장하는 바와 같이. 예술치료에서는 그 치료적 효과를 위해서 각각의 예술치료의 영역이 그것들 사이의 영역의 벽을 허물고 통로를 서로 열어 다양한 예술매체들을 연결하고 통합해야 한다. 통합예술치료의 관점에서 볼 때 아직 갈 길이 먼 것 같다.

금번 「예술심리치료의 이해」라는 책을 통해 인간의 감각 지각의 주요 영역인 시각, 청각, 동작감각과 관련하여 예술치료의 각 영역을 한 책에서 좀 더 쉽게 이해하고 접근하도록 3대 영역의 예술치료를 소개하자는 데 서로 뜻을 모았다.

우선 책의 내용을 3부로 나누어, 각 부에서 각각의 예술치료의 발달 배경과 역사, 그리고 그 의미와 개념을 소개한 한 후 각각의 예술치료에 적용할 치료 이론의 배경을 소개하기로 했다.

예술치료의 이론적 배경을 소개하는 데 있어서의 어려움은, 예술치료의 이론과 실천이 잘 배합되고 엮인 상태를 정리한 실천적 모델로서의 이론이 아닌 심리치료 및 철학 원리 그대로의 이론을 나열하는 것을 피하는 데 있었다. 그러나 진정으로 두 영역이 잘 통합된 이론을 소개하고 그 실천적 적용과 일관성 및 타당성의 문제해결에 대답을 주는 데는 여전히 계속적인 연구의 과제를 남긴다.

각 부의 마지막 부분에서는 각각의 예술매체를 적절히 활용하여 치료를 실천하는 데 도움이 되는 연구들과 그 특성을 잘 나타내는 전형적 예술치료과정들과 대표적인 사례들을 소개하였다.

예술치료에 있어서 예술치료사는 예술가로서의 기능성 발달에 목적을 두는 것이 아니라, 본질적인 인간성 및 창의성 발달을 위해서 개인 내면의 미술, 내면의 음악 및 내면의 춤을 되찾고 회복하는 이론과 실천을 위해 우리 예술치료사 자신들이 전 생애적인 성장발달에 정진해야 된다는 데에 한계와 아쉬움을 느낀다.

이 책 3부에서 동작예술을 중심으로 통합치료의 개념을 이해하고자 의도하였지만 진정한 통합예술치료로 가기 위한 징검다리로서의 개론적 예술치료 저서로서도 여전히 아쉬움이 남음을 부인하지 않을 수 없다.

그러나 부디 이 책이 예술과 심리치료의 통합이라는 관점에서 예술치료를 이해하고 더 나아가서 예술매체의 통합을 통해 심층 감각 및 지각통합과 통합 치유를 위한 통합예술치료로 나아가는 데 조금이라도 도움이 되기를 바라는 마음 간절하다.

2008년 2월

저자 일동

차례

제2부 음악심리치료의 이해

1장 발생 배경 및 역사

2장 효과와 개념 및 정의

3장 심리 이론적 배경 및 실천 모델

4장 음악치료의 과정

5장 사례연구

제3부 동작예술심리치료의 이해

제1부
미술심리치료의 이해

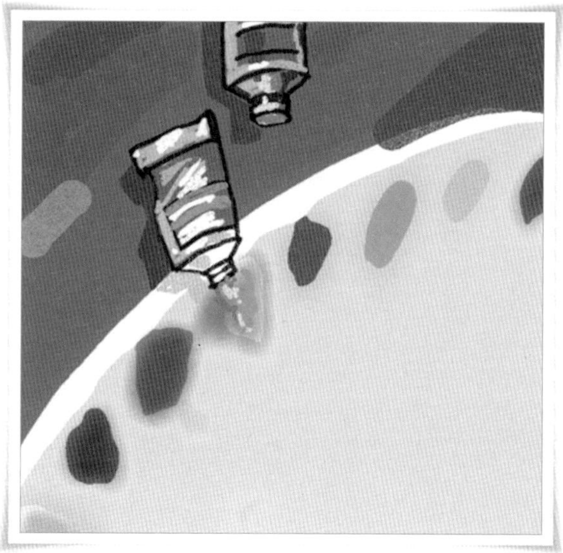

chapter 1

1장. 미술치료의 발생 배경 및 역사

1. 미술치료

1) 미술심리치료

상담이나 심리치료에서 중요하고도 어려운 것은 내담자의 무의식을 의식화하는 것이라 할 수 있다. 미술심리치료란 이러한 상담이 심리치료의 입장에 있든, 치료로서의 미술을 활용하는 입장에 있든, 양자를 종합한 견해에서 이루어지든, 그 치료기법이 상담과 심리치료의 이론을 바탕으로 인간존재에 대한 어떤 신념을 가지고 미술매체를 통한 작업 속에, 이러한 증상으로 심신의 어려움을 겪고 있는 사람들을 대상으로 하여 그들이 직접 미술활동을 하거나 창작한 미술작품을 통해서 그들의 심리를 진단하고 치료하려는 것을 말한다.

보통 상담과 심리치료에서는 말이라는 신호체계에 의해서 자유연상 등의 기법을 통해서 무의식을 의식화하듯, 미술심리치료에서는 상징체계인 그림(미술활동 즉, 조형요법, 조각, 사진, 콜라주 등)이 말로 교류할 수 없는 개인과 개인간의 교류를 연결해 주는 매개체의 역할을 한다.

이러한 치료적 조작, 즉 다양한 예술을 활용한 방법과 이론과 실제에 있어 심리치료 이론들을 충분히 이해하고 그것을 임상 장면에 예술요법을 통하여 적용시켜 내담자의 몸과 마음의 균형을 회복시키는 것을 미술심리치료라 정의하여 보고, 본서에서 미술치료를 소개하고자 한다.

2) 미술이 지닌 치료적인 힘

미술치료나 미술이 지니는 치료적 힘은, 예술작업 중에 일어나는 창의적 생각 및 느낌이 곧 치유의 힘이 되고 그것을 통해 삶을 풍요롭게 하고 개인의 사고와 감정을 비언어적으로 교류하고 공감할 수 있게 하는 데 있다. 이러한 치료적 힘은 오랜 역사와 많은 문화를 통하여 살펴볼 수 있다.

오래 전부터 널리 알려져 온 선사시대의 미술과 자연영역에 다산의 기원을 새긴 미술가들, 미라의 관 위에 보호의 상징을 새긴 이집트 화가들, 모래로 만다라를 창조한 티베트의 불자들, 의식용 가면을 만든 아프리카 조각가들, 성상을 만든 비잔틴 화가들, 양피지에 치료적 문양을 그린 에티오피아 화가들, 마술적 주물을 만든 주니 족 조각가 들 등, 이들은 모두 현대적 의미의 미술치료의 분야로 흘러간 하나의 흐름을 대표한다.

그러나 임상적 차원에서 치료적인 접근방법으로 인식하게 된 것은 그리 오래 되지 않는다. 미술치료의 기원은 나라마다 다르지만, 19세기말 20세기 초 무의식에 매혹되기 시작되면서부터 독일의 정신병원 의사들이 미술활동을 작업치료라는 포괄적 관점에서 환자의 치료에 미치는 정서적 효과로 받아들이면서부터이다.

2. 미술치료의 발생 배경

미술치료의 필요성을 일반적으로 인식하게 된 것은 19세기 후반 산업화의 발전으로 노동과 생산의 형태가 변하면서 인간 개인의 생활 형태뿐만 아니라 그로 인한 인간성까지 변질되어 가는 사회적 현상에 근거한다. 이렇게 급변하는 환경에 적응하는 데 어려움을 겪는 개인의 존재는 사회에서 점차 수단화되고 소외되어 기술의 발달만큼 인간의 병리적 현상도 증가하게 되었다.

이와 관련하여 유럽에서는 19세기 후반부터 프랑스와 이탈리아의 정신과 의사 및 법의학자인 따르디유(Tardieu, 1872), 시몽(Simom, 1876), 롬브로조(Lombrozo, 1890)

등이 정신병 환자들의 그림에 대한 글을 기고하였다(Dalley, 1986).

독일의 정신과 의사였던 프린츠 혼(Prinzhorn)은 1919년에서 1921년까지 정신병원 환자들이 그린 5,000여 장의 그림, 소묘, 콜라주, 조소 등을 수집하여 1922년 「정신병 환자들의 그림」(*Die Bildnerei der Geisteskranken*)이라는 책으로 매우 광범위한 연구를 발표하였다(Kraus, 1966; 1972년 영어로 번역). 그는 예술과 심리학, 정신병리학에 대한 논의를 통하여 미술활동이 환자들의 심리에 접근하는 데 중요한 의미를 갖고 있음을 제시하였다. 미술활동을 정신병리적 관점에서 소개한 이러한 시도는 그 시대의 화가들, 클레, 에른스트, 드 뷔페, 브르통 등에게 큰 영향을 끼쳤다.

또한 동 시대에 심리학과 문학, 미술 분야에서는 인간의 무의식에 대한 관심이 높아지면서 예술적 표현을 통하여 인간의 내면세계를 이해하고 분석하려는 시도가 활발해졌다(Rubin, 1999).

Prinzhorn은 미술치료의 시작과 발전에 중요한 역할을 한 인물이라 할 수 있다. 의사들뿐만 아니라 정신분석가인 로샤(Rorschach)나 안나 프로이트(Anna Freud)도 환자들의 그림에 대한 연구를 하였고, Jung도 그의 분석심리학에서 환자들의 그림을 분석하며 치료에 적용하였다.

3. 미술치료의 역사

1) 미국에서의 미술치료

미국에서는 1907년 이래로 정신과 병동에서 환자들이 미술가들의 지도하에 미술활동을 시도한 것을 미술치료의 출발로 보고 있지만(Rubin, 1999), 미술을 심리치료적 관점과 연계하여 인식하게 된 것은 1940년대 초반이다. 이 시기에 미국에서는 2차 세계대전으로 인한 유럽의 정신과 의사들의 미국망명이나 이민에 의해서 미술표현에 대한 정신병리학적 작업이 활발하게 소개되었다.

대표적으로는 정신분석적 이론에 근거한 미술치료로서 Naumburg(1953)와

Kramer(1958)에 의해 새로운 영역으로 자리매김하게 되었다. Naumburg는 정신분석가로서 Art in Therapy(치료에서의 미술)를 강조하여 주로 심리치료에서 가능한 언어적 형태를 발전시킨 미술 표현, 즉 무의식에서 표현된 상징적 내용과 그림이 그려진 과정, 그림과의 대화를 중요시하였다. 특히 치료자와 환자 사이의 치료적 관계형성과 전이와 역전이의 해결, 자유연상, 자발적 그림표현과 해석, 그림의 상징성 등을 중시하는 입장은 심리치료의 과정에서 그림과 그림을 매개체로서 이용하는 방법이라고 주장한다(Naumburg 등).

그에 비해 2차 세계대전으로 체코에서 미국으로 이민 온 화가이자 교육자인 Kramer는 미술치료에서 미술의 입장과 미술 교육적 관점을 중요시하였다. 또 그는 Freud의 견해를 뛰어넘어 자아심리학적 미술치료, 즉 Naumberg의 미술심리치료를 대비시켜, Art as Therapy(치료로서의 미술)를 강조하여 Freud에 입각하여 미술을 방어기제를 분출하여 승화로 이끄는 지름길로 여겼다.

그녀의 이론은 창조와 자아성장, 그림의 치료적 속성은 그림에 대한 환자의 연상을 통하여 자기표현과 승화작용을 함으로써 자아가 성숙하는 데 있다고 보았다. 즉 환자가 미술작업을 통하여 환자 자신의 파괴적, 반사회적 에너지를 분출함으로써 그것을 감소시키거나 전환시킨다고 주장하고 있다. 또한 환자는 미술작업 과정에서 자신의 원시적 충동이나 환상에 접근하면서 갈등을 재경험하고 자기훈련과 인내를 배우는 과정 속에서 그 갈등을 해결하고 통합한다는 것이다. Kramer의 견해를 Ulman(1961)은 작품을 만드는 과정자체를 통해 치료가 이루어진다고 보고 '치료로서의 미술(Art as Therapy)'이라고 표현하였으며, 미술치료분야의 이론적 토대를 제공하였다.

Ulman은 Naumburg와 Kramer의 통합적 입장(치료+창조)을 강조하여 미술활동의 전 과정은 가장 광범위한 인간능력의 범위를 필요로 한다고 하고, 일반적인 성숙과정에서처럼 그것은 충동과 통제, 공격과 사랑, 환상과 실제, 무의식과 의식사이에서 필연적으로 갈등하는 요소들의 통합을 요구한다고 하였다. 그녀는 미술의 기능은 수많은 이론에서 찾아볼 수 있고, 이러한 많은 관점을 통합하는 데 따르는 일반적인 위협은 미술의 통합적인 특징을 인정하는 것이며, 이는 즉 성격 내에서 반대하는 힘을 단합시키거나 개인의 욕구와 외부세계의 욕구를 화해시키는 힘으로서 삶의 과제의 진정한 미스터리는 훈육된 자유에 있으며 이 모델이 미술과정에서 나타난다(Ulman, 1977)고 하였다. 그러나 미술치료 실행에 있어서는 두 측면의 융통성 있는 적용 타당성을 인정해야 하며, 미술심리치료와 치료로서의 미술은 같은 시점에 같은 방에 있는 두 측면이거나 다른 시기에 같은 치료자가 일을 하는 것과 같다고 했다. 그녀는 환자의 작품이 예술이냐 아니냐를 논하는 것보다는 대상에 따라서 상동적인 표현이나 강박적 표현도 허용되어야 한다고 했다. 다시 말하면 때로는 예술적 성취감을 중시해야 하며 미술치료는 치료적 측면과 창조적 측면을 모두 내포하고 있다는 것이다.

그 다음으로 언급할 치료사는 폴란드에서 망명하여 미국에서 가족미술치료에 크게 공헌한 여류조각가 Kwiatkowska(1978)인데, 그녀는 여러 치료 상황에서 쌓은 경험을 종합하여 미술을 통한 가족치료기법의 기초를 정리하였다. Kramer처럼 그녀 역시 제2차 세계대전 중에 유럽을 떠나 미국으로 망명하여 정신건강 분야의 발전에 기여한 이민사상가로서 인명록에 등재되어 일반인에게 미술치료 분야를 알린 인물이다.

이상과 같은 입장에서 보면 미술치료의 입장이나 성격에 논의가 있을 수 있지만, 나름대로 제한점과 더욱 연구되어야 할 부분이 많이 남아 있고 심리치료의 한 방법으로서의 독특한 이점도 가지고 있다. 이상 미술치료 이론에 대한 네 사람의 견해를 간단히 살펴보았다.

이밖에도 미국에서는 미술가이며 심리학자인 Levy, 미술치료를 대학과정에 도입한 Levick과 Robbins, Landgarten, Wadeson 등이 50년대와 60년대를 거쳐서 오늘날까지 미술치료의 발전에 공헌하고 있다.

최근에는 Malchiodi(1988)와 Rubin(1999)이 학문적 초석을 쌓아 미술치료의 흐름에 관해 체계적으로 정리하였고, Junge와 Asawa(1944) 등이 AATA(American Art Therapy Association, 1983: 미국예술치료학회)의 형성 시기에 학문적 성격과 방향에 대하여 깊은 영향을 미쳤다.

2) 독일에서의 미술치료

미국에 비해 유럽에서는 2차 계대전의 와중에 표현예술이 주춤하였고, 독일에서는 히틀러에 의한 예술의 탄압과 50년대에 향정신성 약물이 정신과 치료에 주도적 역할을 하면서 미술치료는 오히려 주의를 끌지 못하고 퇴보하는 상황을 맞이하게 되었다. 그러나 60년대 이후 미술치료에 대한 재고가 이루어져 새로운 학문으로 정착하는 과정을 거치게 되었다.

대표적 인물로는 인지학(Anthrosopie)의 창시자인 슈타이너(Steiner) 사상에 영향을 받은 퓌츠(Putz, 1964)를 들 수 있다. 그는 예술을 치료적 도구로 이용하여 인간의 교육에 기여한다는 예술의 새로운 기능으로서 미술치료(Kunsttherapy)라는 개념을 처음으로 사용하였다(Dunkel & Rech, 1991).

독일에서의 미술치료적 개념은 미술교육적 맥락에서 비롯되었다고 할 수 있다. 그 이후로 Petzold, Franzke, Schroder 등에 의해서 미술치료가 다양한 개념으로 쓰이면서 발전되기 시작하여 1970년대에는 미술치료가 정신분석적 측면과 마약중독 청소년, 노인과 성인교육 등에 적용되었다. 1976년 Schottenloher는 뮌헨의 미술아카데미에 미술치료강좌를 개최하고 지금까지도 독일에서 미술치료영역에서 지도적 입장에 있다. 1979년에는 Navratil이 정신분열증과 미술이라는 연구를 통해서 정신병원의 환자에게 미술 - 심리치료를 개인적으로 적용하였다.

1980년대 이후로 비로소 미술치료사가 직업으로 인정받게 되었다. 이후 독일은 미술치료가 게쉬탈트 치료, 인지학적관점, 인본주의적 관점, 정신분석적 관점을 지닌 학자들에 의해 다양한 노선을 걷고 있다.

3) 영국에서의 미술치료

영국의 미술치료 발전에 기여한 대표적 인물은 화가 Hill(1945)이다. 그는 2차세계대전 중에 군 요양소에서 환자로 있으면서 무료함과 스트레스를 극복하기 위하여 그림을 그리기 시작하였고, 그의 영향을 받은 다른 환자들도 조형예술을 매개로 하여 자신들의 병에 대한 고통과 불안, 죽음에 대한 내용을 표현하기 시작하였다.

Hill은 창의적인 활동의 치유적 힘을 직접 체험함으로써 미술의 치료적 역할을 영국사회에 알리는 데 기여하였다(1945). 이러한 노력으로 그는 1946년 영국의 국립정신병원에서 영국 최초로 정식 미술치료사로서 인정받게 되었다. 그 이후로 영국에서는 미술치료사들의 배출이 이루어졌다(Waller, 1986).

그럼에도 불구하고 영국에서는 미술치료사를 위한 특별한 교육제도가 없어, 1960대년까지도 미술치료적 모델을 미술교육에서 찾았으며, 1970년대에 들어와서야 미술치료와 미술교육이 분리되기 시작했고 영국의 보건복지부에는 1980년까지 공식적으로 미술치료를 작업치료에 포함시켰다가 1997년에서야 독립된 직업으로 인정하였다.

4) 일본에서의 미술치료

일본에서의 미술치료는 정신과 의사인 德田(1950)에 의해 정신과 병원과 같은 치료시설들 안에 통합되어 운영되고 山中, 中山, 石川, 加藤 등에 의해 일본묘화테스트·임상묘화학회(1989) 등이 활발히 운영되고 있다.

5) 한국에서의 미술치료

우리나라에서의 미술치료는 오래 전부터 정신병원에서 미술을 환자 치료에 적용하였는데, 본격적으로 미술치료가 소개된 것은 1990년대이다. 아직까지 우리나라의 미술치료는 대부분 미술치료에 관련된 소정의 교육을 받은 자원봉사자들로 이루어지고 있었지만, 점차 미술치료를 연구하여 임상에 적용하고 있는 현상은 매우 고무적이며 그 수요가 폭발적으로 확대되고 있는 실정이다.

실제 1998년부터 각 대학과 대학원에 미술치료 관련전공학과들이 개설되었으나 학문적 접근의 미비점과 관계 기관의 미술치료에 대한 정보 부족, 아직 실제임상을 받거나 지도감독을 받을 기회가 적은 상황에서 더욱 구체적이고 심층적인 연구와 접근이 이루어져 국가공인의 직업으로 인정받을 수 있을 것으로 기대한다.

이와 같이 전 세계에 미술치료란 꽃이 활짝 피고 있다. 지구상의 대륙에 있는 64개국의 나라에 연계되어 있고, 38개 국가에 미술치료협회가 있고 22개의 저널이 있으며 알려지지 않은 숫자는 더 많으리라고 추정된다(Waller, 1998).

chapter 2

2장. 미술치료의 목표, 개념 및 정의

1. 미술치료의 목표

1) 인간의 문제 행동(증상)의 표출

인간의 모든 행동은 정신적 힘의 작용(정신역동이론)이 신체를 통하여 외부세계로 표현된 것이며 이 표현과정은 인간의 모든 경험과 관계가 있다. 인간의 경험의 일부는 의식의 수준에서 현실검증을 거쳐 정보화되지만 현실적으로 수용이 곤란한 부분은 무의식화한다. 정신질환의 제증상은 우리가 그 원인을 잘 알 수 없는 것들이 대부분이지만, 그 원인을 흔히 표현하는 사람의 특이한 행동에서 찾을 수 있다.

즉, 고통스런 기억들은 완전히 잊혀지지 않고 무의식 속에 저장되어 그 영향력을 계속 발휘하다가 해결되지 못하면 결국 증상으로 나타나게 된다. 이러한 억압은 의식하고 싶지 않은 어떤 생각이나 기억을 무의식 세계로 몰아낸다. 또 억압된 경험은 적절히 배출되지 못하고 인격의 나머지 부분에 동화되기도 어렵다. 그래서 억압된 경험은 감정과 의지와 조화를 이루지 못한 채 비정상적인 행동으로 표출되는 증상을 나타내는 것이다.

미술치료는 미술매체를 통한 작업 속에 이러한 증상으로 심신의 어려움을 겪고 있는 사람들을 대상으로 하여 그들이 직접 미술활동을 하거나 창작한 미술작품을 통해서 그들의 심리를 진단하고 치료하려는 데 그 목적이 있다.

2) 심리치료에서의 미술치료

상담이나 심리치료에서 중요하면서도 매우 어려운 것은, 내담자의 무의식을 의식화하는 것이라 할 수 있다. 심리치료는 내담자로 하여금 잊혀진 기억(무의식)들에 의해 형성된 증상들에 숨겨진 기억(원 본능의 욕구)들을 찾아내어 그것들을 의식상에 떠오르게 하여 인격의 나머지 부분에 연결시킴으로써 그 기억에 부착된 힘(쾌락 지향)을 배출하게 한 다음, 그 기억된 경험들이 새롭게 정화(재경험)되어 전체 인격에 동화되게 하는 것이다. 즉 무의식을 표출하여 고통스런 기억 → 무의식화 → 증상화의 과정에 대한 통찰이 생기게 하는 것이다(김동연, 1994).

보통 상담과 심리치료에서는 말이라는 신호체계에 의해서 자유연상 등의 기법을 통해서 무의식을 의식화한다. 그러나 상징체계인 미술(그림 등)은 말로 교류할 수 없는 개인과 개인 간의 교류를 연결해 주는 매개체의 역할을 한다.

그렇다면 미술치료에서는 어떤 미술활동(매체 · 기법)을 통해서 내담자의 무의식을 표출하게 할 수 있을까? 치료사는 심상 표현의 촉진 방법을 연구하고 항상 고안하지 않으면 안 된다. 미술치료에서는 미술활동을 통해서 의사를 표현하고 무의식을 전달하므로 심상표현을 촉진시키면 내담자의 무의식에 저장되어 있는 마음과 욕구도 쉽게 드러내게 된다고 할 수 있다.

3) 미술작품 속의 의식성과 무의식성

내담자의 미술작품 속에는 의식성과 무의식성이 동시에 내포되어 있다(김동연, 1994). 여기에서 관련되는 것이 작품(표현되어진 그림)의 상징성이다. 이와 같은 상징성은 인간의 마음 깊은 곳에 숨겨진 사실을 투사해 준다. 이것이 바로 그림을 통한 심리검사의 원천이 되며 자유화나 집, 나무, 사람, 그림, 가족화 등에서 무의식 과정에 억압해 있던 것이 더 잘 나타난다.

심상이나 상징은 내담자가 언어로 표현할 수 없는 것, 표현하지 않은 것, 잘 표현되지 않는 성격의 단면을 포착하는 것이 가능하다. 반면에 정신분석학에서의 상징은 무의식 내에 존재하는 욕구가 자아에 받아들여지기 어렵거나 그대로 표현하는 것이 자아의 존재를 위협하는 경우, 위장된 표상으로 자아에게 의식되어지는데 이 위장된 표상을 '상징'이라 한다. 이러한 상징은 꿈에 잘 나타난다. 특히 전신주나 굴뚝은 남성의 생식기를 상징하는데 조형작품에서도 이러한 상징이 표현되어진다.

이와 같이 상징은 '언어로 표현하기 어려운 내용의 도식'과 '자아방어에 의한 위장'이라는 두 가지의 심리적 작용을 의미한다. 이것이 그림에 의한 성격 진단과 치료의 이론적 근거가 된다.

2. 미술치료의 개념

1) 미술치료의 개념과 의의

미술치료는 인간의 조형활동을 통해서 개인의 갈등을 조정하고, 동시에 자기표현과 승화작용을 통하여 자아성장을 촉진시킬 수 있다. 또한 자발적인 미술활동을 통해서 개인의 내적 세계와 외적세계간의 조화를 이룰 수 있도록 도와준다.

미술치료는 비언어적 커뮤니케이션 기법으로서, 이 미술치료기법을 반복 시행함에 따라 언어적 이미지와 시각적 이미지를 통해 지금까지의 자기의 상실, 왜곡, 방어, 억제 등의 상황에서 보다 명확한 자기 동일시, 자기실현을 꾀하게 한다. 따라서 미술활동은 내담자의 무의식을 의식화하는 데 매우 유용한 장르로서 음악, 레크리에이션, 무용, 문학 등과 같은 다양한 예술장르 중에서 미술이라는 기법을 통해 내담자를 이해하고 문제를 해결해가는 심리치료기법 중의 하나이다.

인간이 태어나서 자신이 무언가를 표현하고자 할 때, 언어 이외의 첫 표현이 바로 미술이며, 성장해가면서 미술이 인간의 심리적, 정서적, 교육적, 사회적 영역 등 전반적인 발달에 지대한 영향을 주는 것이 사실이다.

미술이 가진 속성은 내면의 욕구가 그대로 의식화되는 것이다. 이는 밖으로 표현될 때 다듬어지고 걸러지는 성향이 많은 언어와는 분명 차이가 있다. 미술의 속성이 상담기법으로 적용되면서, 미술치료(Art Therapy), 혹은 미술심리치료(Art Psychotherapy) 라고 불리고 있다.

미술치료는 이미지 표출 과정에 있어 비언어적인 커뮤니케이션기법으로서 우위를 차지하고 있다. 이 기법을 반복적으로 시행함에 따라 언어적 이미지와 시각적 이미지에서 지금까지 상실, 왜곡, 방어, 억제되어 있는 상황에서 보다 명확한 자기상, 자기 자신의 세계를 재발견하여 자기동일화, 자기실현을 꾀하게 된다고 보는 것이다.

따라서 미술치료는 궁극적으로 심신의 어려움을 겪고 있는 사람들을 대상으로 하여 그들의 미술작업을 통해서 그들의 심리를 진단하고 치료하여 심신이 병든 사람을 현실과 공상 즉, 의식과 무의식을 통합시킬 수 있는 치료에 중점을 두어 그들을 재통합시키는 데 목적이 있다.

2) 미술치료의 입장과 장점

미술치료가 다른 심리치료기법들과 비교했을 때 따르는 제한점과 연구되어야 할 부분들이 비록 많이 있긴 하나, 미술치료가 가진 독특한 이점이 많이 있는 것도 사실이다. 전술한 바와 같이 미술활동의 심리 치료적 속성에 비추어볼 때 몇 가지 입장과 장점을 요약해 볼 수 있다(Rubin, 1987).

(1) 정신분석적 미술치료

Naumburg는 Art in Therapy(치료에서의 미술)를 치료자와 환자 사이의 치료적 관계형성과 전이와 역전이의 해결, 자유연상, 자발적 그림 표현과 해석, 그림의 상징성 등을 중시하는 입장은 심리치료의 과정에서 그림과 그림을 매개체로서 이용하는 방법이라고 주장한다.

Naumburg(1958)는 정신분석 지향적 미술치료에 있어서 미술의 장점을 다음과 같이 주장하고 있다.

첫째, 말보다는 그림으로써 자신에게 일어나는 내적 욕망이나 꿈, 환상을 직접적으로 표현하도록 한다.

둘째, 무의식을 그림으로 투사하면 언어적 표현보다는 검열 기능을 약화시키기 때문에 치료과정이 촉진된다.

셋째, 그림으로 나타난 것은 영속성이 있어서 내용 자체가 망각에 의해 지워지지 않으며 그 내용을 부정하기 힘들다.

넷째, 전이문제가 더 쉽게 해결된다. 즉 환자의 자율성은 자신의 그림을 해석할 수 있는 능력에 의해 고무된다.

(2) Freud의 견해를 뛰어넘어 자아심리학적 미술치료

Kramer(1958)는 Art as Therapy(치료로서의 미술)를 창조와 자아성장, 그림의 치료적 속성은 그림에 대한 환자의 연상을 통하여 자기표현과 승화작용을 함으로써 자아가 성숙하는 데 있다고 보았다. 즉 환자가 미술작업을 통하여 환자 자신의 파괴적, 반사회적 에너지를 분출함으로써 그것을 감소시키거나 전환시킨다고 주장하고 있다. 또한 환자는 미술작업 과정에서 자신의 원시적 충동이나 환상에 접근하면서 갈등을 재경험하고 자기훈련과 인내를 배우는 과정 속에서 그 갈등을 해결하고 통합한다는 것이다.

(3) Ulman : 통합적 입장(치료+창조)

미술활동의 전 과정은 가장 광범위한 인간 능력의 범위를 필요로 한다. 일반적인 성숙과정에서처럼 그것은 충동과 통제, 공격과 사랑, 환상과 실제, 무의식과 의식사이에서 필연적으로 갈등하는 요소들의 통합을 요구한다. 미술의 기능은 수많은 이론에서 찾아볼 수 있다. 이러한 많은 관점을 통합하는 데 따르는 일반적인 위협은 미술의 통합적인 특징을 인정하는 것이다. 즉 성격 내에서 반대하는 힘을 단합시키거나 개인의 욕구와 외부세계의 욕구를 화해시키는 힘이다. 삶의 과제의 진정한 미스터리는 훈육된 자유에 있으며 이 모델이 미술과정에서 나타난다(Ulman, 1977).

그러나 미술치료 실행에 있어서는 두 측면의 융통성 있는 적용 타당성을 인정해야 한다. 미술심리치료와 치료로서의 미술은 같은 시점에 같은 방에 있는 두 측면이거나 다른 시기에 같은 치료자가 일을 하는 것과 같다고 했다. 그녀는 환자의 작품이 예술이냐 아니냐를 논하는 것보다는 대상에 따라서 상동적인 표현이나 강박적 표현도 허용되어야 한다다고 했다. 다시 말하면 때로는 예술적 성취감을 중시해야 하며 미술치료는 치료적 측면과 창조적 측면을 모두 내포하고 있다는 것이다.

이상과 같은 입장에서 보면 미술치료의 입장이나 성격에 논의가 있을 수 있지만 나름대로 제한점과 더욱 연구되어져야 할 부분이 많이 남아 있고 심리치료의 한 방법으로서의 독특한 이점도 가지고 있다. 이상 미술치료 이론에 대한 세 사람의 견해를 간단히 살펴보았다. 다음은 Wadeson(1980)이 제시한 장점을 몇 가지 요약한 것이다.

첫째, 미술은 심상의 표현이다

우리는 심상(image)으로 생각을 한다고 볼 수 있다. 즉, 말이라는 형태를 취하기 전에 심상으로 사고하는 것이다. 즉, '엄마'라는 말을 하기 전에 어머니에 대한 심상을 떠올릴 것이다.

인간은 삶의 초기의 경험이 중요한 심상의 요소가 되며, 그 심상은 성격 형성에 중요한 역할을 하게 된다. 미술치료에서는 꿈이나 환상, 경험이 순수한 언어적 치료법에서처럼 말로 해석하기보다는 심상으로 그려진다. 그러므로 예술 매체는 종종 심상의 표출을 자극하는 즉, 일차적 과정의 매체를 자극하여 창조적 과정으로 나아가게 한다.

인간의 심상은 결국 주관적인 경험이 그대로 마음의 형상적 모습으로 나타나기 때문에 가장 구체적이고 솔직한 표현이며, 미술이 심상의 표현을 돕는 데 매우 유용하게 사용된다.

둘째, 미술은 방어를 감소시킨다

상담은 언어적 특성이 강한 반면, 미술은 언어가 많이 사용되지 않는 비언어적 수단이기 때문에 주로 작업활동으로 표출시키므로, 부담이 적고 자기방어기제의 영향을 적게 받는다. 또한 심상과 밀접한 관련이 있는 것이 방어이다. 우리는 어떤 다른 의사소통 양식보다 언어화시키는 작업에 숙달되어 있다. 미술은 비언어적 수단이므로 통제를 적게 받는다. 예상치 않았던 작품이 그림이나 조소에서 능동적으로 제작될 수 있는데 가끔 창작자의 의도와는 완전히 반대가 되기도 한다. 이러한 것은 미술치료의 가장 흥미 있는 잠재성 중의 하나이다. 또한 미술이 갖는 투사적 특성과 예상치 않았던 인식은 가끔 환자의 통찰, 학습, 성장으로 유도되기도 한다.

셋째, 미술은 어떤 구체적인 유형의 자료를 즉시 얻을 수 있다

우선 미술활동을 통해 시각적, 촉각적인 결과물이 남게 되며, 이러한 결과물의 특성으로 인해 문제나 갈등에 대해 재인식하고 바람직한 방향으로 나아갈 수 있도록 하는 데 도움을 준다. 그러므로 결과물을 창조해 나가는 그 활동 자체가 바로 치료적 의미를 지닌다.

즉, 눈으로 볼 수 있고 만져 볼 수 있는 자료가 환자로부터 생산되는 것이다. 미술의 바로 이런 측면이 많은 의미를 가지는데, 예컨대, 환자가 만든 어떤 유형의 대상화를 통해서 치료자와 환자 사이에 하나의 다리가 놓여진다. 저항적인 환자들의 경우는 환자를 직접 다루는 것보다 그들의 그림을 통해 접근하는 것이 더 쉽다고 할 수 있다. 또한, 환자들의 감정이나 사고 등이 그림이나 조소와 같은 하나의 사물로 구체화되기 때문에 언젠가는 자신도 모르게 자신이 만든 작품을 보고 개인의 실존을 깨닫게 된다. 어떤 환자는 단 한 번의 작품에서도 자신의 감정을 느끼기도 하며, 저항이 강한 사람은 더 오랜 시간이 걸린다.

넷째, 미술은 자료의 영속성이 있어 회상할 수 있다

미술작품은 자료가 실물이든 그림파일이든지 간에 계속적으로 남겨지게 된다.

미국미술치료학회(AATA)의 윤리강령에 따르면, 7년까지는 그 결과물들을 철저한 관리 속에 보존하도록 하고 있다. 미술활동을 통해 얻어진 결과물은 주로 치료 종결 시에 결과물들을 통한 회상과 통찰, 마음의 재정리 등에 중요한 역할을 하며, 자료를 보관함으로써 그 내담자의 존재에 대한 인식과 존중의 의미를 가진다.

미술 작품은 특히, 보관이 가능하기 때문에 환자가 만든 작품을 필요한 시기에 재검토하여 치료 효과를 높일 수 있다. 때로는 새로운 통찰이 일어나기도 하며, 환자 자신도 이전에 만든 작품을 다시 보면서 당시의 자신의 감정을 회상하기도 한다. 즉, 작품으로 나타난 그림이나 미술 매개물이 주관적인 기억의 왜곡을 방지할 수 있다는 것이다. 또한, 환자의 작품 변화를 통하여 치료의 과정을 한눈으로 이해할 수 있으며, 치료 팀의 회의에서도 작품을 통해 그 환자의 생생한 목소리를 들을 수 있다.

다섯째, 미술은 공간성을 지니고 있다

언어는 일차원적인 의사소통 방식인 반면, 미술활동 혹은 미술작품은 그 자체로서 공간적 특성을 지니며, 이로 인해 문제를 쉽게 이해하고, 해결해 가는 데 도움을 준다. 공간성의 의미는 미술작품으로서의 공간성뿐만 아니라, 가족 혹은 타인과의 관계에 있어서 치료활동 속에서의 공간성을 지니며, 결과물 속에서의 공간성을 지닌다.

따라서 언어는 대체로 한 가지씩 순서대로 나간다. 미술 표현은 문법, 통사론, 논법 등의 언어 규칙을 따를 필요가 없다. 즉, 본질적으로 공간적인 것이며 시간적인 요소도 없다.

미술에서는 공간에서의 연관성들이 발생한다. 이를테면, 우리가 가족을 소개할 때에도 먼저 아버지, 어머니를 소개하면서 두 분의 관계를 얘기하고, 그리고 형제들과 그들의 관계, 그러고 나서 이 모든 식구들과 나와의 관계를 말할 것이다. 그러나 미술에서 분명한 것은, 우리는 이 모든 것을 동시에 경험하고 있으며 미술의 공간성은 바로 이러한 경험을 동시에 화면 안에 구성하여 복제하는 것이다. 그림 속에서는 나의 가족을 말로 소개하고 그림으로 그것을 동시에 나타낼 수 있다. 가깝고 먼 곳이나 결합과 분리, 유사점과 차이점, 감정, 특정한 속성, 가족의 생활환경 등을 표현하게 되므로 개인과 집단의 성격을 이해하기가 쉽다.

여섯째, 미술은 창조성이 있으며 신체적 에너지를 유발시킨다

문제를 안고 있는 내담자의 미술작업을 시작하기 전의 개인의 신체적 에너지는 다소 떨어져 있지만, 미술 작업을 진행하고, 토론하며, 감상하고, 정리하는 시간에는 대체로 활기찬 모습을 띤다. 체내의 에너지 정도가 변화한다는 것을 느낀 사람이 많다. 그것은 단순한 작업이나 신체적인 운동이라기보다 미술활동을 연극이나 영화에서 역할을 맡은 배우처럼 하나의 놀이와 레크리에이션과 음악과 열정이 있는 창조의 에너지를 발산하는 것이라고 할 수 있다. 따라서 창조능력이 향상되면서 자신에 대한 자신감과 성취감, 자아존중감, 문제해결능력, 통찰, 승화, 객관화, 합리화의 모습들이 생겨나게 되는 것이다.

chapter 3

3장. 미술치료의 이론적 배경 및 실천적 모형

1. 접근 이론 중심

미술치료의 속성이나 장점에 따라 실제 치료사들이 시행할 수 있는 이론이나 기법은 다음과 같이 몇 가지로 요약할 수 있다.

1) 정신역동적 접근

(1) 정신분석적 미술치료

정신분석적 미술치료는 Freud를 중심으로 한 정신분석학 연구자들이 사용하는 자유 연상법이나 꿈의 해석, 저항과 전이의 분석과 해석 등을 기법으로 사용하는 것이다. 특히, 자유연상의 경우나 꿈의 내용을 전달하는 데 있어서 그림이나 창조적 매체를 통해서 표현케 한다.

아동의 경우는 성인에 비해 자유연상의 준비성이 결여되어 있어서 그림의 사용이 언어의 사용을 통한 치료기법보다는 의사소통을 용이하게 해준다(Freud, 1927). 또한 어떤 환자의 경우는 무의식적 동기를 각성시켜 의식수준으로 전환시키는 방법에서 꿈보다는 미술작품의 분석이 더 효율적이라는 학자들의 연구도 있다.

성인의 경우에도 난화나 핑거페인팅 등을 그려 자유연상을 하게 하거나 연상되는 것을 그리게 하는 방법을 적용하는 치료사들이 늘어나고 있다. Naumburg(1928)가 오래 전에 발견했듯이, 자발적인 미술표현을 통하여 이미지를 표출(무의식을 의식화하기)하는 것이 치료나 정화, 원활한 의사소통의 효과를 거둘 수 있다고 하는 입장이다. 정신분석적 미술치료는 내담자가 표현한 작품의 소재를 분석하여 미술을 상징적 언어의 형태로 보고 자유롭게 자신을 표현케 한다. 즉, 상징과 전이를 매우 중시하여, Jung의 집단 무의식개념과 대상관계이론도 치료이론에 통합하고 있다. 미술치료에서의 승화 문제, 자아 심리학적 접근도 프로이드의 이론을 기초로 하고 있다.

이러한 정신분석적 치료모형은 음악치료의 모형으로도 활용하며 내담자에게 음악을 10분 정도 들려주고 음악이 끝나면 자유연상을 하게 한다. 이때도 시각적 언어인 그림을 사용할 수 있을 것이다. 놀이치료에서도 초기에는 친화관계형성을 위해 놀이를 사용했으며, 놀이도구를 통해 아동의 현재 세계를 만들게 하여 힘을 표현하게 하고 있다.

(2) 분석심리학적 미술치료

Jung(1964)은 자신의 개인적 경험을 통하여 그림이 주는 치유력을 스스로 체험하였다. 융학파의 치료자들은 내담자들에게 꿈이나 환상을 시각적으로 표상하도록 하였다. 특히 그는 자신의 개인적 위기를 그림이나 조소활동을 통해 생동감 있는 통찰을 얻었으며, Naumburg도 초기에는 그의 사상에 많이 공감했었다.

융은 무의식으로부터 나온 심상을 그려내고 채색하는 데 중요한 역할을 했던 능동적 심상화(active imagination)기법에 대해서 많이 논의하고 있으며, 내담자의 그림은 종합적으로 해석되어야 한다고 지적하고 그림을 지적, 감정적으로 이해해야 한다고 했다.

융(1964)의 분석적 미술치료는, Freud와는 달리 인간의 심상을 임상적 자료로 사용하기보다는 내담자의 개인적 요소와 원형적 요소를 종합하는 방식으로 내담자와 치료자간의 상호통찰과 이해의 자료로서 사용하였다. 때문에 Freud의 정신분석학적 미술치료보다는 접근의 어려운 점이 있어 활용의 정도가 낮았다고 할 수 있다.

융학파는 미술이 추구하는 작업이 임상적 정보 자료원도 아니며, 그리고 원형적 형상화를 알고자 하는 흥미위주의 지적 탐구도 아닌 내적 및 외적 실체에 대한 잠재적 통찰을 불러일으키는 합성물로서 또한 그 상징으로서 심상을 다루고 있다.

그는 심상을 강조하면서 '능동적 심상'이란 방법을 창안하여 능동적인 심상을 내적인 심상의 흐름을 관찰하는 내성법이라고 정의하면서 무의식적 심상은 인간에게 위대한 책임을 지우고 있다고 했다. 특히 능동적 심상과 꿈을 구분하여, 능동적 심상은 심상이 일어나는 동안에 무엇이 진행되고 있는가를 깨어있는 상태에서 충분히 볼 수 있다고 하였다.

능동적 심상에서 강조되어야 하는 것은 문답이다. 그 답은 처음에 자신과 시작하여 자신의 마음속에 있는 많은 사람과 이루어진다. 문답은 직면을 의미하며, 성장과정에서 문답을 통해서 신비적인 결합인 화해가 이루어진다. 즉, 서로 상반되는 것들이 균형을 이루어 함께 평화적으로 살아가게 된다. 이러한 과정은 미술매체를 통해서 촉진시킬 수 있는데 어떤 치료사는 반투명의 색종이를 가지고 콜라주활동을 시켜 자유로운 형상을 만들게 하였으며, 이러한 형상은 더 깊은 정신세계(무의식)에서 나온다고 보고 있다. 또한 이러한 미술활동의 과정을 통해서 결국에는 나타낸 것에 대한 의미를 알게 되고 무의식적 형태 - 감각이 더욱 명료해진다고 보는 것이다.

미술치료의 목표는 그림을 그리는 기술을 증진시키는 데 있는 것이 아니라 미술이라는 매체를 통해서 숨겨진 자원(근원)을 찾고, 이해와 성장과 변형을 증진하고자 하는 데 있다.

(3) 현상학적 미술치료 모형

현상학(Phenomenology)은 어떤 것 그 자체, 그리고 어떤 것들에 대한 선입관이나 추론적인 이론과는 달리 실존하는 현상을 지각하는 사람의 경험 안에 즉각 주어지는 것만을 받아들이는 충분히 주관적인 경험을 강조하는 철학으로서 미술치료에 적합한 이론이다.

현상학의 기본개념은 의도성(intentionality)으로 이 의도성은 내가 보고 있는 것에 열중하는 것이며, 우리들의 의식은 어떤 대상과 항상 관계하고 있다는 것을 의미한다(Husserl, 1913). 그래서 내담자들은 의도성을 통해서 새로운 세계를 의식하고, 생활 속에서 자기와 관계하는 대상들을 찾으려 한다. 의도성은 신체와 더불어 존재하기 때문에 신체는 의도성으로 가득 차 있다. 예컨대 우리는 신체를 통해서 세상을 지각하고 있다. 또한 많은 학자들은 의도성이 정서에도 있다고 한다. 특히 대상과 관련된 정서의 의도성에 있어서는 하나의 추가적 요소가 나타난다.

또한 의식의 현상학은 존재의 숨겨진 차원(무의식의 현상학)을 밝혀낸다는 점에서 미술치료와 가장 가까울지도 모른다. 본원적 경험과의 접촉을 되살려(van Manen, 1990), 체험적 현상으로 돌아가 세계에 대한 기본적 경험을 다시 일깨움으로써 세계를 보는 법을 다시 배우는 것임을 보여 주었고(Merleeau-Ponty, 1973), 이처럼 체험에 관한 불변의 관심사로 돌아가는 것을 '사물 그 자체로'라고 표현한다(Husserl, 1952).

이렇게 현상학은 일상생활에서 갖게 되는 경험들의 본성이나 의미들을 보다 깊이 이해하여 내담자가 자유롭게 선택한 미술매체를 가지고 자유롭게 표현하는 과정이나 자신의 미술작품을 감상하고 고찰하는 과정을 통해서 인간이 갖는 경험을 일상의 실존 속에서 겪는 그대로 해명하여 더욱 충실한 본연의 우리가 되는 것을 궁극적 목적으로 삼는 것이다. 현상학적 미술치료의 방법을 간단히 요약하면 다음과 같다.

현상학적 미술치료의 첫 단계는 내담자가 미술재료를 선택하는 것이다. 그리고 미술작업을 통해 현상을 창조하는 것이 두 번째이다. 세 번째는 현상학적 직관단계로서 인지를 촉진시키는 것이 첫 단계이며 현상학적 묘사를 하는 것이 그 두 번째 단계이다. 인지과정은 내담자가 전시된 자기의 완성된 작품을 적절한 거리를 조절하여 의도적으로 관찰하는 과정이다. 그러고 나서 치료자가 "당신은 무엇을 봅니까?"라는 질문에 내담자는 그림 속에 있는 것을 정확하게 묘사하여 답을 하게 되는데 이것이 현상학적 묘사에 해당한다.

이때 치료자가 내담자의 마음을 열도록 도와주고 미술작품에 나타난 요소와 대상들을 설명하면서 토론점을 지적해 주게 되는데 이것이 현상학적 논의의 단계이다. 끝으로 현상학적 통합이다. 여기서는 내담자가 만든 작품의 결과를 놓고 원래

의도와 실제 표현간의 관계를 파악하여 자기를 발견하게 된다. 그러고 나서 내담자가 만든 동일한 미술작품을 통해서 유사점과 차이점을 찾는다. 즉, 이전의 작품과 지금의 작품을 비교해서 내담자는 자신의 작품 속에서 되풀이되는 요소와 주제를 발견할 수 있다. 이것은 내담자의 행동양식을 인식하도록 도와주는 데 있다. 끝으로 내담자의 미술표현 과정에서의 노력과 실제 생활 경험에 대처하기 위한 노력 사이의 유사점을 찾게 함으로써 미래의 대처 능력과 설계 능력을 기른다.

(4) 게슈탈트미술치료 모형

실존주의 철학이 현상학적 방법에 기초를 두고 있다고 한다면, 게슈탈트치료는 Perls(1950)가 현상학 - 실존주의의 영향과 정신분석, 게슈탈트 심리학의 영향을 받아 정립된 것으로 개혁적인 치료형태로 인정받고 있다.

Perls는 사건, 혹은 문제가 되고 있는 것을 전체의 관계성 안에서 조망해야 한다는 장(場, Field)이론과 경험의 즉각적인 자각을 신뢰하는 현상학적 관점과 경험되는 것을 그대로 인정하는 개인의 실존적인 존재방식을 치료의 기본으로 둔다(Crosini, 1998).

게슈탈트치료의 인간관은 실존적인 삶을 통한 성숙한 인간에 두며, 치료의 목적은 분석이 아니라 자아의 통합에 있다. 특히 '지금-여기, Here and now'를 강조하며, 미해결 과제를 완성하게 하고, 순수자아의 표출과 의식 훈련의 기법을 사용한다. 즉, 여러 가지 연습에 의해 내담자가 도형과 배경을 자연스럽게 변화시킬 수 있도록 돕는다. 때문에 치료자와 내담자의 실존적인 만남이 중시되며 주로 워크숍 형태의 치료법을 사용하는데, 이때 치료자는 연출가의 역할을 하게 된다. 결국 게슈탈트치료는 개인의 생활 과정에 대한 개인의 책임을 강조한다.

게슈탈트 미술치료와 관련된 게슈탈트기법을 보면, 게슈탈트 꿈 작업(dream work)기법은 미술치료기법과 유사하며 그들의 시각적 심상에서 자발적으로 표현된 의미에 대한 내담자의 의식을 불러일으킨다. 즉, 꿈의 형태를 그들 자신이 만들어 냈다는 것을 인식하게 한다. 즉, 꿈을 현실화하고 재연시켜서 지금 일어나고 있는 것처럼 재생시키는 것이 목적이므로 미술매체를 통해 생생하게 끌어낼 수 있다.

또한 점토작업 게임이나 느낌에 대한 그림 그리기 기법, 선 게임(Line game) 등도 게슈탈트 미술치료방법이 될 수 있다. 때로는 역할놀이, 연주 등과 함께 사용해도 좋다.

Arnheim(1969)은 내담자가 만들어 낸 심상은 행동 패턴과 동일 구조라고 가정하여 그림에서 인지된 구조의 역동성은 행동패턴의 인지로 바꾸어질 수 있다고 보았다. 구조화된 게슈탈트 미술치료에서는, 내담자에게 정서적으로 괴로움을 겪고 있는 일련의 단어에 대한 추상화를 그리게 하고(예컨대 분노, 공포, 슬픔, 놀람 등) 그린 그림을 동시에 볼 수 있게 정리하여 토의한다. 치료사는 선과 형에 포함된 방향성에 유의하여 주목을 끄는 형태를 확인하고 시각적 도형이 내담자의 실제 생활에서의 현재의 관심과 어떻게 관련되는지를 질문하여 내담자가 설명하게 한다.

게슈탈트 미술치료는 내담자와 치료자 사이에 책임 있고, 정직하며 직접적인 의사소통을 이끌어 나가게 하고자 한다. 시각적으로 묘사된 진술을 상호간에 탐구하면서 두 사람이 접촉하게 되며 상호 작용하는 것이다(Rhyne, 1991). 게슈탈트 미술치료사는 모든 내담자가 그들 자신의 시각적 메시지로 그들의 욕구와 자원을 인지하기 위해 최대한으로 잠재력을 활성화시키는 방향으로 순수자아(authentic)의 성장 표출을 위해 노력해 나가야 할 것이다.

(5) 인간중심 접근의 미술치료 모형

미술치료에서 인간중심치료모형은 그 출발에서 몇 가지 철학적 신념을 지니고 있다. 예컨대, 한 개인은 총체적으로 연구되어야 하고, 적응과 편안함보다는 의미와 주체성을 제공하는 자기실현과 성취가 인간 존재의 기본 목표라는 것이다(Rogers, 1983).

인간중심 미술치료에서는, 치료자가 내담자를 정신질환자로 인식하기 않고 삶의 적응과정에서 특정의 문제에 당면한 것으로 본다. 그래서 삶의 의지와 삶의 형태를 창출하는 가운데서 주체성과 의미를 갖게 하는 능력을 발달시키고 강화하는 것이 치료의 하나이다. 또한 내담자가 여러 가지 주체성 위기를 창조적 - 표현적 생활양식으로 통합하고 조절하도록 하며 한층 더 변화의 경험으로 나갈 준비를 하도록 돕는다.

인간중심 미술치료는 정신의 깊은 곳까지 탐색할 수 있는 의지와 힘을 길러주며, 상반되는 양극성(선과 악)의 태도보다는 인간이 사랑할 수도 미워할 수도 있는 존재라는 신념을 확신케 한다. 인간중심 미술치료에서 강조하는 전인격적 통합은 몸과 마음, 영의 조화로운 협력을 말한다. 그래서 내담자가 두려움이나 불행, 불안에서 탈피하려는 것보다는 진정한 표현의 성취로부터 나오는 기쁨, 유쾌한 흥분을 얻고 이들 느낌들을 어떤 창조적 양상으로서의 정직한 표현으로 변화시키는 것이다.

인간중심치료에서는 창조성을 보는 시각도 다르다. 이들은 창조성을 선천적 인간 충동이라고 보는 이차적 현상의 정의를 수용하지 않는다. 즉 결핍보상 이론보다는 역동적 - 총체적 이론을 지지하고 있다.

인간중심 미술치료사들은, 문제해결과 창조적 혁신의 동기가 되는 개인적, 집단무의식으로부터 내담자가 중요한 메시지를 파악하도록 도와주는 꿈의 해석을 응용하고 있다. 이들은 융의 이론과 같이, 꿈을 깊은 무의식에서 나온 상징적 메시지로 간주하는 경향을 지니고 있다. 이들 메시지는 창조적 열망과 관계하며 의식적인 주의집중이 요구되는 자율성, 주체성의 관점에서도 볼 수 있기 때문이다. 노벨상을 수상한 Bohr는 원자의 구성요소를 푸는 데 그의 꿈이 결정적 단서를 제공했다고 한다(Gardi, 1976). 아울러 미술치료 과정에서 심상의 중요성을 인식하고 통합적 치료에 활용하고 있다. 예컨대, 꿈의 기억이나 대인관계 개선, 통증의 치료 등에서 소조활동이나 크레용 등으로 그림을 그리게 하는 기법을 사용할 수 있다. 통증을 상상하고 통증을 그림으로 그리고, 통증이 몸에서 떠나가는 것을 상상하고 그것을 다시 그림으로 그리게 하는 방법을 응용하고 있다. 만약에 정신 생리적 장애를 가진 내담자가 미술작업을 통해서 자신의 갈등을 스스로 해결하고 자아실현이 증가되었다면, 또한 자신의 전체성을 경험하고 삶의 질을 높이기 위한 개인의 노력이 향상되었다면, 우리는 인간중심 미술치료모형에 가치를 부여할 수 있지 않겠는가?

특히 Maslow(1991)는 인간의 상처받고 파괴된 자아보다는 인간의 잠재된 성장 가능성을 강조하였다. 자신의 전체성을 경험한 사람은 물론 타인의 통합성, 주체성, 개성, 이상주의를 인정하고, 그러한 통합 철학은 관심, 돌봄, 동정의 삶의 방식을 이끌어낸다. 그러나 그것은 자아실현, 자율성, 진실성의 통합으로부터 유기적으로 흘러나온다. 인간은 자신의 존재가 높은 의미에서 욕구가 이루어지지 않았을 때 문제를 일으키기 때문에 미술치료사는 인간의 잠재력과 성장을 개발시킬 수 있도록 이끌어야 할 것이다.

(6) 행동적 · 인지적 · 발달적 접근의 미술치료 모형

미술치료에서 행동주의적 접근은 행동치료기법을 미술치료에 실제로 적용시킨다는 것을 의미한다. 정신역동적 관점과 행동주의적 관점이 상호상반되는 이론으로 널리 알려져 왔으나, 사실상 정신역동적 미술치료사들은 내담자의 특성에 따라 행동치료기법을 활용하고 있다. 때문에 심리치료와 행동치료는 상호 공유하는 점이 많음을 우리는 인식할 필요가 있다. 예컨대, 두 치료가 강화를 이용하는 점이나, 전이현상의 의존, 통찰의 적용 등 유사점이 많기 때문이다.

행동주의적 미술치료 모형은 발달장애아동(예컨대 정신지체아, 정서장애아 등)이나 행동에 문제를 지닌 성인에게 유용하다. 특히, 이 모형에서 실제로 유용한 기법은 '실체적 행동형성법'이다.

이 기법은 미술치료 기법과 행동치료 원리를 결합한 것이며 교육적 조치도 포함되어 치료교육의 의미가 크다. 그 외에도 촉구, 정적 강화, 모델링 등도 유용하다.

미술치료에서 인지적 접근은, 인지가 외부세계의 자극을 조절하는 수단이며, 인지는 언어와 관련이 있고, 인지와 언어는 미술의 상징성과 관련이 있다는 기본적인 이론을 바탕으로 하고 있다. 또한 인지는 창의성과 분리될 수 없으며 생각을 표현하고 받아들이는 중요한 매체로서 미술을 사용하는 것이 유용하다는 것을 전제로 한다.

미술을 통해서 인지나 창조적 기능을 사정할 수 있을 것이며, 또한 인지나 창조적 기능을 개발할 수 있을 것이다. 이미 Piaget와 Inhelder(1967)의 연구를 통해 우리는 인지발달에 대한 지식을 가지고 있다. 언어를 통해 발달된 개념들은 미술형태를 통해 비언어적으로 발달될 수 있을 것이며 이들 개념에 대한 이해는 스케치나 채색화, 조소와 같은 미술작품의 형태에서 추론되어질 수 있다. Silver(1983)의 연구에서 보듯이 그림을 통해서 공간개념이나 계열적 순서, 부류 등의 개념을 사정할 수 있으며, 특히 신경학적 손상(학습장애 등)의 진단은 매우 유용하다고 할 수 있다.

색채의 농담(유채색+흰색)을 혼합해 가면서 계열성개념을 개발하거나 관찰화를 통한 공간개념의 개발, 찰흙으로 모양 꾸미기를 통한 공간, 순서, 부류의 개념을 발달시킨다면 이것을 인지적 미술치료 기법이라 할 수 있을 것이다.

미술치료의 발달적 접근은 Freud 와 Erikson, Piaget 등의 발달이론을 기초로 하고 있다. 발달적 미술치료라는 용어를 처음 사용한 Williams & Woods(1977)는 인지와 운동능력은 정상이나 정서장애가 있는 아동에게 그들의 기법을 적용하여 효과를 거둔 바 있다.

발달적 미술치료의 사정방법은 내담자의 특성에 따라 다르게 적용되나 내담자의 매체의 사용능력과 조직수준, 매체특성에 대한 반응, 구조적인 형과 비구조적인 형태의 사용, 감정의 표현능력 등을 수집한다.

발달적 미술치료는, 아동의 발달과업에 맞추어 각 발달단계에 따라 미술활동 내용이 달라질 수 있다. 예컨대, 어떤 내담자는 생활연령은 6세이나 정신연령은 0~2세(감각운동기)의 수준에 머물고 있는 경우도 있다. 이를테면, 감각운동기에 있는 내담자의 경우는 미술매체에 있어서 비정형매체(모래, 물, 밀가루 등)들이 중심을 이루게 될 것이고, 자기와 타인, 사물의 애착과 분화를 촉진시키기(점토활동 등), 긍정적인 감각성향과 단순한 운동도식을 습득하기(때리기, 흔들기 등), 인과관계를 발견하기(색조합활동 등) 등을 치료의 목표로 할 수 있을 것이다. 전조작기(2~7세)의 경우는, 폭넓은 미술매체가 요구되며, 자율성 증진, 감정표현과 분화의 촉진, 감각분화의 발달, 상징화 능력 발달에 중점을 두어야 할 것이다.

이상에서 미술치료의 행동적 · 인지적 · 발달적 접근을 간단히 살펴보았다. 이러한 미술치료를 성공적으로 시행하기 위해서는 관련 심리학과 교육학, 예술치료,

미술의 각종 기법들에 대한 이론과 실제를 익혀야 할 것이다.

(7) 인지학적 접근의 미술치료 모형

인지학(Anthropophie)의 창시자 Steiner(1861~1925)는 20세기 초기에 산업문명으로 인한 합리성의 강조와 일방적이고 편협한 경쟁적 교육에 반대하여, 인식론적이고 미적 원리에 입각한 인간교육을 지향하여 발드로프학교를 설립하였다. Steiner는 자유를 추구하는 교육을 근거로 인간의 잠재력과 소질을 개발하는 데 헌신하며 이에 관련하여 예술을 교육의 기초로 삼았다. 슈타이너의 인지학적 관점은, 인간을 육체와 정신과 영혼으로 이루어진 통일된 존재로 보며(Hauschka-Staverhagen, 1981), 이러한 인지학적 세계관에 기반을 둔 미술치료는 1962년 의사인 Hauschka가 예술치료학교를 건립하면서 출발하였다.

2) 접근 실제 중심

(1) 접근 방법

- **개인치료와 집단치료의 형태** : 특히 집단치료는 사회성, 자긍심, 표현력, 대인관계, 의사소통, 협동심이 강조된다.
- **표현치료의 형태** : 자기표현, 창조성 강조, 치료로서의 미술.
- **활동치료의 형태** : 예술의 장르를 모두 통합. 예를 들어 시, 음악, 무용, 연극, 인형극, 팬터마임 등을 치료에 상호통합적으로 적용하는 것이다.

이러한 관점은 단순한 임의적 절충식 접근이 아닌(Petzold, 1991), 미술치료가 다른 예술형태 및 매체와의 결합을 통하여 환자에게 다양한 미적 경험을 제시하고, 그들의 감정과 감각을 통합적으로 사용하게 하여 치료의 가능성을 확대시키는 것을 목적으로 한다.

Petzold(1991)는 특히 예술치료를 상위개념으로 두고 미술, 음악, 춤, 동작, 드라마, 시 등의 예술을 치료에 적용하였다. 미술치료의 핵심은 심상, 상징, 치환, 투사, 승화, 진단, 창조성, 활동, 표현, 매체, 지각, 반응, 해석이라 할 수 있다.

(2) 미술치료의 적용 대상

미술치료의 적용은 모든 사람에게 다 적합한 것은 아니다. 그러나 다양한 장소・상황에서 얼마든지 활용 가능한 기법이며 유아부터 노인까지, 개인에서 가족・가족・집단미술치료까지 폭넓은 적용이 가능하다. 또한 병원이나 치료센터에 그치지 않고 각종 교육기관 및 사회교육 프로그램에까지 그 활용이 증가되고 있다. 발달적 입장이나 심리진단, 사회(학교) 부적응자를 상담하거나 치료할 필요가 있는 경우 등에 유용하며 선행연구나 연구자의 임상경험 등을 종합하여 미술치료 적용대상의 예를 제시하면 다음과 같다.

〈적용대상〉

정신질환자(정신분열증, 우울증, 신경증 등), 심신장애인(시각장애, 청각장애, 지체부자유, 정신지체, 정서장애 및 행동장애, 자폐성장애, 학습장애, 중복장애, 인지 및 감각운동장애, 언어장애 등), 비행청소년(폭력, 절도), 이혼(별거)부부, 학부모・조손가정, 가족관계개선, 근친강간, 성폭행, 섭식장애(신경성 폭식증, 신경성 식욕부진 등)약물이나 알코올중독, 함묵증, 학업 부진, 입시 및 시험 불안, 교우관계 및 인간관계개선, 자아성장프로그램, 산업상담, 주의력 결핍장애, 집단 따돌림, 틱 장애, 등교 거부증, 호스피스 환자 및 노인치매, 노인상담, 신체질병자의 심리적 안정 등 유아동에서 노인까지 병원이나 치료센터에 그치지 않고 각종 교육기관에서도 활용의 폭은 증가되고 있다.

(3) 치료실의 물리적 환경

미술치료의 두 가지 근본적 특성은 치료실의 물리적 환경과 기본적인 미술매체를 들 수 있을 것이다. 치료사들은 치료대상과 환경에 초점을 맞추어 환자를 배치하여야 하며 여러 가지 크기의 종이와 결, 색칠할 그림의 표면, 파스텔, 포스터물감, 수채화 물감, 콜라주 재료, 부드러운 나무, 진흙, 그리고 적당한 도구들을 다룰 줄 알아야 한다.

① 치료실의 준비

치료실은 그 크기를 규정하는 데 어려움이 있으나 집단 치료가 가능한 시설로서, 작품 보관장, 관찰시설, 준비시설 등이 있어야 한다.

② 치료 시간의 구성

미술치료의 시간은 치료목표나 대상, 방법에 따라 다양하게 결정된다. 대체로 주 1~2회로 이루어지나 환자와 환경, 또 위기의 경중에 따라 융통성이 발휘되어져야 한다. 대체로 주 1회 정도의 심리 상담이 이루어지지만 장애가 있는 아동의 경우는 치료감각을 학습시키기 위해 일주일에 2회, 3회, 5회까지 이루어지기도 한다.

치료의 기간과 빈도, 매체, 특정의 활동, 치료 종료 등이 시간 계획에 포함되며, 첫 상담에서 구체적인 치료비 계획, 관찰이나 인터뷰에 의한 진단 등이 상담된다. 치료의 시간은 대개 45분~50분 정도이나 집단크기에 따라 더 길어지기도 하며 환자의 집중력의 정도에 따라 짧아지기도 한다. 특히 정신병원이나 노인요양시설에서의 경우 환자의 특성에 따라 조절될 수 있다.

③ 조형활동 시의 매체의 선택

미술치료에 있어서 미술매체 즉, 재료(medium)의 역할은 매우 크다. 내담자는 작품의 표현을 통해 상담의 본질로 차츰 접근해 감으로, 미술치료사들은 다양한 매체들을 사용할 수 있어야 하며, 치료 시간의 구성 및 다른 요소들에 따라서 그 매체는 목적에 부합되도록 선택하여야 한다. 미술과제는 자유연상이나 가족 혹은 집단 간의 의사소통의 매개체이며, 파스텔이나 크레용, 붓 등의 비교적 간편한 매체가 적절할 것이다.

매체의 선택에서 두 가지 중요한 고려할 점은 촉진과 통제이다. 내담자의 자발성을 촉진하기 위해서는 충분한 작업 공간과 아울러 다양한 색상과 충분한 크기의 종이와 점토 등이 제공되어야 한다. 환자에 따라 서로 다르므로 치료사는 개인의 욕구에 따라 민감하게 반응할 줄 알아야 한다. 장애인이나 유아, 노인 등에게는 쉽게 접근할 수 있는 매체가 좋으며 차가운 느낌을 싫어하는 자폐성향이 있는 아동에게는 점토처럼 끈적임이 있거나 차가운 매체는 서서히 접근시키는 게 좋다. 또 너무 많은 양의 재료는 사람을 쉽게 질리게 할 수도 있으며 쉽게 찢어지는 신문지나 분필, 파스텔, 콩테 등은 좌절감을 유발시킬 수 있으므로 예민한 대상에게는 피하는 게 좋다.

낱낱으로 된 매체가 그렇지 않은 매체보다는 다루기가 용이하다. 연필은 조작하기에 다 쉽지만 물감이나 점토는 조작에 있어서 기술적인 문제가 있다. 미술매체의 특성에 따라 어떤 효과를 낼 수 있느냐를 고려하여 선택해야 한다.

다시 말하면, 미술작업의 본질적인 요소는 매체의 사용이다. 창조적 기능과는 별개로, 미술매체는 부가적인 목적을 제공한다. 예컨대, 그것은 내담자의 애정적인 상태를 강화시키거나 소멸시킬 수도 있고 자기표현의 자유에 영향을 줄 수 있으며 또한 왜곡된 방어에 영향을 미칠 수도 있다.

다음 [그림 1]은 미술매체의 특성을 그림으로 나타낸 것이다. 오른쪽으로 갈수록 심리적 긴장과 통제를 높게 하는 자료이고 왼쪽으로 갈수록 통제의 정도가 낮은 매체이다. 통제가 적은(물기가 많은) 것은 감정과 근육을 이완, 촉진시켜 주며 내담자가 무엇인가 할 수 있다는 자신감을 심어 준다. 이러한 재료들은 내담자의 미술작품에 있어서의 능동적인 요소들이다.

이러한 미술치료 매체들은 내담자의 시각 촉각과 관계가 있다. 그것은 동시에 내담자의 정서적 안정과 의식을 자극하여 세상을 접촉할 수 있도록 도와준다. 그래서 미술치료매체는 재료와 미술작품을 만드는 사람과의 사이에 끊임없는 역동을 일어나게 한다. 그러므로 치료사는 내담자의 표현성을 극대화시켜 주는 미술재료를 알아내고 연구하는 것에 특별한 관심을 가져야 하며 특히 내담자들이 작품이 완성되지 못했을 때 느끼는 미해결된 느낌이 없도록 주어진 시간에 완성할 수 있는 재료를 선별하여 제공하여야 함을 잊지 않아야 한다.

[그림 1] 미술치료 매체의 예(Landgarten, 1987)

(4) 내담자의 저항과 그에 따른 치료기법

치료 기법을 적용할 때 치료사로서 늘 관심을 가져야 할 점은 기법의 적용 문제이다. 치료사는 미술치료를 적용함에 있어서 다음과 같은 세 가지 저항을 유의할 필요가 있다.

① 내담자가 과도한 언어화를 나타내는 경우

과도한 언어화는 하나의 저항으로 간주할 수 있다. 그것은 위협적인 자료, 특히 심상적인 형태로서의 자료에 대한 억압을 암시할 수 있다. 만약 이러한 저항이 발생할 경우에는, 오른쪽 뇌의 기능으로의 전환이 바람직하며, 과도한 언어화가 주지화나 합리화와 같은 방어기제에 의한 경우에는, 미술치료 경험에서 감각적 구성요소와의 재확립이 쉽게 이루어진다.

② 내담자가 언어화의 결핍이 심할 경우

반면에 언어화의 결핍은 또 하나의 저항일 수 있다. 이 경우에는 인물 사진을 오려낸 콜라주나 글이 적힌 풍선에 매달린 물체에 대한 심상을 그리게 하여, 심상에 대한 언어적 인지 요소를 결합함으로써 저항을 감소시킬 수 있을 것이다. 또는 내담자로 하여금 이미 떠오른 심상을 선택하도록 하고 그 심상에 대한 한 - 단어적인 연상을 글로 적게 함으로써 오른쪽 뇌와 왼쪽 뇌의 기능을 통합할 수 있을 것이다.

언어화의 결핍은 때로는 개인의 성격의 새로운 부분이 발생되고 있으나 그 자신이 그에 대한 언어적 명칭을 명확하게 인식하지 못하고 있음을 암시할 수 있다. 이때 심상과 관련된 정서에 대해서는(그러나 어느 정도는 애매모호한) 심상에 대하여 점차적인 탐구를 허용할 수 있다. 액체로 된 도구(예, 수채화, 묽은 점토)의 자유스러움은 새롭게 나타나고 있는 구조에 대하여 시행착오를 통하여 구체적인 형성의 기회를 제공한다. 또한 내담자의 생리적 상태(예: 심장 박동, 호흡의 증가, 그밖에 주먹 쥐기나 발을 떠는 행위와 같은 운동성 활동)는 심상 형성과 정서의 표현을 시작해야 할 시점을 치료자에게 제공한다.

③ 내담자가 과도한 운동적 요소를 보일 경우

만약 과도한 운동적 요소가 나타날 경우에는 바로 시각적 표현을 하지 말아야 하는 단서를 제공한다. 일반적으로, 시각적 표현은 과도한 정서적 또는 운동적 활동이 나타날 경우에는 금해야 한다. 때로 과도한 정보의 흐름을 통제하기 위하여 암석이나 나무 또는 플라스틱과 같은 매우 저항적인 재료를 미술치료에서 사용할 수 있을 것이다. 과도한 정서적 또는 운동적 활동이 보다 덜 극단적으로 나타날 경우에는, 치료 회기마다 일정한 구조적인 미술치료를 제공함으로써 이러한 저항을 감소시킬 수 있을 것이다.

3) 개인미술치료와 집단미술치료

(1) 개인 미술치료

심리상담이나 치료에서 행하고 있는 방법을 대상의 구성에 따라 구분한다면 개인 및 집단치료로 나눌 수 있다. 미술치료도 개인치료와 집단치료로 나누어 실시할 수 있을 것이며, 어떤 심리치료의 이론을 기본 관점으로 하느냐에 따라 그 진행 절차에 차이가 있을 것이다.

다만, 정신분석적 미술치료를 도입하는 경우는 내담자가 부정적 감정을 나타내는 것을 시작으로 하여, 미술치료사가 자유연상, 꿈의 분석, 최면 등을 통해 내담자의 갈등을 탐색하게 된다. 이어서 치료사는 내담자의 그림과 언어 내용에서 갈등의 핵심, 주제 내용과 관련된 행동을 추리하게 되고, 치료사는 전이현상에서 내담자의 갈등이 표면화되도록 한다. 또한 내담자의 저항적인 작품의 활동이나 언어 반응을 해석하게 되며, 그러한 해석에 대한 내담자의 반응 및 수용을 격려함으로써 종결단계에 접어들게 된다. 따라서 내담자는 부정적 감정이 감소 및 제거되고, 정신에너지가 해방되며, 자아 통찰력이 생기게 된다.

또한 인간중심의 미술치료일 경우는 상담이나 심리치료를 의뢰해 온 내담자와 치료자간에 먼저 치료관계가 정립될 것이다. 즉, 미술활동을 통해서 어떻게 내담자를 도와주며, 그 절차는 어떻게 할 것인가 등에 대해 관계를 정립한다. 이어서 치료자는 정서반응에 대해 반영, 수용, 인정, 명료화 등의 기법을 사용하게 될 것이고, 내담자는 문제행동에 대한 대안적 선택과정을 탐색하고, 긍정적 사고를 하기 시작할 것이며, 통정, 문제행동의 증상 감소 등을 거쳐 지각된 자신과 이상적 자신 간의 조화를 얻게 될 것이다.

(2) 집단미술치료의 도입

집단미술치료는 집단 심리치료에 미술을 도입한 것이다. 여기에서 그림은 내면세계에 간직된 인간 감정을 자유롭게 꺼내는 것과 동시에 언어로써 서로 부딪치는 감정의 위기의 완충제가 되며, 카타르시스 효과를 가지는 것과 함께 감정 교류의 조정 역할을 한다. 따라서 집단미술치료를 목적으로 하는 것은 집단의 한 일원으로서의 개인적 체험이며, 치료자와 환자, 환자와 환자 상호간의 교류 가운데서의 자기통찰이고, 나아가 자신의 이미지를 시각화한다는 회화의 특수성에 의해서 치료자는 환자의 정신세계를 좀 더 정확하게 파악할 수 있다(岩井, 1983).

단 심리치료에 미술을 도입하는 시도는 비언어적인 표현이 중심이 되는 아동정신과 영역에서 행할 수 있는 것이 많았다. 현재 행하고 있는 집단심리치료로서의 미술치료는 다음의 세 가지로 나눌 수 있다.

첫째, 내담자의 자발성을 향상시키는 것이나 사회참여능력을 높이는 것을 주된 목적으로 하는 것.

둘째, 집단을 가족에 한정하는 것.

셋째, 집단구성원의 자유로운 상호 교류를 촉진하여 환자의 자기통찰, 왜곡된 인간관계의 교정을 목적으로 하는 것 등이다.

집단 심리치료에 미술을 도입하는 이유를 몇 가지로 요약해 보면 다음과 같다.

첫째, 회화의 개입으로 언어적 표현이 쉽게 된다. 회화라는 완충제를 둠으로써 발언내용이 약해지는 결점이 있으나, 치료자가 이것을 환자의 심리상태를 정확히 파악, 지적, 강화해 주는 것으로 보완할 수 있다.

둘째, 환자의 무의식적인 정신세계를 표출하기가 보다 용이하다. 한편, 회화에 대한 어떤 지적이 환자의 혼란을 초래하기 쉽다. 이것이 유기적 상황으로 이어질 수 있으므로 치료자는 신중히 언어화해야 한다.

셋째, 치료자도 함께 활동을 행함으로써 치료자를 정점으로 하는 일방적, 지시적, 집단 내 계층의 발생을 막을 수 있다. 단지 지시에 개입하지 않는다든가, 토론을 흐름에 맡긴다고 하는 것과는 다르다. 환자의 자기통찰이 깊은 때에 다른 발언으로써 화제를 옮긴다든지, 위기적 상황 시에는 치료자가 적극적으로 개입해야 한다.

넷째, 회화는 그 자체가 카타르시스적 효과를 가지는 반면, 회화에 의해 카타르시스가 되어 버리기 때문에 언어에 의한 자기표현의 필요성이 감소해 버리는 단점도 간과해서는 안 된다.

4) 미술치료기법의 활용

미술치료는 내담자에 대한 충분한 지식과 이해를 바탕으로 한 미술매체의 선택이나 치료사의 활용능력이 매우 중요하다. 또 미술치료를 실시해 나가는 과정에서 미술표현을 도울 수 있는 방법과 미술치료에 활용되는 진단기법과 치료기법들을 몇 가지 살펴보면 다음과 같다.

(1) 진단도구로서의 미술

미술치료 심리진단은 다른 검사들의 보조적 역할을 함으로써, 보다 객관적이고 정확한 결과를 산출하는 데 중요한 정보를 제공하며, 판정을 내릴 때 투사적 기법들이 갖는 검사자의 주관적 의견이 다수 포함됨으로 인해, 다른 성격검사들과 함께 주의 깊게 다루어져야 한다.

① 과제화

인물화, 그림완성법, 나무그림, 집그림, 산과 해의 그림, 풍경구성법 등이 여기에 속하며, 산 · 길 · 집과 같은 특정의 과제를 부여할 수도 있다.

② 심상화

상상화를 그리게 하고, 다른 또 한 장에는 사람, 태양, 집 등 세 가지의 내용이 있는 상상화를 그리게 한다. 즉, 후자는 과제를 제시한 것이다. 형태, 색채, 구도, 동적인 요소, 내용 등이 분석 기준이 된다.

③ 나무그리기

열매가 달린 나무를 한 그루 그리도록 지시하는 방법으로써, 내담자에 대한 중요한 정보를 얻을 수 있으며, 현재 한국판 나무그림검사가 나와 있다.

④ 집, 나무, 사람 검사(HTP)

현재 가장 많이 사용되는 진단도구로 많이 사용되며 사전, 사후 검사에도 유용하다. 4장의 종이에 집(House), 나무(Tree), 사람(Person)의 남 · 여를 그리게 한다. HTP를 한 장에 다 그리는 통합기법도 사용되며, 운동성을 가미한 KHTP도 개발되어 유용하게 사용한다.

⑤ 인물화 검사(DAP)

인물화에 의한 성격검사로 많이 사용되며, 전신상의 남 · 여를 따로 받는 방법으로서, 한국판 표준검사는 없으나 미국이나 일본의 기준에 준하여 분석한다.

⑥ 가족화(DAF), 동적가족화(KFD), 동그라미 중심 가족화와 부모그림(FCCD와 PSCD), 가족을 그리게 하여 가족의 체계나 내담자의 가족 지각을 파악하는 방법으로서, 가족화(DAF)와 동적가족화(KFD), 동그라미중심 가족화(FCCD)와 부모중심가족화(PSCD) 등이 있다.

(2) 치료도구로서의 미술

미술활동 자체가 치료적 속성을 지니고 있으며, 아래에 소개한 것처럼 대상에 따라 치료방법 혹은 활동 속의 테크닉으로서 사용되어질 수 있다.

① 테두리법

테두리법은 내담자에게 치료자가 도화지를 제시하면서 테두리를 그어 건네주는 방법이다. 내담자의 조형활동을 자극하고 동기를 부여할 수 있으며, 빈도화지나 작업에 대한 공포를 줄일 수 있어 자아가 허약한 내담자에게 사용하면 좋다. 풍경구성법이나 난화상호이야기 만들기 법을 시작할 때에도 많이 사용한다.

그림을 시작하는 데 저항감을 줄이고, 안정감을 제공하며, 장애를 지닌 아동에 대해서는 집중력 제공과 산만성을 줄이는 데 도움을 준다.

② 그림완성하기-Starter sheet

그림을 그리는 데 저항이 있거나 공포나 수줍음 등으로 그림 그리기 능력이 부족하거나 의욕이 없는 아동의 문제 행동을 줄여서 미술표현을 자극하고 촉진하기 위해 출발그림 용지(starter sheet)를 사용한다.

이 방법은 치료사가 종이에 잡지에서 오린 얼굴사진이나 사람의 눈만을 붙여 주어 그림을 완성하게 하는 방법이다. 또 다른 방법의 하나인 그림 완성법은 소정의 용지에 기호가 그려져 있는 8개의 정방형을 제시하고 그 기호를 사용해서 그림을 완성하게 하는 방법이다. 유아나 성인, 정상적인 사람, 정신질환자 등에게 모두 적용할 수 있다. 그린 순서를 적고, 무엇을 그렸는가를 해석하게 한다.

이것은 미술치료 과정이나 초기에 사용할 수 있으며, 환자의 거부감이나 저항, 공포를 제거할 수 있다. 동그라미를 그리고 그 안에 임의의 점을 찍어 환자에게 제시함으로써 환자를 지지해 줄 수도 있다. 특히 그림 그리는 능력이 부족한 장애아동들에게 유용하게 사용되고 있다.

③ 난화 그리기

누구든지 난화는 쉽게 그릴 수 있기 때문에 미술치료사들은 종종 그림 그리기를 어려워하는 환자들에게 난화를 그리도록 한다. 특별한 도식이나 보편적인 양식에 익숙하여, 특히 상상력이 부족한 아동에게 도움이 된다. 난화는 환자로 하여금 긁적거리기를 통해 창조하지 못했던 이미지를 발견하고 그리도록 해 주며, '숨어 있는 이미지'가 출현되도록 도와준다.

이러한 난화의 장점을 이용한 것이 난화상호 이야기 만들기이다. 이 방법은 난화와 난화 이야기법을 종합하여 응용한 것이다. 치료자와 내담자가 각기 서로 제시해준 난화에 이미지를 찾아 형상을 그리고 서로 번갈아 가며 이야기를 만들어 나간다. 이때 난화에서 이끌어낸 심상의 형성이 치료에 중요한 의미를 지닌다. 최근에는 난화와 콜라주를 함께 사용하기도 한다. 이 기법은 중증장애아보다 경도장애아나 말을 할 수 있는 아동에게 더 좋다. 그러나 말을 못하거나 하지 않는 아동들에게도 발어나 언어화의 자극에 유용한 기법이다.

④ 난화 게임법

주로 4, 5세 이상 아동들에게 심리치료나 언어치료에 응용되고 있다. 난화를 제시하고 그림을 완성하게 하여, 다 그리고 난 뒤에 질문을 하고 이야기를 꾸며 나가게 한다. 난화는 몇몇 진단 기법들처럼 진단적, 치료적 특성을 동시에 포함하고 있다. 최근에는 표현이 부족한 환자들에게 난화와 콜라주를 합친 기법도 사용되고 있다.

(3) 자유화와 주제화의 제시

자유화는 내담자가 제재나 방법을 스스로 결정하여 그리게 하는 것으로서 진단과 치료에 모두 활용한다. 내담자의 자발적인 표현은 무의식을 의식화하는 데 크게 도움이 된다. 그러나 미술치료 과정에서 중요한 주제는 자연스럽게 나타나지만 때로는 특별히 주제를 제시해야 할 시기가 있다.

예컨대 내담자가 무엇인가 느끼고 있을 때는 '느낌'을 그리도록 제안할 수 있다. 특별히 과제를 주는 과제화법은 인물화, 가족, 친구, 집, 나무, 산, 동물, 길 등의 과제를 미리 주고 내담자가 상상화를 그리게 한다. 색채, 선, 형태, 공간이용, 공간적 형태, 내용(부모, 형제, 자신, 산, 태양 등) 등을 분석한다. 이와 같은 분석 방법은 아직 신뢰도나 타당도에서 동의를 얻지 못한 부분이 있으므로 제한성에 유의해야 한다.

이상 행동에 대한 내면의 욕구와 그 욕구를 저지하는 압력을 잘 알 수 있다. 인물화, 묘화완성법, 나무 그림, 집 그림 검사, 산과 해의 그림, 풍경구성기법 등이 여기에 속하며, 산・길・집과 같은 특정의 과제를 부여할 수도 있다.

① 핑거페인팅(Finger painting)

특히 치료 초기에 많이 사용되며, 정서의 안정과 거부, 저항의 감소, 이완 등의 효과를 가진다. 또한 작업의 촉진, 스트레스 해소에도 큰 도움이 된다. 이것은 나중에 작품으로 게시해도 좋고, 크리스마스카드를 제작해서 사용할 수 있다.

② 협동화법

집단 치료에 유용하며, 언어적, 비언어적 협동기법으로 크게 나눌 수 있다. 집단 치료의 장점을 함께 활용하면 효과적이다.

③ 역할 교환법

채색이나 콜라주, 난화, 그림그리기 등에서 내담자와 치료자가 서로 번갈아가며 작품을 제작한다. 화면분할법(한 장의 종이에 적당한 선을 그어 나눔)과 같이 사용하기도 한다. 라포형성이나 거부감 감소, 흥미유발, 촉진 등에 효과적이다.

④ 갈겨 그리기 법

환자에게 사인펜을 주어 손으로 직접 갈겨 그려서 선을 따라가게 한 후 "어떻게 보이는가?", "어디가 어떻게 되어 있는가?"에 대해 얘기한 후 채색시킨다. 내담자와 치료자가 갈겨 그리기를 하면 내담자와의 관계에 동력을 더욱 강하게 한다.

⑤ 이미지 그리기 법

그림을 환자와 치료자 사이에 두고 그것이 산출한 이미지를 매개로 하여 환자와 치료자 사이의 사고수준과 각각 지각 수준에서 교류를 도모한다. 언어적 커뮤니케이션을 통한 심리치료법이다. 구체적 이미지, 심리적 이미지, 가족 이미지 등의 과제를 사용할 수 있다. HTP, 색의 연상, 추억, 꿈, 신앙, 선과 악, 애정, 음악 등에서도 연상할 수 있고, 이상적인 아버지, 생각나는 사람 등을 통해서도 이미지를 떠오르게 한다. 자유화 또는 과제화를 모두 사용할 수 있다.

⑥ 자아감각 발달법

심신장애인은 신체상이나 자아개념이 부정적이다. 이를 높이기 위해서 Starter sheet나 묘화완성법, 손도장과 발도장 찍기, 조소활동, 동그라미기법, 씨앗으로 얼굴 만들기, 가면 만들기, 자기신체 본뜨기(실물 크기), 인체퍼즐 게임, 거울보고 자기그리기, 손 본뜨기 등을 할 수 있다. 특히, 신체이미지가 부정적인 섭식장애 환자나 신체장애인에게 효과적이다.

⑦ 감정차트 만들기

도화지에 몇 개의 칸을 구분하고 최근의 감정을 그리거나 색종이로 나타내게 한다. 감정을 표현한 후에 모든 인간은 불편한 감정을 가지고 있음을 확인시킨다. 또한 칸 없이 한 장의 종이에도 표현할 수 있다. 스펙트럼 형태의 띠로도 나타낼 수 있다.

⑧ 생활선 그리기

유아 시절부터 현재까지 그리고, 미래에 대하여 생활선으로 표시하고 연령 단계별로 높낮이, 선의 굵고 가는 정도 등으로 자신의 생의 주기를 나타내게 한다. 그리고 환자가 설명하면서 자신을 발견하고 느끼게 할 수 있다.

⑨ 잡지 콜라주법

자아 정체감을 발달시키기 위하여 실시하고, 소집단에서는 서로 그림을 돌려가면서 피드백하고 비교를 통해 통찰한다.

⑩ 그림대화법

짝을 지어 비언어적으로 그림을 통해 의사소통을 하게 한다. 사회성, 편안함, 집단이해 등을 배운다.

⑪ 집단만다라 벽화 그리기법

집단 속의 자기이해, 집단이해, 협동심 등을 기른다. 특히 벽화는 공동화(협동화)를 제작할 때 소집단이 책상 위에서 그리는 것보다 거부감이 적고, 편안하며, 역동성을 더 잘 나타내 준다.

(4) 매체의 제시

미술치료는 내담자에 대한 충분한 지식과 이해를 바탕으로 한 미술매체의 선택이 치료과정에서 매우 중요하다. 매체의 선택에 있어 가장 중요한 점이 바로 여러 매체에는 내담자를 촉진시키고 통제시키는 특성을 갖고 있다는 점이다.

즉, 내담자의 특성을 주의 깊게 고려하여 소극적이고 에너지가 적은 내담자에 대해서는 보다 편안함과 안정감을 부여해 주고, 작업에 적극적으로 참여할 수 있도록 도울 수 있는 부드럽고 유동적인 비정형적 매체 위주가 좋을 것이며, 과도한 언어 및 행동에 대한 통제에 어려움을 보이거나 에너지가 너무 많은 내담자에 대해서는 비교적 딱딱하고, 결정적인 정형적 매체 위주의 활동이 이루어지는 것이 좋다.

물감과 같은 매체를 마구 그리고 칠해 보기 등은 행동이 심하게 억압되어 있는 대상에게는 활기를 불어넣을 수 있으며 내담자 자신이 자발적으로 뭔가를 할 수 있다는 용기를 줄 수도 있으므로 자주 매체를 바꾸어 주는 것도 중요하다.

일반적으로 미술매체를 자유로이 선택하도록 하는 것이 가장 좋지만 때로는 미술매체의 제시가 도움이 될 때도 있다. 때때로 가는 붓이 스케치에 더 좋다든지, 조각할 때 점토가 진흙보다 더 적절하다든지 하는 것은 기술적인 문제이다. 이런 기술적인 도움을 주기 위해서는 미술매체와 그 성질에 대해 잘 알고 있어야 한다. 또는 정신 역동적 관점에서 미술매체나 과정을 이용하라고 제안하는 사람도 있다. 그러나 '미리 규정하는 것'은 잘못된 것이며, 억압된 아이에게 자유로움을 주기 위해 핑거페인팅을 사용하도록 '말하는' 것은 권위적 관계를 강화할 뿐만 아니라 불안을 야기시키는 것이 될 것이다. 그러나 환자와 치료자 간에 친밀한 관계가 성립된 후에는 명백하게 이유를 설명하면서 특별한 제안을 해도 괜찮은 시기가 있다.

시각장애아의 경우에는 점토를 통해 만들기를 함으로써 명백한 작품을 만들 수 있도록 촉진할 수 있고, 작품을 통한 대화를 통해서 아동의 갈등이나 증상의 배후에 있는 무의식적 사고를 명료화 할 수 있다.

5) 꿈의 활용

정신분석적 미술치료에서 꿈을 활용하듯이, 내담자들 가운데 말로 표현하는 것보다 그림으로 자기 의사를 잘 전달할 수 있는 환자의 경우에는 꿈을 그리게 할 수 있다. 예컨대, 꿈을 그리게 함으로써 악몽을 통한 경험을 명료화하고 이야기를 함으로써 꿈에서 상징화된 분노의 충돌들을 잘 이해하도록 도울 수 있다.

6) 자신 표현하기

개인치료나 집단 치료 시에 "나는 누구인가?"를 알리고자 할 때 자신을 표현하도록 하기 위해서 '인물화'를 그리게 한다. 또는 '이것이 나이다-잡지 콜라주'를 시행하고, 서로 토의하며, 피드백을 하여 타인과의 비교를 통해 통찰한다. 자신의 표현은 자아 감각을 발달시키기 위한 수단으로 많이 활용된다.

7) 가족화 그리기

가족화와 동적 가족화는 가족을 그리게 하여 내담자의 심리나 가족의 체계 및 가족 지각을 파악한다. 가족화(Draw a Family: DAF)와 동적 가족화(Kinetic Family Drawing: KFD)는 지시가 다르며, 후자가 더 역동성 파악에 좋다. 동적 가족화는 "당신의 가족 모두가 무엇인가를 하고 있는 그림을 그려 세요."라고 지시하여, 그린 후에 각 인물상이 누구인가, 연령, 무엇을 하고 있는가를 질문한다. 해석에 있어서는 인물상의 행위와 그림의 양식(구분, 포위 등), 상징(책상 등), 그림의 역동성(크기, 거리, 방향, 생략 등)을 기준으로 하여 진단한다.

가족화는 진단에도 활용하고 가족치료에도 사용할 수 있다. 예컨대, 개별 치료는 KFD를 통해서 개인의 내적문제 및 가족 내의 관계를 드러내게 하여 스스로를 통찰할 수 있게 하는 것이며, 합동가족치료(CKFD)는 가족 전원이 KFD를 그리게 하여 가족전원이 심상을 형상화하면서 이야기를 드러내게 한다.

8) 학교생활그림

학교생활그림(Kinetic School Drawing: KSD)은 아동의 학교생활을 파악하는 데 좋으며, 치료에도 활용하고 가족화와 함께 받아보면 아동생활 전체를 이해하는 데 유용하다. 교사, 친구, 본인을 포함해서 그리게 한다. 대부분의 아동은 학교생활에 대한 그림을 거부하는 경향이 적다.

9) 풍경구성기법

풍경구성법(Landscape Montage Technique: LMT)은 도화지에 '강, 산, 밭, 길, 집, 나무, 사람, 꽃, 동물, 돌 등 만족하지 않다고 생각하는 것'을 순서대로 그려 넣게 하고 하나의 풍경이 되게 채색하도록 한 다음 그것에 대해서 계절, 시각, 기후, 내의 흐르는 방향, 사람과 집, 밭 등의 관계에 대해서 이야기한다. 치료가능성의 평가와 문제점 관찰에 유용하다. 진단과 치료에 모두 사용할 수 있다.

10) 치료적 도구로서의 미술치료기법

(1) 협동화 및 그림대화하기

가족이나 소집단의 구성원들에게 크레용을 한 개씩 주고 한 장의 종이에 함께 그림을 그리게 한다. 비언어적 방법과 언어적인 방법 모두를 경험케 한다. 진단 시에는 그 집단의 체계를 분석할 수 있고, 치료 시에는 협동심, 커뮤니케이션 기능, 자발성, EQ, 사회성, 집단이해, 인간관계 등을 높일 수 있어 매우 좋은 방법이다. 특히, 그림대화는 치료자와 내담자가 비언어적으로 상호역할을 교환해가면서 실시함으로써 편안한 가운데 자기감정을 표출하고 상대의 감정을 이해하는 훈련을 할 수 있다. 언어장애나 우울증, 내향성, 소극성, 고집성을 지닌 아동에게 사용하면 효과적이다.

(2) 색채선택하기

색채 선택법은 내담자가 좋아하는 색을 선택하여 그것을 사용하여 그림을 그려 받는 방법이다. 가족체계 진단법에서도 좋아하는 크레용을 골라 사용토록 하는데 내담자에게 자유를 부여하는 데 목적이 있다. 자유를 부여하면 책임의식이 많아지는 임상 철학의 원리를 활용한다.

(3) 콜라주로 표현하기

콜라주 기법은 최근에 가장 많이 사용되는 미술치료 기법이다. 거부의 감소, 분노의 노출, 희망에 대한 상징 등 다양하게 활용할 수 있다. 표현이 쉽고, 그리기보다 정확한 감정 전달이 우수하나 선택할 수 있는 사진 매체가 많아야 한다. 자기감정을 나타내기, 가족이나 친구에게 말하고 싶은 것, 주고 싶은 선물, 받고 싶은 선물, 타인에 대한 느낌 표현, 문제의 예방 및 대처 방법 등을 쉽게 표현할 수 있다.

(4) 조소로 표현하기

조소는 촉지각과 관계하는 조형활동이다. 그리기가 중심이 되는 미술치료 영역에서 매체의 연구에 중요한 대상이 되는 것으로서 점토로 인물상을 만들거나 자기의 느낌을 표현하게 하여 해석하게 한다. 묽은 점토는 수채 물감과 같이 액체 도구로서 언어화가 결핍된 내담자에게 유용하며 과도한 언어화를 나타내는 사람들에게는 감각적 요소를 강조할 때 사용한다. 특히, 대상관계가 부족한 내담자의 치료에도 유용하다는 연구보고가 있으므로 현장에서 사용하면 좋을 것이다.

이외에도, 구체적인 치료기법으로 활용되고 있는 것은 매우 많다. 예컨대, 동물가족화 또는 동물자화상 그리기, 난화와 콜라주를 합쳐서 표현하기, 누구에게 받고 싶거나 주고 싶은 선물 표현하기, 상동적 표현을 수정하기 위하여 또는 표현을 자극하기 위하여 무용이나 노래를 도입하는 법, 부부와 같이 짝지어 합동화를 그리기, 만화를 그려 대화하기 등을 활용한다.

(5) 동그라미 기법

동그라미를 도화지에 미리 그려 주고 그림을 그리게 하는 방법이다. 동그라미를 그린 후 그 안에 점을 하나 찍어 주어 표현을 촉진할 수 있다. 또한 이러한 방법은 심리적으로 허약한 내담자를 지지해 줄 수 있다. 또한 동그라미를 그려 주는 부모와 자기상 또는 가족전체를 그리게 하는 동그라미 중심가족화도 사용할 수 있다.

이 기법은 동그라미 중심에 중요한 인물이 배치된다는 원리를 응용하고 있다. 최근에 사용되는 '만다라 기법'도 원이 지니고 있는 인간의 마음의 전체성과 인간과 자연과의 관계를 나타내는 우주관 내지는 종교성에서 도래한 것으로서 자아정체감 확립이나 심리적 통합에 유효한 기법이다.

(6) 손과 신체 본뜨기

인간은 자기 신체를 매우 중요시하고 신체개념이나 신체이미지로부터 긍정적 또는 부정적 자기 개념을 형성하게 된다. 자기의 손을 도화지에 놓고 본을 떠서 각

손가락에 자기가 하고 싶은 말을 적어 표현케 한다. 신체 본뜨기는 큰 종이를 벽에 붙여 놓고 내담자의 신체와 같은 크기로 본을 떠 준 후에 스스로 장식하게 한다. 이러한 활동으로 긍정적인 신체이미지나 자기 존중감을 갖게 할 수 있다.

(7) 감정사전 만들기

감정차트 만들기는 도화지에 몇 개의 칸을 구분하고 최근의 감정을 그리거나 색종이로 나타내게 한다. 감정을 표현한 후에 모든 인간은 불편한 감정을 가지고 있음을 확인시킨다. 또한 칸 없이 한 장의 종이에 표현할 수 있다. 스펙트럼 형태의 띠로도 나타낼 수 있다.

(8) 삼자관계 그리기

가족 중의 삼자관계를 알아보기 위해서, 그리고 환자가 가족 내의 삼자관계를 깨닫게 하기 위해서 실시한다.

(9) 가계도 그리기

가족 치료에서 많이 활용하며 색종이를 사용하여 세대별로 표현한다. 가족의 세대들 사이의 갈등과 가풍의 계승과 순환 등을 이해한다.

(10) 자기집 평면도 그리기

어린 시절(가능하면 유아시절)에 자기가 살았던 집의 평면도를 그려서 가장 무서웠던 곳, 좋아했던 곳, 비밀 장소, 누구와 함께 살았는지 등을 설명하여 자신의 과거를 회상한다. 자기에게 영향을 미친 사람, 자신의 아동기 성격의 형성 등을 발견하고 부적응 행동에 대한 재 결심을 유도하여 새로운 삶의 각본과 도식을 형성하게 한다.

(11) 상호의존 역할놀이법

짝을 지어 서로 역할을 바꾸어 그리도록 한다. 그림을 그리면서 타인의 역할을 함으로써 역할놀이의 효과를 얻는다. 그 후에 경험했던 감정을 서로 얘기하고 교환한다. 부부치료에 효과적이다.

(12) 나의 어머니(아버지), 나의 딸(아들) 그리기

환자의 어머니(아버지)와 환자의 딸(아들)관계를 그리게 한다. 꼭 그림이 아니더라도 난화로 표시해도 좋고, 콜라주를 사용해도 된다.

(13) 만다라 그리기

개별적인 작업 생활 만다라를 그리게 한다. 크레파스, 색연필 등을 이용하거나 색종이도 사용할 수 있다. 자유연상을 하여 그려도 좋다. 그리고 나서 심상을 시로 써서 나타내기도 한다. 색채를 사용하며 환자의 기억과 감정을 통합하는 데 유용하다.

(14) 기타의 방법

미술치료과정에서 우리는 '가면'을 만들어 쓰고 게임을 할 수도 있고, 자신의 작품에 대해서 자유롭게 표현할 수 있도록 녹음기나 마이크를 사용하여 자신을 표출케 한다.

글짓기도 사용하며, 비디오를 통해 자기가 보존하고 싶은 영상을 복사해 줄 수 있다. 아동 스스로 자기 활동을 책으로 엮어 나가게 할 수도 있고 어두움을 두려워하는 아동은 손전등이나 촛불을 켜고 조도를 줄여 작업을 하는 것이 효과적일 수 있다.

이외에도 구체적인 치료기법으로 활용되고 있는 것은 많다. 예컨대, 동물 가족화 또는 동물자화상 그리기, 난화와 콜라주를 합쳐서 표현하기, 누구에게 받고 싶거나 주고 싶은 선물 표현하기, 상동적 표현을 수정하기 위하여 또는 표현을 자극하기 위하여 무용이나 노래를 도입하는 통합기법, 사진기법, 색채치료기법, 만화그림 방식으로 대화하기 등을 활용한다.

최근에 개발된 '사진미술치료'는 내담자로부터 '즉석 이미지'를 느끼게 하는 데 효과적인 기법이자 말기암환자나 노인미술치료에서는 옛날의 미해결된 감정을 해결해 줄 수 있는 회상기법으로서의 효과가 있다.

지금까지 미술치료에 대한 개념과 기법들을 간략하게 소개하였다. 모든 미술치료 기법을 다 소개할 수 없는 아쉬움이 있지만, 무엇보다 중요한 점은 반드시 미술치료가 모든 내담자에게 적용되는 것은 아니며, 치료의 목표나 내담자의 흥미, 특성 등을 고려해 미술매체, 치료 분위기, 개인, 혹은 집단치료의 선택 등이 내담자에 따라 달리 접근되어져야 한다는 것이다.

또한 앞에서 미술치료의 장점에서도 언급하였듯이, 상담과정에서 미술을 통해 치료자가 내담자를, 또는 내담자 자신이 스스로를 이해하고 문제를 해결해 나가는 데 도움을 주는 것이다. 그러나 미술을 통한 심리진단은 일종의 투사기법으로서 치료자의 주관적 의견이 상당 부분 포함될 수 있으며, 이로 인해 자칫 잘못된 낙인(Labeling)이 내려질 수 있으므로, 전문적인 치료자로부터 다양한 검사를 통한 보다 종합적인 진단과 체계적인 치료과정이 이루어져야 할 것이다.

2. 미술치료에서의 진단 기법

심리진단을 위해 그림을 이용한 것은 비교적 최근인 19세기말부터 시작되어 Goodenough(1926)는 아동기에서 청소년기까지 규준이 되는 인물화의 발달과정을 연구하여 그림과 지능의 발달 관계를 규정했다. 이후에 Harris(1963)는 Goodenough의 연구를 더욱 발전시켰다. 이 인물화와 지능의 발달 관계를 규정한 검사(DAM)는 우리나라에도 소개되어 김재은・여광응 등이 '인물화에 의한 간편 지능검사'로 표준화작업을 하여 지금도 발달지체아동의 지능측정에 매우 효과적으로 사용되고 있다.

또한 Machover(1949)는 아동의 그림에 대한 임상적 해석 기준을 마련하여 '인물화에 의한 성격검사(DAP)'를 개발하였다. 피험자가 그린 인물을 가지고 그 피험자의 성격특성을 이해하고자 한 것이었다. 그 후 Koppitz(1968)는 발달에 따른 점수화 체계와 인물화의 분석을 연구하여 많은 사람들이 폭넓게 사용하게 되었다.

한편 Buck(1948)은 단일과제의 그림검사보다는 집 - 나무 - 사람을 그리게 하는 것이 피험자의 성격의 이해에 보다 효과적이라고 생각하여 집 - 나무 - 사람(House-Tree-Person)그림을 발달적, 투사적인 측면에서 연구했다. Buck이 집, 나무, 사람의 3가지 과제를 사용한 것은 첫째, 집, 나무, 사람은 누구에게나 친밀감을 주는 것이며 둘째, 모든 연령의 피험자가 그림대상으로 기꺼이 받아들이며 셋째, 다른 과제보다는 솔직하고 자유스러운 언어표현을 시킬 수 있는 자극으로서 이용할 수 있기 때문이었다고 하였다.

Jolles(1964)는 집, 나무, 사람그림에 대한 특성을 매우 상세하게 기술했고 또한 Hammer(1971)는 투사적 그림의 임상적 적용을 확대했다.

1) HTP 그림검사

HTP검사는 개별검사로서 실시하고, 그림을 완성한 후에 여러 가지 질문을 행하여 피검자의 성격에 대한 많은 정보를 얻는다. 그러나 피검자들의 적응수준이나 성격의 성숙도를 알기 위해서는 집단검사로서 실시하는 것도 가능하다.

(1) HTP검사 실시방법

① 준비물

HTP검사 실시에 필요한 도구는 피험자 한사람에 대하여 16절지(A4) 백지 4장, 4B연필 2~3자루, 지우개를 준비하면 된다. 단, 연필심이 너무 뾰족하지 않도록 해야 한다.

② 실시 방법

㉠ 개별검사 시

준비한 종이의 우측상단에 작게 (1)부터 (4)까지의 번호를 적어 둔다. 이것은 인물화에서 남녀의 어느 쪽을 먼저 그렸는지를 알기 위해서이다. 집단검사로 실시할 때에는 예비용으로 백지와 연필을 별도로 준비해 두는 것이 좋다.

검사를 실시할 수 있는 준비가 되면 시작한다. 먼저, "지금부터 그림을 그려 봅시다. 이것은 그림을 잘 그리고 못 그리는 것을 조사하는 것이 아니므로, 즐거운 마음으로 그리십시오. 또한 이것은 사생을 하는 것이 아닙니다. 자기가 생각한 대로 그리면 좋습니다." 하고 설명한다.

그 다음에 "한 장의 종이에 하나씩 모두 4장의 그림을 그리십시오."라고 말한 뒤 (1)의 종이를 가로로 제시하면서 "이 종이 위에 집을 그리십시오."라고 지시한다. 검사자는 그림을 그리라는 지시를 한 후부터 그리기 시작하기까지와 그리기를 마칠 때까지의 시간을 측정하지만 너무 엄밀히 측정할 필요는 없다.

또한 검사자는 피검자의 여러 가지 질문에 대해서는 단지 "당신이 생각한 대로 그리십시오."라고만 대답해 주며 피검자의 질문은 기록해 둔다.

피검자가 집 그림을 끝내면 다시 (2)번의 종이를 세로로 하여 제시하며 "이번에는 나무를 한 그루 그려 보십시오."하고 지시한다.

나무의 그림이 끝나면 (3)번의 종이도 세로로 제시하며 "이번에는 사람을 한 사람 그려 보십시오. 얼굴만이 아니고 전신을 그려 보십시오."하고 지시한다.

검사 자는 피검자가 사람을 다 그리고 나면, 그 그림이 남자(성)인지 여자(성)인지 질문하여 피검자의 대답을 (3)번의 아래에 기입한다. 그리고 (4)번의 종이를 세로로 제시하며 "그러면 이번에는 남자(혹은 여자)를 한 사람 그려 보십시오. 역시 얼굴만이 아니고 전신을 그려 보십시오."하고 (3)번의 인물과 반대되는 성의 인물을 그리도록 지시한다.

단, 피검자가 그린 그림이 현저하게 만화처럼 그려지거나, 막대형 그림이거나 또는 추상적인 그림일 경우에는 다시 한 번 그리게 하는 것이 좋다.

만일 피검자가 다시 한 번 그리게 하였을 때도 역시 만화적으로 그리거나 막대형의 그림, 또는 추상적인 그림일 경우에는 해석적인 유의미성을 지닌다고 할 수 있다. 즉, 검사에 대한 거부감의 표시일 수 있다.

HTP 각각의 그림에 대개 10분 정도 필요하다. 하지만 실제로 많은 피검자들에게 실시해 보았을 때 대개 집 그림은 5~6분 정도, 나무그림은 6~7분, 인물화인 경우는 8~10분 남짓 소요되었다. 그림에 소요되는 시간이 지나치게 짧거나 혹은 긴 시간이 소요될 경우는 해석에 있어서의 유의미성을 지닌다고 할 수 있다.

㉡ 집단검사 시

HTP를 집단검사로 실시할 경우에는 옆 사람의 그림을 보지 않도록, 그리고 사생을 하지 않도록 강조하며 덧붙여 만화 혹은 막대형의 그림 등으로 그리지 않도록 피검자들에게 주의시킨다. 지시사항은 개별검사 때와 같다.

검사실시하기 전에 준비한 백지의 우측 상단에 조그맣게 (1)~(4)까지 번호를 반드시 써 두어야 한다. 피검자들에게 각각의 그림에 이름을 기록하게 하고 그림 (3)과 (4)의 인물화에 대해서는 남자인지 여자인지 성별을 기록하게 해야 한다.

집단검사에서도 개별검사와 마찬가지로 대개 HTP를 완성하는 데 소요되는 시간은 집 그림은 3~5분 정도, 나무그림은 그보다 좀 길어 5~6분, 인물화인 경우는 8~10분 남짓 소요된다.

③ 그림 그린 후의 질문(PDI : Post-Drawing-Inquiry)

HTP검사에서 그림 그린후의 질문은 피검자가 HTP에서 표현한 것의 독특한 의미와 문제를 파악하는 데 극히 중요한 역할을 한다(Koppit, 1968).

질문은 특별히 일정한 형식은 없으며 검사자의 필요에 따라서 행하는 것이 좋다. 예컨대 "이 그림에 대하여 당신이 느끼고 생각하는 것을 이야기 해 보십시오." 라든가 "이 그림에 대하여 어떤 이야기를 만들어 보지 않겠습니까?"라고 질문하는 것이 좋다. 질문에 대한 대답에 대해서는 그 이유를 묻는 것이 바람직하다.

다음은 HTP검사를 실시한 후 피검자들에게 일반적으로 사용하는 질문사항들이다.

그러나 실제 많은 피검자에게 HTP를 실시해 본 경험에 따르면 모든 피검자에게 아래와 같은 질문을 하는 것이 매우 어렵다. 하지만 해석의 단서를 얻기 위해서는 가능한 한 질문에 대한 답을 얻어내는 것이 중요하다. 또한 아래의 질문란에 피검자의 대답을 적어 둘 때 가능한 한 피검자가 사용한 용어를 그대로 적어두는 것이 좋다. 예를 들면, 집 그림의 (1) 문항인 "이 집은 시가지에 있는 집입니까? 교외에 있는 집입니까?"란 질문에서 피검자가 "글쎄, 먼 데 있는 집인데요."라고 대답한 경우 "교외에 있는 집입니다."라고 기록하지 말고 피검자가 사용한 용어를 그대로 적어 두어야 한다. 이렇게 피검자가 사용한 용어를 그대로 적어 둠으로써 피검자에 관한 정보가 한층 더 생생하게 살아나기 때문이다.

(2) 형식적 분석

HTP검사의 해석이란 HTP그림에 의한 성격의 여러 면을 밝혀나가는 것을 말한다. 이 해석은 HTP검사와 함께 실시한 다른 심리검사들의 결과와 그림을 그린 후의 질문 등을 참작하는 동시에 피험자와의 면접 외에 행동관찰과 검사 시의 태도 등으로부터 얻어지는 임상소견 등도 고려해야 한다. 즉, 그림만 가지고 성격의 단면을 추론하는 맹 분석(blind analysis)에 의한 해석만을 해서는 안 된다.

HTP검사의 그림을 해석하는 데는 다음의 3가지 면을 종합하여 행할 필요가 있다. HTP검사에서 집, 나무, 남성상, 여성상 등을 어떻게 그렸는가. 형식적 분석은 구조적 분석이라고도 하며 HTP검사의 모든 그림에 공통적으로 행한다. 예를 들어 어떤 부분부터 그려나가는가 하는 그림을 그려나간 순서, 종이 위의 어느 쪽에 그리는가 하는 위치, 크기, 필압, 선의 농담, 불연속적인 선의 성질, 그림의 대칭성, 운동, 원근법, 음영, 생략, 강조, 지우기 등을 살펴보며 또한 이러한 것들을 통해서 성격의 단면을 읽어나가는 방법이다.

(3) 내용 분석

무엇을 그렸는가 하는 것을 다루는 것으로 집, 나무, 남자상, 여자상에 있어서 이상한 부분, 형식 분석의 싸인(sign) 등을 참고로 하여 그림 가운데에 강조되어 있는 부분을 다룬다.

내용 분석에 있어서는 명백하고 큰 특징을 먼저 다루되, 그림 그린 후의 질문(PDI)을 피검자에게 실시하고, 피검자가 질문에 따라 연상하는 것을 묻는 것이 그림 해석에 도움이 된다. 또한 그림 자체에 현저한 특징이 없는 경우에도 그림 그린 후의 질문을 행함으로써 피험자의 성격을 이해하게 되는 경우가 많다.

그림의 어떤 특징적인 사인이 무엇인가를 상징하고 있다는 도식적 의사소통이라는 점에서 명백하다. 그러나 그림의 상징적 의미는 인류 전체에 보편적인 의미를 갖는 것도 있으나 특정한 문화나 개인에게만 통하는 특수한 의미를 가지는 경우도 있다.

예를 들면 팔은 이집트의 상형문자로는 활동성을 상징하며 양팔을 올리는 것은 기도나 자기방어를 나타내며, 나무가 우주의 생명력을 상징하는 것으로 간주하는 것은 인류에게 보편적인 상징적 의미라고 하겠다. 또한 수사슴은 그 뿔이 생명의 나무를 닮았기 때문에 정력을 의미한다. 그런데 박쥐가 중국에서는 행복과 장수를 의미하는 데 서구에서는 그러한 의미가 없다. 또한 용의 경우도 서양에서는 인간의 미천한 원초적 본성이나 지하세계와 사탄의 세력을 의미하지만, 동양의 경우 기쁨, 역동성, 건강, 생식력의 상징으로서 받아들여지고 있다는 것은 문화적인 차이를 보여 주는 것이라고 할 수 있다.

Hammer는 거세수술을 받은 환자의 수술 전후의 HTP검사에서 굴뚝, 가지, 둥지, 팔, 코 등의 돌출부가 남성생식기의 상징으로서 사용되었으며 원, 삼각형, 중심이 움푹 패인 물건이 여성생식기를 상징하였다고 말하고 있으며, 이것들은 Freud의 정신분석학에서도 인정되고 있는 상징들이다. 따라서 내용 분석에 있어서는 상징의 보편적인 의미와 특징적인 의미를 함께 고찰해야 한다.

(4) 집 그림의 해석

집 그림은 피험자가 성장하여 온 가정상황을 나타내며 자신의 가정생활과 가족관계를 어떻게 인지하며, 그것에 대해 어떤 감정과 태도를 가지고 있는가를 보이는 경우 외에 이상적인 장래의 가정과 과거의 가정에 대한 소망을 나타낸다.

집 그림을 해석함에 있어서는 그림을 전체적으로 평가함과 아울러 필수 구성 부분인 지붕, 벽, 출입문, 창문 등을 어떻게 그리는가에 주의해야 한다. 예컨대 창문이 없는 그림은 어느 정도 비사교적이며 대인관계에 대한 경계심이 강하고 분열증으로 진단된다.

* 여기에서 미술전공의 학생이나 정신분석, 심리학 등의 전공 학생의 그림은 별도로 해석할 필요가 있다.

2) KHTP(동적 집-나무-사람) 그림검사

(1) KHTP 그림 검사의 발전

Goodenough의 인물화 연구 이후 1949년 Machover는 아동의 그림에 대한 임상적 해석 기준을 마련하여 '인물화에 의한 성격검사(DAP-Draw A Person)'의 기반을 마련하였고, Buck과 Hammer(1969)는 집-나무-사람(House-Tree-Person) 그림을 발달적, 투사적인 측면에서 연구했다. Jolles(1964)는 집, 나무, 그리고 사람에 대한 특성을 매우 상세하게 기술했다. 그리고 Hammer(1971)는 투사적 그림의 임상적 적용을 더욱 폭넓게 확대시켰으며 Koppize(1986)의 발달에 다른 투사적 점수화 방법과 인물화의 분석이 폭넓게 사용되어 왔다.

여러 임상가들은 HTP를 임상에 적용시켜 사용해 왔으며 HTP의 임상적 유용성을 인정했지만, HTP의 사용과 임상적 가치를 제한하는 다음과 같은 세 가지 요소들을 지적하였다.

첫째, HTP는 정신 병리학적 상황에 있는 환자들로부터 표준화된 것이다. HTP 문헌들의 대부분이 기질성 정신분열증 등과 같은 정신병리적 명명의 진단적 사용에 중점을 두었다.

둘째, HTP에 대한 지시들은 2장의 종이, 즉 각각의 종이에 집, 나무 사람을 그리도록 했다. 따라서 각각 그려진 그림들은 행동이나 상호작용을 나타낼 수 없었다.

셋째, 본질적으로 프로이드학파에 기초를 둔 HTP의 해석은 프로이드학파의 신분석학 내에서만 적합하도록 모든 자료와 상징들을 제한했다.

이러한 HTP의 단점을 보완하기 위해서 Buck은 HTP에 상호작용이 나타나지 않는 문제들을 보완하기 위해 역동성을 부여하도록 동적 집-나무-사람(KHTP)기법을 발전시켰다. HTP에 역동성을 도입시킨 동적 집-나무-사람그림은 그림을 통해서 얻을 수 있는 정보의 양적 증가와 질적 향상을 가져왔다. 또한 KHTP의 해석에 있어서도 Maslow의 발달적 관점을 도입하여 인간의 성장과 잠재력을 함께 고찰하고 이해하도록 하였다.

(2) 동적 집-나무-사람(KHTP) 그림 검사의 실시 방법

각각의 집, 나무, 사람을 보고도 어느 정도의 정보를 얻을 수는 있지만 한 장의 종이 위에 HTP를 그리게 함으로써 집, 나무, 사람을 서로 비교하면 더 많은 것을 얻을 수 있다.

① 준비물

A4 용지 1장, 4B연필 두, 세 자루, 지우개

동적 집-나무-사람(KHTP)그림 검사는 한 장의 종이 위에 집, 나무, 사람을 함께 그리는 것으로서 진단을 목적으로 하여 연필과 종이만을 사용하여 그리던 것을 내담자의 방어를 감소시켜 주기 위해 Betensky(1950)는 색칠을 하게 하였다. 미술치료 초심자는 색칠을 하여 받은 그림보다 연필로 그린 그림을 해석하는 훈련을 하다가 색칠을 하여 받는 것이 좋다.

② 실시 방법

KHTP의 실시할 때 지시사항은 다음과 같다.

"이 종이 위에 집, 나무 그리고 어떤 행동을 하는 사람의 전신상 모습을 그리십시오. 사람의 전체 모습을 그릴 때 만화나 혹은 막대기와 같은 모양의 사람은 그리지 마십시오."

만약 피검자에게 위와 같이 지시를 했음에도 불구하고 만화나 막대 인물상을 그릴 경우 다시 한 번 그리게 하는 것이 좋다. 그런데 다시 그리게 하였는데도 역시 만화적으로 그리거나 막대형의 그림, 또는 추상적인 그림일 경우에는 HTP에서와 마찬가지로 해석적인 유의미성을 지닌다고 할 수 있다. 즉, 검사에 대한 거부감이나 저항의 표시일 수 있다.

3) KHTP 분석 시 고려해야 할 사항

검사자가 KHTP를 분석할 때 가장 먼저 고려해야 할 점은 그림에 대한 전체적인 느낌으로 "이 그림은 무엇을 이야기하는가?"이다.

첫째, 당신의 느낌은 무엇인가? 당신은 무엇과 누구를 보는가? 당신은 무슨 일이 일어나고 있다고 생각하는가? 그 그림은 따뜻한가? 차가운가?

둘째, 집, 나무, 사람의 각각의 그림에서는 어떤 느낌을 받는가를 살펴보아야 한다.

집은 적대적인 세계로부터 숨을 수 있는 안전한 장소로서 묘사되어 있는가? 집 그림이 붕괴되고 텅 비었으며 활기가 없어 보이는가? 집은 신체 상징들에 대한 묘사인가? 집은 성공함과 부유함을 나타내는가? 맨션인가? 집이 가정으로 보이는가? 어떤 가족이 살고 있는 듯이 보이는가? 그 집은 당신이 살고 싶은 가정인가?

사람이 공격적이거나 적대적으로 보이는가? 사람이 멍청해 보이거나 맥이 빠져 있거나 혹은 풀이 죽어 있는가? 사람이 활기가 있어 보이는가? 사람이 매력적으로 보이는가? 사람이 슬퍼 보이는가? 신체의 어떤 부분이 숨겨져 있거나 혹은 생략되어 있는가? 사람은 중요하거나 성공한 사람으로 보이는가? 사람은 야만적인가? 사람이 온정적이고 양육적으로 보이는 사람인가? 사람이 유쾌하며 활기차 보이는가? 당신이 좋아할 수 있는 사람인가?

나무는 죽었는가, 살아 있는가? 나무가 위협받고 있는 듯이 보이거나 또는 적대적으로 보이는가? 나무가 약하거나 부러져 있는가? 성적 특성이 있는가? 나무가 연속적인가 혹은 절단되는가? 가지들이 위로 향해 있는가, 아래로 향해 있는가? 줄기의 꼭대기가 점점 가늘어지는지 혹은 넓게 펴져 있는지? 나무가 생명력이 있어 보이는가, 없어 보이는가? 나무가 방어적으로 보이는가? 양육적으로 보이는가? 행복해 보이는가? 슬퍼 보이는가?

나무는 균형이 잡혀 있는가? 나무가 너무 완전하게 그려져 있는가? 나무가 잘려 있거나 상해 있는가? 줄기에 옹이 구멍들이나 상처가 있는가? 나무가 집을 향해 기울어져 있는가? 집에서 멀리 떨어져 있는가? 나무가 집을 보호하는가? 사람을 보호하는가? 만일 당신이 나무라면 당신은 여기 그려져 있는 나무이고 싶은가?

셋째, KHTP에서 가장 큰 영향력(크기, 운동, 압력)을 나타내고 있는 것은 무엇인가? 집인가? 나무인가? 사람인가?

넷째, KHTP에서의 거리와 배치는 어떠한가를 살펴보아야 한다. 집 다음에 무엇이 있는가? 나무는 집과 사람에게서 멀리 떨어져 있는가? 나무에 사람이 있는가? 집 안에 사람이 있는가? 집과 나무가 밀착되어 있는가? 집, 나무, 혹은 사람의 상대적 크기는 어떠한가? 사람은 나무와 상호작용하고 있는가? 집과 상호작용하고 있는가? 긍정적 상호작용인가? 부정적인가? 태양이나 달이 집, 나무 혹은 사람 위에 그려져 있는가?

다섯째, 그림의 양식은? 도화지의 하단에 일렬로 나타나 있는가? 상단에 일렬로 있는가? 구분되어 나눠져 있는가? 가장자리에 그림들이 그려져 있는가? 조감도인가? 포위되어져 있는가?

그밖에 살펴봐야 할 요소들로는 행위를 살펴보아야 한다(양육적, 의존성, 적대감, 죽음, 삶, 지지, 은폐).

또한 어떤 상징들이 나타나 있는가? KHTP의 행동, 양식, 그리고 상징들은 KFD와 KSD와 같은 다른 동적 그림기법에 있어서의 행동, 양식, 그리고 상징들과 어느 정도 관련성이 있는가? 등을 본다.

4) 가족화 그림검사

가족화(D-A-F: Draw A Family)는 Hulse(1951)에 의해 시작되었지만 그림 속에 사람들의 움직임이 없어 단지 그림형태로서 평가할 뿐, 투사기법으로서의 임상적 정보를 얻을 수 없다. Hulse의 가족화 그림 기법에 움직임을 첨가한 동적 가족화(K-F-D: Kinetic Family Drawing)는 Burns & Kaufman(1972)에 의해 발전되었다. 동적 가족화는 자신을 포함하여 가족 구성원이 무엇인가를 하고 있는 움직이는 모습을 그리고 그림설명을 하게 하는 그림 진단 검사로서 가족관계를 파악하고 가족의 체계나 가족지각, 역동성을 평가한다.

KFD(Kinetic Family Drawing) 동적 가족화

주제통각검사와 유사한 점이 많으며 일반적인 가족화(Family drawing scale)가 가지는 상동적인 표현을 배제하고 있다. 따라서 연령순이나 사회적 지위 순으로 그리는 가족화의 단점을 보완하여 가족구성원에 대한 감정이나 태도를 움직이는 가족그림으로 투사하게 하는 것이다.

K-F-D의 진행방법은 한 장의 종이 위에(A4), 연필로 "당신을 포함한 당신의 가족 모두가 무엇인가를 하고 있는 그림을 그려 보세요."라고 지시하여, 그려진 그림에 관해 각 인물상이 누구인가, 연령, 무엇을 하고 있는가를 질문한다. 인물상의 행위와 그림의 양식(구분, 포위 등), 상징(책상 등), 그림의 역동성(크기, 거리, 방향, 생략 등)을 기준으로 하여 부모-자녀관계, 형제관계 등 가족상호 간의 정서적 변화와 상호작용을 다양하게 평가할 수 있다(Burns & Kaufman, 1972). K-F-D의 점수계산방법은 O'Brien 과 Patton(1974)이 KFD Scoring 척도를 계층 회귀분석을 실시하여 객관적 점수를 수량화하여 발전시켰다.

5) 학교생활그림(Kinetic School Drawing: KSD)

심리검사는 의식수준의 질문지법과 전의식수준의 동작성검사(Performance test), 그리고 무의식 층에서 의식수준에 걸친 것으로 투사검사법으로 구분할 수 있다. 그림 검사법은 인격을 전체로 파악하는 것이 가능한 투사검사법에 속한다고 볼 수 있다. 투사검사법 중에 로-샤검사(Rorschach Inkblot Technique)와 주제통각검사(Thematic Apperception Test : TAT)가 언어를 매개로 하는 검사인데 비해 그림검사법은 비언어적인 것으로 임상장면에서 많이 이용되고 있다. 이들 투사법에 의한 심리검사는 여러 가지 규제나 자아방어(ego-defence)가 없는 상황에서 개인의 일상생활에서 나타나는 심리적 욕구와 태도를 알 수 있다.

그림검사가 인물상을 주제로 하는 이유는 인간의 초기부터 친숙해진 것을 비언어적인 방법으로, 아동에서 성인에 이르기까지 적용시킬 수 있고, 보다 깊이 있는 무의식적 심리현상을 표현할 수 있기 때문이며 검사를 시행할 때 피험자에게 일어나는 저항이 비교적 적다는 특성을 가지고 있다.

그림검사로서 현재 우리나라에서 사용되고 있는 인물화검사는 Goodenough의 인물화지능진단검사(Drawing A Man test : DAM)가 김재은・여광응에 의해 소개되어 아동과 장애인의 지능을 평가하는 도구로 유용하게 사용되고 있으며, 아동과 성인의 성격을 투사하는 것으로서 특히 자아상이 투사되는 성격진단 도구(Drawing A Personality test: DAP)로서 인물화 성격 검사에 대한 연구가 조직적으로 이루어지게 된 것은 Machover가 발표한 논문(Personality projection in the drawing of the human figure, 1949)이 계기가 되었다. 이 연구에서 Machover는 각 개인이 그린 인물화로써 성격의 중요 부분을 진단하는 방법을 밝히고 있다.

결국 인물화는 그들의 언어를 대용하는 그림을 통해 그들의 내면 요구, 자아개념, 생활경험의 표현과 환경에 대한 지각을 이야기한다. 또한 인물화는 그들이 자아상의 투사인 동시에 무의식 세계의 동기나 욕구를 종합적이면서 객관적으로 표현해주는 중요한 구실을 한다. 1926년 Goodenough의 인물화에 대한 지능 측정에 이어, 1948년 Buck의 집-나무-사람에 의한 성격검사(HTP), 1949년 Machover의 인물화 성격검사(DAP), 그리고 1952년 Hulse에 의해 소개된 가족그림기법 DAF(Drawing A Family)으로 발전하면서 거기에 역동성을 파악하기 위하여 동작성을 가미한 Burns & Kauffman(1970)의 동적가족화기법(Kinetic Family Drawing: KFD)과 Bing(1970)의 합동가족미술치료(CFD), Wadeson(1971)의 부부치료의 미술 적용기법 등이 있다.

학교생활그림(Kinetic School Drawing: KSD)은 Knoff와 Prout(1988)가 아동과 청소년들이 학교 내에서 그들과 관련성이 있는 학교인물, 즉 자신, 친구들, 교사가 무엇인가를 하고 있는 그림을 그리게 함으로써, 학교 환경 내에서의 상호 관계 및 학업성취성을 알아낼 수 있다고 고려되어 학교생활그림(Kinetic School Drawing: KSD)을 개발하였다.

KSD는 그림 내에서 심리학적 문제들과 관련된 행동과 역동성을 일으키는 임상적, 진단적인 면을 갖추고 있으며, 개인의 성격과 태도들에 대한 양상을 조사하는 기법으로서의 역할을 한다. 따라서 동료, 가족, 학교, 의미 있는 타인 가운데서 관계에 대한 아동과 청소년의 지각을 측정하는 투사기법의 역할을 할 뿐만 아니라 청소년 상담과 심리치료에 유용한 도움이 된다.

그러나 KSD를 포함한 투사적 검사는 검사의 신뢰도에 영향을 미치는 검사자에 의한 측정 오차가 연구되어야 하는 문제점이 있고 해석도 다분히 주관성이 개입되므로 해석의 차이에 따른 오차가 발견될 수 있다.

(1) 학교생활그림(Kinetic School Drawing : KSD) 지시 방법

KSD 검사는 수행단계와 질문단계로 나누어진다. 그림을 제작할 때 "나는 여러분들이 학교생활 그림을 그리기를 원합니다. 여러분 자신과, 교사, 하나 또는 그 이상의 교우가 무엇인가를 하고 있는 그림을 그리세요. 만화나 막대기 같은 사람이 아닌 완전한 사람을 그리세요. 모두가 무엇인가를 하고 있는 것을 그리도록 하세요."라는 내용을 학생들에게 말하고 그 외에 나오는 질문에 대해서는 변수를 줄이기 위해 "자유입니다."로 대답한다.

(2) 학교생활그림(Kinetic School Drawing : KSD)의 해석 방법

KSD수행이 끝난 후 질문단계에서는 ① 그린 인물 위에 순서를 적고, ② 그린 인물 위에 누구인가를 기록하며, ③그 사람이 무엇을 하고 있는지를 기입한다. 검사의 채점 기준은 Burns 와 Kaufman이 개량하고 O'Brien 과 Patton(1974)이 개량한 앞장의 KFD Scoring 척도채점 기준을 사용한다.

3. 미술과제에 의한 가족체계 진단

1) 가족문제 평가

가족미술치료는 가족체계이론(Ackerman, 1985; Bell, 1953; Haley, 1971)과 정신역동에 기초한 미술치료이론(Naumberg, 1966)을 토대로 이루어져 이러한 이론적 배경은 응용정신치료에서 필요로 하는 기술로서의 기능을 지니고 있다.

미술치료로서 가족이나 집단의 문제를 평가하는 데는 미술과제에 의한 체계 진단기법을 이용하여 평가를 하게 되는데 가족체계이론은 개인의 역동이나 행동보다 가족간의 관계에 주안점을 두고 미술작업을 통해 가족이나 집단 구성원 간에 교류되는 상호작용을 알 수 있게 된다. 이 기법은 일차적으로는 작업과정에서, 이차적으로는 작품 내용에서 그 가족의 의사소통 유형이 나타난다. 또한, 한번 시행된 단 한 번의 작업으로도 그 가족이나 집단구성원 전체의 체계를 알 수 있기도 하다(Landgarten, 1983).

이러한 이론적 배경으로 실시된 가족미술치료는 진단과 치료에 사용되는 주요 수단으로서 Landgarten의 미술과제에 의한 가족체계진단은 가족의 의사소통 유형과 문제행동의 인과관계, 그 가족전체는 물론 각 가족 구성원의 강점과 약점을 알 수 있다.

2) 평가 절차

(1) 비언어적 과제

미술치료를 통한 가족이나 집단의 평가는 우선 치료사가 가족이나 집단구성원에게 팀을 나누도록 한다. 팀을 나누는 과정에서 가족간 동맹이나 팀을 형성하는 과정에서 구성원간의 권력통제를 알 수 있고 구성원 각자의 참여 정도를 관찰하는 것이 쉬어진다.

팀을 나눈 뒤 칼라믹스나 사인펜, 색종이, 크레파스 등을 나누어 주고 자신을 나타내는 색을 한 가지만 선택하게 하여 팀별로 한 장의 종이를 주고 작업하게 한다. 각 구성원은 한번 선택한 한 가지 색을 그림이 끝날 때까지 사용하게 한다. 작업 중에는 말을 해서는 안 되며(비언어적 공동과제) 작품이 완성되면 침묵을 깨고 작품을 보고 서로 의논하여 제목을 정하여 적도록 한다.

(2) 비언어적 가족전체과제

가족전체가 하나의 팀으로서 하나의 종이 위에 작업하면서 위의 비언어적 과제를 실시한다.

(3) 언어적 가족미술 작업

전 가족이 참여하여 하나의 작품을 만드는 공동 작업으로서 언어차원의 의사소통을 허용하며 역동이 어떻게 이루어지는지 무엇을 관찰하여 그리게 할 것인지 어느 색과 어느 색이 가장 밀접하여 있는지 무의식 속의 심리적 거리와 의사소통을 알 수 있다.

* 위의 과정을 치료사는 철저하게 관찰하고 기록해야 한다. 과정에서 나타나는 모든 비언어적인 표현들은 자녀의 위축이나 부모의 무관심, 과보호, 방치, 세대간 불분명한 경계, 등의 부적절한 가족체계를 관찰하는 데 중요한 단서를 제공하기 때문에 이를 근거로 정확한 치료 계획이 만들어져야 한다.

〈표 1〉 미술과제에 의한 가족 체계 진단 기록표(Landgarden, 1983)

<table>
<tr><td>이 름</td><td></td><td>일 시</td><td></td></tr>
<tr><td colspan="2" rowspan="2">관 찰 항 목</td><td colspan="2">기 록 란</td></tr>
<tr><td>과 정 ①</td><td>과 정 ②</td></tr>
<tr><td colspan="2">1. 미술과제를 누가 처음 시작했으며, 그 사람 이 처음 시작하게 된 과정은?
2. 나머지 구성원들은 어떤 순서로 과제에 참여했는가?
3. 누구의 제안이 채택되었으며, 누구의 제안은 무시되었는가?
4. 각 구성원들의 개입의 정도는?
5. 각 구성원들 가운데 미술과제에 전혀 참여하지 않은 사람은?</td><td></td><td></td></tr>
</table>

이 름		일 시	
관 찰 항 목		기 록 란	
		과 정 ①	과 정 ②
6. 다른 사람의 그림 위에 다시 그려 그 사람이 한 것을 '지워 버린' 사람은? 7. 어떤 형태의 상징적 접촉이 이뤄졌으며, 누가 이 상징적인 접촉을 시도했는가? 8. 집단 구성원들은 교대로 과제에 참여 했는가? 혹은 서로 서로 협력하여 과제에 참여 했는가, 또는 각 구성원들이 교대로 과제에 참여하면서 한편으로 서로 협력하여 과제를 수행했는가? 9. 각 구성원들이 그린 그림의 위치는? 10. 과제 수행 방법에서 변화가 있었다면 변화를 촉진시키는 일은 무엇인가? 11. 구성원 각자는 얼마나 많은 공간을 차지했는가? 12. 각자의 분담이 상징적으로 의미하는 것은 무엇인가? 13. 누가 독자적으로 행동했는가? 14. 누가 처음으로 행동했는가? 15. 누가 추종자 혹은 반응자인가? 16. 눈짓이나 웃음 등의 정서적 반응이 있었는가? 17. 가족의 작업형태는 협동적, 개별적(독자적) 혹은 비협동적이었는가?			

4. 실버 그림 검사(Silver Drawing Test : SDT)

그동안 많은 연구자들에 의해서 여러 유형의 그림을 이용한 투사검사들이 활발하게 만들어졌지만, Silver는 자극그림들(Stimulus Drawings)을 이용한 실버그림검사(Silver Drawing Test : SDT)를 만들었다(1993). SDT는 14가지 자극 그림을 통하여 그 그림을 그림 청소년의 인지능력과 정서특성을 모두 측정할 수 있게 만들어진 검사도구로서 지금까지의 그림 검사의 문제점인 소재의 단조로움과 여러 가지 검사의 번거로움을 보완하기 위하여 다양한 소재(사람, 동물, 물건, 장소)로 만든 각종 자극 그림들을 제시하고 그것들을 선택적 단서로 하여 자신의 내면적 시밀 상태를 마음껏 표출하도록 만들어진 검사도구이다.

실버의 그림 검사는 언어장애 아동들을 위한 미술프로그램의 하나로 시작되어 우울증을 발견하는 검사도구(DAS)로 개발되어 신뢰도와 타당도를 높이기 위한 노력은 새로운 노력은 새로운 그림검사 개발로 이어지는데(SDT), 그림자극유형 A형과 자극유형 B로서 여성과 남성의 이야기 그림검사 반응이 다르다.

1) SDT(Silver Drawing Test)의 그림 발달과 특징

본래 Silver의 자극그림(Stimulus drawings)은 1960년대에 수화(manual communication)를 금지하고 있는 농아학교의 예술 수업시간에 농아학생들과의 의사 전달 수단으로 시작되면서 발전되었다.

Silver는 당시 많은 학생들이 입술을 읽거나 말을 하지 못했고, 그 자신 역시 수화를 할 수 없었기 때문에 수업에 참여한 모든 사람들은 몸짓이나 손짓을 사용하였는데 그림 그리기를 통해서 의사전달을 할 수 있다는 것을 깨닫게 되었다. 가장 많이 표현반응을 불러일으키는 그림들을 모아서 3인치~5인치 크기의 카드모음으로 만든 결과, 궁극적으로 투사그림검사도구(projective drawing instrument)가 되었다.

Silver(1981)는 본래 3매의 그림인 예측하여 그리기, 관찰하여 그리기, 상상하여 그리기를 지시한 다음, 그것으로 아동의 인지와 정서를 한꺼번에 측정하고 동시에 언어적 개념 획득과 언어능력의 결손을 검사하려고 하였다. 그리고 더 나아가 그림에 나타난 구체적 내용을 중심으로 인지적, 정서적, 심리 역동적 행동의 결함을 치료하고 아동의 정서적 상태를 파악하는 종합적인 심리 검사 도구를 개발하였다.

실버그림검사는 기존의 다른 투사그림검사와는 달리 발달기법(developmental techniques), 사정기법(assessment techniques), 치료기법(therapeutic techniques)이라고 하는 세 가지 기법으로 구성되어 인지적 능력과 정서적 특성을 살펴볼 뿐만 아니라 심리적으로 문제를 안고 있는 아동을 치료하는 방법으로도 사용하며 개념 획득과 표현 능력 등과 같은 커뮤니케이션 기술을 지도하는 교육수단으로도 사용하였다.

발달기법이라 함은 수검자에게 제공한 미술활동을 이용하여 개념획득, 표현력 등을 지도하는 방법을 뜻하고, 사정기법은 정서적 내용을 평가하는 척도와 인지적 및 창의적 능력을 평가하는 척도를 의미한다.

실버의 미술 수업 중 대부분의 아동이 부정적인 주제로 그림을 그린 것은 아니었지만, 상당수의 아동들이 죽음이나 절망적인 상황에 관한 그림을 그렸다. 이러한 과정에서 그림 그리기가 우울증을 발견하는 방법이 가능함을 발견하여 실버 그림 검사를 만들게 되었다(Silver, 1993). 이 검사는 그림으로 표현된 내용과 관계 등에 따라서 5점 척도로 그림을 평가하여 우울증을 판단하는 척도를 가지고 있어 우울증의 조기 진단과 창의적 사고의 진단도구로 사용되어지고 있다(DAS).

자극 그림은 그리기에 거부감이 있는 내담자들도 선택한 그림을 따라 그리기도 가능하여 비교적 편안하게 그림으로 그릴 수 있고 이야기를 덧붙임으로써 자신의 생각과 상상력을 자연스럽게 표현할 수 있는 장점이 있다.

Silver의 이야기 그림검사는 자극 그림을 제공하고 그 중 두 가지를 선택해서 이야기를 꾸민 후 그림을 그리도록 요구하는 검사기법이다(Silver, 2002). 자극 그림은 A형과 B형 두 가지 유형이며 각 유형은 총 14가지 그림자극이 있다. 자극 그림 A형에는 아동으로부터 성인에 이르기까지 친근하게 느낄 수 있는 대상들의 그림으로서 면사포를 쓴 여인이나 아이, 여러 가지 동물과 나무, 화산, 성과같은 것들이 있다.

이야기 그림검사의 도구는 검사지와 연필, 지우개를 사용하도록 한다. 검사지는 A4 용지의 사이즈로 그림을 다 그린 후에는 이야기를 쓰도록 하고 간략한 개인 정보와 기분을 묻는 질문에 대답하도록 한다. 검사시간의 제한은 없으나 Silver의 보고에 따르면 대부분의 아동 및 성인 피검자들은 10분 안팎의 시간을 사용한다고 한다. 표준화된 검사의 지시문은 다음과 같다.

"다음 그림들 중 두 개를 선택해서 그 두 그림 간에 어떤 일이 일어나고 있다고 이야기를 상상해 보세요. 준비가 되면 상상한 것을 그려 주세요. 어떤 일이 벌어지는지 그림을 통해 보여 주세요. 그림을 변형해서 그리셔도 됩니다. 다 그리신 뒤에는 이야기를 적어 주세요." 이러한 지시는 언어적으로 제시될 뿐 아니라 자극이 그려진 용지에도 제시되어 있다.

이야기 그림검사의 채점은 내용을 중심으로 평가해서 1~5점을 주도록 한다. 1점은 가장 부정적인 내용을 그린 그림이며, 다소 부정적인 내용이 표현된 경우에는 2점에 해당한다. 3점이 되는 그림은 표현된 내용이 양가적인 경우, 혹은 긍정적이지도 부정적이지도 않은 모호한 경우 등이 해당된다. 4점은 우호적인 관계를 그린 경우이며, 보다 적극적인 관계양상이 보이거나 대상이 행복한 경우 5점으로 채점한다.

2) 발테그(Wartegg) 그림검사

발테그 자극그림검사(Wartegg Zeichentest Test, WZT)는 독일의 심리 교육학자 발테그(Ehrig Wartegg)의 쉼 없는 노력에 의해 개발되어 1939년에 발표된 바움테스트처럼 그림검사로서 이용해 왔다.

검사용지에는 8개의 굵은 테두리로 구획된 영역이 있고, 거기에 여러 가지 자극적인 도형이 그려져 있다. 내담자는 각각의 영역에 그림을 그리도록 되어 있는데, 이때 어떤 형태로든 각각의 자극적인 도형(圖形)에 새로운 반응을 나타낸다고 추측되어 실버(Siver)의 자극그림검사와 비슷한 일면을 갖고 있다.

검사용지에 그려진 8개의 자극도는 각각 개성이 다른 부분으로 구성되어 있거나 상이한 차원의 것이 되도록 디자인되어 있다. 이와 같은 자극도에 대해 내담자가 어떠한 인상을 받고 무엇을 그려내는가를 살펴봄으로써, 그 자극도와 연결된 주제에 대한 내담자의 반응이나 태도를 이해할 수 있다.

이에 덧붙여 제 2차 세계대전 이후 발테그의 동료인 베텔(August Vetter)에 의해 발테그 묘화검사와 필적을 결합시켜 분석하는 시도가 생겨났다. 이러한 시도는 이후에 아베랄르멘(Av é -Lallemant, Ursura)에 의해 계승되고 개발, 연구되었다.

(1) 발테그 그림검사 실시방법

내담자에게 8개의 사각형이 그려진 A4 용지와 연필을 건네고, "이 8개의 테두리 모두 안에 무엇인가를 그려 주세요."라고 지시한다. 각각의 테두리 안에는 자극도가 그려져 있지만, 내담자가 이 자극도를 사용하여 그림을 그리도록 지시해서는 안 된다. 순서대로 그리도록 하는데 그리기 힘든 것은 나중에 그리게 해도 된다. 또한 정리 마지막에 그린 것은 기록해 둔다.

(2) 아베랄르멘(Avé-Lallemant)에 의한 발테그 그림 검사 해석

① 자극도를 활용하는가? 그 성질에 대해 반응하고 있는가?

우선 검토되어야 할 것은 내담자가 그리는 중에 "① 자극도를 활용하는 것인가?"이다. 일반적으로 내담자는 자극도에 반응하고 어떤 형태이든 간에 자극도를 이용해서 그려나가는데, 그것은 실현인지가 기능하고 있다는 것을 의미한다. 자극도를 전혀 무시하고 그리는 경우에 내담자는 내적 실현을 외적 실현보다도 중요시하고 있다고 판단되므로, 이런 내담자는 외계로부터 독립되어 있을 가능성이 추측되어진다(일반인도 자극도를 무시하는 경우가 있다).

다음은 "② 자극도의 성질에 반응하는가?"인데, 발테그 자극검사 용지에 그려진 자극도는 각각 다른 성질을 가지고 있다. 예를 들면 1. 2. 7. 8의 테두리 안에 그려진 자극도는 곡선적인 자극도에서는 곡선적인 반응이 많고 생명적인 것이 그려지는 경향이 있다.

3. 4. 5. 6의 테두리 안에는 직선적(직선적 반응이 많다. 물건, 사물이 그려지는 경향이 있다.)인 것을 이루어진 것으로 여겨 내적실현을 외적 실현보다도 중요시하고 있다고 판단되므로, 이런 내담자는 외부부터 독립(차단)되어 있을 가능성이 추측되어진다.

이렇듯 다른 자극도에 의해 상이한 반응이 나타나기를 기대한다. 반면에 직선적인 자극도에는 직선적인 반응이 나타나기 쉽고, 사물이 그려지는 경향이 있다. 이러한 자극도의 상이한 성질에 전혀 반응하지 않고 그려진 그림은, 내담자의 주관성이 강함을 시사하고 있다고 할 수 있겠다. 다른 성질의 반응이 발생했을 경우에는 그 테두리 안의 주제에 대해서 내담자와 상담하는 데 단서가 된다.

이상과 같은 관점을 참고로 하여 그린 그림의 각 주제에 적합한 것인지, 각 주제에 대해 무엇인가 특징적인 반응을 인식하고 있는지 등을 검토한다.

(3) 그림의 분류

별과 파도검사의 제 1단계로 행해진 것과 똑같은 방법으로 그림의 양식을 분류한다. 발테그 묘화검사에서는 어느 양식의 그림이 몇 개 출현하는지 그 수를 센다.

- **형식적인 양식** : 일러스트식, 문양적인 그림. 자기를 보이고 싶어 하지 않는다. 또 장식하고 싶고 자기주장이 강한 사람.
- **요점만 있는 양식** : 사물이 그려져 있다. 이성과의 연결고리가 강한 사람.
- **회화적인 양식** : 풍경적, 정경적(情景的)인 그림과 형상적인 그림이 있다. 자기가 경험한 것을 타인과 공유하고자 하는 사람. 단 회화적 양식 내의 풍경적인 것이 별과 파도검사에서는 감정이 들어간 양식으로 독립되어 있다.
- **상징적인 양식** : 다른 양식과 공통으로 출현한다. 인생사 갈등의 무의식적 표현.

3) 별과 파도검사(Star-Wave-Test SWT / Sterne-Wellen-Test)

(1) 역사

1970년대 독일 심리학자 율쥬라・아베랄르멘(Av é -Lallemant, Ursura)에 의해 창안・개발되어 1978년에 '별과 파도 검사'가 간행되었고 투사검사 중 하나로서 심리치료 장면에서 성격진단검사로서 주로 사용되고 있다. 실시 후 바로 결과에 대한 상담을 통해서 면접효과를 촉진・심화시킬 수 있다.

아벨랄르멘은 발테그(Wartegg)묘화검사, 나무(Baum)검사, 글자필적과의 종합검사로서 이용하면 더욱 효과가 있다. 3세부터 취학 전 유아의 경우는 발달기능검사로도 사용할 수 있으며 형태, 움직임 공간 사용법에 의해 판단된다.

(2) 실시방법

적용 연령은 3살부터 고령자까지로, 소요시간은 5분에서 10분정도만 있으면 완성되는 경우가 많다. 검사용지에 1㎜의 폭으로 안쪽 치구 15.3x10.5㎝가 되도록 검은 색의 장방형 테두리를 인쇄한다. "연필로 바다의 파도 위에 별이 있는 하늘을 그리세요."라고 지시하는데, 이와 똑같은 지시사항과 '성별, 그림 그린 날짜, 생일, 연령'을 기입하는 난이 검사용지에도 인쇄되어 있다.

① 2B부터 4B정도의 부드러운 연필을 사용한다. 단, 유아의 경우는 검사 용지를 더럽힐 염려가 있으므로 HB나 2B정도의 연필을 사용한다.

② "별과 파도 이외의 사물을 그려도 좋은가?"라는 질문에는 "자유롭게 그리라."고 대답한다. 단, 유아의 경우에는 다른 사물을 그려서는 안 된다고 대답한다. 이미 그려버린 내담자에게는 그대로 두게 한다.

③ 지우개와 연필깎이를 사용해도 좋다.

④ 시간제한은 없으며 5분에서 10분 정도로 완성되는 경우가 많다.

⑤ 완성된 SWT를 가지고 내담자와 대화한다. 치료자는 SWT의 해석을 가능한 상세히 설명한다. 그렇게 함으로써 보다 빨리 문제의 초점을 파악할 수 있다.

(3) 특징

그림검사는 그림 표현에 있어서의 기본적인 3가지 요소인 형・움직임・공간사용법에 의해 파악된다. 별을 그리는 한 줄 긋기의 필적은 대뇌 신피질의 뇌기능과 관련된다. 한편, 파도를 그리는 흔들리는 동작을 나타내는 선은 작은 골(소뇌)에 있는 운동기능을 관할하는 부위와 관련된다고 한다. 공간 사용법의경우는 장방형의 테두리 안의 공간을 어떻게 사용하는가, 별과 파도를 어떻게 배치하는가로 그 사람의 정신적인 면의 특징을 파악할 수 있다.

투사검사로 별과 파도나 기타 첨가물(달이나 바위, 배 등)을 그리게 함으로써, 본인이 의식적으로 혹은 무의식적으로 느끼고 있는 긴장이나 개인적인 경향을 거기에 투사시킨다. 그래서 내담자의 무의식에 관한 정보나 실생활의 상태를 알 수 있다. SWT가 상징하는 것을 해석하는 데는 내담자와의 상담을 통해 적절하게 해석된다.

4) 해석의 5단계

(1) 그림의 분류

어떤 착상으로 그림을 그렸는가를 분류한다.

- 요점만 있는 양식 : 이성적으로 기능하는 사람.
- 회화적인 양식 : 감정적인 경험을 다른 사람과 공유하고 싶은 사람.
- 감정이 듬뿍 담긴 양식 : 감각 수용적으로 감정이나 정서적인 것에 역점을 두어 그리거나 회화적인 양식의 분위기가 있는 것.
- 형식적인 양식 : 자신을 감추려는 사람이거나 거꾸로 눈에 띄고 싶어 하는 사람.
- 상징적인 양식 : 심적 갈등의 무의식적 표현.

(2) 형식적인 공간 구조

① 자연의 조화 : 내적 조화나 균형 등을 의미한다.

② 배치 : 환경에 적응하려는 바람이나 의지를 의미한다.

③ 규칙성 : 내적인 규칙에 순종한다는 것을 의미한다(바다 규칙성, 별 규칙성).

④ 부조화 : 심적 갈등 또는 질서에의 반항을 의미한다.

(3) 공간의 상징적인 사용법

융이 설명한 공간상징, 움직임, 방향성을 강조하는 공간 도식 등을 참조하여 상하(수직), 좌우(수평) 구조를 살펴보겠다. 그 어느 쪽이든 물리적인 공간적 배치와 내용 강조라는 2가지 측면을 모두 살펴보고 분석한다. 예를 들어 하늘 면적이 바다 면적보다 넓더라도 바다가 강조되어 그려졌다면 바다가 우선이 된다.

<수직적 구조>

- 하늘과 바다의 조화 : 지적 측면과 감정적 측면의 조화.
- 하늘 우위 : 지적 측면의 우위.

- 바다 우위 : 감정적 측면의 우위.
- 수평선으로 하늘과 바다가 접촉 : 2개의 측면이 상호 방해하고 있다.
- 하늘과 바다가 격리 : 2개의 측면이 분리되어 통합되지 않는다.
- 하늘과 바다 사이에 강조된 공간 : 2개의 측면이 상호 방해하고 있다.
- 별과 바다가 섞임 : 지적 측면과 감정적 측면이 분화되어 있지 않다.

<수평적 구조>

- 왼쪽 강조 : 내향적이 측면을 강조, 내적 세계로의 접촉에 문제.
- 오른쪽 강조 :외향적 측면을 강조, 외부세계나 타인과의 접촉에 문제.
- 중앙 강조 : 자아・자기를 주제로 하는 내재적 표현.

(4) 물체의 상징

사물의 상징이란 다양한 의미가 있기 때문에, 그린 사람과의 상담에 의해서 그 의미를 찾아내는 것이 중요하다. 또한 아이들이 SWT에 나타나는 첨가물은 풍부한 표현력으로 해석하는 경구가 많다. 예를 들면 새, 천사, 로켓, 비행기, UFO 등이 표현된다.

- 파도 : 인간 내부의 생생한 요소를 표현한 것으로 감정, 무의식 등을 나타낸다.
- 별 : 무지의 암흑세계에서 길을 안내하고 전진하려는 의지의 빛으로, 지성, 정신, 의식 등을 나타낸다.
- 달 : 본인의 관심이나 흥미의 방향성을 제시한다.
- 바위, 섬, 절벽 : 장애를 나타내지만, 묘사방법에 의해서는 조난자의 피난 장소나 안전한 장소가 되기도 한다. 동시에 해변이나 해안도 장애와 안전한 장소를 시사한다.
- 구름, 천둥, 벼락 : 스트레스, 피해 등을 시사한다.
- 등대 : 인공적인 빛으로 길을 안내해 주는 것으로, 방향성을 시사한다.

(5) 필적 분석

• 한 줄긋기(single stroke)

한 줄긋기를 사용하지 않고서 별을 그리는 것은 어렵다. 확고한 생각이 머릿속에 있고 그것을 연필로 형태화하려는 사람의 그림에 사용된다. 자기 자신의 충동을 통제하는 개인적인 여유와 집중해서 자기 자신의 목표를 향해 나아가려는 의지를 의미한다. 의지력이 강하고 탄력적으로 자기 통제를 할 수 있는 사람이다.

• 움직임이 있는 필적(pendulum-type stroke)

긴장을 풀고 과도한 통제로부터 해방되지 않고서는 그려지지 않는다. 인생에 있어서의 신뢰나 인생의 생체리듬을 나타낸다(이드 id: 프로이드의 정신분석 용어로 무의식적인 쾌락 추구 에너지를 일컬음.).

만일 파도를 한 줄 긋기로 그린다면, 통제를 잃게 되는 것이 두려운 일이라는 것을 기억하기 때문에 기본적 생명력으로 지탱될 수 있다는 것을 완전히 신뢰하지 않거나, 또는 반대로 통제를 잃게 되었을 때 기본적인 생명력에 완전히 의존해 버리게 된다는 공포를 느끼고 있다고도 볼 수 있다(생명능력 지탱할 수 없고 의지할 수 없게 될 때).

• 안정적인 필적(sure)

안정적이며 섬세하고 민첩한 선. 무엇을 어떻게 해야 하나를 명확하게 알고 있다는 것을 시사한다. 자신이 그린 별의 윤곽에도 나타나고 파도나 다른 물체에도 나타난다.

• 불안정한 필적(unsure)

불안정한 필적은 망설이는 듯이 가늘고 끊어진 선으로 자연스럽게 나가지 않고 움직임이 끊어지기 쉽고 자극에 민감한 선. 어떻게 하면 좋을지 모르고 자신에 대한 신뢰를 잃은 경우이다.

• 이어진 필적과 분단된 필적(연속되어 있거나-continuous, 분단되어 있는-interrupted)

이어진 필적은 뒤돌아보는 것을 좋아하지 않고 목표를 향해서 곧장 전진하는 것을 좋아하는 사람. 분단된 필적은 안정된 필적으로 그려진 경우도 있지만, 불안정한 필적으로 그려지는 경우도 있다. 무엇을 해 왔는가를 재고하고 다시 그리기 시작하는 사람이다.

불안정하지는 않지만 똑같은 점에서 다시 그리는 경우는, 뒤돌아보고 지금까지 해온 일에 대해 생각해보는 데 필요한 시간을 두고자 하는 사람에서 보인다.

(6) 필적의 형태

- 섬세한 필적

의지력이 약하고 수동적이며 감수성이 우위를 차지한다.

- 부드러운 필적

감각적인 요소를 갖고 있다. 감각적이며 관능성이 우위를 차지한다.

- 날카로운 필적

힘이나 행동 등의 성질이 우위에 있다. 자기 자신을 통제하고 이끌어 갈 수 있는 어느 정도의 이성적 능력이 있다.

- 확고한 필적

에너지가 넘치며 매우 자발적이며 본능적인 경향이 있다.

(7) 필적에 나타난 장애의 징후

- 연약한 필적

약하고 깨지기 쉽기 때문에 상처받기 쉽고 파괴되기 일보직전이다. 필수 수법은 불안정하다. 과도한 감수성, 지나치게 상처받기 쉬운 성질을 갖고 있는 과민성을 시사한다.

- 무른 필적

더러워진 진흙처럼 번져 보인다. 외계로부터 금방 영향을 받든가 이미 받아버린,

지나치게 감각적인 수동성을 시사한다. 이성적인 통제를 상실해버린 불안정한 아이들에게 자주 나타난다. 소위 추종자가 되어 버린다. 스펀지처럼 물러 보인다.

- 딱딱한 필적

그린 선이 가늘고 상당히 강한 힘이 들어 있다. 의지력이 너무나도 지나치게 강하기 때문에 냉정한 통제력이 팽팽하게 긴장되어 있다.

- 난잡한 필적

그린 선이 두껍고 강한 힘이 들어 있다. 지나친 난잡함이나 미숙한 조잡함을 나타낸다. 방향을 잃어버린 충동성, 무제한의 본능이다. 독선적, 충동적, 돌발적, 제멋대로이기 때문에 통제되지 않은 행동을 나타낸다.

- 검게 고착된(blackening-fixation) 필적

심리적 갈등, 또는 물건이나 장소에 무의식적으로 집착하고 있다. 현재 진행 중인 갈등. 상징적 그림 표현에 자주 나타난다.

- 잘게 끊어진(fragmented) 필적

신경질적인 자기 제어, 완전히 조각이 난 필적. 자기 성찰의 수단으로 이용한다. 분단된 필적이 더 과격해진 것이므로 지나치게 자기성찰을 한 결과 선을 연결해서 그을 수가 없다. 신경질적인 자기제어를 시사한다.

(8) 표면이나 평면 다루기

- 음영 그리기

정서적이고 관능적인 감수성의 표현, 사물의 표면을 부드러운 필적으로 그려 넣는다면, 음영을 그렸다고 할 수 있다. 이런 사람은 정서적이고 관능적인 감수성이 있다고 할 수 있다.

- 보풀을 일게 한다

감정적으로 경험한 내용을 이성적으로 이해하려고 하는 표현. 날카롭고 확실한

필적인 한 줄긋기 식으로 줄무늬를 그려 넣는다면 보풀을 일게 한 것으로 간주한다. 보풀을 일게 하기 위해서 의식 통제가 필요하게 된다. 의식 통제와 감정표현인 '선으로 뒤덮여진' 표면이 뒤섞여 있다. 감정적으로 경험한 내용을 이성적으로 이해하려고 하는 욕구이다.

- 윤곽을 그린다

이성적인 통제 표현. 날카로운 필적으로 그림으로써 강조한다. 별이 원래 갖고 있는 특성을 그릴 경우나 섬세한 파도를 보호하기 위해서 수평선을 날카로운 연필로 그리려고 할 경우 등에 나타난다. 이성적인 통제라고 할 수 있다.

- 어둡게 한다

강한 감정이나 정서의 표현이지만, 특히 어린아이들에게도 색칠을 하게 하는 대신에 그리게 하는 경우도 있다.

- 거칠게 한다

접촉이 어렵다는 표현, 한 줄긋기 식이지만, 비교적 조화성이 없는 방식으로 그린 경우를 가리킨다. 특히 나무 검사의 줄기가 나타내는 대인접촉 문제를 의미한다.

chapter 4

4장. 미술치료에 있어서 치료기법

1. 풍경구성에 의한 미술치료

1) 풍경구성기법

풍경구성기법(LMT : Landscape montage technique)은 치료 혹은 진단기법의 하나로 1969년 일본에서 中井久夫에 의해 창안되었다. 이 풍경구성은 원래는 정신분열증 환자를 주 대상으로 하여 모래상자 요법의 적용 가능성을 결정하는 예비검사로서 고안되었으나 독자적인 가치가 인정되어 이론적으로 분석되고 치료적으로 많이 활용되는 기법이다.

이 풍경구성법은 일본에서 고안되어 이용되고 있었으나, 1977년 제10회 독일어권 표현병리, 표현요법 학회에 발표된 이후 독일, 미국, 인도네시아 등지에서도 진단도구로서 뿐만 아니라 치료과정 속에 활용되어 많은 효과를 인정받고 있다.

中井에 의한 이 풍경구성법은 로샤 검사(Rorschach test)와 같은 앞에 있는 패턴을 읽고, 선택, 해석하는 투영적 표상과 대조적인 접근방법으로서 4면이 테두리로 그어져 있는 구조화된 공간에 통합적 지향성을 지닌 하나의 전체를 구성하는 구성적 표상을 기초로 한 방법이다.

풍경구성기법에서 중요시하고 있는 것은 그림은 치료사와 내담자 사이에 기능하는 제삼자이다. 그것은 곧 그림은 내담자에게 의해 그려진 것이 아니라 내담자와 치료자와의 관계에 의해 그려진 것이라고 생각하는 관점이다. 단적으로 그림은 내담자가 그린 것이 아니라 '관계'가 그려낸 것이다. 풍경구성법은 항상 기본부터 시작하는 것을 중요시한다.

2) 풍경구성기법이 창안된 시대적 배경

1960년대의 미술치료는 그림을 그리는 사람의 그림의 특이성을 기술 · 분석하는 시기로부터 미술을 임상적 · 심리요법에 활용하려고 한 실천적인 연구가 성행하고 있었다.

가까운 일본에 있어서의 예술요법연구 기운의 고조는 「회화요법에 있어서 창조와 표현의 병리(1967)가 도입되어 일본예술요법연구회의 발족(1969), 일본예술요법학회가 설립(1970)되고 모래상자(箱庭)요법이 도입(1965)되었다.

모래상자(箱庭)요법(Sandplay Technique)은 1929년, Lowenfeld에 의해 발전되어 河合隼雄 의해 일본으로 도입되었고(1969), 1969년, 일본예술요법연구회에서 河合隼雄의 모래상자(箱庭)요법의 강연을 듣던 中井久夫에 의해 '테두리 그리기 기법(Fence Technique)'이 개발되었다.

그 계기는 통합실조증환자(우리나라에서는 정신분열증)의 모래상자(箱庭)에서 가끔씩 주변이 종이로 둘러싸여 있다는 Sullivann의 관점을 듣고 있던 中井久夫는 그리는 사람의 눈앞에서 직접 손으로 테두리를 그은 도화지를 사용하는 것을 '테두리 그리기 기법(Fence Technique)'을 그리고 풍경을 2차원 공간에 그리는 기법을 발상했다. 이로써 통합실조증환자의 모래상자(箱庭)에서는 가끔씩 주변이 종이로 둘러싸여져 있다는 Sullivann의 관점을 中井久夫는 통합실조증 환자의 미술치료기법의 전제에는 임상적 인간관계의 성립이 있는 것으로 환원시킬 수 있었다.

中井久夫의 임상관은 "정신병리학은 정신분열증 환자의 언어가 얼마나 왜곡되어 있는지를 기술해왔다고 주장하면서 그러나 그것은 그리 중요한 것이 아니다. 중요한 것은 정신분열증이라고 하는 사태에서 어떻게 말을 할 것인가 하는 것이다." 라고 하고 통합실조환자에 대한 심리요법적 접근을 둘러싸고 언어 교류가 가능하게 되기 위한 보조수단으로서 묘화를 사용해서 그리는 사람에게 유해를 주지 않고 더 나아가 그리기 쉽게 하기 위한 방안을 모색하였다. 이는 그리는 사람과의 교류·관계를 구축하기 위한 필요한 기법을 모색하던 이것이 곧 풍경구성기법의 탄생이 되었다.

3) 풍경구성기법의 실시 방법

① 준비물

- A4이나 8절 도화지
- 검은색 사인펜
- 크레용(크레파스)이나 색연필 등의 채색 용구

② 유의점

치료사는 실시에 앞서 아래의 질문에 심리치료적 입장으로부터 답할 수 있어야 한다.

- 도화지는 왜 8절이나 A4사이즈의 크기인가?
- 왜 연필이 아니라 검정색 사인펜을 사용하는가?
- 채색 용구의 차이에 따라 어떤 영향이 있는가? 다른 채색 용구로는 안 되나?

③ 도입과 실시 방법

먼저 치료사가 도화지 4면의 테두리를 그린 도화지와 사인펜을 내담자에게 건네준다. 그 다음에 치료사가 말하는 사물 즉, ① 강, ② 산, ③ 밭, ④ 길, ⑤ 집, ⑥ 나무, ⑦ 사람, ⑧ 꽃, ⑨ 동물, ⑩ 돌 등 이상 10가지 요소를 차례대로 그려 넣어서 풍경이 될 수 있게 한다. 그리고 마지막에 그려 넣고 싶은 사물이 있으면 부가물을 그려 넣게 한다. 모두 다 그린 다음에 색을 칠하도록 한다. 지도 시 사용하는 언어나 행동은 치료의 흐름을 파괴하지 않도록 배려해야 한다.

2. 난화를 통한 치료 기법

1) 난화의 심리적 의미와 발달

미술표현의 배경에는 의식적인 인위성보다는 무의식적인 본능의 표출이 강하다는 점에서 난화는 인간의 이해에 중요한 의미를 지닌다.

인간은 유아기 삶의 초기에 무슨 형태로든지 그려 보려는 행동을 하는 단계를 거치게 된다. 성인이 되어서도 우리는 낙서나 낙화를 그려 본 경험을 가지고 있다. 그것은 초조감을 느끼는 경우이거나 자기 혼자만의 자유로운 세계를 가지게 되었으나 남들이 자기를 보지 않는다는 심리적 안정감에서 표출되는 내적인 욕구나 갈등을 해소하는 방법의 하나이다.

바로 이런 의미에서 난화는 성인 사회의 낙서나 유아의 낙화의 심리적 투영과 같은 맥락에서 생각해 볼 수 있다. Lowenfeld(1966)는 이러한 난화 행동이 자유로운 행위에서 표현될 때는 비교적 내담자 자신의 직접적인 감정이 나타난 그림의 한 형태로서 표현하게 된다고 했다.

난화란 '긁적거리기'란 의미를 가지고 있는 'scribble'을 번역한 것으로서 아동의 발달에서 미분화단계에서 볼 수 있는 착화의 상태를 일컫는 말이다. 이 시기에는 유아의 운동신경 조절에 대한 욕구의 표출이라는 점에서 초기의 난화 형식은 아무런 목적의식이 없는 놀이가 되는 동시에 곧 그들의 정서나 희열을 나타내는 것으로 볼 수 있다.

예컨대 외견상으로는 아무렇게 목적 없이 마구 그려댄 선의 덩어리를 발견하게 되는데 이때는 종이에만 그리는 것이 아니고 벽, 방바닥, 유리창, 책상, 책 겉장 등 닥치는 대로 그려대게 된다. 이러한 특징을 심리학에서는 '기능적 쾌락'이라고 부른다. 즉, 무엇을 그리려는 대상을 그린 것이 아니라, 그리고 싶은 욕구 그 자체가 목적이고 즐거운 것이라는 해석이다. 최초로 그림을 그리는 어린이들은 분명히 기능적 쾌락에 의해 행동하고 있는데, 그것을 이해하지 못하는 부모들이 볼 때에는 아무 쓸모없는 장난으로 보이며, 가끔 이러한 행동은 강제로 제지당하거나 매를 맞는 경우가 허다하다.

이런 현상에 대해 정신분석학자들은 아동의 난화 표출 심리의 심층에는 무의식적으로 아무 데나 마구 선을 긋고 지저분하게 표적을 내서 부모의 관심을 끌려는 욕구가 작용한다고 하였다. 아무렇게나 그어 댄 선을 보고 아동은 '엄마'니 '아빠'니 하는 어떤 의미를 붙이게 되는 이시기를 '명명기'라고 한다. 이는 언어와 부합된 심상이 실마리가 되어 표현활동의 세계가 전개되기 때문이다.

이와 같은 유희본능은 곧 그들이 성장함에 따라서 창작 표현의 기제로 이행되며 그것이 예술성이나 인격형성에 수반될 승화, 조절, 투사, 상징화, 퇴행, 도피 따위의 작용에 의해 마침내 완전에로 향할 수 있는 성격적 기조를 이루게 되는 것이다.

이것은 두말할 나위 없이 유아로부터 성인에 이르기까지 미술을 통한 성장과 관련이 되는 것이다. 더구나 아동과 유희 본능과의 관계는 인간이나 예술의 의미측면에서 볼 때 불가분의 위치에 있다고 할 수 있다. 그러므로 난화를 그리는 그들의 내적 세계를 억압하거나 지나치게 성인들의 요구를 강요해서는 안 된다(권상구, 1987).

그것은 정신적으로나 신체적으로 운동신경의 조절을 불가능하게 하므로, 정서적으로 운필의 조절 욕구를 상실하게 하고, 심리적으로는 표현력의 결여, 신체적으로는 운동신경을 지배할 수 있는 능력이 저해되므로 결과적으로 미술을 통한 성장과 표현의 정상적 발달단계를 통과 할 수 없게 되는 것이다(김동연, 1990).

그러면 여기에서 난화가 어떤 단계를 거치면서 발달하는가에 대한 여러 학자들의 분류를 비교해보자.

Lowenfeld(1958)는 난화를 목적 없는 긁적거리기로부터 시작하여 목적 있는 긁적거리기로 발달하는 자기표현의 최초의 단계라고 말하고 있다. 난화단계로는 무질서한 난화기, 통제된 난화기, 명명된 난화기 등으로 구분했다. 무질서한 난화기(Disordered Scribbling Period)는 자기가 원하는 것을 만들 수 있는지조차 의식하지 못하고 팔을 앞으로 반복해서 그리며, 어린이의 생리화학적, 신체적 성장을 나타내는 전체적인 발달의 자연스러운 한 부분이다.

통제된 난화기(Controlled Scribbling Period)는 낙서를 시작한 후 6개월 정도의 어린이는 그의 움직임과 종이 위에 그려진 흔적과의 사이에 관련이 있음을 발견하게 되고 이 단계에서는 아동의 시각발달과 운동발달 사이의 조화가 매우 중요한 성취 과제로서 이 때 아동이 굉장히 열중하는 것을 볼 수 있다.

명명된 난화기(Named Scribbling)는 낙서에 이름을 붙이기 시작하는 기점이어서, 움직임을 주변의 세계에 연결지으려 할 때 자기가 그려놓은 것과 대상과의 관계성을 볼 수 있게 되며, 그때부터 의도적으로 그리게 된다.

또한 Helga Eng(1954)은 난화단계를 파형착화기, 원형착화기, 혼합착화기로 나누었다. 파형착화기는 가장 초기의 착화기로, 손과 팔의 운동에 따라 좌우로 그어대는 착화단계이다. 원형착화기는 파형착화기의 발달 상태에서 곡선이나 동그라미를 그어대는 시기인데, 여기서는 가정환경과 부모의 관심, 재료 용구가 신변에 있어 쉽게 사용할 수 있는지에 따라 발전에 차이가 있으며, 손, 팔, 어깨의 근육이 잘 발달이 되면 서툴지만 동그라미를 그릴 수 있도록 발전된다.

혼합착화기는 혼교착화기라고 하며, 여러 가지 형식의 착화가 뒤섞여 있는 상태로 수평, 수직, 선, 원, 타원, 각, 점, 글씨 등의 흉내들이 뒤섞여 있는 착화단계이다.

최종인(1985)은 난화단계를 파형착화기, 원형착화기, 혼교착화기, 동심원기로 구분하였는데, 파형착화기는 가장 초기의 기본적인 것, 좌우로 그려진 선이 차차 밑으로 내려가며 계속되는 것이 보통이며, 단선, 점, 비뚤어진 선 등으로 나타나게 된다. 연속적인 선묘의 행동은 여러 번 반복되지만, 대략 1분 정도이면 끝이 나는 경우가 대부분이다. 크기는 대략 8㎝ 이상이 많은 점이 특색이다. 손끝에서 묘선이 이루어지는 것이 아니고 몸 전체가 손과 함께 움직인다.

원형착화기는 마치 낙서처럼 보이나 그림을 그리고 있다는 생각을 지각하고 있다. 이 단계는 한 인간의 원으로 향한 최초의 단계의 발전을 뜻한다. 회전은 곧 원으로 옮겨지기 위한 준비상태로 볼 수 있다.

착화기는 지그재그나 직선, 각, 타원, 나선, 구형모양을 손으로 그리며, 물질의 흉내 등이 나타난다. 동심원기는 원을 그리게 되면서 자기가 그리는 착화 중에서 독립된 도형을 의식하게 된다. 그리고 이때 유아는 자기가 그린 동그라미를 보고 '엄마'라고 소리를 지르기도 한다.

Kerschensteiner(1905)는 난화를 도식기에 포함시켰는데, 어린이가 그리고 싶은 인물이나 동물, 식물 등에 있어 알고 있는 사항에 대하여 상징적 기호로서 그리려 하는 도식의 표현단계로 시각적, 사실적 그림을 그리지 않는다고 말하고 있다.

Cane(1954)은 난화를 2~5세 때 미분화 내지 유아의 경우에서 볼 수 있는 착화의 상태이며, 목적의식이 없는 놀이의 형태로 그들의 정서를 나타낸다고 보았다.

3. 난화를 통한 미술치료의 연구동향

1) 난화를 통한 미술치료의 발전

연상을 통해서 개인이 상동적 형태의 표현에서 벗어나 개인적으로 중요한 의미를 지닌 주제를 찾는 데 도움을 주는 방법의 모색이 필요하다.

이러한 목적에서 난화는 심리치료의 한 방법으로서 고착된 사고방식과 상동적 표현을 변화시키는 데 사용되어 왔다. 이 방법은 우선 자신의 신체를 사용해서 부드럽게 크게 움직여서 허공에 그림을 '그리는 것'으로부터 움직임을 그리게 된다. 그 다음 눈을 뜨고 그 그림이 어떤 형태를 연상시키는지 지워버리는 작업을 하여 그림을 완성시킨다. 이러한 그림은 아동의 초기에 일어나는 난화는 다소 다르다고 할 수 있다.

이 방법은 몇 개의 조직된 활동을 기초로 하고 있다. 즉, 우선 최초의 움직임에서 부드러운 표현을 통해 상동적 형태의 그림 그리기의 습관을 제거한다. 그런 다음에 아동은 금지된 표현이나 아동다운 표현을 하는 용기를 가지게 되어 아무렇게나 형체를 그리거나 혹은 일시적인 기분을 표현하는 경우도 있지만, 특정의 대상을 묘사하지는 않는 단계를 거치게 된다.

세 번째 단계는 난화 중에서 이미지를 발견하는 것은 아니지만, 아무렇게나 그린 형체, 구체화된 이미지는 반드시 잠재적, 공상적인 이미지에 부합된다는 사실을 이용하게 된다. 주제는 극히 개인적인 것이 많고, 최초의 단계는 이미지의 완성이나 생각의 추적이지만 그것이 창조적 작품 그 자체를 완성해내게 된다. 즉, 놀이의 반인 활동과 투사에 의해 생긴 자료가 미술적 커뮤니케이션으로 전환하게 된다.

이 기법은 청년, 성인 등에 더 유효하다. 왜냐하면, 이와 같은 방법은 아무렇게나 그린 형태가 잠재적인 공상의 투사를 거쳐서 의식적인 노력의 그림으로 바뀌기 때문에 극히 일반적으로 그린 작품에 결여되어 있는 독창성과 생명력을 지니고 있는 경우가 많기 때문이다(김동연, 1990).

Auerbach(1959)는 환자가 정신분석 침상에서 스케치북에 난화를 그리게 하였고, Stern(1952)는 환자가 집에서 자유롭게 연상되는 그림을 그려서 분석시간에 가져오도록 하였다. 이것은 치료자가 정신분석적 고찰을 토대로 하여 난화를 그리도록 제안한 것으로, 난화는 환자가 자신의 비 구조화된 자극에 그 다음의 상상을 투사할 수 있는 여지를 제공하기 때문이다.

2) 난화상호이야기 만들기의 발전

아동분석가 Winnicott(1971)는 아동 환자에게 은유로서 의사소통을 할 수 있는 '난화(Squiggle) 기법'을 소개했다. 그는 단기 상담의 한 방법으로서 난화(Squiggle)를 이용했다. 이 기법은 치료자와 아동이 함께 하는 것으로 빈종이 위에 서로 차례로 난화를 만들고 그것에 부가해서 형상을 만들며, 그 형상이 무엇처럼 보인다고 이야기하는 것이다. 이 기법의 목표는 난화를 해 나감에 따라서 환자의 성장이 이뤄져 무엇인가를 풀어놓는 내적 변화를 통해서 아동의 내적 사고와 감정들에 대한 의사소통을 확고히 하게 하는 것이다.

Winnicot는 주관적인 접근으로 아동의 발달 단계에 대한 그의 인지-정서적 평가에 기초를 두었고, 그리고 단기 중재로 사용했다(1-3회 면담). 그는 '전이와 저항의 문제가 나타나기 시작하기' 때문에 이 기법의 보다 장기간의 사용은 효과적이 되지 않을 것이라고 느꼈다.

Gardner(1971, 1975)와 Kritzberg(1975)는 심리치료에 아동을 위한 은유적인 방법으로서 치료적 의사소통을 위해 보다 체계적인 기법들을 발전시켰다. Gardner(1971)는

"아동들은 그 같은 통찰을 치료적으로 이용하여 그들의 무의식적 과정에 대해 의식적인 자각을 얻는 데 거의 흥미가 없다."라고 진술했다.

그는 아동들이 이야기를 듣고 이야기하는 것을 즐기므로 이 접근은 "가치와 통찰의 나눔과 전달…"을 위해서 사용되어질 수 있다는 것을 느꼈다. 따라서 그는 이 접근을 적용하는 '상호 이야기하기 기법'을 발전시켰으며 나중에 부가적으로 놀이 매체를 사용하는 것과 말하기, 느끼기 및 해보기 게임(카드 게임-a broad game)을 발달시켰다.

Gardner와 함께 일한 Kritzberg(1975)는 아동 정신분석 심리치료에서 그의 구조화된 치료적 게임방법 속에 Gardner의 개념을 보다 체계적으로 세워 은유를 통해 아동과 의사소통할 수 있는 구조화된 수단을 고안했었다.

또한 Claman(1980)은 Winnicott의 난화(Squiggle-Drawing Game)를 사용해 잠재기 아동들의 치료에 적용시켜 아동과 치료사는 구조화된 상호작용적 상황에서 주제를 상호교환하게 하였다. 그는 이 기법을 통해 치료사가 아동에게 중요한 주제의 자료를 얻을 수 있으며 그리고 아동과의 의사소통을 증진시킬 수 있는 기법이라는 것을 증명했다.

Naumburg(1969)가 개발한 난화(Scribble)기법과 Winnicott가 개발한 난화게임기법(Squiggle)을 일본에 소개한 中井久夫(1982)는 '한계 음미 난화(Squiggle) 기법'을 독자적으로 고안하였는데, 이것은 내담자가 그린 난화에서 치료자가 발견한 것을 구체적인 말로 몇 가지 제시하고 그 가운데서 내담자가 선택하게 하고 그것을 치료자가 그려 되돌려 주는 것이다. 이 경우 큰 종이 한 장을 두 사람이 함께 사용하는 경우가 많다. 이 기법은 환자의 내면세계를 치료자가 확실히 함께 공유하고 그를 필요 이외의 침해로부터 지키는 형태를 취하기 때문에 보다 치료적이 되는 것이라고 하였다.

Scribble은 Naumburg(1966)가 개발한 이래 이것은 그림을 그린 사람의 무의식 속에 잠재되어 있다고 느껴지는 상상을 표출시키는 데 도움을 줄 수 있는 아동분석의 방법 내지는 미술치료의 수단으로 사용되고 있다. Winnicott(1971)가 개발한 난화(Squiggle)와는 다른 '휘갈겨 그리기'라고 하기보다는 '빙빙 돌며 그리기'라든가

'아무렇게나 그리기'라고 하는 쪽이 더 좋을 듯하다. 이 방법은 회화요법이 때때로 기능을 요구하므로 저항에 부딪치는 경우가 많았기 때문에, 아동에게 훨씬 저항감을 적게 줄 수 있는 효과적인 방법이 되었다. 그러나 난화 속에서 자기의 심상을 형상화하는 것이 아동에게 있어서 쉬운 일은 아니었기 때문에, 山中康裕(1984)는 이 점을 보완하기 위해 미리 치료자가 연필 등으로 아동에게 난화를 그려 주고 그로부터 보이는 것을 아동에게 표제로 주었다. 이 방법을 山中康裕는 '찾기'라는 이름을 붙였다. 보통 한 장의 종이를 사용해서 이뤄지며 내담자의 면전에서 행하지만 그림의 완성에는 숙제기법을 취하기도 한다.

또한 山中康裕(1984)는 자신이 개량한 난화기법을 좀 더 개량시켜 "난화 상호 이야 기법(MSSM : Mutual Scribble Story Making)"을 만들었다. 이것은 中井이 만든 '테두리 법'을 첨가하여 만들었는데, B4크기의 종이 한 장씩에 치료자와 내담자가 나눠 갖고 치료자와 환자가 서로 테두리선을 그어서 교환한 뒤 난화를 만들고 치료자가 만든 난화에 내담자가 심상을 투영하여 형상을 완성하고, 반대로 내담자가 만든 난화에 치료자가 심상을 투영하여 형상을 찾아 완성하는 것이다.

치료자와 내담자가 서로 역할을 교환함으로써 관계형성에 도움이 된다. 또한 내담자가 자신의 무의식을 난화 속에 투영시켜 형상화시켜 이야기함으로써 보다 쉽게 무의식을 의식화시켜주고 내담자 스스로가 자신의 문제를 인식하게 해주는 이점을 가지고 있다.

加藤孝正(1992)은 山中康裕(1984)가 고안한 '난화 상호 이야기법'을 이용해 등교거부증상을 지닌 아동의 치료한 사례를 한국에서 발표하기도 했다. 또한 山中康裕(1991)는 '난화 상호 이야기'기법에 콜라주를 덧붙여 MSSMC(Mutual Scribble Making Collage)라는 새로운 기법을 만들었다. 이것은 놀이의 요소에 미적인 요소를 가미한 것으로 마치 놀이상자와 꿈 해석을 엮어 맞추어 놓은 것 같이 무의식과 의식이 적당히 교합된 치료방법이다. MSSMC는 난화에다 콜라주(신문, 잡지, 사진 등을 오려 붙이는 기법)를 더해 치료자와 환자가 서로 이야기하는 방법이다.

위에서 살펴본 난화에 대한 심리치료 연구들을 간략하게 도표화시켜 보면 다음과 같다.

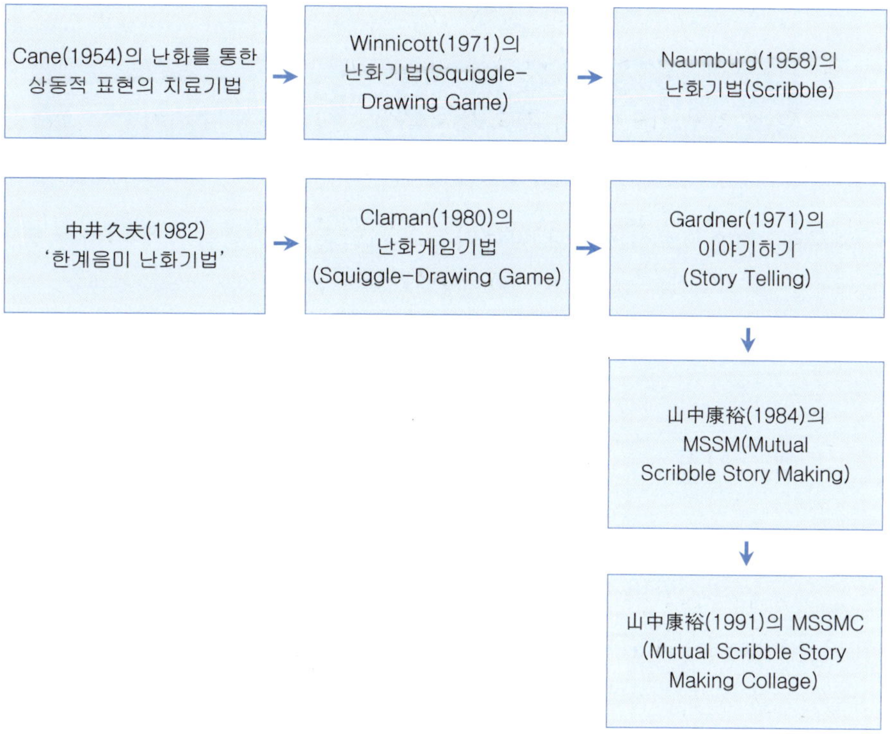

[그림 2] 난화 상호이야기 만들기의 발전(한국미술치료학회, 2001)

chapter 5

5장. 미술치료의 임상적용 및 사례연구

<사례 : 미술치료가 성학대 피해아동의 자아존중감 및 불안에 미치는 영향>

※ 본 사례는 한국 정서 · 행동장애와 교육학회지인 "정서 · 행동장애연구" 제23권 제3호(2007)에 게재된 연구논문임(pp. 165-197).

1. 서론

본 연구는 의붓아버지로부터 성폭력 피해를 입은 초등 1학년 여아를 대상으로 사고 후 아동의 낮아진 자아존중감을 높여 주고, 불안 행동을 감소시켜 주기 위해 미술활동을 중재한 사례이다. 대상아동은 사고 후 어머니와 주변사람에게 자신의 불안 심리를 표출하지 않고 억제해 왔으며, 이러한 아동의 불안은 '유기'라는 부정적인 도식(schema)에서 기인되었음을 알 수 있었다.

이에 본 연구에서는 아동의 긍정적인 감정표현을 위한 출구로서 그림그리기와 외상 내용을 대화로 발전시키고 외상과 연관된 기억을 노출시킬 수 있도록 인지를 재구조화하는 방법을 적용하였다.

총 13회기 동안 진행된 프로그램에서 대상아동의 행동변화와 심리상태를 관찰하고, Hare(1985)의 자아존중감척도와 Spielbeger(1978)의 상태불안척도를 이용하여 사전 · 사후 변화차이를 비교 검토하였다. 연구 결과 본 연구에서의 미술매체를 활용한 중재가 성폭력 피해아동의 자아존중감 향상과 불안 행동 감소에 긍정적인 영향을 주었음을 알 수 있었다.

총 13회기의 짧은 기간에 성학대로 인한 아동의 충격과 깊은 신체 심리적 외상을 중재하여 본 연구의 결과를 일반화하기에는 상당부분 제한점이 있으나, 아동기의 신체와 감정의 깊은 상처로 자리잡은 심한 인지 왜곡은 성인이 된 이후에까지 외상으로 남을 수 있는 여지가 있어 이를 위기에 적절히 중재한 것으로서 연구의 의의를 찾을 수 있다.

2. 중재의 필요성

현대화가 가속화될수록 우리 사회에 큰 문제로 대두되고 있는 심각한 사회적 병리현상 가운데 하나는 성폭력의 문제이다. 2006년 한 해 동안 우리나라의 성폭력 범죄는 13,446건이 발생하여 전년대비 4.3% 감소하였으나(경찰백서, 2007), 연쇄성폭행 사건의 발생은 사회문제로 부상되어 성폭력에 대한 국민적 관심이 계속 고조되고 있다.

한국 성폭력 상담소의 연구(2006)에 의하면 성폭력의 30%가 13세 이하의 아동에 대한 것이며, 이 중의 40%가 근친강간이라는 점을 볼 때 급증하고 있는 성폭력과 근친강간 등은 매우 심각한 문제가 아닐 수 없다. 외국의 경우도 예외는 아니어서 미국의 성인여성 16%가 18세 이전에 적어도 한 번은 강제적인 근친강간의 경험이 있다고 했으며(Kerney, 2003), 또 100명 중 1명이 아동기에 친부로부터 성적 학대를 당했다는 주장이 있다(Conte, 2002).

이러한 보고들은 사실상 피해자의 폭로가 적기 때문에 실제 문헌 자료의 수치보다는 그 피해 수치가 높을 것으로 판단하는 것이 지배적이며, Hillman과 Solek-Tefft(1988)이 지적했듯이 성학대는 이 시대에 가장 보고되지 않은 범죄라 할 수 있을 것이다. 특히 아동에 있어서 피해아동이 침묵을 지켜 그 학대를 드러내지 않는 경우가 있는데 그것은 가해자로부터 보복이 두렵거나 자기비하에 사로잡히고 자신이 학대받았다는 사실이 믿어지지 않기 때문(Friedrich, 2002)이라고 한다.

성폭력 문제를 해결하려는 접근방법에는 여러 가지가 있지만, 그중 하나는 법적 제도를 통한 예방(침묵하거나 은폐시키지 않고 반드시 밝혀 근절될 수 있도록 고발)이라 할 수 있으며 성적 피해를 입은 아동은 즉각 정신적, 신체적 치료가 있다. 주위의 모든 분, 특히 어머니나 가족은 이들의 보호에 지대한 관심을 가져야 하며, 주위의 무관심으로 상처 입은 채로 지내다보면 심리적 후유증과 PTSD와 같은 다양한 증후군이 나타나게 된다(Kendall-Tackett, Williams & Finkelhor; Kearney, 2003. 재인용).

이러한 증후군은 본 연구의 대상아동에게도 예외 없이 나타나 교란행동, 야뇨증, 도벽, 야경증, 악몽, 퇴행이나 아기행동, 혼자 있는 것을 두려워하거나, 천식 등 가정과 이웃, 또 학교에서 문제를 일으키게 되었다. 또 공격 행동, 특정한 사람을 보면 히스테릭하게 울거나 성에 지나치게 몰입하거나 원하는 것을 손에 넣기 위해 성적으로 도발하는 듯한 행동을 취하기도 하였다. 또한 수치감, 우울, 자기 파괴적인 행동으로 치닫거나 하는 등의 성격변화와 문제행동이 3개월 이상 지속 유발되었다.

이러한 증후군에서 벗어나게 하기 위한 위기중재기법중의 하나가 미술치료이다. 미술치료는 성 학대 아동들에게 연령별로 적절하게 대처할 수 있게 도우며, 미술매체를 통하여 사건상황과 내면의 감정을 거부감 없이 표현할 수 있게 하는 장점이 있다.

최근 성폭력 피해자를 대상으로 미술 매체를 이용하여 접근한 조정자의 연구(2002・2006)에서 피해자들의 두려움, 적개심이 감소하면서 성격이 활발해지고 학교생활에 잘 적응하는 것으로 나타났다. 피해자의 우울을 다룬 김현선(2002)의 보고에서도 미술치료는 우울증이 나아지면서 자신의 문제를 직면하게 되고 해결의 의지를 행동화하는 것으로 나타났다.

여성학적 관점에서 접근한 김옥희・김갑숙(2006)의 연구에서도 외상 후 스트레스 극복과 피해자들의 불안심리를 표출시켜 안정적으로 도모하는 데 큰 효과가 있음이 입증되었다. 그러나 이러한 다수의 보고에도 불구하고 나이어린 성학대 피해아동에 대한 연구는 아직 미비한 실정이다. 특히 이들의 통합된 외상기억을 의식적 기억과 직면시켜 현재생활경험으로 촉진시키도록 도우며 구체적인 불안과 외상을 주제로 다룬 연구 역시 찾아볼 수 없었다.

성폭력 피해자의 외상은 사건과 사건 후 야기된 부정적이고 공포스러운 상황들을 세세한 경험으로 이야기하게 하여 세부적 사항이 긍정적으로 대처할 수 있는 방식으로 변경될 때 외상자는 더 이상 희생자가 아니라 경험의 산증인이 될 수 있을 것이다. 이와 같은 도식(schema)의 변경은 곧, 희생자의 입장을 바꾸어 외상으로 인한 비 기능적인 생각 때문에 나타나는 부정적인 정서와 행동을 제거하는 데 도움을 줄 수 있는 긍정적인 변화이기 때문이다.

이와 같은 관점에서 본 연구는 초등 1학년 성폭력 피해 아동을 대상으로 미술치료를 적용하여 성폭력 피해아동이 겪은 사고 후 신체상의 왜곡으로 인한 자존감저하와 불안행동에 대한 부정적인 생각을 확인시켜 그 생각에 도전하고 대안적인 생각을 가질 수 있도록 인지적 재구조화에 목적을 두고 프로그램을 구안하였다.

특히 본 연구의 대상아동이 보이는 낮은 자존감으로 인한 문제행동과 성 학대 사건 후 불안 특성 즉, 의붓아버지가 성폭행을 가한 후에 은폐된 범죄 사실이 드러날까 봐 살인을 목적으로 유괴, 폭행, 살인미수 등의 피해를 입힌 뒤 공터에 유기되었다가 다시 살아난 아동의 심리적 안정과 법적보호를 받을 수 있는 데 중점을 두어 단기중재하고 최소한의 정서적 지원을 해주고자 하였다.

프로그램 진행에서는 대법원 상고사건으로까지 이어진 법적 문제로 은폐된 아동의 문제는 비유적으로 다루어지는 반면에 명백한 지시와 목표들은 미술매체를 이용하여 해리된 기억과 회상을 연결시켜 의식화시키고 중요한 외상주제(공포, 불안, 분노, 목수, 피해의 감정, 정서 및 신체의 상처 등)에 대한 아동의 반응을 재구조화하여 표현할 수 있도록 초점을 맞추었다.

또한 PTSD 극복과 불안 행동 감소를 분명하게 하여 성폭력 피해에서 오는 왜곡된 신체상과 자기개념에 대해 확인하고 도전하게 하여 외상을 회복하고 종결시킬 수 있는 대안적인 생각을 행동화 할 수 있도록 도왔다.

이와 같은 성 학대 피해아동의 닫힌 감정표현을 위한 출구로서의 그리기와 외상내용을 대화로 발전시켜 외상과 연관된 기억을 노출시킬 수 있도록 인지를 재구조화하는 구조적인 외상 중재기법은 우리나라에서의 성 학대 피해아동에 대한 상세한 피해사례는 물론 은폐된 문제의 심각성을 보고하고 임상현장에 실제 적용 가능한 프로그램으로서 긍정적 변화를 만들어 내는 첫번째 단계의 시작이 되는 데 기여할 것이다.

구체적인 연구 문제는 다음과 같다.

연구문제 1. 미술매체를 활용한 중재가 성폭력 피해 어린이의 자아존중감 향상에 어떠한 영향을 미치는가?

연구문제 2. 미술매체를 활용한 중재가 성폭력 피해 어린이의 불안행동 감소에 어떠한 영향을 미치는가?

3. 연구대상

1) 대상 아동

대상아동은 초등 2학년 여자어린이(만 7세)로서 초등학교 입학 전인 1월부터 입학 후 1학년이 된 6월까지 약 6개월간 의붓아버지(이하 계부)로부터 지속적으로 성학대를 당하여 현재 대법원에서 재판이 상고되어 계류 중이고 피의자로부터 공갈협박에 신변안전상 위협을 느껴 가정폭력 위탁시설인 W군에 있는 ○○모자원에 위탁되어 있었다.

아동은 위탁된 시설 근처의 학교에 다니면서 시설 내부의 다른 위탁아동이나 학교 안에서 또래아동과 문제행동을 일으키거나 공격성 및 심한 불안 심리를 보이고 있어 심리치료를 위해 J시 성폭력 예방센터로부터 본 기관에 의뢰되었다.

의뢰된 이후 2회기를 마친 뒤에는 가해자에 대한 법정심리가 종결되어 고등법원, 대법원 상고까지 판결이 끝난 뒤인데도 외상에 대한 중재 없이 법정심리가 계속되어 대상아동은 성폭력피해에 대한 심한 퇴행과 자기 파괴적 행동, 시설과 학교에서 문제행동, 성적인 과잉행동을 보이고 있고, 가해자로부터의 공갈과 협박에 시달려 사후 보복에 대한 불안 등으로 심각한 PTSD 후유증을 보이고 있었다.

대상아동의 현재 상태를 살펴보면 자아 존중감 지수는 동료 간 14, 가정적 11, 학문적 12점으로 자아존중감이 낮은 편이었고, 불안지수는 45점으로 높은 편이었다.

(1) 가족관계

현재 45세인 어머니(무직)와 피해아동 2인 가족으로서 어머니가 친부와 이혼한 뒤 계부를 만나 동거하였으나 계부가 피해아동을 반복적으로 성학대하고 공터에 유기한 사실이 드러나 구속수감 된 뒤 법원에서 실형을 언도받아 교도소에 수감되어 다시 이혼한 상태였다.

(2) 생육력

아동은 친부와 함께 살다가 부모의 이혼으로 어머니를 따라 나와 살고 있었다. 어머니가 경제능력이 없어 정수기 외판을 하던 중 계부를 알게 되었고 계부가 외판계약을 한건 해준 뒤 어머니를 도와주겠다며 따라와서는 집을 차지하고 나가지 않은 채 그대로 눌러 살게 되었다.

(3) 사건개요

어머니 상담결과 계부는 모녀의 집에 얹혀살면서 생활비를 벌기 위한 경제활동을 전혀 하지 않고 오히려 대상 아동과 어머니에게 용돈을 내놓으라고 하거나 돈을 주지 않으면 흉기와 라이터 등으로 집을 폭파시키겠다며 모녀를 공갈 협박하여 정신적 고통을 감내하며 살아왔다.

계부의 공갈 협박 외에도 대상 아동은 7세부터 1학년이 된 지난해 6월까지 흉기로 수도 없이 음부를 찢기고 성폭행을 당하였으며 계부는 그 사실을 은폐하기 위해 아동의 목을 조르거나 목이나 옆구리에 칼을 들이대며 가슴, 정수리, 옆구리, 이마, 뒤통수 등 급소 부분만 수도 없이 폭행을 당하였다.

아동은 수개월 동안 계속된 계부의 폭행 중에 기절 실신을 반복하다 마침내 정신을 잃게 되자 죽은 줄 알고 줄로 꽁꽁 묶인 채 공터의 쓰레기하치장에 유기되었다가 다시 살아나는 등 초등 1학년 여아로서 감당하기 힘든 심한 신체적, 정신적 고초를 겪은 것은 물론 적응행동과 학업상의 극단적인 손상을 입었음을 알 수 있었다.

2) 상담 절차

2006년 7월 20일부터 8월 23일까지 J시에 위치한 본 기관에서 어머니 상담을 포함하여 주 2회 1시간 30분씩 총 13회기를 상담하였다. 첫 회기 어머니 면접에서 아동이 그림그리기를 무척 좋아한다는 이야기를 듣고 미술매체를 이용하여 상담하기로 하고 수집된 정보에 근거한 감정표현과 분노 및 공격성 조절 등에 중심을 두어 활동을 증가시키고 교육, 사회적 지원을 형성하기 위한 틀로서 매회기 목표를 설정하였다.

매회기 면접에서 아동 자신의 설명과 어머니 면담, 연구자가 관찰한 내용을 토대로 아동의 행동변화내용과 본 연구자와 본 기관의 전임연구원이 관찰한 결과를 회기별로 기록하여 연구 목적에 맞게 사전 사후 변화과정을 기술하고 비교 검토하였다.

3) 검사도구

성폭행 피해 아동에게 미술치료를 통한 중재 효과를 알아보기 위해 사전・사후 자아존중감척도, 불안, 문제행동의 정도를 파악하는 질문지가 사용되었다. 검사도구의 구체적 내용은 다음과 같다.

(1) 자아존중감 척도

Hare(1985)가 개발(Hare Self Esteem Scale)한 자아존중감 척도를 번안 보완하여 본 연구에 사용하였다. 척도의 구성은 3개의 하위영역으로 나뉘어져 있다. 하위영역은 가정적 자아존중감 7문항으로 최저 7점에서 최고 28점, 동료간 자아존중감 9문항으로 최저 9점에서 최고 36점, 학문적 자아존중감 9문항으로 최저 9점에서 최고 36점이며, 총 25개의 문항으로 최저 25점에서 최고 100점까지로 되어 있다.

부정문항은 역순 채점하여 산출하고 점수체계는 4점 Likert식 척도로서 아주 그렇다 4점, 그렇다 3점, 그렇지 않다 2점, 전혀 그렇지 않다 1점으로 되어 있어 득점이 높을수록 자아존중감이 높다는 것을 의미한다. 자아존중감 척도의 신뢰도 계수는 Cronbach α =.7966이다.

(2) 상태불안척도

Spielbeger 등(1970)이 고안한 State-Trait Anxiety Inventory: STAI를 김정택과 신동균(1978)이 번안하여 한국의 실정에 맞게 표준화한 STAI 한국어판을 사용하였다. 이 척도는 총 20문항으로 구성되었고 State Anxiety 측정을 위한 점수체계는 4점 Likert식 척도로서 거의 그렇지 않다 1점에서 항상 그렇다 4점까지로 되어 있어 20점에서 80점 사이의 점수를 얻을 수 있고 점수가 높을수록 불안 수준이 높은 것을 의미한다. 불안 척도의 신뢰도 계수는 Cronbach α =.92이다.

4) 자료처리

본 연구의 결과를 검증하기 위해 사용된 연구도구는 다음과 같이 처리하였다.

첫째, Hare(1985)의 SES(Hare Self Esteem Scale)한국어판 자아존중감 척도 검사 질문지를 이용하여 사전 사후 가정적, 동료간, 학문적 자아존중감 변화 차이를 비교 검토하였다.

둘째, Spielbeger(1972)의 STAI(State-Trait Anxiety Inventory)를 김정택 · 신동균이 번안하여 사용한 한국어판 불안척도 검사질문지를 이용하여 사전 사후 불안 상태 변화차이를 비교 검토하였다.

셋째, 사건 이후에 보이는 전반적인 문제행동과 태도변화를 프로그램 진행과정을 통하여 비교 검토하였다.

5) 미술치료 접근방법

본 연구는 성폭력 피해를 입은 초등 2학년 여자어린이의 외상 후 스트레스장애로 보이는 자아존중감 향상과 불안 감소 등의 위기극복을 중재할 목적으로 접근하였다.

중재 방법은 인간의 신념이 정서와 행동에 크게 영향을 미친다는 Ellis(1991)의 ABC(Activating Event-선행사건, Belief System-신념, Consequence-결과) 이론을 기초로, Young(1995)에 입각하여 본 연구의 대상 아동이 가지고 있는 주요 도식 각각에 대한 것과 계속적인 유발사건에 대해 P-CP(Point-Counterpoint)를 숙제로 내주고 미술치료 프로그램을 적용하였다.

전체 회기는 총 13회기로 매회기 어머니 면접(parent-oriented treatment)을 통하여 모델링, 역할놀이, 타임아웃, 적절한 정적 강화를 통한 훈육 방법 등을 이용하여 비합리적 사고를 수정하는 인지치료, 분노 및 자제력 훈련, 일반적 대처기술 훈련 등을 중재하였다.

프로그램 진행에서 대상아동 면접(child-oriented treatment)은 아동이 원하는 놀이 및 미술매체와 자유주제를 허용하고 외상후의 위기극복과 불안감 해소에 도움이 되는 내용의 이야기를 연구자가 리드하면서 아동의 부정적인 정서반응과 비합리적인 사고를 찾아내어 부정적인 사고를 철저히 긍정적인 사고로 전환시키는 인지재구성 작업을 통하여 접근하였다.

인지재구성 작업은 대상아동 특성에 따른 schema Flashcards를 만들어 사용하였다. 카드내용은 어떠한 환경에서도 아동은 사랑스러우며 가치 있는 사람이고 자신이 할 수 있는 한 자신과 부모, 또래친구들을 행복하게 할 것이라는 강력한 주제를 도식으로 정하였다.

이러한 아동의 부적응적 도식에 주요 강조점을 두어 확인한 초기 도식은 그 행동을 유지시키는 행동과 보상행동, 회피행동, 적응행동으로 나누어 현실과 그것에 체계적으로 직면하고 도전하게 하였다.

프로그램 각 단계별 구성은 신뢰감 형성 및 주변 환경 인식, 분노표출 및 피해 사실 인정, 재현 및 갈등 단계, 자기수용 및 회복, 실현계획 다지기, 종결 등 총 6단계로 구성하였다.

신뢰감 형성 및 주변환경 인식단계(1~2)에서는 자기 주변의 환경을 인식하고 가족 및 친구관계 등을 이야기하며 연구자와 친밀해지는 데 중점을 두었다.

분노 표출 및 피해 사실 인정단계(3~5)에서는 놀이와 미술매체를 이용하여 다양한 오락물품들을 아동으로 하여금 편안한 장소에서 자연스럽게 자기표현을 도와 상호작용하게 도왔다. 또한 여러 가지 매체들로 접근하여 치료에 대한 거부감을 극복하게 하여 가설적 시나리오와 능동적 심상기법(emotive imagery techniques)으로 꿈과 악몽을 다루어 충동 및 분노통제, 이완, 고립감, 불안감 줄이기에 주력하여 가해자를 인식하고 재현시켜 갈등을 탐색한 후 유발되는 정서변화에 직면하게 하였다.

자기수용 및 회복단계(6~9)에서는 대화 나누는 방법, 선생님과 의논하거나 상담하는 방법, 하루에 한 번씩 삶을 사는 방법에 대해 생각하고 가족 및 가해자에게 편지를 쓰게 하여 편지 쓸 때의 느낌, 편지를 쓰면서 느끼는 죄책감과 수치심, 분노를 통하여 스트레스 상황을 회피하던 아동의 마음에 정신적 여유를 찾을 수 있도록 감정을 이완하고 자기의 미래상과 미래의 가족에 대해 생각하게 하였다.

실현계획 다지기단계(9~11)에서는 가설적 시나리오를 쓰고 자기를 보호할 수 있는 방법, 현재 자신의 느낌을 기술하고 통제력 얻기, 다른 사람의 행동에 대한 불신을 줄이기 위한 긍정적 역할의 모델을 세우고 성 학대 이후 좋은 남자의 모델에 대해 생각하게 하였다.

종결단계(12-13)에서는 자기를 칭찬하고 자기에게 상을 줌으로써 자기를 긍정적으로 바라보고 회피하지 않는 명확한 자기언어를 사용하여 대화연습을 하며 회피행동을 적응행동으로 바꾸어 현실과 그것에 체계적으로 직면하고 도전하여 자기의 미래상을 그려보고 장래의 마음가짐을 이야기하며 종결하였다.

각 회기별 프로그램 구성은 〈표 2〉와 같다.

〈표 2〉 회기별 프로그램

회기	단 계	주 제	활 동 내 용	기 대 효 과	재 료
1	신뢰감 형성 주변환경 인식	자기소개, 자유화	자신과 주변 소개. 자유롭게 크레파스로 색칠하고 이야기하기. 물감 뿌리기	친밀감형성 긴장해소, 이완 치료관계형성	A4용지, 연필, 지우개, 도화지, 크레파스, 물감
2		집,나무, 사람, 동적가족화, 주호소문제 다루기	주변의 환경, 성장배경, 가족관계 등을 그림으로 그리고 이야기하기	주위환경, 가족인식, 자기지각 대인관계탐색	A4용지, 연필 지우개, 색연필
3	분노 표출, 피해 사실 인정	신체 본뜨기 가설적 시나리오	전지 두 장에 신체본뜨기를 하여 자신의 모습을 아름답게 꾸미기	자기탐색, 자기이해, 우울, 고립감해소, 자기보호	전지, 크레파스, 연필, 지우개
4		액자 꾸미기 가해자 인식 직면	주어진 꽃그림 틀을 꾸미고 자기와 가족, 친구들의 사진을 넣고 이야기하기, 사고에 대한 재현, 갈등탐색	자기표출, 자기에 대한 소중함 알기, 정서변화	A4용지, 크레파스, 색연필, 사인펜, 연필, 지우개
5		콜라주-나와, 관련된 것 꿈, 악몽	잡지에서 자신과 비슷한 느낌이나 마음에 드는 그림을 찾아 붙인 후 글이나 그림을 첨가해보기	자기와 관계있는 이야기 자연스럽게 표출, 갈등탐색, 지지체계	잡지, 연필, 지우개, 색종이, 가위, 풀, 도화지
6	자기수용 및 회복	데칼코마니 편지쓰기	분노 느끼기, 스트레스 상황에서 정신적 여유를 찾을 수 있도록 감정을 이완	갈등표출, 감정이완	도화지, 잡지, 크레파스, 색연필, 연필, 물감
7		현재의 나, 미래의 나	현재 자기느낌 미래의 자기 생각해 보기 불신 줄이기, 통제력 얻기	자기의지, 자기이해, 긍정적 신뢰감	잡지, 도화지, 크레파스, 연필, 지우개
8		미래의 가족화	미래의 가족을 생각해 보기. 자기관리	자유스런 의사소통, 감정표출, 자기존중	도화지, 크레파스, 지우개, 연필
9	자아존중 및 실현계획	씨앗 그리기 자기이미지 관리 자기감독	훌륭하게 성장하기 위해 나에게 필요한 것 그리기, 자기불신감 해소	자기 존중, 미래에 대한 불안 해소	도화지, 사인펜
10		자랑스러운 나 나의 성장	자기를 긍정적으로 바라보고 생각을 바꿔 해보기	자기개념, 정서변화, 지지체계	도화지, 사인펜
11		상장 만들기	자기의 장점 찾기	생각 바꾸기, 계획실천, 자기의지 다지기	상장지, 사인펜
12	종결 단계	나의 소망 자기 칭찬하기	대화연습-자기언어 찾기 받고 싶은 선물, 주고 싶은 선물.	앞으로 마음가짐 종결준비	도화지, 사인펜
13		종 결	색종이 접어서 주고 싶은 사람에게 선물하기	헤어지는 연습	도화지, 사인펜

4. 연구결과

미술치료가 성폭력 피해 아동의 사고 후 스트레스 장애로 보이는 낮은 자아존중감과 불안 감소에 주는 효과를 알아보기 위해 피해 아동을 대상으로 중재 프로그램을 실시하였다. 중재 후 연구문제에 따라 자아존중감과 불안 행동의 사전·사후 변화 차이를 검토하고 프로그램의 전반적 진행과정을 통한 변화내용을 제시하였다.

1) 자아 존중감 및 불안의 사전 · 사후 변화

성폭력 피해 아동의 미술치료 프로그램 중재 후에 자아존중감과 불안의 사전·사후 변화 차이를 알아본 결과는 〈표 3〉과 같다.

〈표 3〉 자아존중감 및 불안

변 화	자 아 존 중 감			불안
	동료간	가정적	학문적	
사 전	14	11	12	45
사 후	22	14	16	41
변화차이	+8	+3	+4	-4

〈표 3〉에서 알 수 있듯이 대상아동의 자아존중감 사전·사후 점수는 각각 동료간 14점에서 22점으로 8점 상승하였고, 가정적 11에서 14점으로 3점 상승, 학문적 자아 존중감이 사전 12점에서 사후 16점으로 4점 상승하였다.

중재 전과 후에 대상 아동의 자아존중감 검사 결과는 큰 향상을 보여 미술치료는 성폭행 피해 아동의 PTSD로 인해 낮아진 자아존중감을 향상시킨다고 할 수 있다.

또한, 대상아동의 불안 사전 사후 점수는 사전 45점에서 사후 41점으로 4점 감소하였음을 알 수 있다. 미술치료 실시 전과 후에 대상 아동의 상태불안 검사 결과는 많은 감소를 보여 미술매체를 활용한 상담이 성폭력 피해 아동의 불안 행동을 감소시킨다고 할 수 있다.

2) 회기별 프로그램 진행 내용

(1) 1회기 자기소개, 자유화-물감으로 뿌리기

어머니와의 면담에서 사건 당시의 법정 심리와 사건 개요에 관한 자세한 이야기를 들을 수 있었다.

계부는 어머니와 돈에 관한 일로 언쟁을 벌이거나 무시를 당할 때면 아동의 목을 조르고 칼을 휘두르며 돈을 내놓으라고 하였다. 집에 돈이 없으면 라이터와 가스레인지에 불을 붙여 폭파시키겠다고 하며 공포분위기를 조성하였다. 또 아이 앞으로 들어오는 학교급식보조비 통장에 남은 만 원도 안 되는 작은 돈도 당장 찾아오라고 할 정도로 파렴치한이라고 했다.

모친은 직장에 나가 돈을 벌면서 아이는 잘 있겠지 믿었는데 지난 6개월간 아동을 고의적으로 성학대하고 음부를 흉기로 찍었다고 했다. 대상 아동의 신체에 대한 산부인과 소견으로는 아직도 음부에 흉터가 남아 있었다.

계부는 아동에게 구강 및 항문 성교 등, 상상도 못할 성적 행동을 계속 저지르고 모녀의 접근과 대화를 못하게 아동을 협박하였다. 결국 나중엔 들통 날까봐 살해할 목적으로 아동의 목을 졸라 발로 차고 벽에 던져 끈으로 목을 조여서 구토하고 실신하자 공터에 갖다 버렸다.

사건당일 밤 10시 지나 기적적으로 살아 돌아왔는데도 법정에서 계부는 범행을 완강히 부인하며 반성의 기미가 전혀 없다고 했다. 계부는 현재 어린이 유괴와 성폭행(근친강간), 살인미수 등으로 항소심에서 6년형을 언도받아 교도소에 복역 중이나 출감하여 나가면 모녀를 죽여 버리겠다고 협박하고 있었다. 어머니는 법정심리가 열리는 날 법원에 출석조차 두려우며 "공부 많이 한 판사도 속이고 법을 이겨먹으려고 하는 알카에다 족보다 나쁜×."이라 욕설하며 풀리지 않는 분노를 이야기로 대신했다.

대상아동은 잔인하고 거친 계부에게 감히 저항할 수 없었으며 계부가 라이터나 가스레이지에 불을 붙여 위협할 때는 차라리 내가 죽으면 하늘나라에 가서 엄마를 편히 만날 수 있을 거라고 죽고 싶다는 생각을 하여 저항하지 않았다고 했다.

이후 아동은 학대에 관한 악몽을 계속 꾸었고 법정에서 계부와의 대면과 공갈협박 등에 모녀는 많은 불안을 갖고 있었다.

어머니의 이야기에서보다 아동은 담담한 편으로 자신과 자신의 주변을 소개하고 자유롭게 그리기 한 후, 크레파스로 색칠하고 물감으로 뿌리며 이야기했다. 비교적 꾸밈없는 아동으로서 연구자를 잘 따르며 그림 그리는 것을 좋아하였다.

아동의 정신적 외상에 대한 부담을 줄이기 위해 계부에 대한 이야기와 사건에 대한 자극은 되도록 주지 않으며 자유스럽게 물감놀이를 시작하니 즐겁게 따라하였다.

활동시의 아동의 이야기를 통해서 정서적문제로 분노, 억울함, 원망, 적개심으로 억눌려 있음을 알 수 있었고 행동상의 문제로 새로 전학한 학교와 모자원 시설에서의 부적응, 대인공포증, 피해의식의 심각함이 인정되었다.

상담을 구조화하여 대상아동의 주 호소 문제에 미술활동을 활용하여 접근하는 방식으로 치료 목표를 정하고 엄마 상담을 통해 의부의 공갈협박에 대해 법적 보호를 받기 위해 주민번호를 바꿀 수 있도록 법원에 연계하여 대처할 것을 당부하였다.

(2) 2회기 집 · 나무 · 사람 그리기, 동적 가족화

주변의 환경을 인식하게 하기위해 성장배경, 가족관계를 그림으로 그리고 이야기하였다. 그림에서는 자신이 탁자에 앉아 공부를 하고 엄마가 매를 들고 자신을 때리는 피학적인 모습을 그렸다. 아동의 설명으로는 "공부 안하면 엄마가 매를 들어야 돼, 말아야 돼?"라고 한다면서 "하기 싫어도 해야 돼요. 안 맞으려면요. 남보다 앞서가야 된대요."라는 말을 4차례에 걸쳐 반복하였다.

집・나무・사람그리기에서는 집을 종이 하단에 그린 다음 자신을 그리고 난 뒤

연필로 마구 그어 버리는 게 눈에 띄었다. 나무그림에는 화면에 꽉 찬 나무를 그리고 상단에 다람쥐가 밖을 내다보는 집을 그렸다. 사람그림의 여자상에는 자신과 엄마를 상단에 그리고 엄마보다 큰 모습으로 자기상을 그렸다. 남자상에서는 역시 상단에 인물상을 배치하고 아빠라고 하며 안양교도소에 있다고 했다. 인물상의 표정이 어린아이의 그림에도 불구하고 퍽 긴장되어 있으며 범죄 프로파일을 보는듯한 섬뜩한 표정의 험상궂은 얼굴 모습이었다. 그림 속의 아버지가 미안하다고 말하고 있다고 하여 아동의 계부에 대한 연민이 읽혀졌다.

모친과의 면담에서 아동은 모자원에서 심한 퇴행을 보이고 있음을 알 수 있었다. 양육과 온정 욕구로 시설 생활에 대한 심한 욕구불만과 현실적 불안 등을 보인다고 하였다. 또 아동은 제사놀이의 주인공을 하고 싶어 하며 젖병을 사달라고 하거나 기저귀 등을 채워달라고 하며 주변사람에게 때때로 공격적이고 과격한 놀이를 한다고 하였다.

아동이 회기를 거듭함에 따라 계부로부터 받은 구체적인 피해 사실을 뒤늦게 하나씩 차례로 드러내는 것에 분개한 모친은 대법원 상고중인 피해아동의 사건에 대한 증빙자료를 위한 연관성 있는 치료과정을 원하며 필요하다면 법정 증언을 위한 비디오 촬영을 하겠다고 적극성을 보였다.

따로 대법원에 사건을 알아보니 피의자 상고사건으로서 이미 지난주에 기각되었다고 하였다. 어머니는 비록 피의자인 계부 자신이 죄를 인정하지 않고 직접상고를 하였지만 피해자인 당사자들이 재판에 승소할 것을 기대하고 가해자에 대한 형량이 더욱 가중될 것으로 기대했으나 기각됐다는 사실을 알고 실망하며 두려움에 떨고 있었다. 계부는 수감상태에 있는데도 모녀를 계속 협박 하는 등 계부의 행동과 미래에 대한 불안으로 어머니는 그동안 상담 중 일관되게 진술된 아동의 증언을 추가하여 이 사건을 비상 상고(이미 실형을 받았더라도 죽어서까지 사후 죄를 물어 형량을 추가 언도함)를 소원 신청하겠다고 하였다.

어머니를 설득시켜 피의자에 대한 감정적 대응보다는 앞으로는 아동의 미래를 위하여 정서안정과 외상에 대한 후유증을 해소하고 정신적 스트레스와 행동상의 문제의 개선에 초점을 맞추기로 조정하였다.

(3) 3회기 신체본뜨기, 가설적 시나리오

대상아동의 핵심도식이 성폭행 사실에 대한 결함과 수치심이었으며 그러한 사실은 시설에 기거하는 엄마와 자신에 대한 무능감, 사회적 고립이 심한 시골학교로 전학 와서 다른 학부모의 입을 통하여 사건이 발각된 것에 대한 심한 수치심과 불안을 갖고 적대적이며 과도한 방어를 하고 있는 점이 인정되었다.

미술활동을 도입한 치료목표가 대상아동의 역기능적 도식을 건강한 도식으로 만들어 주고자 탐색해보기 위해 전지 두 장에 Full Body Drawing으로 아동의 모습을 아름답게 꾸며주었다.

아동의 사건 이후의 스트레스를 해소하고 자기왜곡에 대한 자기신체개념을 바로잡아 주기 위해 실물 크기의 자기신체를 그려보고 이야기를 나누며 직면하게 해주는 회기로서 아동은 이렇게 크게는 처음 그려본다며 만족해하였다.

모친과의 면담에서 아동과 모친은 친지들과 함께 지난주에 피서를 갔다 왔는데 대상아동이 피서지에서 다른 가정의 또래의 남자애들한테 "섹스 해 봤냐?"고 물으며 "우리 섹스하자."라고 해 몹시 당황했다고 했다. 또 여러 사람이 있는데 근처의 밭에서 빨간 고추를 따서 자신의 음부에 대고 한참을 걸어 다니는 등 손으로 음부를 마찰하거나 성적인 표현을 하고도 창피한 줄을 몰라 엄마는 어떻게 해야 할지 모르겠다며 당황해 있었다.

같은 또래의 어린이답지 않게 성문제나 성행동에 깊이 몰입하고 있었고, 어린이 창녀와 같은 행동을 하는 혼란되어 있는 아동을 위해 성에 대한 정체성을 바로 심어 줄 필요가 있음이 인정되었다.

문제행동을 거듭하는 아동과 함께 생활해야만 하는 어머니의 심적 변화가 읽혀져 어머니를 면담하니 그동안의 모자원 생활에 지쳐 있으며 차라리 아이를 고아원에 맡기고 현실로부터 벗어나고 싶다고 하였다.

어머니의 나이가 45세로 아이를 키우기에는 고령이라 그럴 수 있다고 하였으나, 자녀의 양육과 현실로부터 벗어나고픈 엄마의 양육상 문제와 경제적 곤란으로 삶에 지쳐 있음을 알 수 있었다.

아직까지 3회기에 걸친 짧은 진행이었지만 아동가족의 단절과 거부, 냉대, 정서적, 박탈, 유기, 불신, 학대 등으로 아동과 모친은 오래된 자기 패배적 행동패턴을 보이고 있었으며 이에 대한 각성과 도전이 현재의 아동에게는 매우 중요하다는 것이 인정되어 강력한 도식, 즉, 비합리적 사고와 자제력 훈련, 일반적인 엄마의 대처, 벌을 주는 것, 훈육 등에 일차적으로 접근해야 할 필요성이 인정되었다.

(4) 4회기 액자 꾸미기

주어진 꽃그림에 사진틀을 꾸미고 자기의 사진을 넣고 이야기하기. 여러 개의 사진틀에 가족사진을 넣고 친구들의 사진을 넣고 이야기해 보게 하여 수영복을 입은 사진을 액자에 넣고 예쁘게 꾸며진 사진을 보며 자기에 대한 긍정과 존중하는 마음을 갖게 하였다.

대상아동은 성폭력을 당한 직후 초기 불안이나 분노가 잘 처리되지 못한 상태로 이러한 감정은 처음의 분노가 자기혐오와 수치심으로 내면화되어 자포자기의 생각, 자기 비난의 사고패턴이 만성화되어 수치심과 죄책감이 주를 이루고 있었다. 또한 자기 자신을 성적으로 무가치하고 존중받을 만한 존재로 보지 않고 성적 문제에 있어서 혼란스러울 정도로 과도한 성적 호기심과 성기 노출 등의 성적인 문제를 보이고 있는 아동의 성적 정체성과 무제 행동을 바로잡아 주기 위해 액자를 꾸며 이야기하기가 실시되었다. 특히 자기 비난과 모델링을 할 수 있도록 역할 놀이를 해보고 비합리적 사고를 수정할 수 있도록 하였다.

어머니 면담에서 아동은 며칠 동안 결혼에 대한 이야기를 자주한다고 하여 아동의 잠재적인 성적 발달과 관심에 관련하여 너무 엄격하게 규제하거나 처벌하는 경향이 있음을 지적하고 아동의 결핍된 사회적 접촉과 가족이라는 정서적 결핍이 아동에게 영향을 주고 있음을 강조하였다.

장래의 아동의 정상적인 신체적, 성적 상호작용을 위하여 몸의 소중함과 자신에 대해 긍정적으로 인식할 수 있게 어머니의 처벌을 자제해 지도할 것을 당부하고 부모의 부적응적 기준과 비현실적기대감 보다는 긍정적이고 현실적인 관점을 가져줄 것을 당부하고 자기 비난과 수치심, 죄책감 등에 대한 일기를(schema diary) 숙제로 내주었다.

(5) 5회기 콜라주

자기의 현재 상태와 비슷하다고 생각되거나 마음에 드는 그림을 잡지에서 찾아서 오려 붙인 후 글이나 그림을 그린다.

잡지에 있는 그림 중 미래의 자신의 집과 인형악세사리 드레스 등을 찾아 붙여 아동의 현재 정상적이지 않은 내면의 정서와 혼란되고 부적절한 심리가 교차되어 나타났다. 모자원에서 놀면서도 엄마에게 누구하고 누구랑 결혼하는 것인지에 대해 자주 묻거나 이야기를 하며 결혼과 성관계에 대한 질문을 자주 한다고 하였다.

아동과의 대화에서 사건 당시 자기에게 관심을 보이는 계부에게 그의 요구를 거절하면 거부당할 것이라는 생각 때문에 거절을 못했고 계부의 성적 요구를 애정 표현으로 착각하여 학대라는 생각을 못하고 저항하지 못하였으며 혼란스러운 성개념을 형성하여 계부의 통제를 벗지 못했음이 나타났다.

여기까지 아동은 학대와 같은 위험한 상황으로부터의 보호, 안전, 양육, 공감, 감정의 공유, 수용, 존중과 같은 경험이 적어 자신의 요구가 예측 가능한 방식으로 충족되지 않으리라고 하는 강력한 부적응적 도식을 가지고 있는 윤곽이 확인되었다.

지난 시간의 Schema diary에서 아동은 "다른 사람이 나를 증오하며 모자원 가족들도 나를 싫어한다."고 썼고, 일기에서 아동은 결함과 수치심, 유기, 불안정, 정서 박탈 등과 관련된 도식을 아프게 보여줬다.

아동의 이러한 감정은 현실 속에서 자신에게 지지와 연결감을 제공해 줄 수 있는 사람, 즉, 엄마나 치료사, 시설의 복지사 등을 믿을 만하다고 지각하지 못하는 것과 자신에게 중요한 타인들이 정서적 지지를 주거나 받지 못하고 연결감이 적어, 힘을 얻지 못하고 실제적 보호를 받을 수 없다고 느꼈기 때문이었다.

특히 정서적으로 중요한 엄마가 불안정하고 예측 불허(예, 폭발적으로 화내거나, 우울, 기분변화가 잦은)여서 신뢰할 수 없고 꾸준하게 아동 곁에 없었으며(재혼하겠다. 고아원에 맡기고 죽어 버리겠다는 말을 자주함으로써), 아동자신을 언젠가는 버릴 것이기 때문에 유기에 대한 불안정(Abandonment)이 가장 큰 것으로 인정되었다.

그래서 긍정적 피드백을 할 수 있는 P-CP(Point-Counterpoint, 표 4)를 정하여 프로그램 진행 중에 매회기 말로 행해지거나 숙제로 내주어 활용하기로 하였다. 이러한 과정은 아동의 핵심감정을 드러낼 수 있게 시나리오를 정해 역할 바꾸기를 하여 욕해보기, 화내보기, 등을 다루고 아동이 긍정적 진술에 대한 연습을 끝마칠 수 있을 때까지 계속 진행하기로 하였다.

〈표 4〉 P-CP(Point-Counterpoint)

도식	감정	문제행동유발계기	유발원인	회피행동과 유지변인	새로운 적응적 반응 행동
의존성	무능	학교숙제를 안한다.	다른 사람에게 의존한다.	• 아동-엄마에게 야단을 들으면 집을 나가 친구 집에서 잔다. • 엄마-아동이 뭔가를 잘못하면 말을 걸어주지 않고 외면하거나 집을 나가버린다.	필요할 경우 과제에 대한 다른 사람의 도움을 받는다. 심리치료와 더불어 심한 학업에 대한 압박은 아동에게 불안을 더욱 증가시킬 수 있으므로 방학 동안만 중단할 것을 지원해 준다.
		시설이나 치료실의 과제를 안 한다.	전적으로 시설 선생님이나 치료자에게 매달린다.	아동을 뒤떨어지지 않게 하려는 노력으로 불가능한 목표를 세우고 충족시키지 못하는 것에 대해 화를 낸다.	
정서적 박탈	고독	4학년 오빠를 좋아한다.	결혼에 대한 불필요한 질문이나 상황에 맞지 않는 요구를 한다.	엄마의 공감부재, 엄마의 부적절한 반응에 울어 버린다.	상대의 친밀감을 동등한 정도로만 주고받으며 상호관계를 유지한다.
복종	분노	시설에적응하는 것, 경제적 문제로 시설관리자의 조언을 따라야만 하는 것.	시설이나 치료사, 엄마가 원하는 과제를 상대를 기쁘게 하려고 노력하지만 안하고 싶은 것을 억지로 하려니 분노와 울음을 억누르려고 힘쓴다.	교사나 친구들의 이야기를 듣지 않는다. 치료사의 지시에 내키지 않는 마음으로 수행하지만 정작 자신에 대한 걱정은 하지 않는다.	자기의 감정을 억압하지 않고 자신의 욕구와 다른 사람의 욕구와의 사이에서 균형을 발견한다.

실패	무력감	모르는 남자의 차를 타고 저수지에 갔다온 것.	과제를 미루거나 충고를 거절한다.	모르는 사람 차에 타는 것에 대해 엄마에게 계속적인 지적을 받아도 잘못을 인정하지 않는다.	과제는 일단 잘하고 타당한 충고는 받아들인다.
결함/수치심	부끄러운, 희망없는	하트가 그려진 가슴이 파인 옷만 입으려고 한다.	끊임없는 관심과 칭찬을 받고 싶어 한다.	엄마는 아이의 그런 욕구를 인정하지 않고 아동의 신체적 행동적 약점에 대해서만 반복적으로 이야기한다.	자신의 욕구와 느낌을 억압하지 않고 표현하면서 상대의 욕구도 생각한다.
		아동의 학대사실에 또래 애들과 그 부모들이 면박을 주거나 그들의 놀림을 당했다. 자신은 좋은 사람이 아니다.	치료자로부터 외면을 받을까봐 불안정해 하며 치료자의 의견을 잘 따른다.	아이가 대들어 상대아동에게 상처가 났다. 상대 아동의 엄마가 대상아동을 구두 굽으로 밟아 엄마가 상대 부모를 고소하였다.	주변사람들의 가혹한 비판에 현실적인 기준을 설정하여 행동하되 양쪽 모두에게 처벌받을 이유가 없다는 신념을 갖는다.
사회적 고립/소외	고독한, 슬픈	새로운 집단활동에 참여하지만 주변에 머문다. 성적인 행동을 하거나 처음 보는 집단의 남자애들에게 섹스하자고 한다. 남자와 데이트하는 이야기와 결혼이야기 등을 주변사람에게도 자주 한다.	자기와 생각이 다른 또래들을 이유 없이 공격한다. 비정상적으로 자신의 행동에 대해 걱정한다. 관계를 회피한다.	주변사람과의 마찰이 잦아 엄마가 억지로 아동혼자서 시간을 보내게 하거나 집단활동을 피하게 한다.	새로운 집단의 사람들과 진심으로 안정된 느낌을 가지려면 시간이 필요하다. 인생을 변화시키기 위해서는 변함없는 지지와 애정을 보여준다. 좌절에 대한 낮은 인내성, 인내심을 갖고 노력한다. 포기하면 안 된다.

(6) 6회기 데칼코마니, 직면하기, 화내기

숙제에 대해 이야기해 보고 현재의 심한 스트레스 상황에서 정신적 여유를 찾을 수 있도록 감정을 이완시키고 자기 비난과 수치심에 도전해 보게 하였다. 데칼코마니를 작업하며 하트, LOVE, ♥ 등을 그리고 난 뒤 "이상하죠?"라고 묻는다. 같은 질문을 계속하여 자신감 없음과 인정받고픈 행동을 보였다. 대상 아동 안에 있는 건강한 부분과 부적응적인 부분 사이에 거리감이 생긴 결과라 인정되었다.

아동은 자기 자신은 하트와 같은 단짝 남자친구는 없지만 있었으면 좋겠다고 하며 4학년 ○○이 오빠를 좋아한다고 하였다. "그 오빠는 잘 생긴 건 1등인데 매너는 꽝이에요. 그 오빠가 다른 여학생을 좋아해서 상처받았어요."라고 하였다

대상아동은 같은 반 같은 나이의 또래의 친구에 대한 갈망보다는 상급학년의 오빠들을 좋아함으로써 조숙한 감정을 표현하였다. 피해 이후의 심한 퇴행과 병적 조숙, 성에 대한 탐닉 등의 병리적 현상을 같은 맥락에서 읽을 수 있었다.

그래서 아동의 PTSD증상에 대한 병인적 모델을 제시하여 외상과 관련된 생각들을 동화시켜 처음부터 공유하기를 꺼렸던 성적사건에 대한 아동의 이야기를 설명하도록 하였다. 아동의 설명은 심리적 취약성, 무력감, 공포, 안전에 대한 심한 불안을 보이고, 또래와 다른 학부모들의 아동에 대한 비난과 오명 등으로 문제 행동특성과 감정변화를 수시로 보였다.

환경적 결핍감이 커서 연구자의 작은 친절에도 쉽게 감사하는 등 자신의 핵심감정을 잘 모르고 표현하거나 남성이나 성에 대해서는 긍정적으로 이야기하는 것을 보였다.

이러한 특성에는 외상과 아동에 대한 어머니와 모자원 가족의 부정적 반응, 불충분한 지역사회 지원, 재정적 어려움이 있었고 이러한 환경적 특성에도 불구하고 아동의 대처기술은 실제로 좋은 편이었다. 행동에서도 부정적이던 자기비난을 외부요인으로 변화시키고 있어 오히려 그러한 변화는 아동의 외상회복에 바람직하다고 판단되어 아동으로 하여금 더 나은 기분을 느끼게 하여 더 나은 대처기술을 리드할 필요성이 읽혀졌다.

아동의 일차적 도식을 찾아 확인한 후 그 것들과 관련된 다른 도식을 탐색한 결과 아동의 계부에 대한 복종은 유기감정과 연결되어 자신이 다른 사람의 욕구를 맞추는 데 실패한다면 다른 사람들이 자신을 떠날 것이라는 느낌을 갖고 있었다. 어머니에게 이것을 설명하고 행동적 변화에 초점을 맞추어 인지적 작업을 감정과 신념을 바꿀 수 있도록 P-CP숙제를 조정하기로 하였으나 아동은 숙제의 가치를

무시하고 있어 도식과 싸울 수 있도록 긍정적 피드백에 기초하여 숙제를 해보기로 하였다.

+ 나는 복지사 선생님이나 치료사 선생님이랑 함께할 때 사랑스러운 아이가 된다.
− 나는 그 선생님이 필요할 때만 그렇게 한다.
+ 나는 그 선생님이 필요할 때 그렇게 하는 것이 사실이지만 꼭 그것만이 전부는 아니다.
− 나는 선생님에게 버림받을까봐 미리 걱정하고 확인하려 하고 감정에 없는 말을 한다.
+ 나는 사람들에게 마음속으로 공감해 주며 사람들 맘에 상처주기를 원치 않는다.
− 나는 한번 막가기 시작하면 상대에게 상처를 준다. 화가 나서 일이 엉망이 되게 밀어붙인다.
+ 나는 시설에 기거하지만 시설 안에서도 외로움을 느낀다.
− 그러나 복지사 선생님이랑 있으면 외롭지 않다. 그 선생님은 나를 진심으로 좋아한다.
+ 그래도 나는 외롭다. 샘이 근무 중일 때는 나랑 놀아 줄 수 없다.
− 새로운 사람들과 좋은 느낌을 갖는 데 시간이 오래 걸린다.
+ 나는 그동안 많이 노력했고 많이 좋아진 것 같다.

(7) 7회기 미래의 가족화

미래의 가족은 엄마와 자신을 그리고 수영하고 있는 자신의 모습과 노래방에서 노래하고 있는 엄마의 모습을 그렸다. 지붕아래 천정으로 속이 내려다보이는 집을 그리고 지웠다가 다시 꾸며 현실적이고 안정된 가정의 모습이 아닌 결핍된 현실생활과 돈이 연관된 직접적인 직업적 욕구를 느낄 수 있었다.

엄마와의 상담에서 며칠 전 천원만 주면 차에 타겠다고 하여 모르는 사람의 자동차를 타고 다른 동네 저수지에 갔다와서 그것을 야단치는 엄마와 갈등상태에 있었다. 아동은 자기를 비하하였으며 저주하고 있었고 엄마는 험한 세상으로부터 아이를 보호해 주지 못한 책임의식과 죄책감으로 마음의 평정을 찾지 못하고 있었다.

이제는 사건과 아동의 문세를 분리시켜 정리를 해야 함을 인식시키고 엄마의 감정을 정리하여 아이 앞에서 아이의 감정을 더 이상 자극하지 말 것과 엄마의 감정을 어느 정도 완화시켜 줄 수 있도록 해 주기를 당부하였다.

(8) 8회기 미래의 내 모습

미래의 자신이 모델이 되어 대회장에서 워킹하는 모습을 그렸다. 미래의 모델 대회에서 자신은 2등을 했다고 하며 스스로 1등에 대한 자신감이 없는 모습을 보였다. 그리고 자신은 화가가 그려주는 모델이 되고 싶다고 말하기에 자기신체에 대한 가치를 재인식하며 피해상황에서의 정당성을 부여하고 더욱 뚜렷한 자기 정체성을 갖고 자기신뢰감을 키울 수 있게 변화시켜갈 것을 약속하였다.

어머니는 아동과 자신의 생활에 나타나는 새로운 변화와 행동으로 종종 당황해 했다. 그래서 그러한 행동은 아동의 놀이나 행동특성이 학대적 외상의 재연일 수 있을 가능성에 대해 설명하였다. 이후에도 아동이 또래 놀이 친구와 외상성 사건에 말려들어 학대를 둘러싼 문제를 느닷없이 꺼낼 수도 있음으로 너무 민감하지 말 것을 당부하였다. 또 사건당시 아동을 방치했다고 부모로서의 죄를 지었다는 불명확한 감정보다는 그 때 상황에서는 아동과의 생계를 위해 최선을 다했음으로 명확한 자신감 있는 정당한 반응과 감정적 해소를 할 수 있도록 격려하였다.

(9) 9회기 받고 싶은 선물, 주고 싶은 선물

받고 싶은 선물과 주고 싶은 선물을 그려서 색종이에 접어서 주고 싶은 사람에게 선물하기로 하였다. 현재 위탁중인 모자원 시설이 아닌 고층 아파트 90평과 하트로 만든 욕조, 비디오 100개, 책 100권, 화분 100개 등을 받고 싶다고 하였다. 그림에 자주 하트가 등장하고 친구들과의 대화에서도 성행위에 대한 손짓 몸짓 등 은어, 속어를 아직도 사용하고 있고 성적 부전감과 아직 만족되지 않는 시설생활 등 그에 따른 복잡한 마음을 알 수 있었다.

이러한 결과는 피해를 당했음에도 자책과 수치심으로 자신을 드러내기를 두려워하던 대상아동에게, 피해상황에서 지금까지 살아오며 보여준 자신의 대처방법에 대해 생각해 보고 정당성을 부여하고 아동의 건강한 자아정체성을 확립시켜 자신에 대한 부정적 생각을 긍정적으로 완화시켜 현실을 바로 바라보게 할 필요가 있었다.

(10) 10회기 자랑스러운 나, 나의 성장, 씨앗그리기

작은 씨앗이 된 아동이 훌륭하게 성장하기 위해 나에게 필요한 것 그리기-예쁜 채송화를 그리고 햇빛과 물, 영양분, 어린이화장품, 목걸이, 귀걸이, 드레스 등을 그렸다.

자신을 '천사'라고 표현하고 자기를 지키고 싶다고 말하며 목소리에 자신감이 느껴졌다. 아기자기한 가정의 따스함을 갖고 싶고 답답한 모자원 생활에서 헤어나고 싶다고 말했다. 현실생활에 적극적으로 대처 못하는 엄마에 대한 원망감과 억울함을 나타내었다.

햇빛과 물과 영양분에서 아직은 안정적이진 않지만 많은 자활의지를 보이기에 격려하였지만, 많은 악세서리를 그려 넣음으로써 공허함과 그것을 채우고 싶은 심정이 읽혀졌다.

아동은 학대에 연이어서 타인에 대한 신뢰를 판단하는 능력이 뒤떨어져 있어 아동의 인지기술은 아동으로 하여금 성학대가 아동의 과실이 아니었으며 어머니에게도 이러한 상황의 희생자라는 것을 이해하도록 도울 필요성이 인정되었다.

또 아동은 대체로 남성을 두려워하지 않으며 성적 행위를 혐오적인 것으로 생각하지 않고 있는 것은 학대적 에피소드에 대한 불쾌한 기억을 동시에 연민과 낭만을 함께 갖고 있어서 아동의 대처기술을 형성하고 지원망에 의존하여 이전보다 자립적으로 도울 수 있게 할 필요성이 인정되었다. 그래서 기존의 CP숙제에 더하여 아동의 계속적인 유발사건에 대하여 도식에 대항하는 가장 강력한 증거와 도식에 상반된 주장을 포함하여 schema Flash Cards, 〈표 5〉를 작성하여 활용하기로 하였다.

schema Flash Cards는 아동의 부적절한 감정이 특히 어려서 받은 유기에 대한 불안정이 일차적 도식에 이어 이차도식으로 가장 큰 핵심도식으로 가정되었기 때문에 아동이 언제 어디를 다니건 항상 가지고 다닐 수 있도록 설명하고 도식이 유발될 때는 꼭 플래쉬 카드를 꺼내 볼 수 있도록 권해 주었다. 이 카드는 아동이 머리로만이 아닌 감정적으로도 적응적인 사고 형태를 서서히 받아들일 수 있도록 지속적인 실행이 중요하며 매일 아침 도식이 활성화 되는 것을 느낄 때마다 그에 대해 반대로 도식카드 1에 대한 긍정적인 반박이 들어 있는 도식 카드 2를 실행할 수 있도록 가르쳐 주었다.

〈표 5〉 Schema Flash Cards

Schema 1

나는 나와 감정적인 애착이 형성된 사람이면 그게 누구든지 간에 곧 그 사람을 잃게 될지도 모른다고 미리 생각하거나 친밀한 관계가 곧바로 끝나 버린다고 생각한다.

내가 아주 어린 아이였을 때 우리 엄마와 아빠는 이혼을 하였다. 우리 엄마는 나를 오랫동안 집에 혼자 두거나 계부에게 맡겨 두었고 계부는 내게 밥을 주지 않고 오랫동안 관심을 기울이지 않은 채 나만 혼자 집에 남겨 두었다.

지금 우리가족은 모자원에 위탁되어 살고 있고 6개월 뒤엔 모자원을 나가야 한다. 외가에서도 엄마가 돈을 많이 빌려 쓰고 갚지 못하여 우리친척들은 우리가족을 싫어한다.

시설의 선생님들은 내가 평소에 늦게 일어나고 친구들에게 쌍욕을 해서 나에게 생각 좀 하며 살라며 나를 싫어한다. 나는 항상 실수를 하고 있고 나를 돌봐주는 사람들에게 상처를 주고 있다. 학교에서 어떤 남학생과 싸웠는데 친구들이 나에게 아빠 없는 아이라고 놀렸다. 내가 그 애를 때려서 그 애 고모가 학교로 찾아와 나를 때려 엄마가 경찰에 고소하였다. 우리가족은 다른 사람들과 다르다.

Schema 2

안정된 환경에서는 나도 사랑스러운 사람이고 사랑을 베풀 줄 아는 사람이다. 나는 모든 사람에게 너그러운 마음을 가지려고 한다. 그 중에서도 친구들과 싸우지 않고 욕하지 않으려고 노력한다.

엄마는 어려서 이모부로부터 성폭행을 당하여 엄마자신의 요구를 잘 표현 못하며 나를 사랑할 수 없다. 어머니는 누군가를 사랑하고 의지하는 것을 두려워한다. 어머니는 괴로울 수밖에 없다. 어머니는 나이가 많고 우울이 깊어서 나를 키울 건강과 능력이 갖추어져 있지 않다.

나는 남들처럼 좋은 사람은 못되지만 나는 좋은 사람이 되고 싶다. 누군가를 사랑할 수 있기를 또한 사랑받을 수 있기를 바라며 그렇게 되기를 포기하지 않겠다. 친구들은 나에게 실망하고 있다. 나 자신도 나에게 화가 나고 실망하고 있다. 내가 다른 사람을 증오하듯 다른 사람들도 나를 증오한다. 누군가가 나를 잡아주기를 바라지만 아무도 잡아주지 않는다.

친구들이 나를 방해하거나 놀리지 않는다면 나는 친구들을 괴롭히고 싶지 않다.
나도 사람들을 행복하게 해줄 수 있다. 나는 지금은 혼자이지만 영원히 혼자는 아닐 것이다.

(11) 11회기 편지쓰기

부모가 아동을 어떤 식으로 방치했는지 학대했는지 관련된 감정에 대해 쓰고 가해자에게 편지를 쓰고 부칠 것인가를 이야기하고 다루어보기로 하였다.

아동의 자신이 학대받았다고 생각되는 느끼는 모든 것을 엄마와 계부가 알 수 있도록 종결되지 않은 감정적 사건에 대해 표현되지 못한 분노에 아직 채 슬퍼하지 못한 감정적 해소를 도울 필요가 있었다.

정당화시킬 수 있는 분노 중 일부를 편지를 써서 부치는 과정을 통해 해소할 수 있도록 분노를 떠나보내기 위해 어머니가 아동을 방치한 것에 대해 사과하는 시간을 갖기로 하였다.

편지쓰기에서는 아저씨(새아빠)에게. "내가 왜 아저씨에게 아빠라고 하는지 모르겠군요. 왜 이유 없이 괴롭혔는지 모르겠어요. 참기 힘들었고 아팠어요. 나중에 늙으면 위치 추적해서 패줄 것이며 교도소에서 나오지 말고 장례를 치러라! XX야. 죽어!"라고 썼다.

편지를 쓴 후 아저씨에게 큰소리로 화를 내보라고 하니 "욕은 못하겠어요."라고 하며 다만 "XX놈아!"라고 써서 그동안 정화된 아동의 마음과 욕으로 해결하던 아동의 마음이 가라앉아 있는 변화를 느낄 수 있어 기질이 본래 점잖고 양반기질이 있다고 격려하였다.

엄마에게 쓰는 편지에서는 "엄마 나는 혼자 있고 싶지 않아. 종종 고아원에 맡기고 죽고 싶다는 말을 들으면 나도 죽고 싶다는 생각이 들어. 공부 열심히 해서 엄마 지켜주고 호강시켜 줄게."라고 썼다.

아동의 혼자 있고 싶지 않은 마음과 그로 인한 초조함이 강력한 도식으로 인정되었으며 누군가가 곁에 있어 주었으면 하는 마음이 있지만 누군가 자신을 떠날 두려운 감정이 가장 커서 계부에게도 엄마에게도 적절히 대응하지 못했고 아동은 점점 자신이 성장하는 것이 두렵다고 하였다.

아동은 과거에 대해 가혹한 기준을 갖게 되었고 주변의 비판과 곱지 않은 시선이 아동의 도식을 확증시켜 주고 있음이 인정되었다. 엄마를 보호하고 싶다고 함으로써 엄마가 양육에 지쳐 자신을 고아원에 맡기지 않을까 하는 앞선 짐작에 성장하기 두렵고 스스로 싫은 도식이 가장 강한 것으로 이차적 도식이 읽혀졌다.

아동은 친아빠로부터 버림받아 엄마와 따로 살게 된 것과 또 계부로부터 버림받으면 엄마와 살수 없을 것 같은 마음에 계부의 소행을 수용하였고 엄마가 나를 버리는 건 시간문제라는 마음을 갖고 있었다. 그래서 엄마의 훈육방침을 정하여 엄마를 기쁘게 하기 위해 책을 보는 등 자신의 욕구를 억압하고 있음을 강조하였다.

엄마와 함께하는 시간에 엄마가 아동을 오랫동안 혼자 두었다는 사실을 인정하고 어떤 일이 있어도 끝까지 아이와 함께 한다고 약속하였다.

분노 해소 후 계부가 그렇게 끔찍한 사람이 아님을 자세히 써서 편지를 부치도록 하였다. 후환에 대한 두려움을 떨치고 분노를 정당화하고 해소할 수 있도록 연날리기를 통하여 분노 떠나보내기에 대한 의식을 하였다.

떠나보낼 분노감에는 엄마를 때리고 새아빠가 나에게 밥 안주고 때리며 나쁜 짓했을 때의 상처와 친구들이 나에게 아빠 없다고 놀릴 때의 상처를 날려버리고 싶다고 했고, 간직하고 싶은 것에는 이 세상에서 가장 사랑하는 엄마, 모자원의 복지사 선생님, 마음이 넓고 때리지 않는 아빠라고 하여 아빠에 대한 원망과 분노, 자신도 아빠를 갖고 싶은 양가감정을 알 수 있었다.

아동과 모친은 이러한 의식을 통하여 기분이 나아져 있었고 분노를 해소한 이후에 자신에 대해 왜곡된 부분을 이야기하며 자신의 유능성에 대해 이야기하였다. 아동의 새로운 기분이 더 나은 대처기술을 만들어 낼 수 있으리라고 설명하였다.

(12) 12회기 장점 찾기, 상장 만들기

사건을 당하면서도 어려움 속에서 자신을 지탱하며 노력하며 살고 있는 아동에게 훈장을 만들어 달아 주었다. 아직은 불안하긴 하지만 그동안 엄마에게 미안하고 치료사 선생님께도 미안하다고 했다. 어느 정도 자기 자신에 대한 가치관과 바른 자기 목소리를 찾고 있어 생의 의욕을 찾고 있음이 관찰되었다. 장점 찾기에서는 '아침에 일찍 일어나는 것과 눈이 초롱초롱한 것'이며 단점은 '툭하면 싸우는 것과 욕을 하는 것, 생각, 생각!을 안하는 것'이며 '언어절제'라고 썼다.

아동은 치료사가 자신을 혐오스러운 사람으로 보지 않는 것 같아 다행이라며 자기감정을 드러내었다. 처음엔 선생님이 자신을 사랑하지 않을 것 같아 불안해서 곱게 행동하지 않았다고 고백하였다. 아동의 수치심에 대한 감정을 도울 수 있음이 확신되었지만 치료회기의 대부분이 아동의 신체상과 부정적 견해를 고쳐주는 데에만 시간이 쓰여 안타까웠다.

(13) 13회기 헤어지는 연습

헤어지는 연습을 위한 회기에서는 미술치료에 대한 그동안의 즐거움과 사건 이후, 생활의 준거지를 떠나와 낯선 곳에 살면서 느꼈던 외로움 등이 겹쳐서인지 연구자와 헤어지는 것을 몹시 아쉬워하였다. 그래서 대상아동의 듣고 싶은 말과 이 세상에서 껍질을 벗고 나가 뚜렷한 자기사랑과 의식을 지니고 마음을 굳게 다져 생활할 것을 약속하였다.

마지막 종결회기여서 아직 아기 짓을 하거나 아기소리를 내는 등의 퇴행에 대한 남아있는 해결되지 않은 부분들을 아쉬워하며 엄마에게는 되도록 아동이 숨 쉴 수 있는 공간, 즉, 안전한 환경적 변화를 지원해 주고 엄마와 함께 공감할 수 있는 시간을 줄 수 있도록 당부하고 집단 치료를 연계해 주기로 하고 종결하였다.

5. 결론

이상으로 성폭력 피해를 입은 초등 1학년 여자 어린이의 사고 후 외상증후군에 따른 자아존중감 저하와 불안 행동에 미술활동을 적용한 중재기법이 어떠한 영향을 미치는지 알아보았다. 연구결과를 중심으로 논의해 보면 아래와 같다.

첫째, 미술치료중재는 성폭행 피해아동의 자아존중감 향상에 긍정적인 효과가 있었다.

둘째, 미술치료중재는 성폭행 피해아동의 불안 감소에 긍정적인 효과가 있었다.

연구결과 대상아동의 자아존중감 사전 사후 점수는 각각 동료간 14점에서 22점으로 8점 상승하였고, 가정적 자아존중감은 11에서 14점으로 3점 상승, 학문적 자아 존중감이 12점에서 사후 16점으로 4점 상승하였음을 알 수 있다.

이러한 결과는 대상아동의 핵심도식이 성폭행 사실에 대한 결함과 수치심이었으며 그러한 사실은 시설에 기거하는 무능감, 사회적 고립이 전학 와서 시골학교에 다니며 다른 학부모의 입을 통하여 발각된 사건에 대한 심한 수치심과 불안을 갖고 적대적이며 과도한 방어를 하고 있는 점이 인정되었다.

본 연구에서의 목표가 대상아동의 역기능적 도식을 건강한 도식을 만들어 주고자 탐색 중재한 결과 중재 전과 후에 대상 아동의 자아존중감 변화 검사 결과 눈에 띄는 향상을 보여 미술치료는 성폭행 피해 아동의 자아존중감을 향상시킨다고 볼 수 있다.

미술치료 중재 후 대상아동의 불안 사전 사후 점수는 45점에서 41점으로 4점 감소하여 미술치료가 성폭행 피해 아동의 사고 후 외상으로 인한 불안 행동을 감소시킨다고 할 수 있다.

이러한 결과는 김옥희 · 김갑숙(2006)의 성폭력 피해자를 대상으로 연구한 성폭력 생존자의 자존감과 불안에 미치는 미술치료 연구효과와 일치하며 조정자(2002, 2006), 김현선(2002)의 연구결과와도 일치함을 알 수 있다.

이상의 선행연구와 본 연구의 결과를 비교해 볼 때 같은 수준에서 도식중심접근

미술치료중재의 내용적 타당성이 일정부분 확보되어 본 연구의 미술치료프로그램이 성폭행 피해아동의 자아존중감 향상과 불안 행동 감소에 효과가 있음을 알 수 있었다.

총 13회기의 짧은 기간의 중재와 단일사례연구로 연구의 결과를 성폭행 아동의 치료결과로서 일반화하기에는 상당부분 제한점이 있으나 앞으로도 주위의 모든 분, 특히 어머니나 가족은 어린이 보호에 지대한 관심을 가져야 하며 사고 후 되도록 빠른 시기에 본 연구의 중재와 같은 지원이 이루어진다면 피해아동의 정신적 외상은 치명적으로 되지는 않으리라 생각된다.

부록. 프로그램 회기별 그림자료

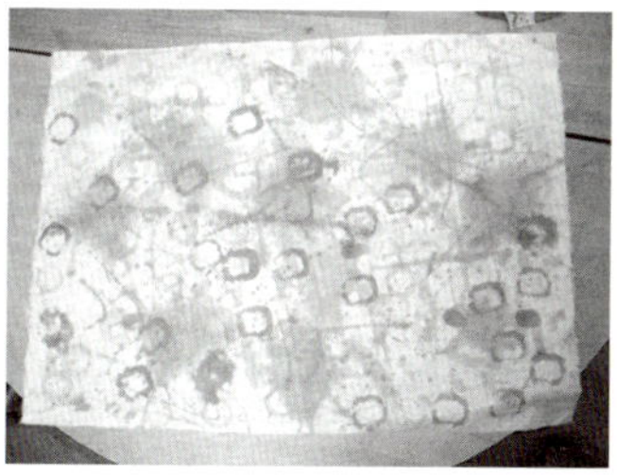 1회기 (1-1)	 2회기 (2-1)
 2회기 (2-2)	 2회기 (2-3)

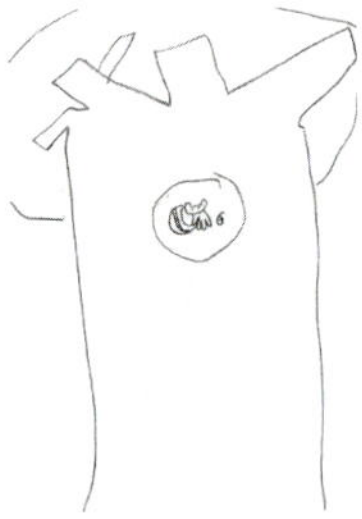

2회기
(2-4)

2회기
(2-5)

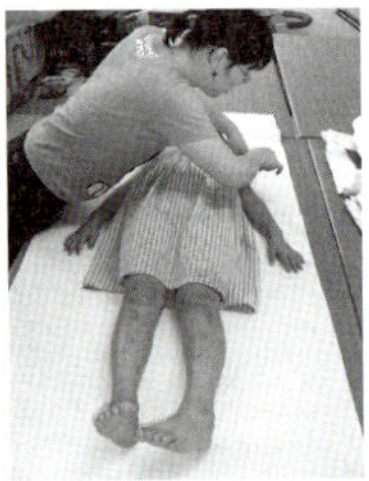

3회기
(3-2)

3회기
(3-1)

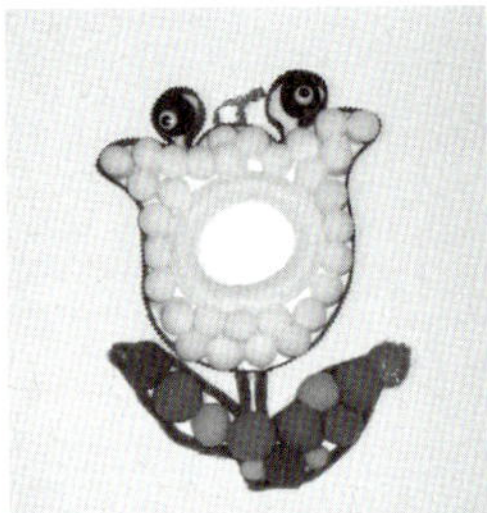

4회기

5회기

6회기

7회기

8회기

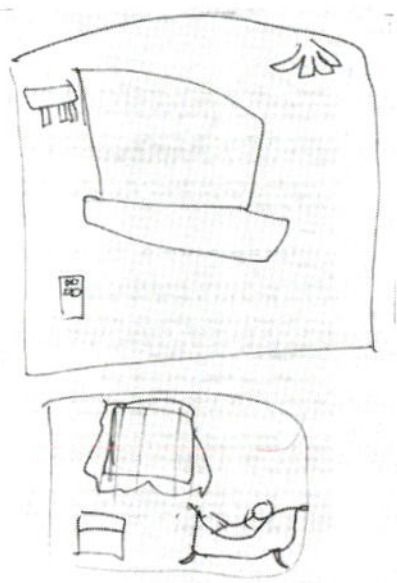

9회기
(9-1)

9회기

(9-2)

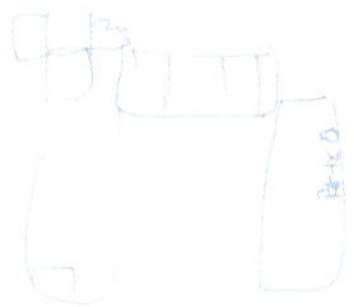

9회기

(9-3)

9회기

(9-4)

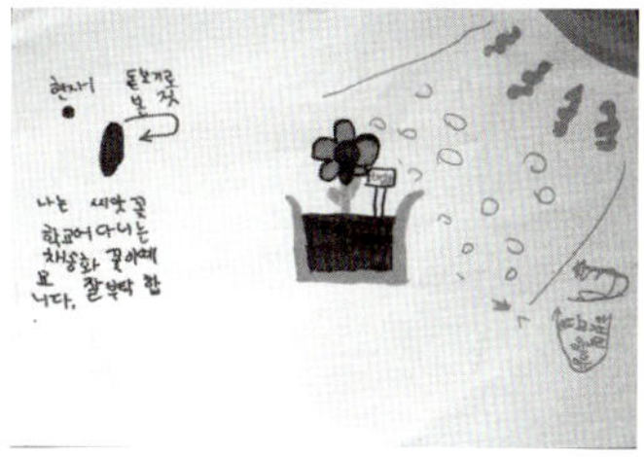

10회기

11회기

12회기

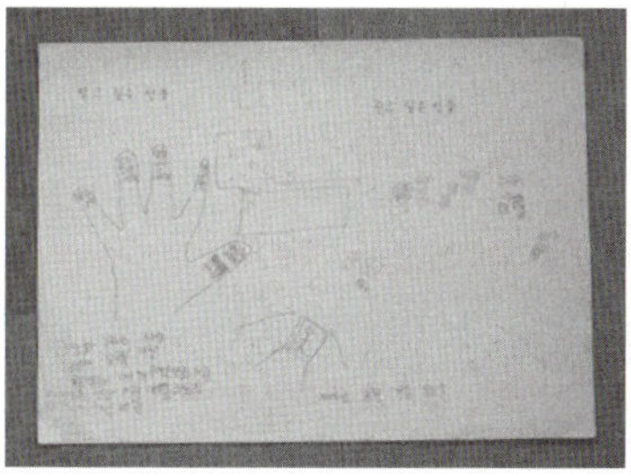

12회기

제2부
음악심리치료의 이해

chapter 1

1장. 발생 배경 및 역사

1. 원시사회

음악이 치료로 사용된 것은 인류문명이 시작되면서부터였다. 농경생활이 시작되기 이전 인간이 자연을 지배하는 힘은 부족했고 인간도 자신의 몸을 지키며 살아가지 않으면 안 되었을 때 주변에서 발생하는 사물의 음에 민감하게 반응하고 음악을 몸의 안전을 위해 사용했다고 생각된다.

소리는 원시인에게 이해되지 못하는 그 무엇이었으며 따라서 신비롭고 마술적인 것이었다. 소리의 독특하고 영적인 성격 때문에 음악은 초자연적이며 보이지 않는 세계와의 대화에 쉽게 관계를 가질 수 있었다.

원시시대에 어떤 악기들은 초자연적인 존재를 상징하거나 마력을 가진 것으로 여겨졌다. 악기를 이루는 뼈와 나무에 그 근원의 영혼이 깃들어 있기 때문에 음악이 연주될 때 영혼이 그 악기에서 나와 소리를 듣는 인간과 동물에게 영향을 준다고 믿었다. 어떤 악기의 모양과 음색은 치료예식에만 특별히 사용되었다. 연주가는 악기를 자기 몸의 연장으로 보며 자기의 정신을 소리로 바꾸어서 자유롭게 표현한다고 생각하기 때문에 악기를 자기와 동일시하고 있다. 원시사회에서의 음악은 마력적인 것으로 이해되어 춤과 언어와 더불어 귀신을 쫓고 질병을 고치는 역할을 해왔다.

2. 고대

고대 그리스에 이르러 비로소 합리적이고 과학적인 사고방식이 주술적이고 신비적인 사고를 대체하게 되었다.

그리스의 사조(思潮)는 수학, 철학, 의학, 음악 등의 여러 분야를 통합하고 있었으므로 음악치료의 역사적인 위치를 차지하고 있었다. 아폴로가 음악과 의술을 주재하고 있었다는 사실이 두 분야의 상호관계를 상징하고 있다고 볼 수 있다.

그리스인들은 외부세계와 인간 자신의 내부에서 이성과 지적 논리를 발견하려 했다. 그들에게 있어서 인간이란 우주적 조화의 단순한 부분이 아니라 그 중심이었다. 그리스인의 이상은 육체와 영혼 사이, 습관과 이성 사이, 또 지성과 정감 음악의 완전한 조화를 이루는 일이었다. 인간은 그렇게 함으로써 자기 자신의 주인공이 될 수 있는 것이었다. 육체와 영혼사이의 균형이 건강이며 이 사상은 로마의 풍자시인 주비널(Juvenal)의 "건전한 신체에 건전한 정신이 깃든다."라는 격언 속에 표현되어 있다.

그리고 이러한 조화와 균형을 이루는 데에는 음악이 매우 중요하다고 생각했는데 이는 음악이 질서와 조화로 이루어져 정신과 육체에 모두 영향을 줄 수 있다고 보았기 때문이다. 카타르시스적 정서의 순화가 정신건강을 유지하는 데 꼭 필요한 것으로 알고 그리스인들은 연극이나 음악 연주로 이를 실행하였다. 그래서 음악은 그들의 생활에서 매우 중요한 부분을 차지하였으며 음악을 통해 그들은 건전하고 건강한 삶을 유지할 수 있었다.

피타고라스 이후에는 특정한 음계가 각기 특별한 효과를 가지고 있다는 생각이 등장했다. 예를 들어 프리지아 음계는 사람을 명랑하게 만들고 동기 부여를 하는 반면, 도리아 음계는 사람을 안정되게 한다는 식이었다. 아리스토텔레스(BC 384~322)에 이르기까지 음악은 언어의 시(poetai)적 요소로 간주되었는데, 그 음악이 가지고 있는 교육적인 힘은 고대인들의 사고방식에 의하면 박자와 조화에 있다는 것이다. 그리스인들은 음악만이 유일하게 영혼의 내면으로 들어갈 수 있고, 그 영혼에 영향을 미칠 수 있다고 생각했다. 다시 말해서 육체와 영혼은 점점 더 극명하게 분리되고, 운동이 육체를 단련시키듯 음악이 영혼을 교육해야 한다는 것이었다. 그때 플라톤은 음악이 가지고 있는 도덕적 교육적 효과 이외에, 음악을 들으며 춤을 출 때 황홀경에 빠지는 경우와 같이 음악의 질병 치료 능력에 대해서도 생각하였다.

아리스토텔레스는 사고의 중점을 형이상학적 관념적인 것으로부터 감각적 경험적인 것으로 옮겨 놓았다. 수의 비례나 조화의 계산이 아니라 관찰된 사실이 사고의 중심에 놓이게 된 것이다.

고대의 음악은 교육과 정신적인 평안과 카타르시스의 수단이 되었다. 음악의 이런 정화 작용은, 마음속에 쌓인 격정을 더욱더 고조시킴으로써 그 부담스러운 격정을 흐트러뜨리는 것이다. 그렇다면 일종의 동종 요법이며, 그때 음악은 변화를 위한 촉매 역할을 하는 것이다.

그리스인의 이상은 육체와 영혼, 감성과 이성의 사이에 완전한 조화를 달성하는 것이고, 음악을 치료, 예방의 수단으로 이용했다.

그리스 철학자들은 "질병은 엄밀한 의미로 질서의 상실이다."라고 생각했고, 음악과 윤리와 성격에 대하여 음악이 심신에 미치는 영향에 대하여 연구했다. 플라톤은 선법의 특질이 듣는 사람의 덕성에 특유의 효과를 만들어낸다고 믿었다.

이와 같은 그리스의 합리적 음악치료 정신은 로마시대로 이어졌으나 로마제국이 멸망하면서 정신도 사라졌다.

3. 다윗(David)과 파르넬리(Carlo BroSchi Farinelli)

역사상 음악치료사 중 현재 알려진 음악가의 이름은 다윗과 파르넬리를 들 수가 있다. 성서 사무엘 상(上)의 기록에 의하면 다윗은 용감한 전사였지만, 하프의 명수이기도 했다. 다윗의 하프연주에 의해 우울증으로 고통당하던 사울와의 불안한 정서가 진정되고 악령은 떠났다고 되어 있다.

18세기의 최고의 카스트라토 테너로 알려져 있는 사람으로 파르넬리(Carlo Broschi Farinelli; 1705~1782)가 있다. 그는 스페인 국왕인 페리페 5세의 우울증을 개선해 왕의 전속 연주자가 되어 궁정에 들어가 매일 저녁 왕의 침실의 옆방에서 왕을 위하여 4곡의 노래를 왕이 죽을 때까지 불렀다고 전해진다.

음악을 치료로 이용하기 위해서는 악기와 목소리를 자유롭게 조작할 수 있는 능력이 필수적이다. 이런 관점에서 볼 때 다윗과 파르넬리는 충분히 자신의 음악을 통하여 성공적인 음악치료를 달성하였다고 할 수 있다.

4. 르네상스부터 19세기까지

그리스인이나 로마인의 의학적 연구가 사라져 버렸기 때문에 질병에 대한 일반의 태도는 기독교적 신념에 의해 영향을 받고 있었다. 이 당시 거의 구제할 길이 없던 고통이나 질병은 음악과 같은 정신적, 신비적 수단을 사용하여 승화시켜야만 되었는데 이러한 방법은 교회에서 널리 사용되었다.

그러나 정신병자에 관해서는 여전히 악령이 깃든 것이라고 믿었다. 16세기부터 소수의 의사들이 정신병자는 의술적 또는 정신적 치료를 필요로 하는 대상자들이라고 생각했다. 르네상스는 인간 역사상 가장 역동적이고 창조적인궁정기 중의 하나로 의학과 음악 분야는 놀랄 만한 발전을 했으며 인간에게 많은 영향을 끼쳤다. 르네상스 시대에 이르러 인간성 회복운동에 영향을 받으면서부터 음악은 다시 새로운 발전을 하게 되었다. 한편, 의학도 역시 과학적 발전을 이루게 되는데 이러한 발전은 음악을 의학적 치료에 이용하는 데 크게 영향을 주었다.

많은 의사들이 인간에게 미치는 효과에 대하여 연구하였는데, 의학의 발전으로 음악의 심리적 효과뿐만 아니라 생리적 효과에 대해서도 관찰할 수 있었다. 그 결과 그들은 신체의 리듬과 음악의 리듬과의 관련성, 음악이 호흡과 혈압, 소화에 미치는 효과 등을 과학적으로 규명하였다. 당시의 의사들 중에서 음악치료법을 많이 이용했던 리차드 브라우니는 노래를 부르면 심장의 운동, 혈액순환, 소화, 폐와 호흡 등에 영향을 준다고 하였으며 또 리차드 브록클스비는 1794년 자신이 치료한 사례를 발표하였는데 이것은 오늘날에도 관심을 끄는 증거이다.

르네상스의 아그네스 사빌과 20세기의 시드니 리히트가 선구자로서 음악, 건강 그리고 질병에 관해 서술하였다. 또 어떤 의사들은 대상자에게 음악의 효과와 의료에 있어 치료로서 음악의 적용에 관해 논문을 썼으며 로버트 버튼(1577~1640)은 음악의 치료 능력에 관해 관찰하고 책을 쓴 최초의 르네상스 시대의 의사였다. 사무엘 존슨은 음악치료에 관한 논문으로 리차드 브록클스비(1722~1747)의 사례를 통해 병의 원인과 증상을 묘사했다.

음악을 레크리에이션으로 그리고 마음을 새롭게 하는 방법으로 즐기는 많은 의사들은 강박관념 또는 '걱정스럽고 분주한 생각들'로 부터의 위안과 전환으로써 음악의 가치를 인정하였다.

리차드 브록클스비는 우울증 대상자에게 하프연주를 통해 치료하였고, 그 후 18세기말 인체에 대한 음악의 효과를 평가할 수 있는 객관적인 노력이 시도되었으며 영국인 파지터(1760~1810)는 음악의 치료적 사용을 조절하는 데는 음악에 대한 과학적인 지식이 필요하다는 사실을 이해한 최초의 의사 중 한 사람이었다.

18세기에는 생리학과 신경학이 발달하고 있었으므로 의학적 지식을 기반으로 육체의 리듬과 음악의 리듬관계, 맥박과 박자 사이의 관계를 발견하였고, 호흡과 혈압, 소화에 영향을 주는 음악의 효과를 관찰했다. 리차드 부라우니는 노래 부르는 것이 심장의 움직임, 혈액순환, 폐와 호흡 등에 영향을 미친다고 생각하여 실어증에 대한 가창법을 연구하였다. 그리고 노래하는 것이 폐에 직접 영향을 미쳐 늑막염, 폐렴, 염증성 폐질환에 유해함을 발견하였다. 프랑스 의사인 루이 로제(Louis Roger)는 인체에 미치는 음악의 효과에 대한 저서를 썼다.

19세기에는 정신적, 신체적 질환에 의료에 관심이 깊어지면서 의사들은 보조치료적 수단에 흥미를 갖게 되었다. 헥토 쇼베(Hector Chomet)박사는 1846년 「건강과 생명에 미치는 음악의 영향」이라는 저서를 출판했으며, 많은 학자들이 이에 관심을 가졌으며, 그의 결론 중 몇 개는 오늘날도 통용이 되고 있다. 에스퀴롤(Esquirol,

1722~1840)은 정신과 의사로서 「정신병의 광기」라는 저서를 발간했으나 음악에 무지한 탓으로 정신치료에 음악사용이 무차별했다.

19세기 말에 런던에서 음악치료가 처음 실시되었다. 음악가인 캐넌 하포드(Canon F. K. Harford)는 작은 합창단을 결성하고, 한대의 하프와 바이올린 반주하여 환자의 방과 인접한 실내에서 연주하였다.

5. 20세기 이후

에디슨의 축음기 발명과 음반의 소개가 이루어지면서 음악치료 효과에 대한 과학적인 조사가 촉진되었으며 당시 서구의 병원에서는 환자를 수술할 때 갖는 두려움을 없애기 위해 음악이 사용되었고, 국소 마취를 하는 동안에 통증을 잊는 데 도움을 주는 보조치료 수단으로 음악을 사용하였다. 나이팅게일은 크리미아 전쟁 중에 상처받고 아픈 사람들을 돕기 위하여 음악을 치료적인 힘으로 사용하였다.

이와 같이 오랜 역사를 두고 서서히 발전해 온 음악치료는 제 1, 2차 세계대전이 일어나 외상 후 스트레스 장애나 정서장애를 입은 사람들의 증가로 치료가 요구되면서 그에 대한 관심이 더욱 증가되었으며 2차 세계대전 중에 음악치료가 병원에서 처음으로 적용되어 코델라스, 구테일, 포돌스키, 리그 등에 의해 획기적인 발전을 이루게 되었다. 20세기 초까지는 주로 의사들이 음악치료를 시행하였으나 2차 세계대전 중 전문 음악가들이 군 병원에서 음악 연주를 통해 음악치료를 하면서 그들은 질병의 치료에 필요한 의학적 지식을 배워야 할 필요성을 인식하게 되었다.

1944년 미국의 미시간 주립대학에 음악치료사를 위해 특별히 고안된 교과과정이 최초로 생겼고, 1946년 켄사스 대학에서 실질적인 교육이 시행되었다. 그 후 다른 대학에서도 정규 교육과정이 시작되었고, 1950년에는 미국 음악치료협회(the National Association for Music Therapy: NAMT)가 조직되어 음악치료사의 교육, 연구, 임상 실습, 자격증에 대한 규정을 만들었으며 음악치료 시행에 대한 원리와 이론을 학문적으로 세워 전문 치료사들을 본격적으로 배출해내기 시작하였다. 일본에서는 1955-1959년에 송정(松井)이 집단가창을 시초로 하여 음악치료가 태동하였고 영국에서는 1958년에 음악치료교정협회(The Society for Music Therapy and Remedial Music)가 엘빈에 의해 세워졌다.

1971년에는 AAMT(American Association for Music Therapy)가 설립되어 연구, 치료가 활발히 이루어지고 있으며, 여러 대학에 음악치료 학과가 마련되어 음악적인 기초에 필요한 이론과 실습, 행동과학, 정신의학과 심리요법 이론, 임상적인 실습, 진단과 평가, 치료에 필요한 여러 가지 교육을 다양하게 시키며 음악치료사라는 자격제도가 생겨 치료사 양성에 힘을 쓰고 있다.

우리나라에서는 1997년 숙명여자 대학원에서 음악치료 대학원이 설립되었고 이화여자 대학교, 원광대학교, 대전대학교, 순천향대학교, 명지대학교, 성신여자 대학교 등에서 음악치료 석사과정이 개설되어 졸업생을 배출하고 있다. 지금도 각 복지관이나 병원, 학교 등에서 음악치료가 시행되고 있는데 가족치료, 주부 우울증의 영역에서도 좋은 반응을 얻고 있으며 음악치료사는 21세기의 촉망 받는 직업인이라고 할 수 있다.

chapter 2

2장. 효과와 개념 및 정의

1. 음악치료 효과와 치료적 원리

음악은 인간의 신체적(physical), 감정적(emotional), 정신적(mental)인 면에 영향을 준다. 따라서 음악은 정서적으로, 신체적으로 장애가 있는 사람들을 치료하기 위해서 사용되고 있는 반면에, 건강한 사람들을 위한 성장의 원천으로서도 사용되기도 한다(임은희, 임영숙, 김군자, 1998).

먼저 음악에 대한 신체적 반응을 보면 최근 대뇌 생리학에서 연구 발표한 음악의 작용을 보면 음악을 들음으로써 대상자의 맥박이 촉진되고 음악은 심장이나 위 등의 순환기나 소화기 계통에 강하게 영향을 주며 특히 신경계통, 호흡기와 관련이 깊다고 한다. 또한 음악은 분노와 증오의 감정을 생리적으로 진정시키는 효능이 있으며 생리적으로 스트레스를 해소시키는 작용이 있다고 한다(임영숙, 2001). 그리고 일반적으로 알려진 바에 의하면 멜로디 진행이 지속적이며 레가토의 소리, 비 타악기적이며 최저의 리듬 활동을 갖는 음악들은 인간의 자율신경 등 부교감신경을 자극하여 진정시키는 기능이 있으며 타악기적인 요소가 강하며 스타카토, 악센트를 가진 음악은 교감신경을 자극하여 근육운동 시스템을 활성화 시키는 기능이 있다고 한다(최병철, 1999). 이렇게 음악은 구체적으로 혈압, 맥박의 속도, 호흡, 피부 반응. 뇌파, 근육운동 등에 변화를 주게 되는데 사람에 따라 다양하게 신체적 변화를 경험하도록 하며 심리적 영향을 주기도 한다고 알려져 있다. 또한 활발한 음악적 자극은 대뇌 피질의 더 많은 영역을 자극시켜 사고력을 향상시키며, 호르몬 체계에도 영향을 주어 호르몬 변화에 긍정적인 영향을 주거나, 면역 체계를 강화시키는 기능을 하기도 한다고 알려져 있다(오선화, 2004). 또한 소아음악치료사 Weir는 소리가 정동반응의 기초인 자율신경계에 영향을 준다고 했으며 Gaston은 음악의 요소인 리듬은 근육의 동작을 자극하고 신체동작을 유발한다고 하였다.

심리학적 견지에서 음악은 우리의 본능(id), 자아(ego), 초자아(super ego)에 영향을 주게 된다. 음악은 이처럼 우리 연격의 세 가지 차원에서 모두 영향을 주기 때문에 음악치료에서는 이러한 심리적인 효과들을 이용하여 인간의 온갖 경험을 표현하게 하는 것이다(김군자, 1998). Sears(1968)는 음악은 자기표현을 하도록 하여 슬픈 감정이나 기쁜 감정, 어떤 경우 언어로 표현할 수 없는 미묘한 감정까지도 음악을 통해 표현하면서 자신의 감정을 확인하게 한다고 하였다. 이런 감정의 표현과 확인을 통해 사회적으로 허용된 상과 그렇지 않은 행동을 위한 기회를 제공할 수 있다는 것이다. Alvin(1975)도 음악이 본능, 자아, 초자아의 각 부분에서 기능한다고 보고, 자아를 강화하고 동시에 정동의 발산과 통제를 하여 듣는 사람과 연주자에게 목적을 준다고 하였다. 우리가 음악을 들을 때 그 곡이 주는 느낌에 따라 여러 가지 감정의 변화를 느끼게 되는데 이것은 음악이 인간의 감정이나 정서에 작용하기 때문이며 음과 리듬은 인간에게 강한 친화력을 갖고 있기 때문이라고 했다. 또한 음악은 의사소통(Communication)의 수단이 되면 인간이 소리 세계의 한 부분이 되는 동일시 효과(Identification)를 가져오면 자기표현(Self-expression)의 심리적 효과가 있다고 했다(김군자, 1998).

음악의 사회적 영향이란 한 개인이 다른 사람과 혹은 사회와 연계되어 갈 때 음악이 어떤 기능을 갖는가 하는 것이다. 사회에 미치는 음악의 특성은 첫째, 음악은 비언어적 의사소통의 수단이며, 둘째, 음악은 사회성을 요구하는 예술이라는 점이다. 음악의 사회적 영향은 세션 안에서의 음악 활동을 통해 사회인으로 적응하는 데 도움을 주는 것이라고 했다(오선화, 2004). 음악이 사회적 행동이라는 것(Gaston, 1968)과 음악치료는 그룹 속에서 다른 사람과 관련된 경험이라는(Sears, 1968) 이론은 사라들을 공통된 활동으로 이끌고, 집단 응집력을 높이는 음악의 기능을 강조하고 있다. 국내의 많은 연구들(이승현, 2000; 최애나, 2000; 김정인, 2001)에서 치료적 음악활동이 상호작용, 대인관계 등 사회성 향상에 효과가 있음을 밝히고 있다. 또한 Gaston(1968)에 의하면, 악기활동은 사회적 관계를 촉진시키며 감각기관의 형태운동, 감정적 · 사회적 수단을 통해서 서로 공감을 느끼도록 유도하며, 집단을 공동행위로 연합시키고 음악 외적 행동상의 변화로 이끈다고 하였다. Boxill(1984) 또한 구조화된 음악소리는 목적적인 행위를 유발하고 인간을 비정상에서 정상으로, 분열에서 통합으로, 경험에 대한 무자각에서 자각으로 이끎으로써 궁극적으로 인간 유기체에 도달하게 한다고 하였다.

음악을 치료에 적용하기 위한 방법론과 기술로서 음악치료의 치료적 원리를 보면 동질의 원리(ISO 원칙), 카타르시스의 원리, 균형의 원리, 비언어적 의사소통의 원리로 나눌 수 있는데 이들 원리는 서로 배타적인 것이 아니라 통합될 수 있다. 음악치료에 있어서 동질성의 원리는 외부적인 소리의 모양이 대상자의 내면의 상태와 유사하게 일치되면 내면의 세계는 외부의 소리 세계로 유도하는 것을 말한다.

Altshuler는 음악치료를 적용한 임상관찰에서 우울증 환자들이 밝은 음악보다 슬픔 음악에 더 빨리 자극받게 된다는 사실을 발견했다(정영조, 2001). 이러한 관찰로부터 ISO조직의 개념을 상세화하였는데, 이것은 음악치료의 이론과 실제에 기본요소가 된다고 하였다. 즉 ISO원리는 치료사와 내담자간의 의사소통의 통로를 만들기 위해, 내담자의 정신적 시간을 치료사가 만들어 내는 소리와 음악적 시간과 일치되도록 하는 것이라고 할 수 있다.

Altshuler는 음악을 분석해서 심리적인 레벨에 따라서 음악의 특질에 의한 분류를 시도하고 있는데 동질의 원리에서는 듣는 사람의 감정과 음악의 감정과의 일치가 요구된다고 했다. 음악이 듣는 사람의 감정과 일치하고 있을 때 듣는 사람은 음악에 동화되어 간다는 것이다. 동질의 원리란 그때의 기분만이 아닌 그 사람의 정체성과 관계하는 중요한 것이라고 했다(김동주, 2005). 다시 말해 ISO원리는 치료사와 환자간의 의사소통의 통로를 만들기 위해서, 환자의 정신적 시간을 치료사가 만들어 내는 소리와 음악적 시간과 일치하도록 하는 것이라고 할 수 있다.

그리고 카타르시스 이론은 그리스시대의 철학자 아리스토텔레스에 의해서 정립된 이론으로 카타르시스란 정화 또는 배설이라는 뜻으로 건강에 해가 되는 것을 물리적 또는 심리적으로 배설하는 것을 말한다. 일시적으로 상태가 악화되는 것 같이 보이지만 그 상태는 포화되고 응어리를 토해내고 그것을 계기로 자기치료가 작용되기 시작하는 것을 말한다. 즉 음악의 조화는 심신의 조화를 조정하는 힘이 있다고 생각하여 카타르시스를 가져다주는 음악의 기능을 강조했다. 또 균형의 원리에 의하면 인간의 심리는 어느 감정이 한쪽으로 치우치면 자율적으로 되돌리려는 작용이 있는데 음악이 마음의 긴장과 신체의 긴장을 부드럽게 해주는 역할을 해서 생명의 질서를 정비하는 데 목적을 둔다고 했다. 마음의 균형이 잡히면 자연치유력도 높아진다고 했다. 마지막으로 비언어적 의사소통의 원리는 음악을 듣는 사람은 누군가가 자신에게 말을 걸고 자신을 이해해 준다고 느끼게 되므로 가장 내적인 감정을 자유롭게 표현할 수 있다고 했다. 그러므로 음악은 언어에 의하지 않은 감정교류의 매체로서 의사소통을 가능하게 한다.

2. 음악치료의 개념 및 정의

음악치료를 공부한 지 10년이라는 세월이 흘렀지만 "음악치료란 무엇인가?"라고 묻는 사람들에게 음악치료를 한마디로 설명하는 것은 사실 간단한 문제가 아니다.

부르사(Bruscia, 1989)는 음악치료를 정의내리기가 쉽지 않은 것을 '음악'과 '치료'라는 두 단어가 다양한 내용을 함축하고 있기 때문이라고 말하고 있다. 그는 「음악치료의 정의」(*Defining Music Therapy*, 1989)라는 책에서 음악치료를 다음과 같이 정의하고 있다.

음악치료는 치료사가 환자를 도와 건강을 회복시키기 위해 음악적 경험과 관계들을 통해 역동적인 변화를 이끌어 내는 체계적인 치료의 과정이다.

여기에서 '체계적인 과정'이라는 것은 음악치료가 진단을 통해 구체적인 목표를 세우고 치료를 시행해 가는 과정이라는 것이며 '관계'라는 것은 치료사와 내담자, 내담자와 음악, 내담자끼리의 역동을 말하는 것이다.

외국이나 우리나라 기관에서 제시한 음악치료의 정의를 기술하면 다음과 같다.

음악치료는 치료를 목적으로 정신과 신체 건강을 복원, 유지시키거나 향상시키기 위해 음악을 사용하는 행위이다. 이것은 치료하는 환경에서 치료 대상자의 행동을 바람직한 방향으로 변화시키기 위한 목적으로 음악치료사가 음악을 단계적으로 사용한다. • 미국음악치료협회(American Music Therapy Association)

음악치료는 음악과 치료의 혼합물이다. 음악이 변화의 요인으로서 치료적 관계 형성과 인간의 성장, 발전 그리고 자아실현을 돕는 도구로서 사용될 때, 그 일련의 과정을 음악치료라고 한다. • 박실(E.Hillman Boxill, 1985)

음악치료는 개인의 신체적, 심리적, 정서적 통합을 돕고 병과 결함을 치료하는데 음악을 사용하는 것이다. 이것은 다양한 치료형태를 가지고 모든 연령의 환자영역에 적용된다. 음악은 비언어적 속성을 지니고 있지만 언어와 소리 표현에서는 광범위한 기회를 제공한다. • 캐나다 음악치료협회(Canadian Association for Music Therapy)

음악치료는 치료의 한 형태로서, 이를 통해 환자의 현재 조건에 치료를 가하여 변화를 일으키는 치료사와 환자 상호간의 관계 형성과정이다. 치료사는 다양한 환자군과 함께 일하게 되는데, 정서적 신체적 정신적 심리적인 결함을 지닌 아동이나 성인 모두를 그 대상으로 한다. 임상적 상황에서 음악을 독창적으로 사용함으로써, 치료사는 환자의 상태에 따라 설정된 치료 목적의 달성을 위해 음악적 경험이나 활동을 나누고 관계를 형성해 나간다.

• 영국전문음악치료사협회(Association for Professional Music Therapists in Great Britain)

음악치료는 심리치료적인 관계(psychotherapeutic relation)형성을 위해 음악과 소리를 사용하는 것이다. • 프랑스 음악치료협회(French Association for Music Therapy, 1984)

음악치료는 신체적 정신적 정서적 장애를 가진 아동과 성인들의 치료, 복원, 교육, 훈련을 위한 음악의 조건적 사용과정이다. • 앨빈(J. Alvin, 1975)

chapter 3

3장. 심리 이론적 배경 및 실천 모델

음악치료가 심리적 이론을 근거한 중재라는 점에서 치료사는 음악치료 이면에 깔려 있는 철학적 기반을 잘 숙지하여 임상에 임해야 한다.

1. 인본주의적 음악치료

인본주의 이론은 정신분석학이나 행동주의가 가지고 있는 인간에 대한 결정론에 반하여 인간의 자유의지를 강조하므로 심리학의 제3세력이라 불린다. 인본주의적 시각에서는 인간의 존엄성과 가치를 인정하고 각 개인마다 독특한 잠재력이 있다는 것을 기본 가정으로 하여 치료보다는 사람들로 하여금 그들이 가지고 있는 잠재력을 일깨워주고 성장을 강조함으로써 인간의 가치와 존엄성의 증진을 주요 목표로 하고 있다.

대표적인 인본주의자인 매슬로우는 인간의 욕구를 피라미드형으로 설명하고 가장 기본적인 생물학적 욕구로부터 안전욕구, 소속과 사랑의 욕구, 존중욕구, 심미적 인지적 욕구, 자기실현욕구까지 위계적인 욕구가 있다고 보았다. 매슬로우는 인간의 긍정적인 부분에 초점을 맞추는 것을 인본주의라 하고, 인간의 좋은 면을 연구하는 길이 정신병리를 방지하는 길이라 믿었다.

'인본주의(humanistic)'란 단어에서 알 수 있듯이 인간 자체는 물론, 인간에 대한 전체적인 이해와 총체적인 시각을 포괄하는데, Bugental(1963)은 인본주의 인간관에 대해 다음과 같이 여섯 가지를 설명하고 있다.

첫째, 인본주의에서는 인간을 단일 유기체로 보기보다는 다른 창조물과 구별되는 독특한 속성과 능력을 가진 존재로 본다. Rogers는 인간은 통합된 유기체로서 행동하기 때문에 본성과 그 행동을 이해하기 위해서는 전체론적 관점에서 접근해야 한다는 입장을 강조하였다.

둘째, 인본주의에서는 인간의 존엄과 가치를 높이 고려하며, 모든 사람에게 있는 타고난 잠재력을 발달시키는 데 중점을 둔다. 그러기 위해서는 인간에 대한 기계론적 사고에 반하는 인간의 가치, 선택력, 창의성, 자기실현을 강조한다. 그러므로 인본주의 심리학은 항상 인간의 내재된 잠재성에 관심을 가지며 모든 인간 행동을 하나의 인간적 맥락에서 본다.

셋째, 인본주의에서는 인간의 의식(awareness)에 초점을 둔다. 인간의 의식이란 감각적이며, 개인적이고 상황에 따라 연속적으로 변화한다. 이러한 의식의 경험은 방생하는 사건에 대한 신체적, 정서적 혹은 정신적인 반응과 이해의 총체로 정의된다. 경험의 내용은 복잡아고 다양하며 계속적으로 변화하기 때문에 불안정성과 불확실성을 동반하는데, 한편 개인에게는 일관성과 확실성에 대한 본유적 동기가 존재하므로 이 두 가지 경향성이 타협하여 변화의 과정에서 질서와 안정을 추구하게 된다.

넷째, 인간은 의도(intention)가 바탕이 된 선택을 행사한다. 위에서 언급된 것과 같이 선택이란 경험에 따른 것이다. 인간은 의식하기 때문에 선택을 할 수 있고 선택된 경험에 참여하게 된다. 이러한 능력은 인간의 초월적인 잠재력을 실현시킬 수 있으며 자기-시도나 변화에 대한 의지를 추동할 수 있다. 또한 선택은 내재된 의도를 암시해 준다. 인간은 목적의 가치를 인식하고 의미를 깨달음으로써 의도(intentionally)를 지향한다.

다섯째, 인본주의에서는 인간은 변화한다고 본다. 이는 동질정체의 원리와 변화를 추구하는 이질정체의 원리로 설명할 수 있는데, 인간은 보수와 변화 그 양자를 모두 지향하며, 휴식을 갈망하지만 동시에 변화와 불균형도 갈망하는 것이다. 실존주의에서는 개인이 표상하는 모든 것은 고정되고 정적인 것이 아니라 지속적으로 변화하는 과정임을 강조한다. 이러한 대립되는 성향은 존재와 성장으로 대비

되어 나타나는데, 여기서 성장은 '가능성으로서 존재하던 것'이 실제 존재하도록 촉진해 주는 역할을 한다.

여섯째, 인본주의적 심리학에서는 인간이 세상을 보고, 경험하고 있는 '지금-여기(here and now)'에서의 사상들이나 현상을 이해하는 데 초점을 둔다. Rpgers는 인간을 이해하는 데 문제의 과거 역사보다 '지금-여기'를 강조하였다. 이는 개인이 주관적으로 가지고 있는 개인적 관점이나 사고 그리고 경험하는 세계관을 가장 중요하게 생각하기 때문이다. 문제를 해결함에서 내재된 본능, 욕구, 외적 자극에 대한 반응, 과거의 경험 대신 현재의 의식적인 선택, 내면의 욕구에 대한 결정 그리고 현재 상황에서 가장 적합한 행동 양상들에 초점을 둔다.

이러한 인본주의적 음악치료는 영국을 중심으로 실행되고 있으며, 관계치료 위주의 음악치료 이론을 창시한 노로도프와 로빈스의 치료 역시 인본주의 심리학에 그 근거를 두고 있다.

인본주의 치료는 내담자의 생각과 느낌을 중시하며 따라서 내담자가 하는 말과 행동 또한 중요시되어야 한다. 이러한 측면에 입각하여 인본주의 음악치료에서는 내담자의 연주와 치료자의 지지를 통해 내담자는 그의 생각과 행동, 그리고 그가 연주하는 음악적 행위를 통해 깨달음을 얻게 된다. 인본주의 음악치료에의 변화는 좀 더 훌륭한 독립성과 성격의 통합을 얻는 데 있으며, 따라서 내담자가 그의 행동에 대한 책임감을 갖고 갇혀 있던 자유를 깨닫고 자발적인 감정 표현을 할 수 있을 때를 변화라 정의할 수 있으며, 치료자는 이러한 변화를 위해 지지자로서의 역할을 수행해야 한다.

창조적 음악치료에서는 선천적 음악성을 강조하면서 '음악아'를 강조하였다(Nordoff & Robbins, 1983). Nordoff와 Robbins는 기본적으로 모든 아동들은 음악적 표현과 반응을 어떤 형식으로든 즐길 수 있다고 했다. 이러한 표현력과 창의성을 제한하는 틀에서 벗어나게 하기 위해 내재된 음악적 자아를 자극하고 '제한'을 극복하게 함으로써 성장을 촉진시켜 준다. 그러므로 음악적 경험 내에서 자발적인 표현, 자기실현 그리고 궁극적으로는 자기 통합을 경험하게 된다. 그러므로 이러한 즉흥연주 모델은 '인본주의'나 역동성을 기반으로 일하는 음악치료사들에게 보다 전문적인 음악적 기술을 갖추도록 요구한다. 이는 음악적 기술이 절정 경험과 자아실현을 도모하는 데 주 역할을 하기 때문에 그 어느 접근보다도 음악적 기술이 요구된다고 할 수 있다(정현주 · 김동민, 2005).

2. 의학적 모델

의학적 모델은 정신병의 근원과 원인을 인간의 생물학적 본성 안에서 찾으려 한다. 즉, 비정상적인 행동의 저변에는 유기적, 신체적, 혹은 비정상적 행동의 원인이 되는 생화학적 과정이 있다는 주장이다.

심리적 장애는 신체의 비기능과 관련이 있어 만성적 우울환자나 불면증 환자의 경우, 치료자는 생물학적 과정과 관련된 증상에 초점을 맞추게 된다. 이때, 치료과정에서 음악과 다감각적 접근으로부터 도움을 받을 수 있다.

Benjamin Rush는 펜실베니아 대학 정신과 교수로서 실제 임상에 음악을 치료 도구로 활용하여 생리적 변화를 유도한 다양한 사례 연구들을 발표하였으며 음악치료의 임상적 효과성을 알리는 데에 많은 공헌을 하였다(Carlson 외, 1981).

1882년에 또 다른 정신과 의사인 Beardsley는 "음악의 의료적 활용(Medical Use of Music)"이라는 논문에서 신경증과 정신과적 증상의 치료를 위한 음악 사용에 대해서 설명하였다. 이어서 1889년 Wimmer라는 의사가 "음악의 영향과 치료적 가치(Influence of Music and Therapeutic Value)"라는 논문을 통해 음악이 육체와 마음의 조화를 이루게 하는 기능이 있다는 점을 강조하였다. 이러한 문헌들을 통해 음악이 정신과 기관에 유의미한 치료 프로그램이 될 수 있다는 인정을 받게 되었다. 1889년 Corning은 진동의학(vibrative medicine)이란 치료법을 연구하기 위해 통제군을 포함한 실험 연구를 실시하여 음악의 치료적 효과성을 입증하였다.

생의학적 접근에서는 면역성 강화와 통증 감소를 포함한 대체 의학의 매개체로서도 사용되었으며, 이에 대한 과학적인 임상 연구도 지속적으로 수행되었다. 그

예로 Barlett(1993)는 음악 감상이 체내의 호르몬 변화에 어떠한 영향을 미치는지를 연구하였는데, 음악 감상 전후 채혈을 통한 혈액검사를 통해 18명중 17명이 일종의 스트레스 유발 호르몬인 콜티졸의 감소와 백혈구 등의 면역 기관에 존재하는 인터루켄의 증가를 보여주었다. 또 다른 예로서, Miller(1992)는 12명의 암 환자를 대상으로 음악치료를 시행한 경우 면역 체제 시스템에 연관된 S-IgA와 콜티졸의 변화를 보고자 하였는데 비록 통계학적으로 유의미한 결과는 보이지 않았지만 노래 부르기에 참여한 집단에서 콜티졸이 감소하였다는 결과를 나타냈다.

재활의학에서는 음악에 맞춘 동작을 과학적으로 구조화하여 움직임의 속도, 즉 페이스와 타이밍, 그리고 협응감 등을 연구하였다. 모든 신체 재활 프로그램도 기능적인 움직임을 수행할 수 있는 능력을 회복시키는 데 가장 중점을 두기 때문에, 리듬과 근육의 움직임을 일치시켜 활성화하고 운동의 범위를 증가시키는 데에 음악이 효과적인 역할을 한다는 점을 보여주었다(Thaut 외, 1998).

3. 행동주의적 음악치료

행동주의 철학에 입각한 연구는 1960년 초반부터 매우 활발히 전개되어 왔으며, 미국의 심리학자 Watson은 관찰과 측정이 가능한 행동을 심리학의 연구 대상으로 할 것을 주장함으로써 행동주의 심리학의 창시자로 불리게 되었다. Pavlov의 조건반사 이론을 심리학의 일부로 도입한 그는 공포증을 학습의 문제로 개념화하고, 그 학습경로와 치료과정을 실험적으로 밝히는 데 성공하였다. 한편 행동주의 심리하기의 거장인 Skinner는 조건반사로 설명될 수 없는 조작적 행동의 학습과정을 밝히는 데 주력하였다.

행동치료는 환자가 갖는 증상을 잘못된 학습에 의해 형성된 부적응적 행동으로 보고 현재의 증상을 학습 이론에 기초해서 치료하려는 것이다. 따라서 바람직한 해이동이 일어나면 강화하고, 바람직하지 못한 행동에 대해서는 벌을 준다는 것이

행동치료의 기본적인 원리이다.

1970년대에 발간된 많은 음악치료 서적에서는 조작적 조건형성과 고전적 조건형성의 원리에 기초를 둔 음악 중재방법을 소개하였다. 그러나 1980년대에 이르러 음악에 대한 인간의 인지적 요소와 정서적 요소가 연구되기 시작하면서 행동주의적 접근이 음악치료 내에서 보이는 행동 증상에만 의미를 두고 근본적인 원인에 대한 본질적 문제를 무시하고 있다는 비판을 받기 시작했다.

행동주의 음악치료 전략을 살펴보면 과제 분석을 예로 들 수 있다.

과제 분석(Task Analysis)은 복잡한 행동을 가장 작은 구성 요소들로 분해해 놓은 과정을 말하는 것인데, 클라이언트가 그 과제를 정확하게 완수할 수 있도록 선택된 활동의 세부적인 구성요소를 시간의 순서로 기입하고 단계적으로 나열하는 작업을 의미한다. 예를 들어 '세수하기'라는 행동을 분석하면 물을 세면대에 받는 것부터 활동을 세부적으로 나누어 익히는 것이다.

어떤 한 가지 행동을 완성하거나 수행하는 데 어려움을 보이는 클라이언트가 있을 경우, 과제 분석 기법을 적용한다면 그 클라이언트가 어떤 세부 단계에서 어려움을 가지고 있는지를 알 수 있다. 이러한 과정을 통해 행동 전체가 아닌 세부적인 구성요소를 직접적으로 다루어 클라이언트의 행동상의 문제를 다룰 수 있다.

4. 정신분석적 음악치료

정신 분석적 음악치료는 내담자의 내면적 갈등이나 대인 관계에서 오는 감정적 문제 해결을 위해 음악을 심리 치료의 도구로 사용한다.

프로이드에 의해 정신분석 치료가 시작된 이래 정신의학 및 관련 학문영역에 지대한 영향을 끼쳤다. 정신분석 이론에서 비정상은 성격내의 숨겨진 갈등에 의해 나타나며, 환자는 어린 시절의 경험과 현재의 기능 사이의 관계에 초점을 맞춤으로써 무의식적 갈등과 욕구를 알게 된다. 치료자는 자기인식, 정직함, 그리고 개인적 문제들의 재해결과 현실적 방법으로 불안을 다루고, 충동과 비이성적 행동을 조절할 수 있도록 고무하면서 지지자에게 분석가로 그 역할을 바꾸게 된다.

1970년대에 들어와서 정신질환을 가진 클라이언트들을 중심으로 한 사례발표와 함께 Tyson(1965, 1981)은 음악치료 전문성 내에서의 정신역동적 접근을 소개하였고, 영국의 Juliette Alvin(1975)도 정신역동적 접근의 음악치료를 규명하였다. 또한 Mary priestley(1975) 역시 체계화도니 분석적 음악치료 모델을 소개하였는데, 영국을 포함한 유럽 전 지역과 북미에서 활동하면서 분석적 음악치료에 대한 훈련을 제공하였다.

정신역동적 음악치료모델에 토대가 된 심리학 이론들로는 대표적으로 Freud 이론과 대상관계(object relations) 그리고 자아심리학(self-psychology)이 있으며 이 이론들을 중심으로 음악치료 관련 개념들이 개발되었다(Isenberg-grezeda et al., 2004).

방어기제는 인간이 불안을 감당하는 과정에서 자신을 보호하기 위해 설정하고 가동하는 전략이라고 볼 수 있다. 이러한 방어기제는 음악적 환경과 과정에서도 보일 수 있으며 음악적 환경에서 보이는 이러한 방어기제는 음악이 상징하는 원형에 대한 반응이라고 보고 치료적 접근을 시도한다.

이외에도 클라이언트와 치료사 혹은 그룹의 다른 구성원들 사이에서 전이 및 역전이 현상을 볼 수 있다. 전이(transference)는 치료적인 환경에서 클라이언트가 그의 과거의 의미 있는 관계를 배경으로 그 대상을 치료사나 타 그룹원으로 간주하는 무의식적인 기제를 말하며, 역전이는 반대로 클라이언트를 대상으로 치료사가 재현하는 역동성이라고 볼 수 있다.

정신 역동적 음악치료는 치료사, 클라이언트 그리고 음악과의 관계를 중요시한다.

클라이언트와 치료사의 관계는 치료에서 매우 중요한 부분을 차지한다 치료사와 클라이언트의 관계를 관찰하는 것은 매우 중요하기 때문에 전이와 역전이도 의식할 필요가 있다. 치료사는 가능한 한 긍정적인 전이를 형성하고 부정적인 전이를 피하는 치료를 해야 한다. 또한, 치료사는 클라이언트의 문제 해결을 통해 클라이언트의 정서적인 성장과 성숙을 유도할 때 지지자(supporter)로 변화한다(Tyson,

1981). 치료사의 의무는 클라이언트의 내적 자아가 표현하고자 하는 것을 클라이언트가 스스로 통로를 발견하고 발전할 수 있도록 돕는 것이다.

클라이언트는 방어기제를 규명하고 본인의 장점을 발견하고, 음악치료를 통해 자각한 잠재된 무의식적 문제가 어떤 것인지를 알아 가려는 마음을 가지고 있어야 한다. 또한 클라이언트는 치료 과정에서 함께하는 치료사의 역할을 이해해야 하고 수용해야 하며 치료사의 권유에 기꺼이 반응할 수 있어야 한다. 이와 같은 클라이언트-치료사의 관계가 형성되지 않는다면 클라이언트는 자신의 내적인 감정을 치료사에게 편안하게 표현할 수 없을 것이고, 치료적인 변화를 이끌어 낼 수 없게 될 것이다.

앞에서 제시한 4가지 기본적인 모델 이외에 음악 교육에서 변형된 오르프 음악치료, 달크로즈 음악치료, 킨더뮤직 음악치료와 분석적 음악치료, 신경학적 음악치료에 대해 다루어 보도록 하겠다.

5. 오르프 음악치료

오르프-슐베르크의 중심에는 두 가지 기본 전제가 있다. 모든 사람은 음악에 참여할 수 있고 교실에서 사용되는 음악은 기초적이어야만 한다는 것이다. 능력이나 장애와 상관없이 모든 아동은 오르프 합주에 참여할 수 있다. 이것은 말, 노래 부르기, 기악연주, 동작의 형태로 나타난다.

오르프 지침의 핵심은 기초 음악(elemental music)이다. 이 음악은 본질상 '기초적(elemental)'이며 말, 댄스, 동작의 요소들을 통합한다. 이 기초 음악의 음악적 결과물은 즉흥연주를 통하여 언제나 변화할 수 있는 과정에 놓여 있다.

오르프 음악치료는 1960년대 독일에 설립된 소아과 Kinderzentrum München을 중심으로 Gertrud Orff에 의해 시작되었다. Gertrud Orff는 의사, 심리학자, 특수교육자 그리고 많은 환자들과의 여러 해 동안의 협동작업을 통하여 오르프 음악치료의 기초이론과 실제를 확립하였으며, 1963～1973년 사이에 독일과 스위스 그리고 미국의 장애아동을 위한 연구소 및 특수교육기관에서 오르프 음악치료의 실제적인 임상 실현을 하였다.

오르프 음악치료는 다른 사람들과 함께 음악 만들기를 경험하는 것을 목표로 하였다. 그것을 통해 사회적 상호작용에서의 표출을 가능하도록 하는 데 중점을 두었다. 즉, 음악적 자극을 통해 자신의 감각을 지각하고 인지하며 자신을 느끼고, 자신을 둘러싼 주위환경과 사물, 공간을 인식하고, 타인과의 음악적 경험을 통해 사회적 상호교류를 경험하고 사회적 기술들을 학습해 가는 과정이라고 할 수 있다.

오르프 음악치료는 오르프 음악교육의 기본개념과 요소들을 바탕으로 발전하였기 때문에 어린이를 위한 음악 교수·학습방법을 통해 음악의 추상적인 개념이 아닌 구체적 표현 요소인 말하기, 동작 그리고 춤이 하나로 결합된 통합적 개념 형성을 돕고자 한다. 이것은 마치 원시 시대의 음악 형식과 유사하다. 이러한 형태의 음악은 모든 사람들의 참여를 유도하고 결집시키는 음악으로, 여러 가지 표현 양식들이 음악의 기초적 요소-음악적 요소, 악기 요소, 말 요소 그리고 동작 요소로 작용하여 하나의 영역 안에 결합되어 있는 형태이며, '기초 음악(elemental music)'이라고 한다. 오르프 교수법에서의 음악은 이러한 개념에서 '기초 음악'이라고 설명되며 여러 표현 양식들이 음악 안에서 학습 매체로 사용된다. 어린 아동들의 자연스런 음악활동을 살펴보면 원시 시대의 음악과 유사하게 리듬과 동작을 중심으로 음악과 동작, 말하기가 자연스럽게 함께 이루어지고 있다. 따라서 오르프는 어린이를 위한 이상적인 교수·학습방법을 치료적인 요소로 발전시켜 사용하는 밑거름이 된 것이다(Warner, 1991).

오르프-슐베르크의 핵심 요소인 말, 노래 부르기, 동작, 악기 연주는 다감각적 접근 방식을 구체화한다. 악기연주에서는 촉각, 시각, 청각, 운동 감각 단계에서 클라이언트에게 다가갈 수 있다. 클라이언트는 악기의 촉감이나 무게, 크기나 색깔, 음색, 혹은 소리를 유발시키는 데 필요한 움직임에 반응할 수 있다(Orff, 1974).

또한, 오르프는 탐색과 경험을 강조한다. 음악의 기본적인 요소들을 탐색을 통하여 익히고 체험하며 점차 복잡하고 어려운 요소까지 경험을 확대한다. 오르프에서 음악교육은 아주 쉽고 자연적인 활동에서 점차 음악적으로 발전된 학습으로 전개된다. 오르프 교수법은 아동들이 좋아하는 활동들에서 노래, 낭송, 박수, 춤, 사물 두드리기 등을 활동의 기초로 삼고 있다. 이러한 활동들은 먼저 음악을 듣는 것에서 시작되어 음악을 만드는 과정으로 유도되고, 그 다음에 음악을 읽고 작곡하는 학습으로 연계된다. 오르프 음악치료는 이러한 오르프 교수법의 특징을 토대로 아동들이 좋아하는 활동을 기초로 다양한 표현 양식을 활용하여 아동의 직접적인 체험을 부분에서 전체로 단순한 것에서 복잡한 것으로 전개하는 원리에 따른다. 아동들은 이러한 음악체험 과정을 통해 자기 자신을 변화, 발전시키게 된다.

오르프 합주에 참여하는 것은 아동에게 자신의 존재가 합주에 필요하다는 것을 알려 줌으로써 정체성을 부여한다. 치료는 소속감과 더 큰 어떤 것, 즉 총체적인 음악 작품에 기여한다는 느낌을 창조하는 자극으로서 작용한다(Orff, 1974). 이러한 합주 속에서 협동과 순서 기다리기에 대한 필요는 타인을 인내할 수 있는 능력을 키운다. 이러한 합주에 참여하는 것은 타인에 대해 반응하고 그들과 상호 작용할 수 있는 아동의 능력을 향상시킬 수 있다.

오르프 수업에서 사용되는 오르프 악기는 음악 수업에 중요한 도구로 사용오디며 아동들이 쉽게 음악을 만들 수 있도록 제작된 것이다. 오르프 타악기들은 두드리거나 치기를 좋아하는 인간의 본능적 특성과 부합되며, 아동들의 신체적 발달 특징과 연주 기능을 최소화하여 아동들이 쉽게 연주하여 음악을 만들 수 있도록 고안되었다.

오르프 음악 학습의 기초는 리듬이라 할 수 있다. 리듬은 가장 원초적이고 자연적인 특성을 가지고 있으며, 음악, 동작, 언어에 모두 내재되어 있는 음악의 기본 요소다. 따라서 오르프에서는 음악교육이나 훈련 경험이 없는 아동들에게 신체 소리와 몸짓(physical sound)을 통한 리듬 교육을 선행하고, 사람의 음성(voice)을 가장 근본적이고 자연스러운 악기로 이용하고 있다.

오르프 음악치료의 단계를 나열하면 탐색 단계, 모방 단계, 즉흥 단계, 창작 단계로 말할 수 있다. 먼저 탐색은 아동들이 소리와 움직임에서 가능성의 범위를 발견하는 것이다. 아동들은 공간과 소리, 형식의 탐색을 경험하게 된다. 또한 아동은 주위 환경에서 들리는 소리와 여러 가지 악기에서 만들어진 소리 그리고 목소리를 통한 소리들을 탐색하고 음악적 경험을 하게 된다.

다음으로 모방은 창조를 위한 주된 학습방법이다. 나이와 능력에 관계없이 모방은 기초적 기술들을 발전시키는 데 효과적인 방법이다. 모방활동은 신체악기, 타악기, 선율 타악기 그리고 목소리 등의 방법으로 학습되며, 동시 모방, 기억 모방, 중복 모방의 세 가지 단계로 나뉜다(조형임 외, 1999).

모방 단계가 익숙해지면 아동은 즉흥단계를 시도한다. 아동은 자신이 참여한 즉흥 기술의 수준을 이용해서 그룹 활동에 참여할 수 있다. 아동은 기능 수준에 따라 자유로운 몸동작 표현을 유도할 수 있고 시각적 자극이나 상상의 이미지를 동작이나 악기로 표현하도록 구조화하는 방법도 있다.

창작 단계는 그룹이 탐색, 모방 그리고 즉흥의 영역으로부터 재료를 통합하는 것이다. 이러한 과정을 통해 아동들은 깊게 생각하는 것을 배우며 예술에 대한 유용한 방법에서 자신들의 표현과 반응을 배운다.

여기에서 표적 행동들을 위한 오르프 활동을 정리해 보면 다음과 같다.

〈표 6〉 표적 행동들을 위한 오르프 활동

목 적	구체적 행동	오르프 활동
사회성	순서 기다리기	모방, 독주/합주
	지시 따르기	오스티나토, 리듬적인 댄스
의사소통	말 사용하기	찬트, 말 오스티나토
	묻고 답하기	주고받기 활동
운 동	동작 모방	신체 타악기 모방/오스티나토
	손바닥으로 움켜쥐기	악기 채 잡는 위치와 그 사용
인 지	감상 기술	합주 부분을 암기로 가르치기
	이름 기억	다양한 이름의 게임과 찬트
심 리	스트레스 해소	즉흥연주, 자유로운 동작

	자기-통제	창작 선택, 참여 수준
자기-지각	자기에 대한 언어적 표현	자기를 묘사하는 찬트 창조
	신체 언어 제시	편안한 느낌을 증가시키는 동작
현실 자각	이름 기억	주제와 변주: 아동과 정보
	일상적으로 진행되는 사건들을 차례로 나열하기	작곡된 노래에 반주 만들기
정 서	감정 표현	즉흥연주, 작곡, 노래 부르기
	감정 구분하기	감정에 기초한 작품 창조하기
시 각	시각적 추적하기	리듬/가사 차트 읽기
	상징/문자 구별	시각적 도구를 사용한 론도 활동
청 각	청각적 구별하기	작품 속에서의 환경적 소리
	또래 상호작용	합주 연주
음 악	모든 것	모든 것

Carl Orff가 개발한 접근은 음악치료에 효과적으로 적용될 수 있다. 오르프의 근거에서 다양한 표현 양식을 통해 클라이언트들은 자신을 느끼고, 경험하며, 자신을 표현하고, 타인과의 사회적 교류를 경험할 수 있다.

6. 달크로즈 음악치료

유리드믹스로도 알려진 달크로즈 접근법은 세 가지 요소로 구성되어 있다. 첫 번째 요소는 솔페즈 혹은 청음 훈련이다. 달크로즈는 학생들이 정교한 감상 기술을 학습하고 '내적 듣기(inner hearing)'를 개발해야만 한다고 생각했다.

달크로즈 음악 교육의 두 번째 요소는 즉흥연주다. 교사는 학생들이 즉흥적으로 동작하고, 언어적 자극에 대해 자발적으로 반응하거나, 음악적 특징 안에서 변화하는 동안 피아노를 연주 할 수 있다. 반대로 학생들은 다른 학생이 북, 피아노 혹은 노래로 반주할 때 즉흥적으로 동작을 만들 수 있다. 학생들은 곧 그들 자신의 악기들을 가지고 음악적으로 또한 표현적으로 즉흥연주를 할 수 있는 기술을 개발한다.

세 번째로는 달크로즈 기법에서 중요한 핵심이라 할 수 있는 '유리드믹스(eurythmics)'이다. 유리드믹스의 그리스 어원의 의미는 '좋은 리듬'이라는 뜻으로 음악 리듬을 몸놀림으로 표현하는 것이다. 즉, 보이지 않는 소리를 보이는 소리로 바꾸는 과정이며 이것은 춤곡이 아니라 리듬에서 느껴지는 이미지나 아이디어를 몸짓으로 표현해내는 것이다.

달크로즈 음악교육에 적용된 많은 기본적인 기술이나 원리는 음악치료에도 적용이 되었는데 유리드믹스를 음악치료에 적용했을 때 치료적 목표로는 신체의 자각, 정신상태의 민첩함과 수용적인 태도, 다른 사람과의 언어적으로나 신체적인 접촉의 향상, 긴장완화와 이완, 개인적 삶에 대한 통제 또는 조절 능력 향상을 들 수 있다.

또한 달크로즈는 음악치료 철학과 밀접하게 관련된 개념인 전인 아동을 교육시키기 위한 도구로서 음악을 사용하기를 주창하였다. 달크로즈 접근방식의 즉흥연주적인 측면을 노도프-로빈스(Nordoff-Robbins) 즉흥연주 기법을 사용하는 음악치료사에게 효과적일 수 있다.

달크로즈의 유리드믹스를 음악치료로 적용할 경우 고려되는 목표는 아래와 같다(Findlay, 1971).

① 근육의 큰 움직임등과 같이 리듬 경험을 분명하게 볼 수 있도록 신체 전체를 움직이도록 한다.
② 리듬 교실에서의 신체, 근육, 운동 협응의 발달은 개인의 움직임을 조절할 수 있는 힘을 길러 준다.
③ 듣고 반응하는 것을 동일시하는 것이 진행될 때, 듣는 습관을 기른다.
④ 율동을 통한 신체, 마음, 감정 경험의 통합
⑤ 자유로운 표현의 향상, 음악적 배움은 창조적인 자극을 준다.
⑥ 인간의 필요로부터 발전할 때 배움은 즐겁고 의미가 있게 된다.

7. 킨더뮤직 음악치료

킨더뮤직의 목적은 0~7세 아동의 음악에 대한 본질적인 즐거움을 활성화시키는 질 높은 프로그램을 제공하는 것이다. 또한 통합 유아 음악교육 프로그램이다.

킨더뮤직 전문가들에 따르면(Kindermusik, 1999), 다음과 같은 일곱 가지 전제에 기반을 둔다.

① 아동을 위한 음악 교과 과정은 아동 중심적이어야 한다. 킨더뮤직 프로그램은 아동이 매우 힘들어하거나 어려워하는 과제들을 수행하지 않게 하면서 아동의 능력과 잠재력을 개발하게 한다.

② 아동을 위한 음악 교과 과정은 신체적, 사회적, 정서적, 인지적, 음악적 영역에서 발달적으로 적절하여야 한다. 각 세션에서의 활동은 그들의 능력 이상의 것들을 요구하지 않으면서도 아동이 계속적으로 참여하도록 계획된다.

③ 아동을 위한 음악 교과 과정은 전인 아동(whole child)에 초점을 맞추어야 한다. 이 킨더뮤직의 과정은 비음악적 영역에서의 기술 발달을 돕기 위하여 음악을 사용하도록 계획된다.

④ 아동을 위한 교과 과정은 결과가 아닌 과정을 강조해야 한다. 아동은 음악 만들기에 적극적으로 참여하지만, 그 초점은 음악적 결과물에 있는 것이 아니다. 킨더뮤직 프로그램은 아동을 음악가로 만들기보다는 노래 부르기, 신체 활동, 악기 연주를 통해 그들이 더욱 성장하고 발달하도록 지지하기 위하여 계획된다.

⑤ 아동을 위한 음악 교과 과정은 즐거워야 한다. 즐길 수 있는 활동들은 반복되고 그 기술들은 다른 환경으로 일반화될 수 있는 경향이 있다.

⑥ 아동을 위한 음악 교과 과정은 부모가 포함되어야 한다. 킨더뮤직 교사는 부모를 포함하여 교육시키기 때문에 아동의 학습은 가정에서도 지지되고 지속될 수 있다.

⑦ 아동을 위한 교과 과정은 질 좋은 재료들을 사용해야 한다. 훌륭한 상태의 재

료들은 아동의 성장과 즐거움을 촉진시키는 데 중요하다.

킨더뮤직은 본래 0~7세까지의 장애가 없는 일반 아동들을 위해 개발된 유아음악 프로그램이다. 그러나 킨더뮤직 프로그램의 철학이 아동을 위한 음악치료 철학과 유사한 점이 많고 그 활동들이 장애아동들의 치료에 유익하다고 생각한 일련의 음악치료사들이 그들의 임상에서 킨더뮤직 프로그램을 사용하기 위해 킨더뮤직 교사 자격증을 취득하게 되었다.

킨더뮤직 프로그램을 장애아동에게 치료적으로 사용할 수 있는 첫 번째 근거는 킨더뮤직 프로그램이 발달적 접근방식을 취하고 있기 때문이다. 음악치료사들은 아동의 발달연령을 중요시 여기고 모든 음악치료 활동을 아동의 발달연령에 맞도록 계획한다.

또한 킨더뮤직 프로그램이 치료적일 수 있는 이유는 모든 킨더뮤직 활동들이 장애아의 필요를 고려하여 수정될 수 있기 때문이다(Pasiali, De L'Etoile, & Tandy, 2004). 킨더뮤직의 전체 교과과정과 활동들은 융통성과 개별화를 강조한다(Kindermusik International, 2003).

킨더뮤직 프로그램이 치료적일 수 있는 또 하나의 근거는 이것이 음악을 사용하여 아동의 음악적 기술을 향상시키지만 그 외에도 비음악적 영역들의 발전을 강조하는 통합적 접근방식을 취하기 때문이다(Kindermusik, 2004). 이러한 접근방식은 음악치료와 유사하다. 음악치료는 음악을 매개로 사용하여 비음악적인 기술을 습득하는 것을 그 목표로 한다.

세 번째 킨더뮤직 프로그램이 치료적일 수 있는 근거는 이것이 결과 중심적이 아니라 과정 중심적 접근양식을 취하기 때문이다(Pasiali, De L'Etoile, & Tandy, 2004).

킨더뮤직 프로그램은 발달적·통합적·과정 지향적 접근방식을 지향하고 있고 또한 부모와 자녀의 관계 형성을 촉진하기 때문에 다양한 장애를 가진 아동들도 킨더뮤직 수업에 참여할 수 있다.

아동들은 자신의 발달 단계에 따른 킨더뮤직 프로그램에 참여함으로써 음악적 기술을 학습할 뿐 아니라 이를 통하여 신체, 정서, 인지, 사회적 기술들을 향상시킬 수 있다. 이러한 발달적, 통합적 접근 방식을 강조하는 킨더뮤직의 교육철학이 음악치료의 그것과 유사하기 때문에, 킨더뮤직 교과 과정은 장애아동들을 위해서 이용될 수 있다.

8. 분석적 음악치료

분석적 음악치료(Analytical Music Therapy)는 음악치료 분야에서 중요한 방법 중 하나로 1970년대 이후 현재 유럽, 미국, 캐나다, 일본, 이스라엘 등지에서 AMT 훈련을 받은 음악치료 임상가, 교육자, 연구자들이 널리 사용되고 있다.

분석적 음악치료는 1970년대 초 영국에서 시작되었다. 이론은 메리 프리슬리(Mary Priestley)와 피터 라이트(Peter Wright), 그리고 마조리 워들(Marjorie Wardle)에 의해 연구되었다.

그 후 프리슬리는 임상적으로 이 치료를 확장하는 데 공헌했고 분석적 음악치료의 창시자로 알려졌다. 이 치료는 내담자와 치료사가 내담자의 내면을 탐구하고 성장을 제공할 목적으로 말과 상징적 음악을 즉흥 창작하여 사용하는 것이다. 이 모델의 특징은 내담자의 즉흥연주가 표제음악의 표제에 의해 자극되고 이끌어진다는 점이다.

'분석적'이란 용어는 클라이언트의 통합된 감정, 즉 신체적 인식과 인지적 통찰을 위한 즉흥연주의 언어적 과정을 의미한다. 이 과정은 세션에서 연주한 녹음된 음악테이프를 클라이언트와 음악치료사가 함께 청취함으로써 이루어진다. Priestley는 클라이언트의 허락 하에 이루어진 오디오/비디오 녹음이 클라이언트의 세션 과정, 세션 후 그리고 다음의 세션을 위해 필수적이라고 했다.

본질적으로 프리슬리는 클라이언트가 의식적 혹은 무의식적으로든, 미술치료에서와 같이 언어로 표현하기는 어렵지만 상징적 형태로는 표현 가능한 감정, 이미지, 생각 등을 표출하기 위하여 음악을 사용할 수 있다는 사실을 자주 언급한다.

음악은 음악 자체 그 이상의 의미를 가지고 있으며, 클라이언트의 의식적 혹은 무의식 요소들을 탐구하기 위하여 프리슬리가 서술한 방법들에는 다양한 기법이 사용된다(Bruscia, 1987, pp. 130~35). 그중 하나는 클라이언트의 꿈에서 가장 중요했던 상징 중 한 가지 혹은 그 이상을 즉흥연주로 표현하는 것이다. 또 다른 방법은 클라이언트가 즉흥연주를 하는 동안 자유 연상을 하거나 마음속에 떠오르는 이미지, 사람 등의 어떤 소재에 집중하도록 하는 것이다. 즉흥연주에서 이러한 상징적 표현의 사용은 매우 효과적이며, 상징은 클라이언트의 내면세계와 현실세계의 매개체가 된다.

분석 음악치료는 원래 성인을 위해 개발된 것이고 다양한 심리적 장애를 치료하는 데 사용되었다. 분석 음악치료는 개별 치료, 2인 1조 치료, 집단 치료로서 사용될 수 있다. 내담자의 개인적 성격 때문에 개별 치료 모임이 가장 일반적이다.

분석 음악치료의 주된 목표는 내담자가 자신의 완전한 잠재력을 실현하지 못하고 개인적 목표를 달성하는 데에 있어 방해되는 장애물을 제거하는 것이다. 이러한 장애물을 제거하는 일에는 무의식적 소재에의 접근, 통찰력 획득, 방어적 에너지 풀어주기와 이를 긍정적 목표로 재조정하기, 그리고 균형과 창조성 발달시키기 등이 관련된다. 2인 1조 치료에서 그 목표는 성장과 발달에의 장애를 탐구하면서 관계를 유지하는 것이다.

이 모델을 사용할 자격이 있는 치료사는 정신분석 치료와 분석 음악치료에서 충분한 훈련과 경험을 가지고 있는 치료사들이다. 내적 치료는 사용되는 훈련 방법에서 분석되어지고, 이를 알기 위해서는 자격을 갖춘 슈퍼바이저(Supervisor)가 있어야 한다.

개별 치료, 2인 1조 치료, 집단 치료 모임 어디에서든 내담자는 자신의 악기를 치료적 즉흥연주의 표제에 따라 직접 선택한다. 광범위한 악기가 사용 가능하다. 내담자들은 대개 치료사의 반주를 받는다. 치료사는 대개 피아노를 연주하지만 내담자의 필요나 소망에 따라, 또는 수행해야 할 역할에 따라 악기를 고를 수 있다.

치료 전반에 걸쳐 토의가 사용된다.

대부분의 경우 내담자와 치료사가 함께 즉흥연주를 하지만 때로 내담자가 조사의 목적에 따라 혼자서 즉흥 연주하는 경우도 있다. 역할은 쟁점의 어떤 측면이 탐구되거나 또는 명시되어야 하는가, 그리고 내담자가 치료사에게 어떤 지원을 필요로 하느냐에 따라 규정짓는다.

내담자가 즉흥연주 할 때 내담자의 '내적 음악'이 드러난다. 내담자의 즉흥연주는 자신의 성격에 따른 것일 수도 있고 즉흥연주의 표제, 시간제한, 구체적인 음악적 아이디어, 소재, 구성에 따른 것일 수도 있다. 분석음악치료사는 내담자에게 반주해 줄 때 자신의 음악적 감정이입, 음악적 능력, 직관, 감수성에 의존한다. 치료사는 내담자의 감정에 대한 기대효과에 따라 다양한 음악적 요소를 사용한다.

9. 신경학적 음악치료

신경학적 음악치료(Neurologic Music Therapy, NMY)라는 과학적 모델은 콜로라도 주립대학교 내 생의학적 음악연구소의 마이클 타우트(Michael Thaut) 박사와 그의 동료들이 개발하였다.

신경음악치료는 음악이 가지고 있는 모든 요소들, 즉 리듬, 박자, 멜로디, 강약, 하모니, 악기의 기능 등을 사용하여 뇌손상 환자의 인지, 언어, 그리고 신체적 기능을 향상시키려는 목적을 가지고 있다. 특히 신경음악치료는 물리치료사와 함께 병원이나 재활센터에서 뇌졸중, 파킨슨 증후군, 외상성 뇌손상, 뇌성마비 등 뇌손상 어른과 어린이 클라이언트들의 신체 재활치료에 많이 사용되고 있다.

리듬이 신체 움직임에 영향을 미친다는 많은 연구결과에 따라, 음악치료사들은 리듬을 신체 재활 운동이 필요한 클라이언트들을 위한 치료를 목적으로 사용하고 있다. 여기서 음악치료사는 클라이언트의 신체 재활을 위해 주로 세 가지의 테크닉을 사용한다. 이 세 가지의 테크닉은 리듬 청각 자극(Rhythmic Auditory Stimulation: RAS), 패턴화된 감각 증진(Patterned Sensory Enhancement: PSE), 치료 목적을 위한 악기 연주(Therapeutic Instrumental Music Performance)다.

리듬 청각 자극 NMT 훈련 편람에 따르면(Thaut, 1999b), RAS는 걷기처럼 반복되는 패턴 속에 내재된 리듬적인 동작을 촉진시키는 기법이다. 이 기법은 신체 동작을 시간에 맞추어 조절하기 위하여 음악을 외부적 시간 신호로 사용한다. 치료사는 RAS를 이용하여 클라이언트의 보행 파라미터를 진단하고 메트로놈이나 다른 장치를 사용하여 리듬적 신호를 가지고 보행 속도를 맞춘다. 외부 리듬적 신호는 운동 반응을 조직화하고 그 결과 기능적 운동 결과를 향상시키게 된다(Thaut, 1999b). RAS는 뇌졸중 재활에 집중적으로 사용되지만, 발달장애, 신체적으로 허약한 성인, 말기 치매 환자, 그 외 다른 활자들을 위해 사용될 수 있다.

많은 연구가들은 RAS가 보행장애(gait disorder) 클라이언트의 보행 운동에 효과적으로 사용할 수 있다는 사실을 입증하였다. 파킨슨 증후군의 보행 재활에 관한 연구에서는 클라이언트 걸음걸이의 속도, 보폭, 뒤축 딛기, 균형의 향상, 보조의 감소에 RAS를 효과적으로 사용할 수 있음을 보여주고 있다(McIntosh et al., 1997; Miller et al., 1996; Richards et al., 1992; Thaut et al., 1996; Thaut et al., 1993). 또한 뇌졸중이나 파킨슨 증후군 만큼 많은 연구는 없지만, RAS를 외상성 뇌손상 환자, 헌팅턴 증후군(Huntington's disease) 환자 그리고 뇌성마비 어린이의 보행 운동에 사용한 연구결과, 클라이언트의 보행이 향상되었음을 보여 주고 있다(Hurt et al., 1998; Thaut et al., 1997; Thaut et al., 1996; Thaut et al., 1998; Kwak, 2000).

패턴화된 감각 증진(Patterned Sensory Enhancement, PSE) PSE는 '기능적인 동작을 구조화하고 신호를 주기 위한 시간적, 공간적, 힘의 패턴을 제공하기 위하여 음악의 리듬, 선율, 화성, 역동적 소리 요소를 사용하는 기법'으로 정의된다(Thaut, 1999b).

PSE는 팔, 손, 상체 혹은 전신에서 리듬적이면서 불연속적인 동작을 구조화하기 위하여 사용될 수 있다. PSE는 리듬이 타이밍을 구조화하고 시간의 지속이 동작의 범위를 인도하며, 음정이 공간 속에서 방향성을 설정하고, 다이내믹과 화성은 불연속적인 동작들의 힘의 양을 인도하는 개별적 음악 패턴에 적용된다. 이러한 음악적 패턴은 팔을 연장하여 뻗고 손을 오므려 잡는 것과 같은 기능적 동작 패턴을 형성하는 연속으로서, 동작을 인도하는 시리즈와 연합된다.

PSE는 ① 본질적으로 리듬적이지 않는 동작(예, 먹기, 옷 입기를 위해 필요한 손과 팔 동작들, 또한 앉기에서 서기로 전환할 때 필요한 신체 동작)을 촉진시키며, ② 단순한 시간적 신호가 아닌 신호의 폭넓은 범위를 제공하기 때문에 RAS보다 폭넓게 적용된다(Thaut, 1999b).

PSE는 RAS와 함께 신체적 재활운동에 사용되며, 효과적인 PSE 치료를 위해서는 음악이 가지고 있는 공간적, 시간적 그리고 힘의 신호들을 사용하여 클라이언트의 운동 패턴에 알맞게 맞추어 주어야 한다.

치료 목적을 위한 악기 연주(Therapeutic Instrumental Music Playing, TIMP) TIMP는 신체 훈련의 참여를 촉진시키고 운동치료에서의 기능적 동작 패턴을 자극하기 위한 악기 연주의 사용으로 정의된다. TIMP에서 악기는 치료 잠재력에 맞추어 선택되고, 동작의 증가된 범위, 지구력, 힘, 기능적 손동작과 손가락의 기민함, 근육 운동의 협응을 촉진시키기 위하여 사용된다.

음악 반주는 동작을 위한 구조를 제공하기 위하여 사용된다.

① 팔꿈치 구부리고 펴기

팔을 펼 때 악기를 치게 한다.

② 균형운동(일어섯 몸통 돌리기)

두 개의 드럼이나 건반악기를 팔을 교차하여 연주한다.

③ 손목을 양 옆으로 돌리기

실로폰이나 비브라폰의 가장자리 건반을 연주한다.

④ 다리 올리기(Knee extension)

드럼이나 탬버린을 다리로 연주한다.

⑤ 발가락 올렸다 내리기(toe tapping)

캐스터네츠를 내담자가 발가락을 사용하여 리듬신호에 맞추어 연주한다.

신경학적 음악치료는 말과 언어의 장애를 개선하거나 치매나 파킨슨병과 같이 점점 쇠약해 가는 질병을 가진 환자의 언어 능력을 유지시키기 위한 여러 기법을 가지고 있다. 표준화된 기법으로는 다음과 같은 것들이 있다.

① 선율 억양치료(Melodic Intonation Therapy, MIT)
② 말하기 자극(Speech Stimulation, STIM)
③ 리듬적인 말하기 신호(Rhythmic Speech Cueing, RSC)
④ 목소리 억양 치료(Vocal Intonation Therapy, VIT)
⑤ 치료적 노래 부르기(Therapeutic Singing, TS)
⑥ 구강 운동과 호흡 훈련(Oral Motor and Respiratory Exercises, OMREX)
⑦ 음악을 통한 발달적 말하기와 언어 훈련(Developmental Speech and Language Training Through Music, DSLM)
⑧ 음악을 통한 상징적 의사소통 훈련(Sumbolic Communication Training Through Music, SYCOM)(Thaut, 2001)

chapter 4

4장. 음악치료의 과정

음악치료의 과정은 치료사의 철학이나 내담자의 문제에 따라 차이가 있을 수는 있으나, 대략 큰 틀을 말하자면 사정, 치료, 평가로 볼 수 있다.

1. 사정(Assessment)

치료과정의 첫 단계는 사정단계이다. 사정은 음악치료를 받을 대상자 개인의 기능 상황을 파악하는 과정이다. 의사소통 능력, 인지 능력, 신체 능력, 음악적 능력, 정신, 사회적 능력, 정서적 능력, 기타 관련 능력에 대한 파악은 적절한 진단도구를 사용하여 판단하거나 관찰 및 면담을 통해 이뤄져야 한다.

치료자는 사정과정에서 대상자에 관해 기술된 음악적인 경험들을 사용한다. 다시 말하면, 음악적 조건, 치료에 대한 요구, 음악적 능력, 음악 선호도 등을 자료로 사용한다. 사정은 치료자가 효율적인 치료계획과 관련목표를 이상적으로 형성할 수 있도록 하며, 치료자가 대상자를 이해할 수 있도록 도와준다. 때때로 처음 몇 세션에서 수행된 과정이 사정에 사용되기도 하며 또 다른 경우는 치료와 평가가 밀접하게 연결된 계속되는 관찰의 과정이 되기도 한다. 무수히 많은 진단적 접근이 있다. 대상자의 현재 기능수준이나 연령에 합당한 진단활동이 이루어지는 것이 필요하다.

사정은 치료 전에 이루어지지만 가끔은 치료 진행 중에 치료사가 첨가적인 정보를 얻기도 한다.

사정절차들은 질병과 관계된 개인적, 환경적 그리고 문화적 요소들, 스트레스의 정도 그리고 클라이언트나 그의 가족들이 사용하는 대처기제들의 타입(type)을 알아내는 데 기여한다.

치료사는 면담을 통해서 클라이언트의 생활상황, 가족구성, 음악적 능력, 교육, 사회적 상태, 직업경험의 정보를 얻는다. 그리고 사정절차에서 얻어진 자료들과 면담을 통해 얻은 정보를 근거로 음악치료프로그램을 선택하게 되는 것이다.

사정의 7가지 측면

- 의사소통능력(communication)

  언어적 표현과 비언어적 표현, 수용언어와 표현 언어

- 인지능력(cognitive)

  사고, 처리과정, 학습형태

- 신체능력(physical)

  포괄적인 신체적 건강상태, 즉 듣기, 보기, 인식하기, 접촉하기, 냄새 맡기, 움직이기 등을 포함한 감각운동 및 인지운동능력

- 음악적 능력(musical)

  흥미, 반응, 선호도, 성악실력 및 악기연주능력, 음높이 식별능력, 리듬인지능력, 창조성

- 정신 · 사회적 능력(psycho-social)

  주의력, 자기인식, 자아정체감, 자기존중, 참여능력, 협동심, 친절, 치료사와의 관계성, 대인관계 형성능력, 타인과의 교류 기술

- 정서적 능력(emotional)

  정서와 감정

- 기타 관련 능력(other relevant areas)

심리적·교육적 필요사항, 일상 생활관련 기술, 개인적인 조정능력, 여가생활, 직업적·종교적 필요사항.

2. 치료

치료는 사정단계에서 수립된 치료계획과 치료목적에 따라 진행된다. 치료자는 음악을 개입의 수단으로 사용한다. 여기에는 기법에 따라 다양하게 음악적인 경험이 제공될 뿐만 아니라, 활동적인 음악 만들기, 음악 감상 혹은 음악 관련 활동들을 내담자에게 제공한다.

1) 치료 목적

진단평가를 통해 수집된 여러 정보들과 음악치료에 의뢰된 원인 등을 기초로 하여, 문제행동영역과 관련하여 기대되는 결과를 일컬어서 치료 목적(goals)이라고 정의할 수 있다. 이러한 치료목적 설정과정은 치료성과를 좌우할 뿐만 아니라, 치료 방향을 설정해준다는 의미에서 중요한 역할을 지닌다.

치료 목적을 선정할 때는 다음 사항들을 고려해야 한다.

① **가치성** : 이 부분이 반드시 변화되어야만 하는가?

② **선행조건** : 치료 목적으로 잡는 것이 내담자의 현재 행동과 너무 괴리감을 자져오지 않는가?

③ **방해요인** : 치료목적을 성취하는 데에 혹시 방해되는 부적절한 사회적 행동이 내담자에게 있는가?

④ **진단평가** : 치료사가 세운 목표적 행동은 관찰 가능한 것이며, 여러 번에 걸쳐 측정될 수 있는 성질의 것인가?

⑤ **의뢰** : 내담자가 예전에 다른 치료를 받은 적이 있는가?
⑥ **동의** : 내담자를 담당하고 있는 다른 치료사와 내담자 자신이 음악치료사가 세운 이와 같은 목적들이 가장 적절하다고 인정하는가?
⑦ **목적성취가능성** : 이 같은 문제행동이 앞으로 변화할 수 있겠는가?
⑧ **기초자료** : 내담자의 문제행동이 분명히 변화될 수 있다는 어떤 증거자료가 있는가?
⑨ **효율성** : 음악치료가 가장 적절한 치료라고 생각하는 이유가 있는가?

2) 목표

'치료목적(goal)'을 광범위하고 일반적인 용어로서 정의하는 반면, '치료목표(objective)'는 항상 분명하고 관찰 가능한 용어로서 행동결과를 기술하게 된다.

음악치료사들이 치료목표를 정의하는 과정에서 작성해야 할 것이 또 하나있다. 내담자의 행동이 음악적 맥락 속에서 관찰되기 때문에, 목표를 세울 때는 음악치료 상황과 내담자가 좀 더 편하게 느끼는 외부적 상황을 동시에 고려해서 수립해야 한다. 음악치료 속에서 치료목표가 수립되기는 하지만, 만약 내담자의 행동이 음악이라는 제한된 환경을 넘어서 일반화하는데 실패한다면, 내담자가 보인 행동변화의 가치가 적게 평가받을 수 있다. 따라서 두 개의 목표를 동시에 수립함으로써, 치료목표를 달성하기 위해 노력하는 것처럼, 그 달성된 결과를 일상생활에서도 일반화 될 수 있도록 해 줄 수 있다.

3) 치료의 수행

음악에는 힘이 있다. 비언어적 의사소통방법인 음악은 건강을 유지하기 위해 표현해야만 하는 감정을 드러내는 데 매우 유용하게 쓰인다. 음악은 항상 사람들을 위해 무언가를 대신해주고 또한 언어로는 표현 할 수 없는 것을 대변해 준다 (Gaston. 1968).

실제 음악치료에 사용되는 구체적인 방법으로 연주, 즉흥 연주, 노래, 감상, 동작, 음악 드라마, Song drama 등이 있다.

음악적 경험이 많은 사람들은 악기 연주에 거부감을 느끼지 않지만, 그렇지 않은 사람들의 경우 단순한 악기 연주인데도 불안해하고 자신없어하는 경우가 흔하다. 따라서 음악치료실에서는 다양한 클라이언트의 수준에 맞춰서 단순한 방법으로 연주해서 소리가 나는 다양한 리드악기와 타악기 종류, 어느 정도의 음악적 지식이 있어야 연주할 수 있는 건반 악기 종류 등 다양한 악기를 구비하고 있어서, 클라이언트가 자신의 수준에 맞게 악기를 선택하고 연주할 수 있는 기회를 제공한다.

(1) 즉흥연주

즉흥연주란 음악적 지식이나 경험 여부에 상관없이 리듬악기나 타악기를 이용해 언어 대신 악기로 자신의 내면의 이야기를 풀어내는 음악치료의 한 기법이다. 즉흥연주는 다양한 치료적 목적을 가지고 있는데, 우선 연주에 참여하는 사람들과의 친밀함을 향상시키고, 자신을 표현하는 효과적인 방법을 터득해 자신의 생각이나 느낌을 표현하는 데 자신감을 얻을 수 있으며, 감각능력을 발달시키고 창조성, 즉각성, 표현력을 향상시키는 등 많은 역할을 담당한다.

(2) 노래

내담자가 노래를 얼마나 잘 부르냐보다는 노래 활동에 참여한다는 자체의 의미가 있다. 노래 부르기는 말로 표현하는 것과는 다른 종류의 언어이다. 클라이언트가 노래를 부르는 동안, 노래에 표현되어 나오는 감정, 느낌, 정서 상태 등을 통해 듣는 사람은 단순히 말로 대화할 때보다 상대방에 대한 공감과 이해를 하게 된다. 노래 부르기는 두 가지 주요 방법이 있는데, 첫째, 기존의 노래를 그대로 부르거나 멜로디는 그대로 두고 가사만 개작하는 경우와 둘째, 혼자 부르거나 함께 부르는 경우가 있다.

(3) GIM

헬렌 바니(Helen Bonny)에 의해 만들어진 GIM은 Guided Imagery and Music의 약자로서, 음악 감상을 통해 일상의 의식 상태 이상을 경험하는 것으로, 카타르시스의 감정을 느끼게 하며, 긍정적인 마음의 상태, 편안함, 진정한 자신과의 만남 등을 경험하게 해준다. 이때 사용하는 음악은 프로그램으로 구성된 고전 클래식 음악을 많이 사용하며, 이 음악을 통해 지속적으로 무의식과 계속 대화를 하게 되는 동기를 얻게 된다.

3. 평가

음악치료 프로그램을 평가하기 위하여 많은 음악치료사들이 사용한 전통적인 방법으로 사례 발표가 있으며, 이외에 기록들을 평가하거나 음악치료 활동을 비디오테이프나 오디오테이프로 분석하는 방법, 또는 프로그램의 목표를 설명하는 방법 등이 있다.

또한 음악치료 효과를 표준화된 성격검사로 평가과정에서 사용되기도 한다. 또한 원래 설정된 목표가 달성되지 못하여 효과가 없을 때는 또 다른 내용의 음악치료를 연결시켜 준다. 즉 다시 처음단계로 피드백한다.

음악치료 시작 전부터 전 과정에 걸쳐 대상자의 행동에 대한 평가가 필요하며 여기에는 치료사의 관찰이 중요하다. 행동의 평가는 단순히 외면적인 것뿐만 아니라 내면적인 변화도 관련지어 파악해 나가야 한다.

chapter 5

5장. 사례연구

1. 연구대상

본 연구의 저소득층 아동은 전라북도 익산시에 소재하고 있는 W사회복지관 방과 후 프로그램에 참여하고 있는 아동(10~12세) 중 24명을 다음의 기준에 맞는 대상자로 선정하였다. 부모나 양육자가 연구 참여에 동의한 아동과 한국판 아동·청소년 행동 평가 척도(K-CBCL : Child Behavior Check List)의 하위척도인 공격성 척도로 측정하여 높은 공격성 점수(60T 이상)를 보이는 아동이었다.

한편 중산층 아동은 익산시 중산층 아파트 밀집지역인 B동 B초등학교에 재학 중인 아동 중 앞의 기준에 맞는 아동(10~12세)에서 24명을 선정하였다. 연구대상은 연구목적에 따라 저소득층 실험집단 12명, 저소득층 통제집단 12명, 중산층 실험집단 12명, 중산층 통제집단 12명으로 배정하였다. 연구자가 10세 이후의 아동을 선택한 이유는 우리나라 아동들의 전반적인 자아가치에 대한 지각이 10세 전후로 이루어지는 아동 발달의 특성을 고려한 것이다.

2. 프로그램 구성

1) 프로그램 구성의 근거

본 연구의 음악치료 프로그램은 소득계층별 아동들의 공격성을 감소시키고 자아존중감을 향상시키기 위한 내용으로 구성되었다. 프로그램은 아동의 특성을 고려하여 소극적 참여를 탈피하고 의존이나 갈등, 반항을 없애고 응집력과 자기 개방, 자기 표현, 부정적 정서를 정화 시킬 수 있게 조금 긴 30회기로 구성하였다. 기존 공격성 아동에 대한 연구(이수진, 2002; 서경아, 1995)를 보면 일반적으로 10회기에서 15회기가 보통인데 그런 짧은 회기로는 자기 표현이나 변화된 자기모습을 인식하기 충분하지 못해서 보다 긴 회기의 연구를 필요로 했다. 그래서 아동의 이탈이나 결석들의 요소를 감수하고 30회기로 구성하였다.

초기 단계에서는 친밀감과 소속감 형성을 위한 활동을 중심으로 진행하고 프로그램 참여시 필요한 규칙에 대한 약속을 했다.

중기 단계에서는 갈등이나 반항 등의 자신의 현재 정서 상태를 이해하고 수용하여 자신의 감정을 자유롭게 표현할 수 있는 프로그램으로 구성하였다. 후기 단계에서는 타악기 연주를 통해 갈등을 자유롭게 표출할 수 있고 그로 인해 긴장이완과 과잉행동을 조절하고 자신의 부정적인 정서를 정화시킬 수 있는 프로그램으로 구성하였으며 마지막 종결 단계에서는 변화된 자신과 종결 단계에 따른 느낌을 나누는 프로그램으로 구성하였다. 이 프로그램은 집단의 특성상 공격성이 높은 아동이므로 일률적으로 7~8회기로 나누어 초, 중, 후기, 종결로 나누는 것은 바람직하지 않다고 생각하여 라포형성 시기인 초기는 5회, 감정의 수용과 이해, 표현인 중, 후기는 각10회기씩, 종결은 5회기로 실시하였다. 본 연구에 활용한 프로그램은 연구자가 수년에 걸쳐(1998~2005) 아동그룹음악치료에 적용했던 프로그램을 선행연구와 음악치료 전문가(교수 1인, 박사과정 2인)의 의견을 바탕으로 연구의 목적에 맞게 수정, 보완하여 구성하였다.

본 연구의 음악치료 프로그램에 대한 신뢰도를 갖기 위해서 음악치료사 20인에게 설문타당 조사를 하였고 익산시에 있는 C 공부방에서 공격성이 높은 아동 10명을 대상으로 주 2회, 총 8회에 걸쳐 예비조사로 하였다. 연구결과 부모 공격성 검사에서는 평균 34점에서 20점으로, 교사 공격성 검사에서는 평균 51점에서 37점으로 점수가 낮아졌다. 또한 10명의 아동 모두 방과후교실에서 공격성이 감소되고, 보다 적응하는 행동들을 보여주었다. 실험 연구자간 신뢰도는 .87이었다.

2) 프로그램에 사용된 구체적 활동들

(1) 음악 게임 활동

교육 현장에서 가장 흔한 음악의 사용이 싱어롱인데, 주로 동작과 연결하여 사용한다. 연구자는 세션 초기에 그룹원들간의 친밀감 형성과 치료자와의 rapport를 위해 간단한 '노래제목 맞추기', 'movement 싱어롱'을 사용하였다.

(2) 노래 부르기

노래 부르기는 음악치료 활동에서 흔히 사용하는 방법이다. 특히 아동의 경우는 손쉽게 접근할 수 있기 때문에 많이 사용한다. 아동이 노래를 얼마나 잘 부르고 정확한 음정과 발성을 구사하는가 보다는 노래 부르기 활동에 참여한다는 자체에 의미가 있다고 보았다. 연구자는 노래 부르기 활동을 통해서 아동 안에 있는 감정을 보다 쉽게 표현하고 감정을 조절하게 하기 위해 노래 부르기 활동을 사용하였다. 노래를 선곡하는 데는 주의 깊고 사려있는 연구가 필요한데 실제적으로 선곡은 치료 장면의 상황에 따라 수시로 수정보완이 필요하다. 일반적인 선곡 시에는 개인적인 흥미나 경험에 근거해서 노래를 선택하고 노래의 가사나 멜로디가 익숙하며 음이 너무 높거나 낮지 않은 것, 반복적이며 대조적인 형식으로 아동이 재미있어 하는 형식으로 선곡하였다.

(3) 가사 분석

노래를 듣고 그 노래에 대한 개인의 생각이나 느낌을 함께 나누고 이슈가 되는 문제들을 분석하는 활동이다. 연구자는 아동의 연령에 맞는 문제들을 분석하는 활동을 하며 아동의 연령에 맞는 노래들을 선택하여 친구, 가족, 자기 자신(self) 등의 주제에 관해 가사 분석을 하도록 하였다. 가사 분석을 통해서 아동은 자신이나 주변에 대해 인식하게 되고 통찰력을 갖게 될 것을 기대한다.

(4) 연주하기

가장 많이 행해지는 음악 활동을 말하며 피아노나 기타 등의 악기를 배우고 가르치는 활동과 핸드벨이나 그 외 악기 연주 활동도 포함한다. 연구자는 일반적인 그룹 연주와 즉흥 연주 외에도 악기를 만들어서 연주하는 활동까지를 포함해서 임상을 했다. 아동은 악기 연주를 통해 감정을 표현하게 되고, 공격성이나 분노를 발산함으로 감정 조절을 할 수 있게 되며 그룹의 구성원으로 아름다운 음악을 만들 수 있다는 자긍심을 가져 자아존중감이 향상될 것을 기대한다.

(5) 노래 듣고 그리기(song drawing)

노래 듣고 그리기는 아동이 음악을 듣고 자신이 느낀 점이나 떠오르는 것들을 그림으로 표현하게 하는 것이다. 이석원(1997)은 언어와의 유추를 통해 음악적 의미전달의 과정을 분석한 바 음악을 의사소통의 매체로 본 것처럼, 음악과 심리적 관계에 있어 음악으로 인한 내적 감정을 그림으로 나타내게 됨으로써, 자연스럽게 그림과 대화가 연결될 수 있는 경로가 되어 심리적 갈등이나 내적 감정을 언어로 표현하기에 이르게 된다고 했다. 연구자는 노래 듣고 그리기를 통해 아동의 표현력 향상과 대화 능력을 향상시켜 보려고 했다.

(6) 노랫말 만들기(song writing)

음악치료 세션에서 치료사가 네 마디 또는 여덟 마디의 간단한 노래를 만들어 노래를 통해 질문하고 내담자의 답을 듣는 방법을 사용한다. 노랫말 만들기를 통해 아동의 관심을 드러내게 하여 자신을 타당화하고, 노랫말 만들기 이행으로 자아존중감을 증진시켰다. 연구자는 기존의 곡에 부분적으로 가사를 바꾸는 방법을 사용하여 아동이 쉽게 활동에 참여할 수 있도록 유도했다.

3) 프로그램의 구성 및 각 회기별 내용

본 연구에 사용된 음악치료 프로그램을 회기별로 정리하면 〈표 7〉과 같다.

〈표 7〉 음악치료 프로그램의 구성 및 각 회기별 내용

단계	회기	목 적	내 용	준 비 물
초기단계 (신뢰감 형성 및 소속감 형성)	1회	프로그램에 대한 이해와 동기부여	오리엔테이션 사전검사(공격성, 자아존중감)	검사도구
	2회	라포형성 친밀감, 신뢰, 자발성촉진	자기소개 및 별명 짓기 음악게임 활동 활동 후 비디오보기	키보드, 이름표, 펜
	3회	라포형성 친밀감, 신뢰, 자발성	노래 부르기 가사 분석, 활동 후 비디오보기	키보드, 악보
	4회	라포형성 친밀감, 신뢰, 자발성	그룹 연주, 즉흥 연주 느낌 나누기 활동 후 비디오보기	악기(마라카스, 탬버린, 우드블럭, 기로 등의 작은 타악기와 드럼) 키보드, 바이올린
	5회	rapport 형성 친밀감, 신뢰, 자발성촉진	노래 부르면서 악기연주 하기 느낌 나누기 활동 후 비디오보기	악기(타악기), 악보 키보드
중기 단계 (자신의 현재 정서상태 이해 및 응집력 촉진)	6회	자기 정서 이해 타인의 감정인식	악기 즉흥 연주 느낌 나누기 활동 후 비디오보기	키보드, 타악기, 바이올린
	7회	감정 수용	악기 즉흥 연주, 느낌 나누기 활동 후 비디오보기	키보드, 타악기, 바이올린
	8회	감정 표현	song drawing 활동 후 비디오보기	도화지, 크레파스, 수채화도구, CD Player
	9회	감정의 이완 정서의 조절 공격성 표출	악기 즉흥 연주, 느낌 나누기 활동 후 비디오보기	타악기, 키보드
	10회	공격적 욕구 조절	악기 즉흥 연주, 느낌 나누기 활동 후 비디오보기	타악기 CD Player
	11회	부정적 감정의 정화	song writing 활동 후 비디오보기	악보, 키보드 필기도구
	12회	집단원들간의 역동성 관찰	합창 활동 후 비디오보기	키보드, 악보
	13회	대인관계기술 향상	조별 합창 활동 후 비디오보기	키보드, 악보
	14회	자기 통찰	감정 곡선 그리기, 즉흥연주 활동 후 비디오보기	CD Player 도화지, 색연필

단계	회기	목표	활동	준비물
	15회	자아존중감 향상	악기 만들기 활동 후 비디오보기	재활용품, 색종이, 풀, CD Player , 가위 등
후기단계 (감정 표현, 갈등 표출, 자긍심 향상)	16회	자아 존중감 향상	만든 악기로 연주하기 활동 후 비디오보기	만든 악기, 드럼, 키보드, 바이올린
	17회	자신의 욕구인식 →자아존중감 향상	감정 곡선을 보고 악기 즉흥 연주, 활동 후 비디오보기	감정 곡선 타악기, 키보드
	18회	자아존중감향상	지난 시간 한 것에 대한 느낌 나누기 나눈 느낌을 악기로 연주 활동 후 비디오보기	타악기
	19회	타인에 대한 배려	자신이 하기 싫은 악기로 그룹 연주 활동 후 비디오보기	악보, 타악기 키보드
	20회	공격성 감소 자자존중감 향상	15회기 때 만든 악기로 그룹 즉흥 연주 활동 후 비디오보기	만든 악기 키보드
	21회	집단원 간의 관계 향상	주어진 멜로디를 듣고 역할 상황을 설정하여 모듬별로 뮤지컬 만들기, 활동 후 비디오보기	키보드 CD player
	22회	성취감 만족감 고취	리코더 연주(배우기) 활동 후 비디오보기	리코더
	23회	자아존중감 향상	리코더 연주(배우기) 활동 후 비디오보기	리코더
	24회	자신의 역할 인식하기	리코더 합주 활동 후 비디오보기	리코더, 키보드
	25회	공격성 감소 자아존중감 향상	리코더, 타악기 즉흥 연주 활동 후 비디오보기	리코더, 키보드 타악기, 만든 악기
종결단계 (종결을 받아 들이고 변화된 모습 인식)	26회	변화된 자신의 모습 인식	음악 감상 이야기 나누기 활동 후 비디오보기	CD Player
	27회	변화된 자신의 모습 인식	음악 감상 그림으로 표현하기 활동 후 비디오보기	CD Player 그림도구, 도화지
	28회	자기 이해	악기 즉흥 연주, 이야기 나누기 활동 후 비디오보기	타악기 키보드, 바이올린
	29회	정서적 지지와 격려	핸드벨 연주, 즉흥 연주 활동 후 비디오보기	핸드벨, 타악기 키보드, 악보
	30회	공격성 감소와 자아존중감 향상 토의	공격성 및 자아존중감 사후검사 종결에 대한 느낌을 이야기한다.	검사도구

3. 음악치료 활동 시 나타난 공격성과 자아존중감 변화

1) 회기별 분석에서 나타난 질적 변화

음악치료프로그램에 따른 회기별 행동변화 과정은 양적 통계의 결과를 다소나마 질적으로 보완할 수 있으리라 생각된다. 단계별로 진행 내용과 집단원들의 행동특성 및 반응, 부모님과 교사의 상담도 서술하였고, 음악치료 프로그램을 중심으로 공격성과 자아존중감의 질적 변화 정도를 알아보았다(다음의 장에서 나오는 모든 아동의 이름은 가명을 사용하였다).

(1) 초기 : 신뢰감 형성 및 소속감 갖기(1~5회기)

저소득층 아동

1회기 때에는 음악치료 프로그램에 대한 설명과 사전검사를 실시했다. 먼저 3층에 있는 공부방으로 치료사와 보조치료사가 올라가자 철수, 대호가 손에 들고 있는 과자 봉투와 악기에 흥미를 보이면서 여기저기 뛰어다녔다. 과자를 주냐고 2~3 차례 물어보고 악기에 손을 대고 소리를 내보기도 했다. 철순, 범수는 연구자와 눈을 마주치지 않고 수줍어했지만 계속해서 치료사와 보조치료사 주변을 맴돌았다. 유진, 미애, 순자, 애리는 서로 함께 다니면서 텔레비전 프로그램에서 이런 활동을 봤다고 하면서 우리도 할 거냐고 물어보았다. 미애는 연구자가 설문지를 꺼내는 것을 도와주면서 살짝 자기도 연구자처럼 음악 선생님이 되었으면 좋겠다고 했다. 공부방의 분위기는 어수선하고 정리가 되어 있지 않았지만 철순, 범수 남아 몇 명을 제외하고는 음악치료 프로그램 오리엔테이션 설명에 대해 잘 들으려고 했다. 연구자가 앞으로의 프로그램 진행에 대해 말할 때는 잘 알아듣는 것 같아 보였지만 다시 질문해보면 딴 생각을 했거나 이해를 못 한 부분도 많았다. 철순, 범수는 악기 연주가 재미있을 것 같다고 했고 유진, 미애, 순자, 애리는 음악 듣고 동작하는 것이 유치할 것 같다고 했다. 음악 활동에 대한 설명 이후 공격성 검사와 자아존중감 검사가 진행 되었는데 연구자가 한 문항씩 읽어주고 아동이 모른다고 하면 알려주었다. 예상보다 많은 시간이 소요되었다. 2회기 때 별명 짓기 할 때는 창의적이고 독특한 이름 보다 친구의 별명을 따라하고 만화의 캐릭터 이름을 그대로 모방하는 등의 소극적이고 자발적이지 못한 모습을 많이 보였다.

초기 프로그램 내용을 정리하면 1~2회기 때의 어수선하고 연구자를 탐색하던 모습들이 4~5회기가 되자 연구자를 반갑게 맞이하고 악기 정리하는 것을 도와주며 무슨 프로그램을 하냐며 흥미를 보이는 아동이 나타났다. 부모님이나 교사 상담시 아동들이 음악치료 프로그램을 한다며 프로그램에 대한 얘기를 자주 하고 연구자 직업에 대해 궁금해 한다는 내용의 면접을 했다.

중산층 아동

음악실이 따로 없어서 교실을 치우고 진행되었다. 호재는 악기를 전부 만져보고 두드려보면서 악기 이름을 물어보았다. 대현, 윤수는 만지려고 하고, 호재는 악기가 망가질지도 모르니까 허락받고 만지라고 하면서 저지했다. 호재는 대현이가 악기를 못 만지게 하니까 과자를 봉투에서 꺼내려 하며 자기는 환경호르몬 때문에 비닐에 있는 것을 먹지 않는다고 하며 종이상자에 들어 있는 과자만 먹는다고 했다. 연구자가 음악치료 프로그램에 대한 설명을 하자 진석, 선우 아동이 재미있을 것 같다고 했는데 호재는 짜증난다고 했다. 전체적으로는 프로그램 진행에 대해 잘 들었고 연구자의 질문에도 잘 대답했다. 사전 검사 진행시에는 연구자가 한 문항씩 읽어주려고 하자 자신들이 잘 할 수 있다고 하여 모르는 것만 물어보라고 했다.

프로그램 내용을 정리하면 사전 검사에 드는 시간이 저소득층에 비해 10분이 덜 걸렸다. 2회기 별명 짓기를 할 때 저소득층 아동과 마찬가지로 창의적인 이름보다는 연예인의 이름을 많이 따라 했다. TV 시청률이 적어서인지 노래 제목 맞추기 게임을 저소득층보다 잘 못했다. 부모님 면접 시 프로그램에 대한 관심이 높음을 알 수 있었고 아동이 음악교육을 계속해서 받을까 하는 교육 쪽의 상담이 많았다. 초기 세션은 전체적으로 저소득층 아동에 비해 수행 능력이 뛰어나긴 했지만 어수선하고 프로그램에 대한 관심도는 떨어지는 듯했다.

(2) 중기 : 갈등, 저항등의 현재 정서상태 이해 및 응집력 촉진(6~15회기)

〈저소득층 아동〉

지난 시간에 이어 악기 즉흥 연주를 했는데 유진, 미애, 순자, 애리는 오션드럼을 하고 싶었다며 오션드럼과 레인보우 스틱을 가져가서 치료사의 바이올린 반주에 맞추어 연주했다. 제법 리듬감도 있고 음악에 몰입하는 모습을 보였다. 유진이는 바이올린 소리가 너무 멋있다고 하면서 바이올린을 배우고 싶다고 했다. 한편 철수, 대호는 지난 시간과 마찬가지로 악기를 선택하는 문제로 서로 언성을 높이며, 실랑이를 벌이다가 부적절한 신체 접촉과 악기를 던지는 공격적인 모습을 보였다. 치료사가 저번 시간에 철수가 드럼을 했으니까 대호에게 양보하면 어떠냐고 중재를 해서 겨우 진정되었다. 철수와 대호의 연주는 치료사의 바이올린 소리와는 별개로 자신들의 리듬으로만 연주하였다. 철수와 대호는 다른 사람의 연주를 전혀 신경 쓰지 않고 드럼을 큰 소리로 두들기는 데에만 열중했고 핸드드럼을 가지고 연주하던 철수는 대호의 드럼을 치고 대호의 북채를 뺏으려고 해서 한바탕 소동이 벌어졌다. 철순, 범수는 악기 선택 시에도 자발적으로 악기를 잡으려고 하지 않고 소극적으로 참여 했었는데 일단 소고와 우드블럭을 선택한 뒤에는 연주에 흥미를 보였고 연주 시작 3분 후부터 우드블럭, 소고를 부서져라 계속 두들겼다. 공격성이 들어나 보였다. 연주가 끝난 후 얼굴이 빨개지며 웃음을 지었다. 치료사가 아동들에게 연주 소감을 묻자 유진, 미애, 순자. 애리는 "왠지 슬프다. 남자애들 땜에 연주를 망쳤다, 기분이 좋아진다."고 얘기했으며 철수와 대호는 소감을 말하는 시간에도 서로의 북채를 뺏으려고 뛰어다녔다. 철순, 범수는 작은 소리로 "재미있고 신난다."라고 말했다. 15회기 때에는 악기 만들기를 할 거라고 얘기하자 수군수군 하며 대호가 우리가 무슨 악기를 만들 수 있냐며 어려워서 못 한다고 했다. 치료사가 카바사를 만들 거라고 설명하고 구슬과 다 만든 악기를 보여주고 소리를 내자 유진, 미애,

순자, 애리는 감탄하며 "너무 아름답고 예쁘다. 우리가 할 수 있을까?"라며 주저했다. 치료자는 선생님이 도와줄 테니 설명 들은 대로만 하면 된다고 하자 걱정스러운지 일순간 조용해졌다. 보조치료사는 아동들에게 말린 표주박을 하나씩 건네주자 흔들어 보며 소리를 내고 해서 표주박 안의 씨가 교실 안에 날리고 어수선해졌다. 치료사가 설명을 안 들으면 악기를 못 만든다고 하자 대호는 표주박을 던지며 "나는 못 만든다."고 했다. 미애가 "너는 만들지 마라, 우리가 만든 거 보고 후회하지 말라."고 하니 시무룩해졌다. 치료사는 미리 준비해 온 매듭에 구슬을 꿰도록 했다. 보조치료사가 옆에서 도와주고 치료사도 돌아다니면서 악기 만드는 것을 도와주었는데도 예상외로 시간이 많이 걸려 30분이 더 소요되었다. 철순, 범수는 색깔을 선택하는데 너무 망설이고 주저해서 "친구들이 고르지 않은 구슬을 하면 어떨까?"라고 했더니 얼굴이 환해졌다. 결국 유진, 미애, 순자, 애리는 오색찬란한 카바사를 만들어 무희처럼 빙빙 돌며 춤추는 시늉까지 하며 기분 좋아했다. 철수와 대호는 보조치료사의 도움으로 악기를 만들었다. 다 만든 악기를 보고 치료사가 "잘 만들었네."라고 얘기하자 "짜증난다."라고 말은 했지만 얼굴은 만족스러운지 웃음을 지었다.

중기 때에는 악기 즉흥 연주 시 악기를 나누는 문제로 인해 공격적 행동이 나타났고 그룹 원들끼리 마찰이 빚어졌다. 악기 연주를 통해 공격적 에너지를 표현할 수 있었고 악기 만들기를 통해 할 수 있다는 자신감과 만족감을 엿볼 수 있었다. 부모님이나 교사 상담 시 아동들의 태도가 많이 안정되었다는 소리를 들을 수 있었으며 형제간이나 급우들 간에 싸움이 줄었다고 하였다.

〈중산층 아동〉

지난 시간에 이어 호재가 큰 북을 치겠다고 하자 대현, 윤수가 "왜 너만 북을 치냐?"고 따져서 호재가 한풀 꺾이고 결국 대현이가 큰 북을 연주했고 호재, 윤수는 윈드드럼과 기로를 연주했다. 아동들은 초반에는 치료사의 바이올린 연주에 귀를 기울였지만 연주 시작하고 3분이 흐르자 자신의 악기를 연주하기에 급급했다. 대현이는 큰 북을 연주해서 남을 압도하고 주도적으로 연주하니 기분이 좋다며 연주가 끝난 후에도 더 하고 싶다는 아쉬움을 남겼다. 호재는 윈드드럼이 소리가 특이하다고 하면서 바람소리가 아니라 사람들의 말소리 같다고 했다. 치료사가 무슨 말소리 같냐고 하니까 싸우는 소리 같다고 했다. 윤수는 기로 소리가 딱따구리 소리 같지만 너무 작아서 자신의 소리가 들리지 않는다며 투덜대었다. 진석, 선우는 템플블럭과 우드드럼을 선택했는데 리듬감 있게 잘 연주했다. 치료사에게 악기를 세게 연주하면 고장나냐고 물어보고 악기를 부러뜨리고 싶다고 하면서 치료사의 눈치를 살폈다. 그러면서 자기들끼리 "고장 내면 또 사줘야 되겠지?" 하면서 수군거렸다. 그러나 악기가 고장날 정도로 세게 연주하지는 않았다.

15회기 때 치료사가 악기 재료를 들고 교실로 들어가자 대현, 윤수가 만들기 시간이냐고 물어보았다. 그래서 치료사가 카바사란 악기를 만들 거라고 했더니 대현, 윤수가 미술시간도 아닌데 왜 만드냐고 물어보았다. 치료사는 우리가 더 예쁘고 좋은 소리 나는 악기를 만들려고 한다고 하자 호재가 힘만 많이 든다며 짜증나겠다고 했다. 엄마에게 얘기하면 사 줄 텐데 뭐하러 이런 걸 하느냐고 했다. 진석과 선우도 "맞아."라고 하며 혹시 선생님이 우리에게 악기를 만들라고 해서 그걸 파는 거 아니냐고 했다. 치료사가 다 완성된 악기를 보여주고 소리를 내면서 이런 것을 만들 거라고 얘기하면서 만든 것을 자기가 가진다고 얘기하자 슬슬 표주박을 가져갔다. 악기를 만든 시간은 저소득층보다 10분이 덜 걸렸고 이해력도 빨랐다. 결국 만든 악기를 가지고 흔들어 보고 소리를 내면서 집에 가서 자랑한다고 좋아했다.

중기 때 중산층 아동에서도 원하는 악기를 연주하려고 분쟁이 일어났으며 악기 연주로 감정을 표현할 수 있었다. 악기를 만들었을 때 저소득층 아동보다는 만족감이 덜한 것 같아 보였다. 악기 소리의 질에 대해 얘기했고 악기점에서 파는 악기가 소리가 더 좋다고 얘기했다. 부모님, 교사 상담 시 역시 정서적으로 많이 안정되었다는 얘기를 하셨다.

(3) 후기 : 감정표현, 자긍심 향상(16~25회기)

〈저소득층 아동〉

지난 회기에 만든 카바사를 가지고 치료사의 바이올린 소리에 맞추고 즉흥 연주를 하기로 했는데 미애가 언니 주름치마를 가져왔다며 그걸 입고 연주하겠다고 했다. 유진, 순자, 애리는 보자기를 가져다가 치마처럼 허리에 둘러매고 좋아하며 하와이 춤 같을 거라며 신이 나 있었다. 철순은 집에 가져가서 악기를 만들었다고 자랑했더니 할머니께서는 잘했다고 하셨는데 아버지께서는 쓸 데 없는 걸 만들었다고 하시면서 악기를 던지시면서 술 심부름을 시키셨다고 했다. 철순은 아버지는 술 밖에 모른다고 하며 눈을 내리깔았다. 모두 둥글게 앉아 치료사의 바이올린 연주에 맞추어 즉흥 연주를 했다. 처음에는 눈치를 보며 작은 소리로 연주했지만 시간이 지날수록 치료사의 소리가 커지면 크게, 작아지면 작게, 빠르면 빠르게, 느리면 느리게 연주했다. 범수는 계속적으로 자신의 소리만 크게 나오기를 바라는 것처럼 큰소리로 카바사를 흔들어 대어서 다른 아동들의 눈초리를 받았다. 악기 연주한 것을 녹화한 비디오테이프를 보고는 다들 웃으며 즐거운 표정이었다. 유진이는 우리가 연주단이 된 것 같다며 흐뭇해했고 미애는 자신이 탈렌트같이 나온다며 자신의 모습에 대해 얘기했다. 철순과 범수는 "내가 연주 잘하네."라고 하며 신기해했다. 23회기 때 오늘은 치료사가 리코더를 배울 것이라고 하니 학교에서 배웠다고 했다. 한명씩 다장조 음계를 불어보라고 하니 애리 외에는 잘 불지 못했다. 유진, 미애는 엇비슷하게 소리를 내었지만 깨끗한 소리를 내지 못했다. 치료사가 손가락을 꽉 막으라고 하면서 운지법을 가르쳐 주었다. 철순은 자신은 악보를 몰라 듣고 연주한다고 해서 리코더에 색깔 스티커를 붙여주고 악보에도 같은 스티커를 붙여 주었다. 치료사가 알토 리코더 불 수 있는 사람 없냐고 하니까 이 리코더도 잘 못한다며 웃었다. 다함께 가을을 연습했다. 처음에는 삑삑대던 소리가 시간이 지나자 노랫소리로 변하는 것이 신기하다며 철순이 우쭐해했다. 다함께 가을을 합주하고 나서 곡이 끝나사 누가 먼저랄 것도 없이 환호성과 함께 박수를 쳤다.

후기 때에는 만든 악기로 연주를 했는데 예상 외로 악기에서 좋은 소리가 난다며 아주 만족스러워 했다. 리코더를 배우면서도 어려운 곡을 연주했다는 것에 흐뭇해했다. 부모님이나 교사 상담 시 집에 와서 만든 악기로 연주를 해 보이고 형제나 가족들에게 자랑하고 동생에게 리코더를 가르쳐 주며 만족스러워 했다는 얘기를 들었다. 학교에서는 다른 과목보다 악기에 많은 관심이 쏠려 있어서 수업시간에도 만든 악기를 놓지 않았다고 하셨다.

〈중산층 아동〉

호재가 만든 카바사 악기를 흔들어 대어서 표주박 속의 씨가 교실 바닥을 더럽히자 진석, 선우가 "네가 더럽혔으니 네가 청소해라."며 짜증을 내었다. 대현, 윤수는 표주박 씨는 친환경 농산물이니 우리가 마셔도 상관없다며 다행이라고 했다. 치료사가 지난 시간에 만든 카바사로 즉흥 연주를 할 거라고 하니 우리가 할 수 있냐며 의아해 했다. 하지만 치료사가 바이올린 연주를 하자 선우는 "소리가 너무 좋네."라고 하며 치료사가 장영주 같다고 했다. 호재가 의외로 먼저 연주를 시작하자 치료사의 연주에 맞추어 크고, 작게, 느리게, 빠르게 연주했다. 트레몰로 주법을 가르쳐 주지 않았는데도 피아노 학원에서 배웠다며 대현이가 하기 시작하자 다른 아동들도 따라했다. 녹화된 비디오테이프를 보고는 모두 좋아하며 꽤 근사해 보인다며 다음 연주할 때에는 옷도 비슷하게 입자며 신나했다. 23회기 때 치료사가 리코더 연주를 할 것이라고 했더니 학교에서 하는 것을 왜 또 하느냐고 윤수가 물어보았다. 먼저 가을을 연주하고 잘 되면 알토 리코더와 2성부로 연주할 것이라고 했다. 음계를 연주해 보라고 하니까 호재 외에는 비교적 잘 불었다. 대현이와 윤수는 리코더 강습까지 했다며 중학교 때 시험 본다며 엄마가 연습시킨다고 했다. 소프라노 리코더는 잘 불지만, 알토 리코더는 잘 몰라서 알토 리코더 음계를 가르쳐 주고 원하는 사람은 알토 리코더를 하라고 하자 대현과 윤수가 배우겠다고 했다. 얼마간은 삑삑 대었지만 세션이 끝날 때 쯤 가을 2성부를 잘 연주하게 되었다. 진석과 선우는 알토 리코더와 함께 하니 소리가 잘 어울려서 좋다며 다음에는 자기도 배우고 싶다고 했다. 대현이는 연습을 더해서 좋은 소리를 내겠다고 했다. 호재는 다음에 다른 곡도 연주해 본다고 해서 치료사가 어떤 곡을 하고 싶냐고 하니까 크리스마스 노래라고 하면서 빨리 방학해서 놀았으면 좋겠다고 했다.

후기 때 중산층 아동도 리코더 2성부 연주를 하며 만족감을 표현했다. 부모, 교사 상담 시에는 알토 리코더를 연주하게 해줘서 좋다는 얘기를 들었으며 수업시간에 집중력이 좋아졌다는 말씀을 하셨다.

(4) 종결 : 종결을 받아들이고 변화된 모습 인식(26~30회기)

〈저소득층 아동〉

'내가 만일' 이라는 노래를 듣고 장래희망에 대해 그림을 그리는 작업을 했다. 유진은 가수가 되었으면 좋겠다고 하며 그림에 카바사를 들고 춤을 추는 자신을 표현했다. 순자는 탈렌트가 되고 싶다고 해서 왜 그런지 물어보니 돈을 많이 벌어서 엄마가 일을 안 다니시면 좋겠다고 했다. 철순이는 그림을 잘 못 그린다고 끝까지 그림도구를 주물럭거리다가 치료사가 격려해주니 그제서야 경찰관이 되어 있는 자신의 모습을 그렸다. 경찰이 되어서 나쁜 일 하는 사람 없게 할 거라고 했다. 그러자 철수는 군인이 될 거라며 군인복장이 너무 멋있다고 하며 씩 웃었다. 세션 초기에는 무엇을 하라고 하면 다들 주저하며 머뭇거리고 눈치를 보고 소극적인 태도를 보였는데 오늘 활동을 할 때에는 적극적으로 자신의 모습을 표현하고 자신감 있고 밝은 표정으로 발표했다. 치료사가 훗날에 이런 사람이 되려면 어떻게 해야 하냐고 묻자 "공부를 잘해야 한다, 운동을 열심히 해야 한다, 책을 많이 읽어야 한다."라고 큰소리로 대답했다. 다함께 그린 그림을 흔들면서 '내가 만일'이라는 노래를 합창했다. 마지막 회기 때에 오늘이 마지막 시간이라고 하자 유진, 미애는 너무 섭섭하다고 하며 계속해서 했으면 좋겠다고 했다. 철순은 "이제는 악기 연주와 노래를 부를 수 있는데……."라고 작은 목소리로 얘기했다. 철수와 대호는 악기를 스스로 정리하며 앞으로 안 올 거냐고 물어보았다. 다 함께 즉흥 연주를 했는데 치료사가 리드하지 않고 자유롭게 나오도록 지지해 주자 철수가 먼저 선두 연주를 했고 뒤를 이어 대호, 철순, 범수, 유진, 미애, 순자, 애리의 순으로 자발적으로 연주했다. 셈여림이나 박자가 서로 어울리며 연주하고 나서 함께 박수를 치며 치료사와 돌아가며 포옹했다.

처음에 프로그램을 시작할 때 보다 눈에 띄게 안정적인 모습을 보이며 악기를 서로 양보하며 연주 시에도 다른 사람의 소리에 화합하고 반응하며 반영하는 모습을 보였다. 종결을 받아들일 때에도 섭섭해 했지만 반항이나 저항하는 모습을 보이지 않았다. 부모님이나 교사 상담 시 프로그램에 대해 신뢰하며 감사하다는 얘기를 들을 수 있었으며 이 후에도 계속해서 프로그램이 진행되었으면 좋겠다는 말씀을 하셨다.

〈중산층 아동〉

'내가 만일' 이라는 노래를 치료사가 들려주자 호재, 대현, 윤수가 이 노래 아는 노래라고 했다. 장래 희망에 대해 그림을 그리라고 하자 호재는 의사선생님과 소방관을 그렸다. 치료사가 둘 다 하고 싶냐고 하니까 의사선생님은 엄마가 되라고 하는 것이고 소방관은 자기가 되고 싶은 거라고 했다. 치료사가 진짜 하고 싶은 일이 무엇이냐고 하자 생각하고 있는 중이라고 했다. 대현이는 과학자가 되고 싶다고 하며 미국에 있는 하버드대학에 가서 과학자가 될 거라고 했다. 그러기 위해서 영어공부를 열심히 하고 있고 과학영재교실도 다닌다고 했다. 윤수는 공무원이 되고 싶다며 구체적으로 공무원이 무슨 일을 하는지는 모르겠지만 엄마가 요새는 그게 제일 좋다며 공무원도 시험을 봐야 하냐며 물어보았다. 진석이는 체육 선생님이 되고 싶다고 했고 선우는 의사가 되어 가난한 사람을 공짜로 고쳐주고 싶다고 했다. 그림을 그린 후 장래희망을 이루게 하기 위해서 구체적으로 해야 할 일을 함께 얘기했다. 마지막 회기 때에 교실로 들어서자 아이들이 칠판에 써놓은 글을 보라고 했다. 각자의 서운함과 음악치료 시간에 대한 느낌이 적혀 있었는데 그 내용은 "재미있었다, 스트레스가 풀렸다, 또 언제 하냐?" 등이었다. 다함께 악기 연주를 하자고 하니 처음에는 느린 비트였지만 끝날 때는 빠른 비트로 끝나는 연주를 했다. 끝나고 치료사가 한명씩 안아주니 대현, 진석이는 눈물을 글썽였다. 치료사가 박수를 치자고 하니 다함께 힘껏 쳤다.

중산층 아동도 프로그램 시작할 때보다 그룹원끼리의 갈등이나 마찰이 눈에 띄게 줄어들었으며 부족한 아동을 도와주고 공격적 성향이 많이 줄어들었다. 종결 시에는 치료사에게 선물까지 주며 아쉬움을 표현했다. 부모님이나 교사 상담 시 프로그램 진행 이후 형제간, 급우들과의 싸움이 줄어들었고 과제 수행 시 집중력이 좋아졌다고 하셨다. 향후 음악교육을 어떻게 해야 할 지에 대한 부모님 상담이 많았다.

2) 회기별 음악치료 활동 및 행동에서의 공격성과 자아존중감의 변화

각 회기별 음악치료 활동 및 행동에 따른 공격성과 자아존중감의 변화를 요약하여 살펴보면 〈표 8〉과 같다.

〈표 8〉 음악치료 활동 및 행동에 따른 공격성과 자아존중감의 변화

회 기	활 동 내 용	음악치료 활동에서의 공격성 및 자아존중감의 변화	행동에서의 공격성 및 자아존중감의 변화
초기단계 (1~5회)	1. 오리엔테이션 사전 검사 2. 별명 짓기 음악 게임 3. 가사 분석 4. 즉흥 연주 5. 노래 부르면서 악기 연주하기	• 1회의 오리엔테이션에서는 전체적으로 주의집중이 안되고 어수선한 분위기였음(사전검사 수행 시 저소득층이 중산층보다 시간이 많이 걸렸음. 검사 시 서로 싸우는 공격 성향이 보였음). • 2회의 별명짓기 할 때는 우물쭈물하며 소극적이고 모방적인 별명만 나왔음. 대체로 자신감이 없어서 자기 별명을 짓는 데 오랜 시간이 걸렸음(저소득층은 연예인 이름을 많이 모방함). • 3회의'즐거운 나의 집'을 노래할 때는 작은 소리로 불렀고, 처음 듣는 노래라고 한 아동도 있었음. 가사 분석시 자신의 차례가 와도 잘 참여하지 못했음(저소득층보다 중산층 아동의 참여도가 높았음). • 4회의 즉흥연주 시에 서로 원하는 악기를 갖겠다며 악기를 숨기고 던지는 등의 적대적인 공격성향이 드러났음(저소득, 중산층 아동 모두에게 공격성향이 드러났으나 중산층 아동은 리더가	• 4회기까지는 돌아다니고 그룹원끼리 충돌하고 악기를 서로 가지려고 도망다니고 다른 그룹원을 비난하고 비웃는 등의 반응을 많이 보였고, 과제 수행 시에도 치료사와 그룹원의 눈치를 살피고 불안정하고 자신감 없어하고 소극적인 태도를 보임(두 그룹 모두에게 나타남). • 5회기에서는 악기 나누기에 따른 마찰은 나오지 않았지만 일부러 노래에 맞지 않는 리듬 연주를 하며 적대 감정을 보임(중산층 아동은 짜증난다고 얘기했음).

		문제를 해결해 줌). • 5회의 노래 부르면서 악기 연주할 때에는 노래와 맞지 않는 리듬이 나옴(박자에 맞지 않는 리듬이 나온 빈도가 중산층 아동에게 더 많았음).	
중기단계 (6~15회)	6. 악기 즉흥 연주 7. 악기 즉흥 연주 8. 노래 듣고 그리기 9. 즉흥 연주 10. 즉흥 연주 11. 노래 만들기 12. 합창 13. 조별 합창 14. 감정 곡선 그리기 15. 악기 만들기	• 6~9회기 동안 아동은 자신의 감정을 이해하고 수용해서 자신의 부정적 감정을 즉흥 연주로 표현했음(저소득층 아동 중 버리고 싶은 것은 술 먹는 아버지라고 말하며 동작과 북으로 아버지를 모방, 표현함. 중산층 아동은 공부가 지겹다며 '자유'를 북으로 표현함). • 10~11회기 동안 즉흥 연주와 노래 만들기로 공격성을 표출하였고 12~13회기에는 합창 활동을 통해 대인 관계 기술과 그룹원끼리의 역동적인 모습을 살펴볼 수 있었음. • 15회기의 악기 만들기를 통해서는 아름다운 소리를 내는 악기를 만듦으로 아동의 자아존중감 향상을 도움(저소득층에 비해 중산층 아동이 악기만드는 시간이 덜 걸렸으나 만족감은 저소득층이 더 나타남).	• 6, 7회기 즉흥 연주시 타악기로 빠른 리듬을 연주하며 부정적 감정을 표현함(♪이상의 리듬이 많았고 엇박이나 잇단음표가 많았음)(두 그룹 모두에게 다 나옴). • 8회기 노래 듣고 그리기 활동때에는 종이를 망쳤다고 하며 찢거나 구겼고 다른 아동이 자신의 작품을 보면 적대감을 나타냄. • 9, 10회기에는 자신이 만든 리듬을 연주하면서 내면의 분노를 끄집어내고 자기 표현을 할 수 있게 함(북채를 던지거나 악기가 찢어져라 크게 연주를 하는 아동이 많음). • 12, 13회기 합창을 하며 다른 사람의 소리를 듣게 되고 그룹원의 감정을 헤아리게 됨(중산층 아동이 저소득층 아동에 비해 화음을 더 잘 맞춤). • 15회기의 악기 만들기 후 상당히 만족스러워 하며 웃고 악기를 흔드는 모습을 보임.
후기단계 (16~25회)	16. 만든 악기로 연주하기 17. 즉흥 연주 18. 느낌 나누기 19. 하기 싫은 악기로 연주하기 20. 비디오 보기 21. 뮤지컬 만들기	• 16회: 만든 악기로 연주할 때 아주 만족해하며 적극적으로 참여함(저소득층이 더 적극적으로 참여함). • 17회: 즉흥 연주시 지난회기 때와 달리 드럼을 연주하려는 아동이 많았고 친구나 가족과의 부정적 감정 및 갈등을 자유롭게 표현함으로써 감정의 카타르시스와 공격욕구를 해소함. • 19회: 원하지 않는 악기로 연주함으로써 타인의 감정을 이해하게 됨(저소득층이 악기 양보하기를 더 싫어함). • 21회:가족 관계를 음악극으로 해 봄으로써 자기 인식 및 가족 관계를 개선,	• 16회기: 만든 악기로 연주할 때 남의 악기를 잘 만들었다고 칭찬하며 자신의 악기도 적극적으로 발표하는 등의 긍정적이고 이타적인 모습을 보임. • 후기 단계에 와서 악기를 던지거나 남의 악기를 빼앗는 등의 적대적인 행동이 많이 없어지고 악기를 양보하고 다른 아동의 연주를 듣는 등의 이타적인 행동이 많이 나타남(두 그룹 모두에게 나타남). • 21회기: 가족 음악극을 할 때 부정적 언어보다는 긍정적 언어가 많이 나옴(저소득층에서는 행복한, 사랑 많은, '부유한'이란 단어가 많이 나왔고 중

	22. 리코더 연주 23. 리코더 연주 24. 리코더 합주 25. 리코더, 타악기 즉흥 연주	긍정적인 자신의 이미지를 갖게 됨.	산층 아동에게서는 '자유로운, 여유 있는, 행복한, 사랑스러운'이란 단어가 나옴).
종결단계 (26~30회)	26. 음악감상 27. 음악감상 후 그림 그리기 28. 즉흥 연주 29. 핸드벨 연주 30. 사후 검사	• 26회, 27회기의 음악 감상 후 그림그리기 활동을 할 때 소극적인 태도에서 적극적인 참여와 발표로 변화되었음. • 29회기: 핸드벨 연주시 화음내기를 할 때 자신의 차례에 주의 집중하며 연주했고 아름다운 소리를 내는 것에 만족해했음. • 전체적으로 처음보다 적극적으로 참여하고, 공격적이고, 적대적인 행동이 감소되고 이타적이고 긍정적인 자기 인식을 갖게 됨.	• 종결에 이르러서 많이 아쉬워하며 '너무 재미있었다. 다음에 또 연주하고 싶다'는 등의 자발적인 피드백이 타왔으며 초기의 산만하며 소극적이며 의욕이 없던 태도에서 적극적이고 자기 표현력이 향상된 모습을 보임 (저소득층 아동이 더 아쉬워하며 다음에 언제 할 것인지 물어보고 다짐을 받는 모습을 보임).

제3부

동작예술심리치료의 이해

chapter 1

1장. 발생 배경 및 역사

인간의 신체 동작은 인간 행동을 가시적으로 볼 수 있게 하는 것으로 인간의 삶의 측면과 근본적으로 밀접한 관련성을 가지고 있다. 다시 말하면 우리의 신체 동작은 인간 개인의 내적 상태를 표현하는 정신내적인(intrapsychic) 특성을 가지고 있고 또 외부 환경과 관련하여 적응적(adaptive)이고, 대인관계적(interpersonal) 의미를 가지므로 동작은 인간의 삶에서 주변 환경 적응과 의사소통의 중요한 도구로 간주된다.

인간은 외부세계의 대상에 대한 지각 작용으로 받아들인 인상(impression)들에 의해 세상을 이해한다. 그리고 다시 그 인상들을 외부 세상으로 표현(expression)하는 수단으로서의 예술매체들은 인간의 주요 감각기관과 관련을 가진다. 예술의 분야 역시 인간의 감각기관과 관련하여 시각예술, 청각예술 및 동작 예술의 전문적 영역으로 나뉘어 발달되어 왔다. 그러므로 예술치료 영역도 예술의 표현매체 분야별로 나뉘어져 미술치료, 음악치료, 무용, 동작치료 또는 신체 치료 등으로 구별하는 경향이었다.

제3부에서는 무용치료(Dance Therapy), 동작치료(Movement Therapy), 신체심리치료(Body Psychotherapy) 그리고 동작중심 표현예술치료(Movement Based Expressive Arts Therapy)를 동작예술치료라는 포괄적 개념으로 수용한다. 다시 말하면 인간 신체동작 자체가 하나의 객관적 대상이 아니라 통합과정 자체라는 관점에 중요성을 두고서 지각의 통합성, 인간 신체와 심리의 상호의존성, 및 그 복잡한 상호 작용을 인정한다는 심신의 홀리스틱 철학을 수용하는 통합적 관점을 가지고 동작예술심리치료(Movement Arts Psychotherapy)라는 포괄적 개념으로 접근하고자 한다.

우선 신체 동작을 치료의 도구로 사용함에 있어서 여러 이론가들과 실천가들이 여러 가지 경로를 거쳐 발달시켜온 각 영역의 전문성을 고려하여 무용치료의 발달, 동작 치료로의 범위 확대 그리고 표현예술치료로의 통합이라는 3가지 발달 배경으로 나누어 소개해 보고자 한다.

1. 무용치료의 발달 배경

동작 예술의 주요 영역인 무용에서는 무용치료의 기원을 고대 원시사회에서 찾았다. 고대인들은 고난과 고통, 변천 및 변화 그리고 축제 등의 중요한 시기에 그들의 심각하고 심오한 정서를 표현하는 수단으로 종교 리추얼에서 춤을 사용하였다. 또 많은 문화권에서 춤은 신비한 자연세계와 불가항력의 자연세력을 이해하고 대처하기 위해서 자연 영성(spirituality)의 세계와 황홀한 의사소통을 하는 초월 기능의 수단으로 기여했다. 그러므로 악한 영을 추방하기 위한 치유 리추얼에서 무속인들이런 춤을 추는 일이 매우 두드러진 특징이었다.

중세이후 20 세기에 이르기까지 서양의 무용은 형식적이고 과학적 특성을 띤 무용 아카데미즘과 엄격한 규칙과 형식미를 요구하는 형식주의적 공연의 특성을 가졌다(Poplawski,1998). 당시 유럽의 정신/물질 이원주의 또는 정신/신체 이원주의, 그리고 종교/과학의 이원화의 경향이 무용예술계에도 영향을 주어서 최고의 신체미와 고도의 무용 예술의 전문적 기술성을 추구하는 것이 무용예술이었고 이것은 당시 무용예술의 문제점으로 인식되었다(Wagner, 1996; 임용자, 2005).

한편 이러한 과학의 객관주의와 종교의 이상주의의 이원화를 극복하려는 시도로 유럽에서는 루돌프 슈타이너의 정신(영)과학인 인지학(Anthroposophy)을 비롯하여 현대무용의 아버지인 루돌프 라반의 새로운 미학 철학이 대두되었고 이 영향은 메리 위그만에게 계승되었다. 무용개혁에 영향을 준 이 미학 철학의 특성은 무용의 인간화, 무용의 영성 회복, 그리고 무용의 민주화라고 일컬었다.

Duggan(2001)은 무용 동작 치료와 무용 동작 치료자들에게 영향을 주어 무용 동작 치료를 발달하게 한 중요한 인물로 마리 위그만과 루돌프 라반의 이름을 직접적으로 인용하였다.

위그만과 함께 진지하고 헌신적으로 영향을 주고받은 무용치료 선구자들은 마리 화이트 하우스, 프란치스카 보아스, 릴리안 에스페낙, 투루디 슈프, 엘리자벨 폴크였고, 그 이후에는 I. 바르티니에프로 이어졌다. 특히 위그만이 추구했던 가장 순수한 형태로서의 동작인 진정한 동작(Authentic Movement)이라는 개념은 융학파 무용치료사인 화이트 하우스에게 채택되어 미국 서부해안 지역의 무용치료의 가장 중요부분이 되었다(Levy, 1988).

동양 무용의 형식을 수용하여 정신 영성(Psychospirituality)을 탐구했던 미국의 현대무용가 St. 데니스는 T. 숀과 함께 데니숀(Denishawn) 무용학교를 세웠고 그 제자들 중 마리안 체이스는 미국 무용치료의 최초 선구자가 되었다. 최초의 무용치료(Dance Therapy)는 1942년에 마리안 체이스가 워싱턴에 있는 St. 엘리자베스 병원의 정신병 환자들과 함께 시작하였고 그녀는 1966년 미국 무용 치료 협회(American Dance Therapy Association) 초대 회장이 되었다.

현대 무용가들이 추구했던 개인의 '내적 춤(inner dance)'에 접촉하는 무용은 무용치료자들에 와서는 개인의 자기표현(self-expression)과 개인의 자기탐색에 초점이 맞추어졌다. 그러므로 내적 춤의 발달을 촉진하고 신체 동작을 통해 개인의 무의식적 자료를 발견하도록 촉진하는 무용의 심리 치료적 적용이 무용치료의 중요 관심이 되었다.

최근 표현예술의 영역에서 무대예술과 일반적 삶 사이의 괴리와 벽을 허물고 삶과 예술사이의 새로운 연결을 추구하는 일이 예술치료의 철학과 원리에 깊이 들어 있다. 이를 위해 선구적 예술 개혁자들이 서구의 전통 예술에 대해 도전하고 새로운 춤 표현을 실천한 결과 오늘날 예술치료영역에서는 예술이 진정으로 인간의 고통을 덜어주고, 삶에 도움이 되고, 그리고 인간 치유와 성장에 기여하는 도구로서 예술의 가치가 깊이 인식되고 있다.

2. 동작치료로 확대 발달

프로이트는 원래 신경과학자였으나 생물학적 심리학을 위한 과학적 자료가 모자라고 이를 설명할 과학적 어휘의 결핍으로 인하여 그는 그의 연구를 '은유화하여' 정신분석학이란 심리학을 창시하였다. 그러나 정신분석학으로 인해 현대 정신분석치료에서는 신체 심리치료가 배제되는 계기가 되었다.

임상적 주제로서의 신체 개념을 표면화한 사람은 프로이트의 추종자인 Sandor Ferenczi로서 그는 신체 외상 치료(Somatic Tauma Therapy)를 개발하였다. 그러나 신체 심리학(Somatic Psychology)의 창시자로 알려진 빌헬름 라이히(Wilhelm Reich)는 S. 페렌치의 신체 트로마 치료를 좀 더 체계적으로 완성하였다. 라이히는 1934년 그의 연구의 일부분 중에 신체에 초점을 둔 내용 때문에 국제 정신분석 협회로부터 추방되었지만 그의 사상과 이론은 프로이트의 정신분석 이론 및 무의식 이론과 여전히 깊이 연결된 채로 남아 있다(Totton, 1998).

라이히는 심리학적 사고에 신체 개념의 중요성을 복원시킨 사람이다. 뿐만 아니라 인간 신체는 우주의 정신영적 과정과 우주에너지를 반영하는 체계로 간주함으로써 인간의 신체가 심리적 과정뿐 아니라 생명에 기본적인 우주 에너지의 흐름의 장으로 까지 연결하여 살아 있는 인간을 총체적으로 이해하는 데 필요한 개념의 범위를 훨씬 확대시켰다.

라이히의 사상과 그의 신체 기법은 그의 후계자들로 하여금 직접적인 신체적 개입기법을 적용 하거나 또는 1960~1970년대 개인의 '초기 외상(Primal Trauma)' 개념에 대한 신체 치료에 상당히 적용되었다. 그러나 다른 후계자들은 그의 연구를 여러 가지 방법으로 변형시키거나 부분적으로 적용하였다(Totton, 2003).

라이히의 사고는 게슈탈트 치료의 창시자인 F. 펄츠(Perls)에 깊이 영향을 주었다. 펄츠의 초기 저서인 Ego, Hunger, and Aggression([1947] 1969)은 라이히의 정신분석과 펄츠의 새로운 연구체제 사이의 훌륭한 연계를 형성하였다. F. Perls의 게슈탈트 심리치료 이외 라이히의 영향을 받은 신체 중심 치료들을 살펴보면 다음과 같다(Halprin, 2003).

① 알렉산더 로웬(Alexander Rowen)의 생체 에너지 기법(Bioenergetics)

② 모쉐 펠덴크라이시스(Moshe Feldenkais)의 동작을 통한 자각기법

③ 이다 롤프(Ida Rolf)의 구조적 통합기법인 롤핑(Rolfing) 기법

④ 샤롯테 젤버(Sharlotte Selver)의 감각 자각 기법

⑤ 랜돌프 스톤(Randolph Stone)의 양극 치료(Polarity Therapy)

위의 신체 심리치료들은 처음에는 순수한 전통적 신체 작업(body work)의 분야에서 시작되었으나 빌헬름 라이히의 신체 심리학의 영향으로 인해 심리치료 모델 속으로 편입된 것들이다. 이들의 심리치료적 편입에 편승케 한 영향은 또 다른 측면에서 전개 되었다.

전문 무용수들에 의해 무용이 심리치료적으로 적용된 초기에는 무용치료(Dance Therapy)로 불렸고 미국 심리학의 참고문헌 중의 하나인 Psychological Abstract와 Subject Guide to Books in Print 그리고 미국 무용치료 협회(ADTA) 에서도 무용치료란 말을 인정하여 사용하고 있다. 그러나 Costanis(1978)는 그의 책 *Therapy in Motion*에서 무용치료란 말 대신에 동작치료(Movement Therapy)라고 사용했다. 그는 동작치료라는 말을 사용하는 이유를 두 가지 측면에서 다음과 같이 설명한다.

우선 무용이란 말과 개념을 둘러싸고 있는 고정관념과 편견을 피하기 위해서이다. 즉 무용은 부도덕성과 관련이 있다는 점과 무용은 비전공자들이 접근하기 어렵다는 공포감을 준다, 그리고 무용은 문화적 남성성(masculinity)에 어긋나며 여성의 전유물이라는 것들이다. 그러므로 그는 무용치료를 위해서 무용이라는 고정관념을 너머서야 한다고 주장한다. 다른 한편 무용에 대한 고정관념과는 별도로 치료과정에서 내담자의 일상적 움직임 그리고 개인의 모든 동작들을 리듬 있게 확장하여 사용한다면 보다 광범위한 유형의 동작 목록을 치료에 적용할 수 있다는 주장이었다.

이런 생각을 가지고 신체기법과 동작의 치료적 통합이 급속도로 확장되고 발달되었다 그 예로는 동작치료, 감수성 훈련, 태극권, 생체에너지 기법, 알렉산더 기

법, 신체자아 기법, 각종 무예, 요가 등 그 어느 범주에서도 무용(dance)이란 말이 포함되어 있지 않으나 일반적으로 치료에 사용되는 매체와 도구로서 인간의 신체 그 자체라는 면에서 무용치료가 규정하는 동작의 개념과 전혀 어긋나지 않고 서로 배타적이지 않고 이단시 되지도 않는다. 그러므로 무용이라는 고정관념과 제한점을 너머서 보다 확대된 개념의 신체 동작치료 연구와 실천들은 개인적 연구 및 다양한 접근체제로 전개되어 동작치료의 개념과 그 효과들을 더 분명하게 지지할 뿐 아니라 여기서 얻은 통찰의 결과들과 관심들을 정신건강 및 특수교육의 분야와 서로 광범위하게 공유하고 나눌 수 있게 되었다.

3. 표현예술치료로 통합 발달

무용치료의 발달배경에서 고대 종교 리추얼에서 무용을 치유와 의사소통의 매체로 사용했음을 이미 언급하였다. 그러나 여기서는 예술매체의 통합적 사용이라는 측면을 중시하는 동작 중심 표현예술치료에 대해 그 발달배경을 살펴본다.

무용 동작 및 신체 동작 기법들을 통합한 동작 중심 표현예술치료(Movement-based Expressed Arts Therapy) 역시 그 기원은 고대로 거슬러 올라가서 인간의 출생과 죽음의 의식, 결혼식과 성년식, 농사시작과 추수 행사, 영성/마음/신체 통합치유를 위한 제례 리추얼 등에는 노래하기, 춤추기, 북치기, 이미지 그림, 의식 축하를 위한 이야기하기, 등의 모든 예술매체들을 사용하였다. 전 세계적으로 각 원주민 문화의 치유의 실제는 치유와 창조적 표현들을 하나로 결합하여 사용하였다. 이러한 고대문화의 치유의 실천들은 사실상 과학적/철학적/영적 통합의 실제를 반영하고 있다.

표현예술치료(Expressive Arts Therapy)는 일명 다학문적 예술치료(Interdisciplinary Arts Therapy), 창조적 예술치료, 상호복합양식 예술치료(Intermodal Arts Therapy)등과 동일시하며 심지어는 단순히 통합치료(Integrative Therapy)나 통합연구(Integral

Studies)라고도 언급되면서 상호 교환적으로 사용된다(Atkins, et. al., 2003). 표현예술치료 분야에서는 예술매체의 통합적 사용을 강조하는 동시에 매체별 예술치료의 전문성을 인정하므로 음악중심 표현 예술치료, 미술중심 표현예술치료, 동작중심 표현예술치료, 연극중심 표현예술치료 등으로 하위 영역을 구분하여 각 영역을 수용하고 보호한다.

이러한 다학문적 표현예술치료는 비록 그 기원이 고대로부터 출발하였지만 음악치료, 미술치료, 무용치료의 영역에서 각 전문적 예술가들이 전문적 영역으로서의 임상적 실천을 해 왔던 역사적 전통이 유지되어 왔고 다른 한편 전문적 예술과 인간의 보편적 삶과의 벽을 허물기에 대한 도전이 그리 쉽게 이루어지지 않았고 또 예술매체들 간의 전문성의 고수의 경향, 그리고 종교의 형이상학과 과학의 객관적 검증의 이원화 등의 원인으로 인해 통합치료의 특성을 띤 표현예술치료가 전문적 영역으로 발달해 온 역사가 매우 짧고 지금도 아직 시작단계에 있다. 그러나 비교적 새로운 영역이지만 치료의 실천 영역에서는 통합치료의 특성을 띠고 급속하게 확산되고 있다.

1994년 세계 표현예술치료 협회(International Expressive Arts Therapy Association)가 창립되기 이전까지의 비교적 짧은 역사를 살펴보면 다음과 같다.

1970년대 초에 Shaun Mcniff, Paolo Knill, Norma Canner, 그리고 그 동료들은 미국 Cambridge, Massachusetts의 Lesley 대학교 대학원 과정에 표현치료 프로그램(Expressive Therapy Program)을 개설했다. 이 프로그램은 예술치료에서 다학문적, 상호복합양식적 접근을 강조하였고 학생들과 교수진들과의 창조적/치료적 민주적 공동체 형성을 강조하였다(Atkins et. al., 2003).

1980년대 Paolo Knill은 유럽과 북미에 ISIS(International School of Interdisciplinary Studies)라는 이름으로 표현예술치료자 교육 프로그램 조직체를 형성하였다. 그 이후 전 세계적으로 많은 교육 기관들이 상담과 치료 프로그램의 일환으로 표현예술치료 교육 프로그램을 개설하였다. 스위스의 EGS(European Graduate School)과 레슬리 대학에서 박사 학위과정을 제공하고 있다.

그밖에 캘리포니아 지역에서 이 분야에 선구적 공헌을 한 사람들 중에서 칼 로

저스의 딸로서 Person-Centered Expressive Therapy Training Institute를 창설한 나타리 로저스(Natalie Rogers)와 샌프란시스코에 있는 CIIS(California Institute of Integral Studies)의 표현예술치료 교육 담당 Jack Weller를 들 수 있다.

특히 신체동작 분야의 표현 예술치료 전문가로서는 1978년에 설립된 샌프란시스코 Tamalpa Institute의 공동창시자인 Anna Halprin과 Daria Halprin을 빼놓을 수 없다. 안나 할프린은 1960년대부터 게슈탈트 치료의 창시자인 F. 펄츠와 심신통합 접근의 공동 작업을 하였고, 다리아 할프린은 F. 펄츠의 내담자이고 훈련생으로서 경험을 거쳐 게슈탈트 심리치료자로 전향한 후 심리치료와 동작 표현예술을 심도 있게 접목한 동작중심 표현예술치료계의 대표적 인물이다. 직업학교인 타말파 연구소의 할프린의 동작중심 표현 예술치료자 교육과정은 현재 레슬리 대학 석사학위 과정과 연계되어 있다.

그밖에 많은 음악치료자들, 미술치료자들, 연극치료자들, 문학치료자들이 표현예술치료와의 통합에 많은 기여를 했으며 최근 수년간을 협동적으로 연구하여 2007년 5월에 세계 표현예술치료 대회를 성공적으로 이끈 Boone, North Carolina, Appalachian 대학의 인간발달 및 상담학과 교수진들을 빼놓을 수 없다. 그들은 일명 표현예술치료계의 아파랏치안 학파라 불리며 통합 상담과 홀리스틱 인간발달의 철학과 창의적 예술과정과 분명한 연계를 가지고 표현예술치료를 전개하고 있다.

chapter 2

2장. 개념 및 정의

여기서는 무용치료(Dance Therapy)와 동작치료가 통합된 무용동작치료(Dance Movement Therapy)와 동작의 통합치료적 특성을 띤 표현예술치료의 의미와 개념을 살펴본 후 예술심리치료라는 영역에서 신체동작이라는 중립적 개념을 예술심리치료로 통합시켰다는 관점에서 동작예술심리치료라는 이름하에 그 원리, 정의, 및 목표 등을 정리해 보고자 한다.

1. 무용동작 치료란

우선 미국 무용치료 협회(American Dance Therapy Association,ADTA)는 1974년 제 9회 년차 대회에서 공식적으로 규정한 새로운 정의를 1975년 11월에 발표하기 이전에는 무용치료(Dance Therapy)를 '개인의 신체와 정신의 통합을 돕기 위한 무용의 어떤 측면의 계획적인 사용'(p. vi)이라 정의하였다. 이 정의에는 동작이란 말이 빠져 있어서 무용치료가 동작치료와 관련하여 신체동작의 개념의 이해와 적용 돕기는커녕 오히려 무용 예술과 무용치료의 개념을 구별하고 이해하는 데 방해하고 무용과 무용치료의 개념적 사고의 혼돈을 겪게 하였다.

그러나 1975년 무용치료에 대한 새로운 규정에는 무용치료란 '개인의 정서와 신체의 통합을 확대시키는 과정으로서 동작(movement)을 심리치료적으로 사용하는 것(p. vi.)'이라 하여 무용이란 용어를 동작이란 말로 대체하여 정의했다(Costanis, 1978).

1986년 ADTA(Behar-Horenstein & Ganet-Sigel, 1999)의 정의에 의하면 무용 동작치료(Dance Movement Therapy)란 '개인의 신체적 정신적 통합을 위해 동작을 심리치료적으로 사용하는 것(p. 10)'이라 하여 '정서'란 말을 '정신'으로 바꾼 것 이외에 초기의 무용치료의 개념과 거의 같은 의미의 정의를 하였다.

한편 두드러진 변화는 Levy(1988)가 이미 밝힌바와 같이 무용치료, 동작 심리치료, 무용 동작 치료, 정신운동 치료(Psychomotor Therapy) 등 여러 가지 이름을 상호 교환적으로 적용함을 언급함으로써 매체 사용에 있어서 그 적용범위의 확대를 의미하는 뜻의 무용 동작 치료로 바뀌어졌다.

한편 영국에서 1983년에 공식적으로 무용 동작 치료 협회를 창립한 3사람 중의 한 사람인 Payne(1992)은 무용 동작 치료가 무엇이냐에 대한 아주 간단한 정의로 '치료적 관계 속에서 창의적 동작과 무용을 사용하는 것'이라 했다. 그리고 이 정의에서 무용과 동작을 함께 수용하여 무용 동작 치료에 대해 다음과 같이 설명하였다(p. 4).

> "무용 동작 치료란 개인이 자신의 개인적 통합과 성장을 위한 과정에 참가하여 할 수 있는 표현적 동작 및 무용의 도구적 사용이다. 무용 동작 치료는 움직임(motion)과 정서(emotion) 사이의 관계가 있다는 원리와 더 다양한 동작어휘들을 탐색함으로써 더 안정적인 균형의 가능성을 경험하면서도 여전히 자발성 과 적응력을 증가시킨다는 원리에 기초를 두고 있다. 동작과 무용을 통해서 각 개인의 내적 세계는 명백해지고 개인들의 많은 상징들을 나누고 그리고 같이 춤추는 가운데 관계들이 눈에 보이게 된다. 무용 동작 치료자들은 개인 감정들이 안전하게 표현되고 인정되고 의사소통이 되도록 품어주는 하나의 환경을 만들어 준다."

Payne(2006)은 좀 더 간결하게 다음과 같이 설명하였다(p. xv).

> "무용 동작 치료란 움직임(motion)과 정서(emotion)가 뗄 수 없을 정도로 엉켜서 짜여 있다는 원리에 기초를 두고 동작과 무용을 심리치료적으로 사용하는 것이다. 움직임과 정서의 밀접한 관계는 한 개인이 자기(the self)와의 더 깊은 관계를 신체화할 수 있는 채널이다."

그리고 최종적으로 영국 무용동작치료협회가 규정한 정의에 의하면 다음과 같다.

"개인의 정서적, 인지적, 신체적, 사회적 통합을 발달시키기 위해 개인이 어떤 과정에 참가하여 창의적으로 무용과 동작을 사용하는 것이다"(p. 3).

Payne(2006)의 설명들을 통해 강조되는 점은 무용 동작 치료가 더 깊은 심층 심리치료의 한 형태라는 점, 무용동작이 심리치료의 도구라는 점, 내담자가 치료과정에서 표현하는 일상적 동작 및 창의적 동작의 중요성, 심신통합치료 또는 그 이상의 홀리스틱 통합치료와 성장치유를 지향하는 점이다. 그러므로 무용 동작 치료는 심리치료를 위해 의도적이고 계획된 무용의 사용이라는 무용치료의 제한성을 너머서 인간의 일상적 동작은 물론 다양한 개인의 그 어떤 동작 표현일지라도 창의적 동작 및 치유적 동작으로 수용되고 사용될 수 있음을 나타낸다.

지금까지 살펴본 무용 동작 치료의 개념에 의하면 동작치료 및 표현예술치료의 범주에서 사용하는 동작의 개념과 마찬가지로 심리치료에 활용되는 동작의 의미가 전통적 무용 및 전문적 무용기술이라는 의미에 환원되지 않는다는 개념임을 좀 더 이해하도록 돕기위해 Costonis(1978)의 동작치료(Movement Therapy)의 정의를 인용해 본다.

'내담자의 일상생활의 움직임과 동작들을 리듬 있게 확장한 보다 넓은 유형의 동작 목록을 치료에 적용하는 것'(p. xii).

위의 Costanis의 정의는 무용치료의 개념을 보완 하고자 무용치료에서 추구하는 행동의 변화가 무용기술에 입각한 미적 기준에 의거하지 않음을 의미했다. 즉 개인의 신체 동작을 예술적 기준에 의한 형태미적 행동으로 변화시키기보다는 내담자의 일상적 동작의 변화를 이끌기 위해 창조적 표현을 통한 의사소통 증진, 신체 동작의 범위(range of motion)와 동작목록(movement categories)의 확대, 그리고 W. Reich의 신체 심리학에 기초하여 신체 심리치료자들이 추구하는 신체 자각 및 동작 자각의 증진을 무용치료의 범위에 포괄하고자 함이었다. 그러므로 여러 가지 자각적이고 직관적 방법으로 신체기법들이 심리 치료적으로 사용된다. 왜냐하면 개인의 자세 및 제스처 등 어떤 신체 동작일지라도 리듬 있는 동작으로 만들어 사용한다면 무용예술의 심미적 특성과 창의적 표현이 전통적 무대에서 추구하는 기술적이고 묘기화된 형태미에 초점을 두는 한계를 탈피해서 그 범위를 홀리스틱 인간 성장과 치유로 확대해서 치료적으로 사용할 수 있기 때문이다.

실례를 든다면 Stopa(1995)의 ROM(range of motion) 댄스 프로그램을 우울증에 적용한 연구이다. 이 프로그램은 원래 Harlow 와 Yu(1984)가 태극권 동작을 댄스같이 만들어 적용하였다. 또, 다른 예로는 동작중심 표현예술치료 프로그램에서는 A. Halprin(1979)이 요가, 펠덴크라이스, 필라테스 동작 중 치료에 효과적인 척추 중심의 동작들을 선별하여 동작중심 표현예술치료에서 즉흥 동작으로 활용하는 예이다.

2. 표현예술치료 및 동작중심 표현예술치료

인간발달 및 상담학의 분야에서 표현예술치료를 공식화한 Appalachian 표현예술치료 학파(Atkins et al., 2003)의 정의는 다음과 같다.

> "상호복합양식의 표현치료, 창의적 예술치료, 그리고 다학문적 예술치료라고 불리는 표현예술치료는 인간의 성장발달 그리고 치유를 촉진하기 위하여 이미지, 스토리텔링, 댄스, 음악, 시문학, 동 작, 꿈 작업, 시각예술 등을 통합적인 방법으로 사용하는 실천기법이다. 표현예술치료는 인간의 개인 경험과 집단적 경험을 예술적 형태로 표현하기 위하여 인간존재로서의 내적 능력을 회복하는 것에 관한 일이다. 표현 예술치료는 창의적 표현 및 창의적 공동체의 자연치유능력을 경험하는 일이다"(p. 4).

표현예술치료의 개념에서는 무용동작치료에 비하여 치료과정에서 한 가지 예술치료 매체에 국한하지 않고 여러 예술매체를 통합적으로 사용하는 점과, 철저히 비분석적이고 인본주의/실존주의 철학에 기초를 두고 있으며, 그리고 신체 심리학 및 심신학(Somatics)에서 추구하는 우주 및 자연 영성을 개인의 신체 내적으로 경험할 것을 치유과정에 포함시키는 점이 특징이다. 이런 특징을 아파라치안 표현예술치료학파가 좀 더 공식적으로 설명한 표현예술치료의 원리와 기본 가정들을 열

거하면 다음과 같다:

- 표현예술치료는 그 실천에 참가하는 치료자와 내담자, 과학자와 예술가, 교사와 학생간의 위계적 및 지시적 관계가 아닌 민주적이고 협동적 관계를 강조한다.
- 표현예술치료는 홀리스틱 특성을 가지므로 내담자의 질병 및 역기능의 치료 그리고 그 진단 및 평가에 목표를 두지 않고 최적의 건강과 웰빙에 그 목적을 둔다. 그러므로 표현예술치료는 비록 전통의학과 심리치료 현장에서 사용된다 할지라도 학습, 건강, 성장 및 발달에 목적을 두기 때문에 환자의 증상 위주의 치료보다는 인간 존재의 총체성(Holism)을 강조한다.
- 개인적 예술작업과 창의적 표현은 전통의학 및 전통적 심리치료의 종속물이 아니라 그 자체와 본질이 치유촉진과정이고 성장촉진과정이다. 그러므로 예술작업 및 창의적 표현 결과로 산출되는 예술 작품과 예술과정에 대한 반영적 결과는 표현예술치료 작업의 일부분일지라도 주요 부분은 아니다. 주요 강조점은 결과적 표현 형태에 있기보다는 그 과정에 내재된 개인의 치료적 변형 능력을 중요시한다.
- 창조적 표현 능력은 개인이 가지고 있는 건강의 기본적 측면이므로 창조적 과정의 참여를 통해 개인치유와 개인 성장이 가능하다.
- 표현예술치료에서는 자기 자신을 알고 이해하는 타당한 방법으로서 자기 신체지식, 직관, 지혜, 주관적 경험과 정서의 표현을 존중한다. 합리적 분석은 이런 표현들을 타당화시키는 방법으로 필요하지 않다.
- 표현예술치료는 심층심리적이다. 표현예술은 전통심리학이 도달 할 수 없는 심층적인 정서, 경험 및 통찰에 접근하여 심층무의식적 자료에 강력한 접근을 가능케 한다.
- 표현예술치료는 여러 가지 복합양식을 중첩시킨다. 마치 다학문적 접근 및 학제적 접근처럼 여러 가지 표현 '언어들'을 사용하여 치료자와 내담자로 하여금 여러 가지 관점을 유지하는 능력을 신장시킨다.

- 개인적 치유 및 성장을 위하여 개인적으로 창조적 표현을 계속하는 과정에서 통합적 특성을 가진 표현예술치료가 나타난다. 치료자가 어느 한 가지 예술 영역의 전문가 일지라도 다른 양식의 예술경험을 추구하는 과정은 특정영역의 예술치료에서 표현예술치료로 연결되고 통합된다.
- 표현예술치료는 공동체와 리추얼을 강조하므로 공동체의 맥락에서 예술과 치유를 통합하기 위해서 고대 예술과 치료를 현대사회에서 되찾고 회복하기를 제안한다. 이 관점은 예술, 치유, 삶의 구분을 없애고 개인 및 공동체 치유에서 이 세 가지 영역을 총체적 하나로 실천하기를 제안한다.
- 표현예술치료는 광범위하고 심층적 의미에서 볼 때 영적(spiritual) 수행과 그 실천이다.

영적 실천으로서의 표현예술치료는 개인으로 하여금 우주의식으로 진입하도록 만들고 명상 실천을 위한 가능성을 제공한다.

결국 표현예술치료는 인간존재의 본성적이고 자연적인 예술능력을 회복시키고 되찾아서 창조적 기능을 하도록 만든다. 그러나 전통적 예술들 및 예술치료들의 여러 요소들이 교차교배되어 새롭게 변형된 표현예술과 표현예술치료로 발전하고 진화한 새로운 영역이 되었다

CIIS(California Institute of Integral Studies)의 표현예술치료 담당자인 Weller는 위와 같은 표현예술치료를 보다 매우 간단하게 정의한다(Halprin, 2003).

'표현예술치료란 복합모형의 예술치료 과정에 심리치료를 통합한 것'(p. 9).

한편 통합치료라는 관점에서 왜 표현예술치료에서는 하필이면 신체동작의 요소까지 통합해야하는지, 또는 신체 동작 중심으로 다른 예술치료과정을 통합하는지의 의미를 중요시한다. Jahner(2001)는 치료적 의미에서 신체 동작의 특성을 다음과 같이 설명한다.

- 신체와 동작은 그 자체가 하나의 통합과정이다.

- 창조적 과정과 자기발견을 목적으로 할 때 자각된 동작은 신체차원, 정서차원, 인지차원으로 경험되며, 이 3가지 차원의 자각이 연결통합되어 인간의 삶을 형성한다.
- 동작은 감정과 이미지를 불러일으키고, 그리고 그 감정과 이미지를 표현하기 위하여 의식적으로 신체동작을 사용할 수 있다.
- 동작, 감정, 및 이미지를 의식적이고 창의적으로 상호 관련시켜 사용한다면 통찰과 변화를 일으킨다.
- 동작은 개인으로 하여금 자기, 타인, 세상과 관련하여 생명감각과 창조적 연계감각을 심화하고 확대시킬 수 있다.

이상과 같은 신체동작의 통합치료적 특성은 감각통합을 통한 홀리스틱 교육과 루돌프 슈타이너의 교육예술에서 그리고 아싸지오리의 정신통합치료인 영성통합치유에서도 그 중요성을 인식하고서 관심을 두고 있다.

동작 중심 표현예술치료를 표현예술치료의 범위에서 전문적이고 체계적으로 실천해온 할프린 동작중심 표현예술치료 프로그램의 공식명칭을 HLAP(Halprin Life Art Process)라 부른다. HLAP의 의미에는 생활과 무대예술의 전통적 분리를 제거하고 예술이 진정으로 인간을 돕기 위해 고통의 치유과정으로 만들려는 뜻을 나타내고 있다. Jahner(2001)는 HLAP란 동작중심 표현예술치료를 다음과 같이 설명한다(p. 79).

> "개인 삶의 과정 및 자료들 그리고 집단적 문제들을 예술의 지금 여기(Here & Now)의 즉시성을 통해서 더 큰 의미를 찾도록 동작, 표현예술, 치료적 예술들을 상호관련적으로 이용하는 통합적 도구이다."

할프린 동작중심 표현예술치료의 정리된 정의는 다음과 같다.

> "개인적/관계적/사회적 변화 및 성장을 목적으로 삼고 건강, 심리 치료, 의사소통을 증진시키

기 위해 체화된 동작, 무용, 시각예술, 대화, 공연기법들을 치료과정에 통합하는 표현예술의 분야이다."

이와 같이 동작중심 표현예술치료의 정의에도 표현예술치료에서와 같이 통합적 예술의 사용, 개인 및 사회 통합적 성장과 치유의 중요성과 함께 동작과 무용예술 을 사용하는 것이 강조된다. 동작 중심 표현 예술치료의 개념에 포함된 흥미 있는 의미는 예술치료과정에 나타나는 동작표현들을 전통 무대공연과는 다르지만 공연의 성격이 있다고 보고 있는 점이다. 다시 말하면 치료회기 과정에 공연의 성격을 통합하고 있다. 어떤 회기가 개인 회기이건 집단회기이건 반드시 목격자(witness)가 있기 마련이고 내담자는 목격자가 있고 목격자와의 관계 및 반응이 있는 가운데에서 자기의 진정한 자료들을 표현하는 예술을 실천하기 때문이다.

또 다른 의미에서 예술의 통합적 사용이라는 개념에는 단순한 다양한 표현매체 차원 보다 더 깊은 수준에서 인간 동작이 가지고 있는 감각통합의 특성과 화이트하우스가 말한 무의식적 신체 속에 묻힌 심층심리와의 연결이 전제된다. 예술치료의 근원적 과정 깊숙이 철학, 교육학, 예술학, 대체의학, 물리학, 그리고 심리치료학과 신체심리학 등의 심리학적 지식들이 교차교배되어 새로운 패러다임의 변형으로 나타난 분야임을 말해 준다.

3. 동작예술심리치료의 원리, 정의 및 목표

이 부분에서는 무용 동작 치료, 신체 심리치료, 표현예술치료를 중립적이고 포괄적으로 개념화하기 위해 동작예술심리치료라는 이름하에 그 원리, 정의 목표들을 정리해 본다.

우선 인간의 통합성장과 치유에 탁월한 인간 신체동작의 잠재력을 예술심리치료적으로 사용할 것이 중요시 된다. 인본주의 표현예술치료자인 나탈리 로저스 역시 그녀가 비록 표현예술치료 과정에서 각 표현예술매체의 연결성을 중시하고 있다 할지라도 모든 매체 가운데에서 동작을 가장 우선적으로 탁월한 표현 매체이며 수단이라고 간주하고 있다(이정명, 전미향, 전태옥, 2007).

예술치료로서의 동작예술심리치료를 실천할 수 있도록 뒷받침하는 원리들을 정리해 본다(Halprin, 2003).

- 인간 신체는 자각(awareness)의 중요도구이다.
- 신체와 정서, 인지의 영역은 상호관련적인 상호작용을 한다.
- 신체 감각, 자세, 제스처는 역사와 문화 그리고 현재적 존재방식을 반영한다.
- 그러므로 우리의 동작과 춤은 우리 삶의 주제 또는 반복적 패턴을 나타낸다.
- 그림, 시, 노래, 공연 등 다른 예술과 같이 춤과 동작을 통한 예술작업을 하는 것은 우리 삶의 어떤 것을 다루고 있는 것이다.
- 동작으로 나타난 상징은 우리의 삶의 메시지를 담고 있으므로 치료에 매우 가치 있는 자료이다. 그러므로 동작상징은 치료관계에서 콘테이너의 기능을 한 다.
- 다른 예술작업과 같이 동작을 통한 작업은 우리가 우리 자신과, 우리 자신 과 타인 ,그리고 우리가 세상과 관계를 맺는 방식을 가르쳐 준다.
- 동작 과정 속에서 긍정적 견해를 작업해 내면 우리 삶을 이끄는 심상이나 기준을 만들어 낼 수 있다. 동작 표현에는 긍정적 표현 부정적 표현이 모두 나타난다.

무용동작 치료, 신체동작치료, 동작중심 표현예술치료의 의미와 정의를 포괄하여 예술심리치료의 맥락에서 동작예술심리치료를 다음과 같이 정의한다.

"동작예술심리치료란 궁극적 목표로서 개인적, 관계적 그리고 사회적 변화와 성장을 위해 통합적 치료 도구인 신체동작을 예술과정에 적용하여 개인의 신체, 정서, 인지, 그리고 정신 영성의 통합을 촉진하는 과정이다."

여기서는 Ritter 와 Low(1996, Behar-Horenstein & Ganet Sigel, 1999 재인용)가 내담자

의 변화란 측면에서 요약한 DMT의 목표 5가지를 인용하여 동작예술심리치료의 목표로 다음과 같이 제시한다.

첫째, 사회체계 내에서의 재사회화와 통합.

둘째, 비언어적인 창조적 표현과 정서적 정화.

셋째, 전체적 자기 자각 및 신체 자각 그리고 자아 존중감의 변화.

넷째, 동작 능력의 확대와 긴장해소.

다섯째, 이완을 통해 즐거움 얻기(p. 169).

동작예술심리치료가 추구하는 일반적 목표를 신체 동작의 통합성의 측면에서 정리해 본다.

첫째, 우선 신체적 차원에서 우리 신체 각 부분들(body parts)의 왜곡과 분리를 통합한다. 우리 신체의 일부분이 죽어있거나 왜곡되어 있는 경우는 지체 장애자들에서 뿐 아니라 정신증 환자들에게도 두드러지게 나타난다. 정신 분열은 곧 신체 부분의 분열을 의미한다. 만약 이 목표가 달성되면 결과적으로 개인 동작의 레퍼토리가 다양해지고 신체동작의 범위(range of motion)가 확대된다. Ramsden(1992)은 자기 발달에서 포스처와 제스처와 괴리가 없이 조화를 이루는 포스처－제스처 조화(posture-gesture merging together)를 중시하였다.

둘째, 우리의 신체적 사고와 언어적 사고의 차이를 줄이고 조화롭게 통합한다. 인간의 신체과정과 두뇌의 언어적 과정은 양극성을 갖는다. 신체 동작 경험을 통해 얻은 지혜는 언어적 사고로 얻은 지식과 다르다. 단선적 언어 사고에 의한 언어치료의 한계를 극복하는 방법으로서의 신체 동작을 통해서 얻는 지혜와 직관은 언어적 사고와 언어치료의 한계를 보완한다. 쉽게 말하면 언행일치를 달성하는 방법이다.

셋째, 동작과정을 통해 신체와 감정을 통합한다. 동작예술심리치료를 지지하는 기본적 원리는 움직임(motion)과 정서(emotion)의 밀접성에 근거를 두고 있다. 정서나 감정이 대뇌수준에 기억되기보다 신체 속(근육, 뼈, 골수 등)에 각인된다는 경험적 사실의 인식에서 동작예술심리치료가 성립되었기 때문에 동작과정을 통해 깊은 감정이 직면되고 변화된다. 전통적 심리치료에서 인지적 신념과 사고를 바꾸어서 감정과 행동을 바꾸는 방법에 비하면 거꾸로의 순서로 진행하는 방식은 흥미 있는 과정이다. 팔다리의 움직임을 머리가 알아차리는 과정이 동양적 도(道) 수행이며 바로 무의식의 의식화하는 가장 강력한 방법이다.

넷째, 개인의 신체・정서・인지의 내적 통합과 동시에 내적통합과 외적 환경과의 연결과 통합이다. 우리는 외부 세상을 지각하고 그 인상(impression)을 가지고 외부 세상에 반응하고 표현(expression)한다. 우리가 반응하는 외부세상으로는 자연환경과 인간관계의 조직망인 사회적 환경이 있다. 우리가 우리 내면의 자각만큼 환경자각도 중요하다. 어느 한쪽의 자각에만 고정되어 있다면 역시 괴리와 분리가 일어난다. 이런 치료적 목표에 대해 무용동작 치료사인 Behar-Horenstein과 Ganet-Sigel(1999)는 동작언어적 표현으로 밖에서 안으로(the outside in)의 동작 보다는 안에서 밖으로(the in outside)의 민첩한 동작 표현을 촉진시키기를 강조한다.

그러므로 궁극적으로 개인 및 사회 차원의 변화와 성장을 넘어 인간은 영적 성장의 가능성을 향해 열려진다.

진정한 동작예술심리치료란 규범화된 예술적 무용 자체가 아니며 그렇다고 신체 동작을 연습하는 것도 아닌 것이다. 인간의 신체 동작을 어떤 관점으로 볼 것인가, 그리고 심리치료적 측면에서 어떻게 사용하느냐에 대한 문제가 계속적으로 논의 될 것이다.

다음의 시는 삶의 경험을 탐색하고 지혜를 배우는 치유 도구로서의 춤의 의미를 표현한 시이다.

내게 춤추기란 삶을 사는 것이다.

지금 여기서 나는 지금까지 경험한 내 모든 삶을 춤출 수 있다.
내가 지금까지 경험하지 않았던 삶과
장차 경험하길 원하는 삶과
그리고 경험하길 원치 않는 삶을 모두 춤출 수 있다.

그것은 마치 풍부한 잉여의 삶을 사는 것 같고,
그리고 그것은 진정한 삶이다.
나는 내 춤에서 좀 더 많은 것을 배우고 싶다.
나는 그 지혜의 삶을 더 많이 살고 싶다,
내 몸 속에 들어 있는 그 지혜의 삶을.

내가 춤출 때 알고 있는 그 모든 것을
내가 춤추지 않을 때의 내 삶에서도 알기를 원한다.
나는 나의 삶을 춤추고 싶다.

• 페닐 오베로(할프린 표현예술치료자, www.tamalpa.org)

chapter 3

3장. 이론적 배경

1. 인본주의 심리학과 동작예술심리치료

1) 인본주의 심리치료

미국의 Carl Rogers(1902~1987)에 의해 1940년대 창시된 인본주의심리학은 비지시적, 비분석적, 비진단적, 내담자 중심적 그리고 인간 중심적 특징을 가진 심리치료학이다.

인본주의 심리학이 가진 인간에 대한 기본 관점은 인간은 무의식에 의해 지배를 받는 존재가 아니라 본성적으로 타고난 자아실현의 동기와 스스로의 무한한 가능성과 잠재력을 가지고 있으므로 스스로 심리적 부적응을 극복하고 건강을 되찾을 수 있는 능력이 있다고 가정한다. 그러므로 스스로 타고난 가능성과 잠재력을 발견하지 못하고 외적 가치조건에 따라 자기를 형성해 나간다면 심리적 문제가 발생한다고 본다.

인본주의 심리치료에서는 치료자의 이론 및 치료기법보다는 내담자와의 관계 형성과 관계적 태도가 중요하다고 강조한다. 로저스가 중시하는 치료자 태도 특성은 다음과 같다.

(1) 진솔성 또는 일치성

치료자가 내담자에게 가지는 감정이나 생각을 가식이아 왜곡이 없이 진솔하게 표현하고 치료자의 생각과 감정은 행동과 일치되어 나타나야 한다. 치료자의 진실한 자기 노출은 내담자로 하여금 자신의 느낌이나 생각을 솔직하게 드러나도록 촉진한다.

(2) 무조건적 수용과 긍정적 존중

내담자가 생존을 위해 외적 조건을 따를 수밖에 없었던 외적 가치조건들로 부터 벗어날 수 있도록 비판이나 평가 없이 내담자를 한 인간으로 있는 모습 그대로 수용하고 존중해 주는 치료자의 태도를 말한다. 그러면 결국 내담자도 자신을 존중하고 수용한다.

(3) 공감적 이해

내담자가 경험하는 주관적 세계를 치료자가 마치 내담자의 입장에 서서 이해하고 전달해 주는 것이다. 공감적 이해는 내담자 자신의 감정을 치료자가 그대로 이해하고 전달한다는 느낌을 받는 것이다. 공감적 이해를 하기 위해서 전제되는 일은 치료자의 경청하기와 치료자가 경청한 내용과 느낌을 거울처럼 반영해 주는 일이다.

2) 인본주의 무용동작치료

미국의 선구적 무용 치료자 가운데 인본주의 심리학의 영향을 받은 대표적이 치료자로 '무용치료의 대모'로 불리는 Marian Chace(1896~1970)를 들 수 있다. 그녀가 정신분열증 환자들과 작업했던 심리치료자 Sullivan으로부터 받은 영향은 정신분열증 환자를 환자로 대하기보다 그들과의 공감적 라포형성의 가치로움을 인정하고, 그들을 진정한 대인 적 상호작용의 능력이 있는 유일한 존재로서의 개인으로 존중하는 태도를 배웠다. 그래서 그녀의 무용치료의 기본가정은 "댄스는 의사소통이다." "그리고 의사소통으로서의 댄스는 인간의 기본 욕구를 충족시킨다."(Chaiklin & Schmais, 1979, p. 16, Levy, 1988, 재인용)는 생각이었다.

체이스의 치료 작업의 주요활동은 신체 행위, 상징주의, 치료적 동작관계, 집단 리듬 동작의 관계, 이 4가지로 요약된다.

(1) 신체 행위

체이스는 1940년대에 빌헬름 라이히와 동시대적으로 임상실천을 하면서 그녀는 직접적으로 라이히의 사상을 거의 인용하지 않았을 지라도 체이스의 무용을 통한신체 작업은 라이히의 작업과 일치한다. 두 사람은 모두 근육 속에 경직의 상태로 들어있다고 간주되는 생각, 관념, 사고들을 해소하는 방법으로 심리운동적(Psychomotor)인 치료방법을 사용했다. 체이스는 댄스를 통해서 환자로 하여금 근육 체계의 운동성을 얻도록 도왔다.

(2) 상징주의

시각화와 언어표현, 그리고 댄스동작을 배합하는 방법을 통해서 이미지, 환상, 회상, 실연의 과정을 전개한다. 환자들의 문제가 상징적으로 나타나지만 그녀는 인본주의 성향에 따라 그 갈등이 해소되기 위해서 반드시 해석이 필요한 것이 아니라고 했다. 동작을 통해서 억압된 감정들이 동물, 꽃, 나무 등의 상징으로 나타나고 해소된다고 했다. 이 과정에서도 공감과 수용의 관계를 형성하면 환자의 상징의 형태와 이미지는 위협을 느끼지 않고 보다 안전하게 의식 속으로 떠오르고 통찰된다고 했다.

(3) 치료적 동작의 관계

이 작업에서 체이스의 독특한 인본주의 능력이 발휘된다. 체이스 동작과 목소리 톤으로 환자의 정서적 표현을 지각하고, 거울 되기(mirroring), 반영하기의 방법을 운동감각적 능력을 통해서 실천한다. 이것은 무용치료에 대한 그녀의 혁신적인 공헌으로서 환자와 동작의 관계를 비언어적으로 상호작용하는 방법이다. 마주보고 반영하는 거울 되기, 환자의 뒤에서 반영하는 그림자 되기(shadowing). 환자와 시차적으로 응답하는 메아리 되기(echoing)들의 아주 간단한 방법이자만 매우 효과적이다.

(4) 집단 리듬동작의 관계

치료자가 내담자의 생각과 감정 반영을 촉진하고 지지하기 위하여 조직적이고 통제된 방법으로 집단 리듬동작을 한다. 혼란과 갈등 감정을 외현화하는 방법으로 간단한 리듬을 가진 동작에 의해 심하게 위축된 환자들 까지도 움직이게 할 수 있다. 과잉행동의 경향이나 이상한 제스처나 고질적 태도 수정에 도움이 된다. 요약해서 말하면 이 활동은 리듬동작과 집단구조 및 집단의 지지 속에서 생각과 감정을 조직적이고 질서 있는 형태로 만들어서 안전하게 표현하게 하는 구조를 제공한다.

2. 정신분석학과 동작예술심리치료

1) 정신분석학

S. Frued(1856~1939) 정신분석(Psychoanalysis)은 인간 무의식의 발견으로 시작되었다. 1896년을 정신분석이 시작된 해로 보고 있다.

정신분석에 의한 인간 관점은 첫째, 인간의 행동이 인생초기(출생~만5세)의 유아기 경험에 의해 한 개인의 삶이 좌우된다는 초기 결정론이며, 둘째, 인간 심리의 대부분은 무의식에 의해 좌우된다는 무의식 결정론이며, 셋째, 인간은 삶의 본능과 공격 본능에 의해 행동한다는 본능설이다. 어린 시절에 경험한 심리성적 사건들 특히 오이디프스 콤플렉스에 의해 무의식 속에 잠재된 내용들, 그리고 생물학적 충동과 욕구에 의해 인간 행동이 결정된다고 보고 있다.

그러므로 심리적 문제의 발생도 어린 시절의 경험으로 인해 무의식에 억압된 고통스런 갈등에서 나온다고 본다. 이런 고통스런 무의식적 갈등으로부터 자아를 보호하기 위해 무의식적인 반응으로 여러 가지 방어기제를 사용한다. 대표적인 방어기제로 억압이 있고 그 외에 합리화, 투사,반동형성, 대치, 퇴행, 수동-공격 등이 있다. 바람직하고 사회적으로 수용되는 방어기제로 승화가 있다.

심리치료 방법은 무의식적 내용의 분석과 해석을 통해 이루어진다. 즉 자유연상, 저항, 전이, 꿈에 대한 분석과 해석에 의해서 개인의 무의식적 갈등의 내용을 의식화하고 통찰시킨다.

2) 정신분석을 적용한 무용동작치료

미국의 제 일세대 무용치료는 1950년대와 60년대의 인본주의 심리학 운동의 영향으로 이성적 언어소통을 비판하고 신체화된 경험의 표현을 중시하였다. 그리고 그 후 1970년대에 와서 게슈탈트 및 실존주의 심리치료와 무용치료의 교배가 이루어졌다.

1990년대 제 2세대 무용 동작 치료의 발전으로는 정신분석과 융 분석 심리학의 영향을 들 수 있다. 정신분석 무용 동작 치료는 치료자와 내담자 사이의 상호주관적 대인관계의 영역 속에서 발생하는 무의식 과정을 강조한다. 즉 치료의 형태 속에서 일어나는 전이와 역전이의 유형과 그 특징에 관심을 둔다.

정신분석을 적용하는 무용동작 치료자인 Dosamantes-Beaudry(2001)는 자신의 회기과정에 대해 다음과 같이 설명하였다.

위니컷이 말했던 개인의 내면과 외부의 중간 영역인 중간공간(trasitional space)으로서 창의적 '놀이공간'을 내담자에게 제공해서 대상관계적 동작, 감각, 이미지, 감정을 사용해서 자유롭게 놀도록 하는 것과 같은 의미로 무용 동작 치료를 설명한다.

그러므로 전통적 정신분석 과정과 다르게 넓은 방에 편안한 의자 두 개 이외에는 동작을 할 수 있도록 모든 가구를 치운다. 동작을 하지 않을 때는 의자에 앉아 대화를 나눈다.

동작을 위한 방법으로 눈을 감고 감정 이미지나 감각에 집중하여 탐색하며 움직이는 자유연상(Free Association)의 방법을 적용한다. 무용치료에서 즉흥동작은 주요 방법이지만 특히 정신분석 경향의 무용 동작 치료자들은 즉흥동작 과정을 자유 연상 놀이 방법으로 이용한다. 치료자는 중간적 대상인물(transitional object)로서 콘테이너 역할을 한다. 그러나 그 대상 인물에 대한 감정이 나올 때 까지만 그렇게 한다. 그리고는 침묵으로 정서적 공감을 하고 운동감각적으로 반영한다. 이 관계에서 전형적 정신분석 기법인 분석이나 해석을 해 주는 것이 아니라 치료자와 내담자 사이에서 생긴 전이의 종류를 거울반영 해주는 것과 같은 방법이다. 그러나 회기 후기에 가서는 내담자가 행동한 동작에 포함된 정서적 의미를 해석해 주는 분석자 역할을 한다. 그러므로 정신분석을 적용한 동작심리치료라 할지라도 인본주의관계의 특징을 가지고 자유연상을 전통적 정신분석의 방법으로 엄격하게 적용하지 않지만 해석 및 분석이 허용된다.

3. 융 분석심리학과 동작예술심리치료

1) 융 분석 심리학

Carl Jung은 프로이트의 무의식을 확대 연구하였으므로 융의 무의식 이론을 심층심리학(Depth Psychology)라고 부른다. 무의식 영역뿐만이 아니라 의식의 영역도 확대 연구하여 융의 의식과 무의식의 차원은 집단의식과 집단 무의식으로 확실한 양극성(Polarity)의 심리학으로 발전시켰다.

융의 분석심리학의 기본개념들을 다음과 같이 살펴본다.

(1) 개인 무의식 또는 그림자

미지의 콤플렉스와 증상들이 모여 있는 곳으로 프로이트의 무의식이 여기에 해당된다. 여기에 있는 내용들은 우리가 숨기기 원하는 모든 불유쾌한 성질들의 총합이므로 융의 용어로 '그림자(shadow)'라고 부른다. 융의 분석과정에서도 의식과 그림자의 통합 그리고 개인 무의식에 대한 통찰이 우선적이다.

(2) 집단 무의식과 아니마 아니무스

그림자가 개인적 무의식을 나타내어 개인 성격화된다면 집단 무의식 내용인 아니마(모든 남성 속에 있는 보상적 여성이미지)와 아니무스(모든 여성 속에 있는 보상적 남성이미지)는 문화 무의식으로 성격화 된다. 집단 무의식의 내용을 이루고 있는 원형이 바로 아니마와 아니무스이다. 이 원형들은 보통 이성에게 투사된다. 아니마 아니무스가 집단무의식으로 나타나는 이외에 꿈, 시각화, 적극적 상상의 환상을 통해서 어떤 이미지(인물, 동물이미지)로 나타난다. 아니마 아니무스가 문화 무의식으로 적절히 분화되지 못하는 경우 집단적 사고, 태도, 정서들은 일반화 되고 진부하고 생명력이 없는 형태로 작용한다. 때때로 분화되지 못한 이 원형들은 악마의 형태를 띠기도 한다.

(3) 자아

개인의 총체적 성격 중에서 의식적 측면을 말한다. 우리가 자아정체감 그리고 자기 반성적 의식능력을 갖게 되는 것은 자아를 통해서 얻어진다. 융이 말하는 자아의 두 가지 구성요소는 의식적 측면의 기억의 발달과 신체적 측면에서 일반적인 자기 신체에 대한 자각 및 존재에 대한 일반적 자각이라고 공식적으로 밝혔다. 말하자면 자아의 요소를 의식적 자아와 무의식적 신체에 대한 자각으로 대별하였다.

자아(ego)가 무의식과 관계를 가질 때를 내향성, 외계와 관계를 가질 때를 외향성이라 부른다. 자아의식의 4가지 기능을 사고, 느낌, 감각, 직관으로 나눈다.

(4) 페르조나

개인의 의식과 사회와의 관계로서 복잡하게 얽힌 조직적 관계를 말한다. 페르조나(Persona)는 자아와 외적 세계 사이를 중재한다. 페르조나 차원에서 나타나는 아니마 아니무스는 동성의 모습을 띤다. 그림자가 개인의 바람직하지 못한 특성을 드러내는 반면에 페르조나는 사회적 차원으로 이상적인 자아가 되고자 한다. 페르조나가 잘 발달하지 못하면 너무 취약하고 순수한 존재가 된다.

(5) 자기(Self)

인간내면의 의식과 무의식 전체에 편재하여 내면의 중심과 균형을 가져오는 전체성, 중심성, 통합성의 원형이다. 또한 개인에게 정향성(orientation)과 의미(meaning)를 주는 원리이며 원형이다. 자기(Self, 일반 심리학에서 소문자 's'로 쓰이는 자기 self와 다르다)는 전체성 안에 존재하는 양극성의 긴장을 나타내는 이미지로 상징화되어 나타난다. 다시 말하면 혼돈과 갈등관계의 복잡한 현상에서 조화와 통일로 가기 위한 단계에서 팽팽한 긴장관계를 가진 양극성으로 나타난다.

융의 인간 정신 연구는 이 양극성 원리에 의한다. 그러므로 인간 정신의 양극성은 실제로는 하나의 전체가 양면성을 띠고 나타나기 때문에 원래 분리된 개념이 아니다.

심리적 내향성과 외향성의 양극, 합리적 기능(사고 및 감정기능)과 비합리적 기능(직관과 감각)의 양극 개념들이 바로 정신의 양극성을 나타낸다.

자기(Self)를 다른 말로 설명하면 단순한 통일과 균형상태가 아니라 '분화적 통일'또는 '역동적 통일'이라 할 수 있다(임용자, 2004, p. 203). Nahm-Mijo(1979)도 인간 유기체 내의 양극적 불균형 속에서 역동적 균형을 찾는다는 유기체 성장원리와 치료적 관점을 제공했다.

자기(Self)가 전체성의 성질을 띤 형태의 이미지로 나타날 때는 대부분 위대한 신의 이미지로 나타나므로 자기(Self)를 일명 내적 신(god) 또는 내 안의 신으로 묘사한다. 신적 이미지 이외에 악마, 특별한 존재의 인간, 동물, 물고기, 곤충, 식물, 무기물 형성, 기타 자연적이고 신비한 우주적 상징을 가진 전체성을 띤 이미지로도 나타난다.

원형 이미지와 관련하여 융의 자기(Self) 개념의 획기성은 자연 물리현상 및 인간 본능 현상에 대한 자기모상이거나 자기 이미지이라고 하여 신에 대한 형이상학적 의문을 무시한다. 이에 대한 후속 연구에서는 만다라 이미지로 상징되는 자기(Self)의 원리는 DNA 4중구조(아데닌, 구아닌, 시토닌, 타이민의 아미노산 혼합물)이 중심화 기능을 가진 4중 현상을 통해 2개의 이중 나선형 구조로 혼합되는 인간 생명과정에 대한 이미지로 나타난다고 비유한다(임용자, 나해숙 역, 2003).

(6) 개성화

개성화(Individuation)란 근본적으로 무의식을 의식화하고 통합함으로써 고유한 자신이 되어 자아(ego)와 자기(Self)를 강화하고 실현하는 과정이다(이죽내, 1995). 요약하면 무의식과 의식의 통합 원형인 자기(Self)를 실현하는 고유한 과정을 말한다. 개성화 과정은 융 분석의 본질적인 과정이며 치료목표이다(이부영,1998). 그러므로 대문자 S로 시작하는 자기실현(Self-realization) 이나 대문자 'I'로 시작하는 개성화(Individuation)란 의미는 소문자 's'로 쓰는 자기실현과 다른 의미가 있다(임용자 · 김옥경 역, 2007). 융 심리학의 자기와 개성화의 개념에는 우주적 의식과 무의식이 포함된 우주기능이며 우주 원리이다. 그러므로 개인차원의 의식과 자기(Self)개념과 연결된 의식은 그 특질이 개인마다 너무 다르다.

우주의식 및 우주 에너지의 개념으로 인해 제3세력의 심리학 운동이 제 4세력의 정신영(psychospirit)을 지향하는 방향으로 확대된다. 이 심리학은 아싸지오리의 정신통합 심리학에서 다시 언급하겠다.

(7) 정신의 양극성

융의 후기 연구에 나타난 적극적 상상(Active Imagination) 기법은 융의 초기 연구에서는 초월기능으로 언급되었다(Chodorow,1997). 이 정신 기능 역시 인간 정신의 양극성에서 나온 것이다. 적극적 상상을 이해하기 위해 양극성 심리학을 간단히 살펴본다.

융은 혼돈과 무질서에 균형과 통일을 가져오기 위해서 팽팽한 양극성 사이에서 두 양극을 리듬 있게 반복적으로 왕복하고 표류하는 에너지의 양극댄스가 있다는 것이다. 융은 이 과정을 새로운 삶의 탄생과 창조(creation)의 움직임이라고 묘사하였다. 즉 의식과 무의식의 긴장 사이에서 '리듬 있는 움직임의 표현'이 나타나면 제3의 변형인 인격의 변형이 일어나고 치료효과가 지속된다고 했다.

R. Steiner의 연구에서도 팽창과 수축이라는 양극성 사이를 서서히 리듬 있는 반복을 하는 것이 변용(Metamorphosis)과정이며 이것이 곧 생명의 탄생과정과 같다 하여 이 리듬 있는 반복과정을 발도로프 교육의 핵심원리와 과정으로 삼고 있다(임용자, 2005; 임용자, 2000).

(8) 적극적 상상

인간 정신의 양극성 심리학에는 기본적으로 동양의 음양 상극과 음양조화의 개념이 들어 있다. 이 동양원리를 이용한 적극적 상상(Active Imagination) 기법을 알아본다.

적극적 상상은 무의식의 의식화라는 치료적 목표를 달성하기위해 예술적 상징활동을 적용하여 정신의 양극성 초월과 제 3의 변화를 이루는 역동적 방법을 말한다. 융의 심리치료 단계에 비해 적극적 상상은 단순한 두 단계로 설정한다. 즉 무의식을 표면에 떠오르게 하는 단계와 무의식과 타협하는 단계로 나눈다(Chodorow, 1997).

첫째 단계에서 무의식이 떠오르게 하기 위해 의식적 자아를 가버리게(letting go) 하여 마음을 비우고 무의식이 일어나도록 허용하는(let it happen) 동양의 도(道)의 사상인 무위자연(無爲自然)의 개념을 적용하였다.

적극적 상상의 둘째 단계에서 조용하게 단순히 지켜보는 도(道)의 방법으로는 적당치 않고 환상이나 상상 기능이라는 정신의 역동적이고 자발적 활동을 그림이나 손의 제스처 및 동작으로 나타내어 무의식적 상징이 되게 하는 것이다.

Marie-Louise von Franz(1980, Chodorow, 1997, 재인용)은 적극적 상상의 단계를 더

세분화하여 (1) 자아의 마음을 비우기, (2) 무의식적 환상 이미지가 일어나게 하기, (3) 무의식적 환상 이미지에 표현적 형태를 부여하기, (4) 윤리적 직면과 이것을 일상생활에 적용하기 같이 4단계로 구분하였다.

적극적 상상을 계속적으로 발달시켜 결국 자기(Self)를 성취하는 개성화(Individuation)로 나아가는 과정이라고 했다.

2) 융학파 무용동작치료

융의 분석 심리학의 영향을 받은 무용치료자는 위그만의 진정한 동작(Authentic Movement)의 영향을 받고 미국 서해안 지역에서 활동했던 Mary Whithous(1911~1979)이다. 대다수의 무용치료자들처럼 전문 무용수로서의 무용의 의미와 중요성을 잃었으므로 융 분석심리학을 공부한 후에 무용과 동작을 상징과 의미를 띤 자기표현 및 자기 발견의 개념으로 보았다. 그는 교수과정에서 '무용(dance)'이란 용어를 재평가해서 무용과 다른 그 무슨 움직임이든지 그것을 '동작(movement)'(Levy, 1988, p. 62)이라 말했고 그리고 특히 자발적 동작 표현을 '심층동작(movement-in-depth)'이라 칭했다.

화이트하우스가 그녀의 무용 동작 치료에 적용하기 위해 개발한 이론들은 첫째, 운동감각적 자각, 둘째, 양극성, 셋째, 적극적 상상, 넷째, 진정한 동작, 다섯째, 치료적 관계 · 직관들이다.

(1) 운동감각적 자각

운동감각적 자각(Kinesthetic Awareness)란 자기의 물리적 신체에 대한 내적 감각으로 개인이 특정한 방법으로 동작 할 때 그 동작과 느낌을 주관적으로 연결하는 능력이다. 이 능력은 사람마다 개인차가 있다. 이것은 개인적 정체감의 경험이 없는 단순히 근육을 이완시키는 운동과는 다르다. 그녀는 주체로서의 주관적 유기체를 강조했다.

(2) 동작 양극성

융의 사상에 따라 그녀가 이해한 정서의 양극성 및 생명의 양극성이란 절대로 흑백으로 이원화 될 수 없는 삶과 정서들이 어느 한쪽을 선택해서 표현될 때 다른 반대쪽이 무의식 속에 위장되어 묻혀 있다가 억압과 갈등의 원인이 된다고 했다.

정신의 양극성 뿐 아니라 인간 신체와 동작은 양극성을 지닌다. 우선 신체는 왼쪽과 오른 쪽이 대칭을 이루며 두뇌와 사지(팔다리)는 그 기능에 있어서 양극성을 지닌다. 이 양극성 때문에 무용수들은 자발적으로 양극적 동작 충동(곡선/직선, 닫힘/열림, 좁음/넓음, 위/아래, 무거움/가벼움)들을 표현한다.

(3) 적극적 상상

화이트하우스 역시 운동감각적 자각과 양극성의 개념으로 부터 발전시켜서 적극적 상상은 개인이 의식적/무의식적 차원에서 자유연상 하는 방법으로 무용치료 회기에서 신체 동작적으로 적용하였다. 적극적 상상의 기본 목적은 신체 조직, 근육, 관절 속에 묻힌 무의식적 정서들을 해소시키기 위한 것이다. 말하자면 동작을 통한 무의식의 의식화 방법이다. 화이트하우스는 동작에 의한 적극적 상상을 통해 융의 자기(Self)를 경험할 수 있다고 했다.

(4) 진정한 동작

화이트하우스는 적극적 상상을 통해 일어나는 동작의 수준을 두 가지로 나누어 설명한다.

하나는 개인 자신이 의식적으로 선택하고 통제하는 동작이며 진정한 개인의 정서 충전은 결여되어 있는 동작으로 이것을 비가시적인 동작(Invisible Movement) 또는 '내가 움직인다(I move)'라는 동작이라고 묘사했다. 반면에 진정한 정서 경험의 동작이며 의식이 통제나 선택을 포기했으므로 '내가 움직여진다(I am moved)'는 동작을 진정한 동작(Authentic Movement)이라 묘사하였다.

그녀가 비록 한 쪽 극에 '내가 움직인다'라는 의식적 자기 동작을 위치시키고 그 반대 극에 무의식적 자기에서 나오는 '내가 움직여진다'라는 진정한 동작의 개념을 양극적으로 위치시키고 구별했다 할지라도 진정한 동작이 완전한 무의식적 동작이 될 수 없고 의식과 무의식적 자기의 연속개념을 가졌다고 정리하였다.

진정한 동작의 개념에 의식의 완전한 부재가 있을 수 없고 이 경우의 의식은 '내가 움직여진다'는 동작의 경험을 할 때 통제하고 선택하는 의식이 아니라 진정한 동작이 일어나도록 '협동하는' 또는 '참가하는' 의식으로서의 '내가 움직인다'라는 의식이 함께 존재한다는 것이다. 다시 설명하면 무의식적 자기가 나오도록 비판이나 지시 없이 허용하고 관찰하는 자아의 부분이 된다는 뜻이다. 이 동작은 통합의 자기(Self)의 안과 밖에서 즉시적으로 일어나는 경험이다.

(5) 치료적 관계 · 직관

화이트하우스가 중시하는 치료적 관계는 치료자 자신의 직관을 신뢰하며 그리고 나서 내담자가 자기 자신의 직관을 신뢰하도록 돕는 일이다. 그러기 위해 치료자는 지시나 구조를 부과하자 않고 내담자 자신의 동작이나 생각이 전개되길 기다리면서 내담자자 준비된 차원에서 시작하는 능력이 있어야 된다고 했다. 만약 치료자가 지시적 제안을 하는 경우라도 이것이 내담자에게 도움이 되는지 아닌지를 치료자 직관에 의존해야 된다는 것이다.

(6) 동작의 차원들

화이트하우스가 단순히 의식과 무의식의 양극적 차원에서 진정한 동작을 논의한 것에 비해 융학파 무용치료사인 Chodorow(1991; 임용자 · 나해숙 역, 2003)는 개인의 동작과정에서 의식적 차원의 자아(ego)주도적 동작, 개인 무의식 차원의 그림자 동작, 그리고 집단무의식 차원으로 문화 무의식 동작과 원시무의식 동작이 있다. 또 통합된 차원의 자아(ego)-자기(Self) 축 동작으로 관찰하여 구별해 보았다.

첫째, 자아주도적 동작으로는 고도의 의식적이고 비언어적인 예술의 형태이다. 이것은 페르조나 수준에서 보이기 위한 '가장하기' 동작들이다. 마임과 고도의 기술로 훈련된 무용들이 여기에 속한다. 아마도 치료 회기 초기에는 개인 수준에서 의식적 차원의 동작으로부터 시작될 것이다.

둘째, 그림자 동작은 치료의 초기 단계에서는 찾기 힘들다. 그러나 정서 콤플렉스가 충전된 동작으로 어둡고 미지적인 콤플렉스 패턴이 나타난다. Janet Adler(1973, Chodorow, 1991, 재인용)는 그림자 동작을 개인 특질적(Idiosyncratic) 동작이라고 불렀다.

셋째, 문화 무의식 동작은 문화적으로 읽혀 질수 있는 표현행동으로 외적 문화 속에 반영된 형태의 동작들이다. 이 행동들 가운데 문화형식적 특성을 가진 동작이 정서적 표현과 함께 나타날 수 있다. 어떤 정서표현을 할 때 함께 나오는 문화 무의식적 동작은 무계획적이고 무의식적으로 나타날 수 있다. 예를 들면 민족예술, 종교 리추얼, 사회적 상호작용에 쓰이는 형식적 자세와 제스처는 문화 무의식에 기원을 가지고 있다. 신화, 전설, 동화에 나오는 문화적 이미지도 여기에 속한다.

넷째, 원시 무의식 동작은 깊은 차원의 원시 무의식에서 나오는 기본적인 내적 정서들의 강렬한 표현이다. 이 표현은 발성표현과 신체 동작을 수반한다. 웃기, 울기, 흐느끼기, 신음하기, 헐떡거리기, 소리치기, 으르렁거리기, 코웃음 치기의 비의도적이고 독립적인 발성과 함께 나오는 동작들이다.

다섯째, 자아-자기(ego-Self)축 동작은 움직이는 신체 속에 있는 모든 역동적 양극성에 균형을 주는 같이 보이는 한 중심축을 가진 동작으로 나선형과 기하학적 형태를 띤다. 이 동작은 마치 동작자가 자기 정신에 질서를 부여하고 정신의 중심잡기를 하는 과정에 의해 움직여지는 동작 같이 보인다. 이 동작 경험들은 분석치료의 결정적 단계에서 자기(Self)의 형성으로 인해 나타나는 경향이 있다. 전문적 무용수가 아닌 경우에도 회기과정에서 이런 동작이 나타난다.

4. 게슈탈트 심리치료와 동작예술심리치료

1) 게슈탈트 심리치료

게슈탈트 심리치료는 게슈탈트 지각 심리학을 인간의 욕구, 감정, 사고, 신체 등 인간의 전체 영역에 지각의 관점을 확대 발전시킨 것이다. 게슈탈트치료에 영향을 준 이론들은 게슈탈트(형태)심리학, 현상학, 레빈의 장(field) 이론[행동=f(생활공간)=f(개인/환경)], 역설적 변화이론(양극성 이론), 나-너 관계이론, 빌헬름 라이히의 성격무장 이론(근육무장 이론) 등이다.

게슈탈트 치료의 주요단계를 자각단계와 접촉 단계로 대별해 본다.

(1) 게슈탈트 형성(자각)

독일어로 게슈탈트(gestalt)의 의미는 형태, 전체라고 번역된다. 게슈탈트의 형성이란 개체가 지금-여기(Here & Now) 의 어느 순간에 가장 중요한 욕구나 감정을 전경과 배경이 있는 의미 있는 그림으로 떠올려서 자각(알아차림)하는 것을 말한다. 자신의 욕구나 필요의 초점이 되는 것은 전경이 되고 그 밖의 부분은 배경이 된다. 정서적으로 건강한 사람은 중요한 게슈탈트를 전경으로 조직해서 그림으로 떠올려서 자각한다. 그러나 건강하지 못한 사람은 전경과 배경을 구분하지 못해 의미 있는 그림형성을 못하며 따라서 자기의 욕구나 필요도 자각하지 못한다. 게슈탈트의 형성과 자각은 유기체 생존에 기본적이고 필수적이다.

(2) 접촉(게슈탈트의 해소)

자각(awareness) 또는 알아차림이란 개체가 자신의 욕구나 감정을 알아차리고 전경과 배경의 의미 있는 그림을 형성하는 행위를 말한다. 이에 비해 접촉이란 이렇게 형성된 게슈탈트를 해소하기 위하여 즉 자각된 욕구와 감정을 충족시키고 해소하기 위하여 환경과 상호작용하는 행위를 뜻한다. 달리 말하면 에너지를 동원하여 실제로 환경과 만나는 행동이 접촉이다. 접촉된 게슈탈트는 해소된다. 즉 충족된 욕구나 감정은 전경에서 사라진다. 그러나 접촉되지 못한 게슈탈트는 미해결 과제와 미해결 감정을 가지고 있어서 계속적으로 그 해결을 요구하며 현실에 대한 자각을 방해한다. 따라서 매 순간 타인 또는 환경과의 진실한 접촉과 경험이 불가능하다.

(3) 접촉 경계 혼란

심리적 문제의 발생은 과거에 해결하지 못한 미해결 과제와 환경과의 좋은 접촉을 하지 못하고 자신의 미해결 과제를 심리적 방어기제로 해결하기 때문에 생긴다. 여기서 말하는 좋은 접촉이란 접촉 시에 만나는 자아 경계선과 환경(타아) 경계선에 대해 인식하여 책임 있는 접촉행동을 하는 것을 말한다.

접촉경계에 대해 인식을 못하고 자신에게 속하는 생각, 감정, 태도 행동을 자신의 것으로 책임지지 않고 타인의 탓으로 돌리는 것을 투사(projection)라 하며 이 방어기제는 타인의 자아 경계선을 인식하지 못하고 침범하는 것과 같다. 내사(introjection)는 타인의 신념과 기준을 무비판적으로 받아들이는 수동적 태도로서 자아상이 건강치 못해서 자아 경계선에 대한 인식이 없이 자기내면을 쓰레기통으로 만든다. 융합은 자아경계선과 타인의 자아 경계선이 없이 두 사람이 마치 하나의 자아경계선 속에 있다고 느끼면서 행동한다.

접촉경계 혼란으로 인한 장애 중에 신체 방어기제로 나타나는 것이 있다.

반전(retroflection), 편향(deflection) 및 감각 차단은 신체적으로 자기에게 가해지는 것을 말한다.

(4) 치료 기법

게슈탈트 심리치료에서는 모든 수준의 자각을 촉진시키는 방법이 대부분이다.

자각의 수준이나 차원은 신체자각, 감정자각, 인지적 자각, 언어 자각, 환경자각, 영성자각에 까지 이른다. 과장하기, 반대로 하기, 감정에 머물기, 빈 의자 기법, 역할놀이 등의 기법도 자각을 돕기 위한 기법이라 여기면 이해하기가 쉽다.

후기 게슈탈트 심리치료자들은 모든 수준의 자각을 위해 1970년대 이미 심신 통합 치료적 접근을 실천했다.

2) 게슈탈트 무용동작치료 및 동작중심 표현예술치료

Stanton-Jones(1992)는 대표적인 게슈탈트 무용 동작 치료자로 Penny Lewis Bernstein을 들고 있다. Bernstein(1979)은 게슈탈트 DMT를 다음과 같이 설명하였다.

"환경과의 표현적 접촉을 위한 자발적 전경 형성 및 유기체의 자기 규제 형성 그리고 개인의 분리된 영역을 배경 속으로 통합하기 위해 신체자각과 동작을 사용하여 통합적으로 현재화하기이다"(p. 115).

게슈탈트 DMT에서는 현재의 감정자각을 돕기 위해 무용보다는 신체 심리치료나 동작치료에서 처럼 신체자각과 동작 자각을 중시한다. 게슈탈트의 주요기법 중의 하나인 역할 놀이 역시 감정의 명료화 자각을 돕기 위해 적용된다.

Bernstein이 게슈탈트 DMT에 사용한 기법들은 동작 실험 기법, 동작 심상안내를 구조적으로 사용하면서 여기 그리고 지금(H & N)의 동작 감각 경험과 동작 자각을 얻도록 한다. 이것을 위해 사용하는 언어 기법으로 내담자로 하여금 "나는 지금……를 느낀다."의 문장을 완성하도록 요구한다. 또 다른 기법으로는 내담자의 느낌과 동작 상징을 통해서 '신체 대화(body talks)'를 하도록 촉진한다. 예를 들면 내담자가 자신의 신체 부분이 되어 "나는 ○○의 다리이다. 나는 도망치고 싶다." "나는 ○○의 손이다. 나는 주먹을 불끈 쥐고 펀치하고 싶다." 등의 대화를 한다.

동작중심 표현예술치료의 대표적 프로그램인 할프린 동작중심 표현 예술치료 프로그램에는 안나 할프린과 다리아 할프린의 오랫동안의 게슈탈트 동작 심리치료의 실천이 현저하게 구조화되어 있다. 할프린 동작 중심 표현 예술치료의 이론과 철학적 가정은 인본주의/실존주의 심리학과 정신 통합적 사고가 깊이 자리잡고 있지만 그 실천 기법으로는 게슈탈트 심리치료기법을 명료하게 사용하고 있다. 그 대표적인 실천 기법을 든다면, 3수준의 자각 반응, 신체대화로서의 게슈탈트 대화(Gestalt Dialogue), 양극성 동작과 왕복(shuttling)기법 그리고 반복(repeating)과 머물기 기법(staying with it), 게슈탈트 '나' 기술문, 말하는 동작(talking with movement), 목소리 동작(voice movement) , 즉흥, 공연, 동작 리추얼, 신체부분 탐색과 은유기법, 목격하기와 경청하기 등을 다양하고 창의적으로 적용한다.

그리고 이런 다양한 기법들은 다른 예술매체의 통합적 적용 [그림 6 참조] 속에서 심리치료의 5단계과정인 주제 및 생활 문제의 '발견 단계', 주제 및 문제와 관련된 개인 무의식적 자료들과 만나는 '직면단계', 직면된 자료들 중 부정적 정서나 이미지를 감소시키거나 방출하는 '해소 단계', 해소 이후에 나타나는 새로운 감정과 긍정적 통찰을 얻는 제3의 단계인 '변화 단계' 그리고 변화된 내용들을 실제 생활 상황에 적용하고 응용하는 '성장단계'의 구조로 진행한다. 치료 단계와 회기과정은 나중에 더 설명한다.

다음에서는 게슈탈트치료 특성을 가진 기법들을 위주로 소개한다.

(1) 3수준의 자각반응

내담자의 자각과 반응을 촉진시키기 위해 신체동작 자각뿐 아니라 정서 및 인지적 자각을 개별적으로 그리고 상호관련하여 순환적으로 촉진하여 반복 연습하면 제 4수준의 영적 자각(spiritual awareness)수준과 접목되고 연결된다하여 제 4심리학의 배경을 동작중심 표현 예술치료에서 실천할 수 있음을 밝힌다.

첫째, 신체적 수준에서는 신체부분과 동작, 감각, 호흡, 자세 충동에 대한 알아차림과 반응이다.

둘째, 불안, 기쁨, 평안, 흥분, 분노, 슬픔 등의 정서적 수준의 감정과 느낌을 알아차리고 반응한다.

셋째, 인지적 수준에서는 계획하기, 기억하기, 상상, 환상, 연상 등이 포함된다.

(2) '나' 기술문

동작회기 과정과 예술치료 과정에서 알아차리고 자각한 내용들을 언어적 표현으로 나타낼 때는 치료적이고 문제 해결적이고 효과적인 언어기술방식을 사용해야 한다. 이 방법은 게슈탈트에서 중시하는 감정표현과 신체자각 반응 표현과 더

불어 인지적 표현도 촉진 시킨다. 인지적 표현을 위해 "나는 ……를 생각한다." 대신에 "나는 ……를 상상한다."라고 표현하는 것은 인간 정신 기능에 중요한 상상 기능을 촉진하는 예술적이고 치료적인 특징을 나타낸다. 또 지각 심리학적 과정을 분명히 밝히고 연결하는 영민한 감각 증진의 의사소통이다.

첫째, "내가 ……을 볼 때 나는 ……을 느낀다, 나는 ……을 상상한다."
("When I see ……, I feel ……, I imagine …….")
둘째, "내가 ……을 들을 때 나는 ……을 느낀다, 나는 ……을 상상한다."
("When I hear ……, I feel ……, I imagine …….")
셋째, "내가 …… 동작을 할 때, 나는 ……을 느낀다, 나는 ……을 상상한다."
("When I move ……, I feel ……, I imagine …….")

내담자의 회기 진행과정에 따라 한번에 3가지 수준의 완전한 표현을 요구하기보다 처음에는 느낌을 중심으로 표현하고 그 다음에는 생각과 상상을 연결하여 표현하고 그 다음 시각적, 청각적, 운동감각적 자각과 연결시켜 표현하도록 촉진한다.

(3) 게슈탈트 대화

이 기법은 할프린의 대표적인 프로그램인 일명 신체 신화(Body Mythology)라고 불리는 신체부분 은유 기법에서 각 신체부분을 탐색하고 그 상상 동작과 의미를 이해하는 가운데 특정 신체 부분마다 목소리를 부여하고 말을 하도록 허용하는 기법이다. 이 기법은 게슈탈트 치료에서 나의 자아의 일부분 또는 다른 부분이 되어 서로 역할연기 하는 방법과 같다. 여기서 신체적 자아에 자신을 동일시시키는 방법으로 대화한다. 여기에 사용되는 의사소통의 양식은 '나' 기술문과 '나' 메시지를 사용한다.

만약 내담자가 자신의 다리가 되었다면 그 표현에 사용되는 언어도 동작적 언어를 사용하여 표현 할 수 있다. "나는 ……에 두발을 담그고 있다." "나는 ……와

……사이에서 양다리를 걸치고 있다." "나는 ……에 발을 못 붙이고 있다." 등 각 신체 부분마다 동작 은유의 언어 목록들이 많다.

신체 부분과 신체 부분 사이에 대화를 시키는 방법에 위와 같은 기법을 사용한다. 예를 들면 머리와 골반과 대화를 시킨다든지 배와 머리, 머리와 발, 가면과 이면 사이의 대화를 하도록 한다.

(4) 반복과 머물기

내담자가 자신의 정서패턴을 인식하고 직면하기 위해 동작을 사용할 때는 앞서 J. Adler가 말했던 개인 무의식에서 나오는 개인 특유의 제스처나 동작 패턴이 자각되어야 한다. 이런 동작 패턴을 개인 특질적(idiosyncratic) 패턴이라고 융 동작치료에서 이미 언급했다. 이 개인 특질적 동작을 직면하기 위해서는 특정 동작의 반복이 매우 중요하다. 만약 이 개인 특질적 동작과 함께 정서가 충전되어 있다면 그 동작을 정서의 콘테이너로 사용하여 감정 머물기를 할 때 동작 패턴의 반복은 필수적으로 중요하다. 이것은 할프린 동작중심 표현예술치료의 5단계 중 직면의 단계에서 필수적이지만 융이나 슈타이너의 이론에 의하면 제 3의 변화 와 변용 그리고 생명의 창조를 위해서도 필수적이다.

다음 〈표 9〉는 할프린 동작중심 표현예술치료에서 사용하는 동작 안내기법과 개입 기법을 심리치료 5단계와 비교하여 정리해 보았다.

〈표 9〉 치료의 5단계 과정과 동작안내모델

신체적 양식을 위한 언어안내	정서적 양식을 위한 5단계	치료자의 동작반응양식
반복하기(repeating)	발견단계(idetification) 직면단계(confrontation)	거울되기(mirroing)
발달하기(developing)	직면단계(confrontation) 해소단계(release)	첨가하기(adding)
변화하기(changing)	변화단계(change)	방해하기(interrupting)
정지하기 및 옮아가기 (stop or transit)	성장단계(growth)	방해하기(interruptting) 혼합하기(blending)

(5) 동작 양극성과 왕복

이 기법은 동작의 양극성 그리고 게슈탈트 형성 및 해소와 관련된다. 내담자 가운데는 동작을 절대 반복하지 않는 사람, 그리고 동작을 변화시키지 못하는 사람들도 있다. 이 두 종류의 사람 모두에게 단순한 제스처나 동작을 반복시키고 난 다음에 그 반대 동작요소를 가진 제2의 동작을 반복시키고 그 사이에 중간 동작을 즉흥으로 하게 한다면 손쉽게 동작을 안내하면서 동시에 즉흥으로 유도하는 방법이 된다. 여기에 사용되는 원리가 동작의 양극성이고 중간 동작으로서의 왕복이 필요하다.

5. 신체 심리학과 신체 심리치료

1) 빌헬름 라이히의 신체 심리학

심리학과 철학이 두 영역에서 추구하는 신체와 심리의 통합연구의 추세는 궁극적으로 성격이론 및 인간의 심리현상에서 신체의 중요성에 초점을 두는 신체 심리학(Somatic Psychology)과 단순한 물질적 신체(body)가 아닌 주체로서의 주관적 신체(soma)개념으로서의 심신학(Somatics)을 발달시켜 무용동작치료와 동작중심 표현예술치료의 발전에 공헌했다. 여기서는 심리학적 사고에 신체개념의 중요성을 복원한 신체 심리학의 창시자인 빌헬름 라이히의 이론을 중심으로 소개한다.

(1) 오르곤 에너지

Baker와 Nelson(2001)은 라이히를 소개함에 있어서 다음과 같이 말한다.

> "심리치료의 역사에서 빌헬름 라이히 박사는 초기에는 정통 정신분석자로서 훌륭한 천재로 인정되었으나 그 자신의 고유한 심리치료를 발전시켰을 때는 미친 사람으로 취급되었다.

> 그러나 상당히 많은 심리치료자들이 그의 사상과 기법에 대해 잘못 알고 있으므로 여기서 균형 잡힌 개념의 오르곤과 오르곤 치료를 소개함을 기쁘게 생각한다. …… 근래 새로운 기법의 치료들이 서둘러 발달하는 데 있어서 보통 라이히 연구의 인용과 그 공헌에 대한 귀인이 없이 그의 이론과 신체 절차들을 빈번히 사용한다. 아마도 미래 의 마지막 치료는 라이히의 오르곤 이론을 포함하는 것이 될 것이다"(p. 462).

라이히의 신체 심리학 이론은 앞서 무용치료의 이론에서 살펴본 바와 같이 신체자각, 신체운동감각 등의 개념으로 모든 무용치료자들이 이미 무용치료에서 중요한 원리로 삼고 실천해 왔다. 단순히 신체를 직접적으로 조작하는 신체 기법과 무용치료의 차이를 비교하고 구별하기도 하지만(Green, 2001; Stanton-Jones,1992). 무용동작 치료나 표현예술치료에서는 신체 심리치료가 배타적이기보다 상호보완적이다.

라이히에 의하면 인간 신체에 있어서 오르곤[Orgone, 이 용어는 '유기체(organism)'라는 말과 '오르가즘(orgasm)'이란 말에서 나왔음]이라 부르는 생물학적 에너지는 건강에 중요기능이라 하였다.

오르곤 에너지는 프로이트의 심리성적 에너지인 리비도(Libodo) 에너지가 생물학적 관점을 가진 점과 공통적으로 보이지만 크게 다른 점이 있다. 라이히는 생명에너지에 대해 생물학적 에너지로의 환원론적 입장에 있는 것이 아니라 모든 생명체에 흐르는 기본적이고 원초적인 우주 에너지를 오르곤 에너지라고 불렀다. 그의 관점은 인간의 신체 역시 정신영적 과정과 우주에너지를 강력하게 반영한다는 인간관을 가졌다. 그러므로 그는 생물학적 에너지는 만약 개인이 건강한 에너지의 흐름을 가진다면 우주 에너지와의 연결된다는 홀리스틱 견해의 인간관을 가졌다(Baker & Nelson, 2001; Murphy, 1992 : 임용자, 2004).

라이히에 있어서 오르곤 에너지의 흐름과 막힘의 문제가 바로 건강과 불건강의 문제와 관련된다. 라이히가 치료경험에서 발견한 점은 심리치료를 성공적으로 달성한 사람은 그렇지 않은 사람보다 더 성적 만족을 얻는다는 점이다. 그러나 성적 만족을 얻는 능력은 성기 집중적인 성적 활동에 의해 보장되지 않는다는 점이다. 이런 관점에서 본다면 성적 만족을 계속적으로 추구하는 바람둥이는 성적 만족에는 실패하는 사람이거나 오르곤 에너지의 흐름을 성기 집중적으로 추구하는 사람이 아닐까 하는 생각이 든다. 왜냐하면 Baker와 Nelson(2001)에 의하면 오르가즘이란 오르곤 에너지와 관련되기 때문에 국소적 신체 부분의 성기 차원을 넘어 총체적 신체의 진동경련(심지어 총제적인 원형질 체계의 무의식적인 수축과 팽창)이 포함되며 이 무의식적 상태는 그 순간의 의식의 흐려짐이 있을 정도라고 했다, 그리고 오르곤 에너지의 막힘과 흐름은 성기 이외의 신체 어느 부분에서든지 일어날 수 있고 또 반드시 생물학적 차원의 에너지 흐름으로만 환원시킬 수 없기 때문이다. 이런 연구결과 얻어진 통찰은 오르가즘 능력을 성기활동 차원을 넘어 심신의 모든 차원으로 귀인 시킬 수 있고 그 치료 역시 심리치료와 신체동작 치료 모두에서 오르곤 에너지의 흐름과 관련시키지 않을 수 없다.

(2) 근육 무장

라이히는 그의 신체중심 심리학으로 인해 정신분석 학계에서 쫓겨났지만 그의 성격무장(Character Amouring)이론 또는 신체 중심적으로 말하면 근육 무장(Muscular Amouring)이론에서는 아직도 정신분석적 개념이 그의 이론의 타당성을 뒷받침하고 있다.

프로이트의 심리 성적 발달과 라이히의 이론의 공통점은 전성기기(Pregenital stage)에서의 고착과 전성기기로의 퇴행, 그리고 성기 우세기(오이디프스 콤플렉스 시기)에서의 정서적 콤플렉스가 결국 정서 장애의 결과는 낳고 이것이 에너지를 구속하여 자율적 성인의 기능에서 에너지를 결핍시킨다는 지점까지이다. 프로이트의 에너지 이론은 이것을 '정신적 에너지(Psychic energy)'라는 은유적인 심리학 용어로 전환함으로써 막을 내린다. 그러나 라이히는 이것을 오르곤 에너지라 부르고 근육무장이론으로 신체와 깊이 접목하는 한편 우주에너지로 홀리스틱하게 확대된 정신영성 심리학에 동참한다.

라이히는 오르곤 에너지의 막힘(blocking)을 무장(amouring)이라 하고 이 막힘과 무장은 신체 어느 부분에서나 에너지가 집중되어 근육이 긴장되고 경직되는 증상으로 일어나고 그리고 막힌 부분을 너머로 확대 발달된다. 예를 들면 구강적 고착과 막힘은 머리와 얼굴의 경련과 마비에서도 나타나고 경직된 성격유형으로도 나타난다.

(3) 오르곤 치료

오르곤 치료는 억압된 정서를 순서대로 지속적으로 자극하고 방출시켜 오르곤 에너지의 막힘인 근육 무장을 해소하여 에너지의 흐름을 얻게 하는 일이다. 근육이 이완되고 에너지 흐름을 얻으면 증상이 사라진다고 한다.

오르곤 이론에서 에너지의 막힘을 두 가지로 대별하는데 하나는 눈, 입, 항문, 성기의 성감대 영역과 그 외 신체 어느 곳에서든지 일어날 수 있는 비성감대 영역이다. 눈 영역의 막힘은 편집증이나 정신분열증 같은 병리에 주요 원인이라고 설명한다.

오르곤 치료에서 사용하는 주요 기법은 첫째, 호흡기법, 둘째, 근육을 직접적으로 공격하는 압박 기법, 그리고 셋째, 환자와 협동하여 작업하는 성격분석 방법(Character-Analytic Method)이 있다. 세 번째 방법에는 호흡기법과 근육압박 기법을 같이 적용한다. 환자가 치료자에게 자신을 감추지 않기 위해 최소한의 옷만 입고 치료자 앞으로 저항을 가지고 와서 저항의 내용을 내놓게 한다. 신체부분을 7개의 부분으로 나누어 각 부분의 근육을 호흡과 호흡소리, 경련 등으로 깊은 정서를 방출하게 한다. 우선 가슴 부분을 선택하여 호흡으로 에너지 수준을 높여서 에너지를 움직이게 하는 일로부터 시작한다.

라이히는 7개의 신체부분인 눈, 입, 경추, 목, 흉곽, 복부 골반 등과 관련하여 원시적 수준의 정서들을 이끌어내어 해소하는 치료를 했다.

2) 신체 심리치료

다음은 비교적으로 라이히의 직접적인 영향을 받은 신체 심리학자들을 중심으로 간단히 살펴본 다음 신체 심리치료의 신체작업을 표현예술치료 속으로의 통합시킨 A. Halprin의 동작 치유의식인 동작 리추얼(Movement Ritual)을 소개한다.

(1) 알렉산더

라이히 이전에 그 당시 서구 사상에 획기적인 영향을 주었던 F. M. Alexander는 라이히 뿐 아니라 존 듀이, 알도우스 헉슬리, 버나드 쇼 같은 사람들에게 영향을 준 심리/신체 통합연구의 선구자였다. McConnell(1988)은 알렉산더의 연구가 그 이후 다른 어떤 새로운 연구에 의해 대체되거나 흡수되지 않고 지금까지 여전히 신체 심리학 부분에서 적용되고 있다고 했다.

19세기 호주의 셰익스피어 연구자였던 그는 자기 신체의 잘못된 사용(예를 들면 무대 연기 중 목뒤 근육의 과도한 긴장을 가함으로써 자기 몸통을 줄어들게 한 습관)이 원인이 되어 만성적 목쉼으로 고통을 받고 있다는 것을 알았다. 그는 심리기능과 신체사용이 조건화로 인한 인간 활동에서 정신-신체의 전체적 관련성에 관심을 가졌다(Leibowitz & Connington,1990) 알렉산더 기법의 핵심 개념은 피교육자로 하여금 자기 감각 자각을 통해 잘못된 신체 사용을 체크하고 행동하는 가운데 가벼움에 대한 인상(impression)을 얻도록 유도하는 것이다.

(2) 로웬의 생체에너지

A. Lowen(1975)은 라이히의 제자로서 신체/심리/정서의 관련성을 믿고 근육무장 이론을 발전시켰다. 그는 성격의 정의에서 '성격이란 자신의 만족추구를 위해서 개인이 취하는 독특한 방법으로서의 고정된 패턴의 행동'(p. 137)이라고 하여 정서와 근육이 조건화된 심리적/신체적 방어기제라고 밝혔다. 그러나 생체 에너지 치료자들은 유형론의 입장이 아니라 개인의 심리적 방어기제가 조건화된 고유한 성격과 행동 패턴에 관심을 갖는 현상학적 입장을 취한다. 말하자면 인간의 시각 현상학을 신체적 지각현상학으로 발전시킨 셈이다

그의 영(spirit)의 정의는 유기체 내의 생명력(life force)을 개인의 자기 표현으로 나

타내게 하는 것이라 하여 영적 에너지(spiritual energy)의 현상학으로 바꾸었다. 그리고 우리가 보통 영혼(soul) 또는 혼(soul)이란 인간의 생명. 감정, 사고의 원리로서 신체와 다른 존재라고 정의함으로써 보통 심리학에서 다루는 보편적 기능과 연결시켰다. 그리고 좁은 범위의 느낌의 감각(Sense of feeling)일지라도 전체 우주 질서의 부분적 존재인 인간 존재 속에 들어 있다 하여 그도 역시 생명 에너지와 우주와의 연결을 강조하였다. 이 생각은 슈타이너의 인지학적 인간상 유사점이 있다.

(3) 이다 롤프의 롤핑

Ida Rolf의 Rolfing은 정골요법의 원리인 구조는 기능을 결정짓는다. Structure determines function는 원리를 연구의 기초로 하였지만 그 원리로만은 불충분하다고 생각하여 마이오파시아(근막)에 대한 새로운 연구를 중심으로 심층적으로 이루어졌다(Feitis, 1978).

콜라겐 요소로 된 인대, 힘줄 등의 가늘고 반투명 필림 같은 부드러운 조직인 마이오 파시아 들이 서로 붙고 합쳐져서 뼛속에 혼합되어 들어감으로써 근육과 뼈 구조들이 연결된다. 그리고 이 마이오 파시아는 심리와 신체 사이의 메시지를 주고받는 신경전달 기능을 한다. 만약 심신의 스트레스로 인해 이 마이오 파시아들이 신축성을 잃고 단단해지면 신체의 수직적 정렬을 잃고 호흡과 신체동작이 어려워 질 뿐 아니라 신체 심리 사이의 신경전달이 손상되고 심신의사소통의 장애를 받는다.

스트레스 이론가인 Hans Selye(1976)도 스트레스가 근육 내 저항성 칼슘을 형성하여 결과적으로 마이오파시아를 석회화 시키고 두껍고 뻣뻣하게 만든다고 했다. 그도 신체-심리-영성의 관련성을 강하게 주장하였다.

롤핑은 팔꿈치, 손가락, 손가락 매듭을 사용하여 근육 깊이 눌러서 내적 마아오 파시아들을 부드럽게 하여 근육조직이 길어지고 뼈들이 정렬되도록 한다.

롤프는 롤핑을 통해 내적 마이오 파시아가 부드럽게 호전되면 인간이 진정으로 성숙되고 새롭고 더 향상된 인간존재로 창출된다 하였기 때문에 롤핑을 '인본주의 심리학' 또는 '인간 잠재력의 움직임'이라 했다.

(4) 펠덴크라이스의 동작을 통한 자각

펠덴크라이스도 알렉산더나 로웬처럼 조건화 이론을 받아들여 자동적이고 미개발된 행동을 자발적인 기능들로 대체할 수 있다고 믿었다. 특히 행동과 자아 이미지와의 행동주의적 조건화 개념을 받아들이고 있다. 즉 우리의 자아 이미지는 천성, 교육 , 특히 자기교육과 여러 가지 방법으로 조건화되어 있다고 믿었다.

그의 동작 연습 역시 근육 긴장과 신체 정렬 상의 매우 미세한 변화를 느끼고 자각하게 한다. 동작 연습 방법은 알렉산더 기법처럼 매우 이완된 방법으로 천천히 기분 좋게 몸의 각 부분들을 움직이는 것이다. 쉽고 익숙한 동작의 방법은 자각을 돕기 때문이다.

(5) 할프린의 동작 리추얼

안나 할프린에게 영향을 주었던 신체 심리치료자로는 펠덴크라이스, 이다 롤프, 양극성 치료의 랜돌프 스톤을 들 수 있다. 심리학자로는 F. 펄츠, 칼 로저스, 토마스 고든 등을 들 수 있다.

A. Halprin(1979)의 동작 리추얼 MR(Movement Ritual)은 요가, 펠덴크라이스, 필라테스 동작들 중 척추를 이완시키고 척추 뼈의 관절들을 늘리는 동작들을 선별한 것들이다〈그림 3〉.

MR의 원리에는 신체 심리학에서 중시하는 뼈, 관절 및 마이오 파시아를 길게 늘이기, 동작 자각, 힘과 이완 사이의 에너지 균형의 원리가 포함되어 있다.

첫째, 자신의 동작 각성과 운동감각적 자각을 돕는다.

둘째, 동작 요소들(공간 시간 힘)을 사용하여 동작의 질적 특성과 관련 있는 감정 및 인지적 경험에 대한 자각을 돕는다.

셋째, 중력, 관성, 운동량을 이용한 동작들을 통해 운동에너지와 동작 통제감을 얻는다.

넷째, 수축 · 이완의 리듬과 정지 · 활동 사이의 균형에서 오는 자연스런 동작의 느낌을 얻는다.

MR의 동작은 형태가 쉽고 짧으며 공식적이거나 엄격하고 힘든 형태로 행하지 않는다. MR과정에서 개인 특질적 동작을 탐색하여 창조적이고 자발적인 즉흥동작으로 유도하고 그리기, 글짓기 대화 기법 등 다른 예술치료 매체들과 연결하여 사용함으로써 표현예술치료 속으로 통합되어진다는 점이 특징이다. 사실상 MR은 타말파 연구소의 동작중심 표현예술치료자 양성 프로그램의 중요 부분을 차지한다.

MR은 다음 4부분의 시리즈로 구성되어 있다.

MR Ⅰ: 누워서 하는 동작들
(그림 3은 원래의 동작들을 10개로 축약한 단축형 MR Ⅰ이다.)

MR Ⅱ : 일어서서 하는 동작들
(몸 들어올리기, 떨어뜨리기, 흔들기, 균형 잡기 등)

MR Ⅲ : 체중 이동동작들
(공간 걷기, 달리기, 기어가기, 뛰기 등)

MR Ⅳ: MR Ⅰ, Ⅱ, Ⅲ, Ⅳ들을 배합한 동작의 창조와 발견

[그림 3] 단축형 MR Ⅰ

6. 정신영성 심리학과 통합 예술심리치료

1960년대 이후 제3심리학의 인본주의 운동이 제4심리학으로 이행되었다. 제4심리학의 범주에 속하는 심리학들은 초자아 심리학, 초개인 심리학, 초월 심리학, 심신통합, 심지어는 혁신적 심리학, 진화 심리학 이라는 명칭들로 다양하게 불린다. 정인석(1998)은 세계 최초의 체계적인 초개인 심리학은 R. Assagioli의 정신통합이라고 했다.

이태리의 의학자 R. Assagioli는 이러한 제 4심리학의 이행과정, 융 심리학, 그리고 동서양의 종교전통 및 철학을 수용하여 정신통합(Psychosynthesis, 1965, 김민예숙 역, 2003, 재인용)을 창시했다. 이 정신통합 이론은 그의 수제자인 M. Y. Brown 에 의해 유럽에서 미국으로 옮겨가서 1983년 에 책으로 출판되어 소개되었다. 그 후 미국에서 20년 이상 연구 실천된 내용들을 보완하여 M. Y. Brown(2004)년 책이 개정되면서 정신통합의 내용이 더 구체화되고 실천적인 모델로 완성된다.

1) 정신통합 심리학

(1) 정의

20 세기 중반에 R. Asaagioli(1888~1974)는 우주 원리인 생명과정은 개인 속에서 그리고 인간관계 속에서 발현되며 그 원리는 융의 사상과 같이 통합의 원리이기 때문에 그 통합의 원리인 우주원리와 생명과정에 대한 모델을 개발하였다(Brown, 2004: 임용자, 김옥경 역, 2007).

아싸지오리에 의하면 정신통합이란 "여러 가지 반대세력들 사이에서 끊임없이 일어나는, 그리고 이 반대세력들을 통제하고 조화롭게 만들기 위해서 이 반대 세력들을 이용하는 특성이 있는 통일 센터와 반대세력 사이에서 끊임없이 일어나고 있는 상호작용 및 갈등의 역동성을 말한다. 이 역동성은 우리 인간 생명의 극적 과정이다."(Assagioly, 1965, 임용자, 김옥경 역 2007, 19~20, 재인용)

이것은 개인을 조화롭고 강력한 하나의 전체로 만들기 위해 개인의 모든 부분들, 모든 측면들 그리고 에너지를 통합하는 자연의 과정과 같고 성장(growth)이란 말과 동의어이다. 정신 통합은 자각, 이해 그리고 구체적인 기법들에 의해 촉진되고 향상된다.

(2) 의식의 차원

Assagioli의 의식과 무의식 차원을 나타내는 타원형의 달걀도해 [그림 4]에서는 무의식이 세 가지 수준으로 나타난다. 프로이트는 한 가지 무의식으로, 융은 두 가지의 무의식으로 개념화했던 것에 비해서 무엇이 달라져 있는지 살펴본다.

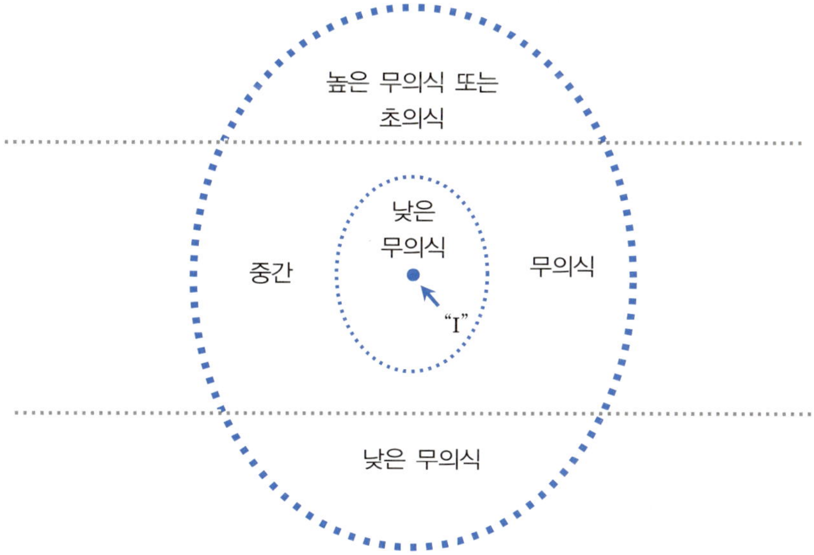

[그림 4] 의식의 차원: 달걀도해

첫째, 낮은 무의식 또는 기초 무의식은 프로이드가 말했던 무의식과 같은 것으로 억압된 욕망과 외상들, 기초 충동들, 그리고 신체적 삶을 주도하는 기본적인 심리활동들을 의미한다.

둘째, 중간 무의식은 프로이트의 전의식에 해당되는 것으로 의식에서는 최근에 잊혀진 경험내용들이 회상에 의해 쉽게 기억해 낼 수 있는 곳으로 중립적 영역의 중간 무의식이다.

셋째, 높은 무의식 또는 초의식은 창조성, 직관, 사랑, 열정, 봉사, 최고의 가치들과 영감, 영적 에너지 그리고 성장패턴들이 나오는 곳이다. 이곳은 최고 잠재력의 저장고이다.

(3) 자기(Self)

이 개념은 융의 사상과 같이 인간 존재를 통해 나타나는 더 큰 존재의 측면인 우주적 존재의 측면을 나타낸다. 의식과 무의식의 통합의 성질을 나타내지만 우주적 존재와 연결되어있는 전체성을 말한다. 인간은 생물학적 존재와 자기(Self)의 존재를 통하여 창조만물 및 동료 인간들과 연결되어 있다.

자기(Self)를 '빛의 원천'이라 하여 초월자기 또는 더 높은 자기(Higher Self)라 하였다. 그러므로 인간의 의식차원의 도해 상에 나타낼 때는 달걀 도해의 맨 꼭대기에 빛의 형태를 띈 별모양으로 그려져 있었다(Crampton, 2001: Brown, 1983; 김민예숙 역,2003). 그러나 Brown(2004)이 21년 만에 펴낸 개정판에는 지금까지 좀 혼란된 개념을 가져왔던 자기(Self) 개념을 좀 더 명료하게 정리해 주었다.

즉, 자기(Self)는 인간의 의식차원 도해의 맨 꼭대기 위치에서 없애 버렸다. 우선 높은 자기가 아니라 그냥 자기(Self)로 부르기로 했다. 철학자들이 이것을 우주적 존재로 부르는 것에 대해 정신통합에서는 자기(Self)라는 말을 선택했다. 그 이유는 과거 초판에서는 '자기가 빛의 원천이며 우주에서 왔을지라도 의식의 가장 높은 곳에만 나타나는 게 아니라 인간 의식과 무의식의 모든 차원에 편재하는 성질을 간과했었기 때문'이다. 슈타이너의 인지학이나 정신통합에서 모두 심신 모든 차원에서 나타나는 이상증세와 왜곡을 병리학적으로 진단하거나 분류하지 않고 통일과 조화의 원리인 자기(Self)의 발현이나 그 표현으로 간주한다. 이 사고가 홀리스틱 인간관이며 인간의 이상 증세와 문제를 보는 관점이다.

2) 정신통합과 통합 예술치료

정신 통합모델은 통합적이고 성장 지향적이다. 그러므로 정신 통합의 목적은 개인의 신체, 정서, 인지. 정신영적 요소들의 균형과 통합을 통한 홀리스틱 성격 통합이다. 여러 부분의 하위성격들 비록 그 하위성격들이 하위 무의식 영역에서 온 것들일지라도 더 크고 더 높은 차원으로 통합하기 위해 동일시와 비동일시의 방법을 모두 사용한 다. 여기서 비동일시는 거부가 아니다. 거부하고 배제하는 것이 아닌 통합을 위한 과정임을 다음 [그림 5]의 회기구조를 통해서 볼 수 있다. [그림 5]에서와 같이 통합을 위해 낮은 영역과 높은 영역의 탐색이 번갈아 이루어진다.

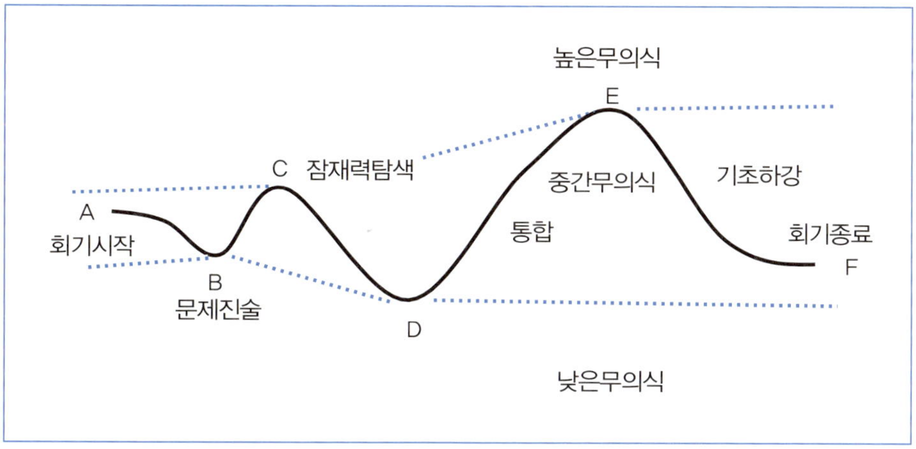

[그림 5] 정신통합의 회기 구조

성격통합이란 측면에서 인성의 전체성을 성취하기 위해 정신통합의 실천 모델 기법 역시 한 세트의 표준적 절차로 제약되지 않고 원래 사용하던 방법을 배타시하지 않으면서 동시에 거기에 여러 접근방법들이 첨가해서 더 발달되었기 때문에 정신통합적 예술치료는 무용 동작 치료에서 보다는 다양한 예술적 방법을 통합한 표현 예술치료의 특성을 가진다.

기본적으로 상담자와 내담자의 관계(집중, 공감과 감정 이입, 수용과 존중), 안내하기, 목격하기, 자각과 선택하기 등 인본주의 실존주의적 태도와 원리를 강조한다. 정신통합치료의 작업 기법과 형식보다 더 중요한 점으로 내담자의 성장과정을 이해하기와 내담자에게 집중적인 존재가 되어 주기로서 인본주의 특징을 가진다. 이 원리가 치료 작업 속으로 통합되지 않으면 안내하기의 방향을 잃는다.

회기과정에 선택되는 기법들로서 대화기법, 심상 안내, 그림그리기, 게슈탈트 기법, 꿈 작업, 정화 기법들, 그리고 이런 기법들이 배합적으로 쓰인다. 마치 표현 예술치료같이 통합적 기법을 사용한다.

(1) 대화기법

내담자 중심의 대화모델로서 '적극적 경청하기'는 명료화, 심층탐색, 내담자 과정의 타당화를 돕는다. 내담자 자각의 흐름을 방해하지 않는 능동적 대화기법과 효과적 대화 촉진을 위한 '비폭력적 대화기법'을 강조한다.

(2) 게슈탈트 치료기법

자기 자신들의 부분들을 다시 전체적으로 의미 있는 게슈탈트 속으로 재통합하기를 치료목표로 하는 게슈탈트 치료는 하위 성격(Subpersonalities)의 비동일시를 장려하여 결과적으로 성격통합으로 안내하는 정신통합치료의 목표와 과정에 잘 들어맞는다. 인지적으로 꿈을 분석하지 않는 게슈탈트 꿈 작업도 정신통합 기법으로 잘 어울린다.

(3) 심상안내

심상은 시각적 감각을 통해서 뿐만이 아니라 모든 감각표상들을 통해서도 잘 경험된다. 시각, 청각, 운동감각 들이 가장 보편적이고 내적으로 잘 연결되므로 통합예술치료에 적절히 쓰인다. 많은 심상안내에서 시각화가 강조되는 이유는 개인의 심상에는 인지적 요소와 정서적 요소가 잘 연결되어 참여하기 때문이다.

정신 통합에서 내담자의 심상을 많이 이용하는 이유는 전이관계 속으로 들어가는 위험을 줄이고 안내자 내담자 사이에서 심상이나 다른 예술매체들이 그 콘테이너 역할을 하기 때문이다.

(4) 동작기법

아싸지올리의 10개의 심리법칙 들 중 제2법칙에 의하면 "자세, 동작, 행동은 그에 해당하는 이미지 및 관념들을 유발하는 경향이 있다. 그리고 그 다음에는 그 이미지에 해당하는 정서와 감정들을 유발하고 강화한다."

이 원리에 의한 동작기법은 회기과정에서 개인 내부 속에서 어떤 일이 진행되고 있는지를 포착하고 이해하는 데 도움이 된다는 점이 동작 심리치료를 더욱 타당화시켜 준다. 특히 자기 경험을 언어화하는 데 어려움이 있거나 지나치게 주지화하는 사람에게 도움이 된다. 자세, 동작 그리고 비언어적인 목소리는 감정 상태나 실존 상황을 잘 표현한다. 제스처의 과장이나 얼굴표현의 과장은 어떤 감정이나 태도를 명료화하는 데 도움이 된다.

동작 기법은 어떤 통찰, 이해, 그리고 선택을 촉진시키는 다른 접근방법을 사용한 후에 사용하는 것이 좋다. 동작이 하나의 심상인 것처럼 말하면서 동작하기(talking with movement)도 다른 형태의 심상이다. 말하면서 동작하기는 동작 중심 표현예술치료에서 사용하는 주요 기법이다.

(5) 상호복합 양식

정신통합의 실천에서는 다양한 접근의 탐색과 표현기법을 사용하기 때문에 할프린 표현예술치료에서는 정신통합의 원리와 실제를 전적으로 수용한다. 또한 칼 로저스의 딸이며 A. 매슬로의 제자인 인본주의 표현예술치료자인 나탈리 로저스(이정명 · 전미향 · 전태옥 역, 2007)는 그녀의 표현예술치료를 '창조적 연결(The Creative Connection)'이란 이름으로 소개하였다. 그녀 역시 안나 할프린의 영향을 받은 치료자로서 동작 매체의 치료적 특성을 우선시 하는 동시에 동작, 그림, 글쓰기 및 목소리 표현의 연결을 강조하였다.

안나 할프린이 1960년대 고안한 정신운동감각 심상과정(PKIP, Psychokinetic Imagery Process) [그림 6]은 처음에는 춤과 그림의 관계를 실험한 독특하고 유일한 도구였다. 그러나 지금은 거의 모든 표현예술치료 방법의 주요한 도구이고 교육자 및 예술치료자들이 여러 가지 방법으로 응용하여 사용한다. 자각과 이미지 및 감정을 가진 동작을 한 후 이것을 색채 및 형태로 표현한다. 동작을 하면 자유 연상, 자기탐색 및 자기 발견이 촉진된다. 다른 매체들과 연결하는 이유는 내면의 탐색과 자기표현의 심도 있게 만들기 때문이다.

그밖에 자연치료, 자연 심상안내 기법, 다양한 정화기법, 모래상자, 명상 등이 쓰인다.

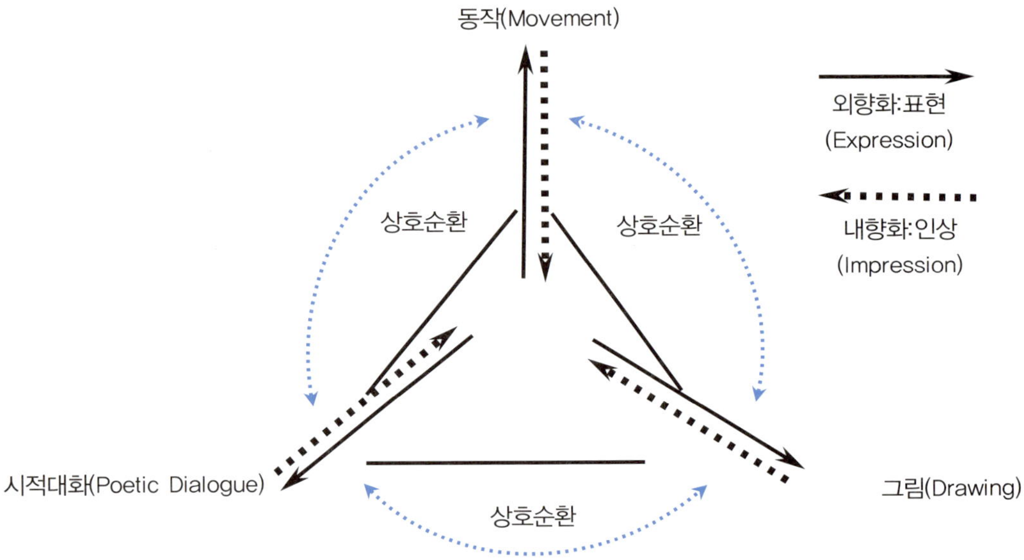

[그림 6] **상호복합 양식의 도해**

(5) 초개인적 · 변형적 동작치료

Bernstein(1979)에 의해 DMT의 8가지 이론적 접근 중의 하나로 분류된 초개인적/변형적 접근으로 Barbara F. Govine의 동작 치료를 들 수 있다. 그녀는 인간을 우주적 계획의 일부로서 영적 목적을 위해 이 땅에 존재하는 것으로 본다. 영적 의미에서 개인은 각자 고유한 방법으로 진정한 자기를 반영하고 형성해가면서 본질적 진화과정을 수행한다고 보고 있다.

접근방법에서는 개인의 인생초기의 경험에 대한 기억추적과 그 관계를 포함하지만 그 기억 추적이 근육감각 차원의 마이오 파시아를 너머 신체 전체의 모든 조직과 세포차원에까지 이른다. 뿐만 아니라 홀리스틱 감각을 위한 에너지(동양의 ki, chi, prana와 같은 개념) 균형과 영적 성장을 건강개념에 포함하고 있다.

역기능적 질병에 대한 관점 역시 병리학적 진단에 의하기보다 정신통합에서 말하는 자기(Self)와의 연결이 끊어진 상태를 말한다. 이점은 Govine의 언어 역시 라이히가 말한 것처럼 우주 리듬의 흐름과 연결이 끊어진 경험이라 말하고 있다. 그러므로 치료에 있어서는 개인의 가장 높은 무의식 속에 있는 창의적 잠재력을 탐색하고 그 성취를 지향한다.

그러므로 동작 치료에서는 그 본질적 자연리듬과 정렬되는 동작을 한다. 자연과 통일과 조화를 느끼는 감각과 지혜의 진화를 촉진하기위해 신체 자각과 동작을 이용한다. 이 작업은 신체의 진동과 동작 과정의 질 속에서 일어난다. 이 과정 속에는 부정적 감정(예를 들면 분노 감정)의 직면과 해소를 포함한다. 그 밖의 기법으로 창조적 과정에 접촉하기 위해서 환상, 꿈, 명상, 높은 자기와의 대화, 등을 이용한다.

chapter 4

4장. 동작예술심리치료의 실천적 적용

1. 적용모델

앞서 심리치료의 이론적 배경에 따라 신체동작과 관련된 심리치료의 복잡하고 다양한 측면을 동작예술심리치료의 개념 속에 포함시켜 살펴보았다. 이번에는 좀 다른 측면에서 동작예술심리치료의 적용을 위한 실천모델을 더 간단히 범주화해서 살펴본다.

1) 적응 모델

적응 모델은 직접적으로 우리 몸을 신체적이고 에너지의 측면에서 재정렬함으로써 간접적으로 심리건강을 회복하는 교정치료 또는 신체 작업 예를 들면 로웬의 생체에너지 기법으로 취급되어 예술치료 및 DMT에서 퇴출해야 한다는 고전적 논의가 있었다. 그 이유는 이 모델의 단점은 심리적 현상보다 신체적 현상을 너무 강조하기 때문에 내담자를 말 그대로 신체적 수준으로 조작하는 것이 최선이라고 여겼기 때문이다.

생체에너지 기법은 개인의 정서생활은 자신의 신체의 운동성(motility)에 즉 에너지 흐름에 의해 좌우되며 자극의 흐름도 이 운동성 기능을 통해 이루어진다고 한다. 그러므로 신체의 죽어 있는 부분과 근육수축은 이러한 장애를 표시하므로 이 장애를 제거하는 일이 신경증을 고치고 건강한 에너지의 흐름과 동작의 우아함을 되찾고 긍정적 감정과 연결되는 것이다.

이 개념 속에는 라이히의 내용과 특징을 담고 있기 때문에 심리 신체의 연결성 그리고 성격과 신체적 지표의 관련성 때문에 무용 치료 초기 발전에서 이미 무용치료의 한 부분으로 인식하고 실천 모델에 포함시켜 왔다. 더 나아가서 라이히의 사상에다 융의 사상을 받아들인 DMT에서는 자기(Self) 에너지의 경험도 포함시켰다.

한편 필라테스 같은 신체 요가, 펠덴크라이스, 동작들을 활용한 할프린의 동작 리추얼은 이미 표현예술치료에 접목통합 되었음을 이미 살펴보았다. 또 다른 예로 태극권을 무용화한 ROM(range of motion) 댄스 프로그램의 치료적 적용(Reinemann, 1998: Harlowe & Yu)은 어떤 신체기법의 동작이나 일상적 움직임까지도 리듬 있게 사용하면 무용치료와 표현 예술치료에 적용할 수 있음을 말해 준다.

그러므로 순수한 신체기법들이 근육 협착을 풀 수 있다는 가능성으로 인해 정통 의학적 접근에 사용된다 할지라도 신체와 동작 차체의 통합적 치료의 장점 때문에 신체 심리치료 영역, DMT 및 표현예술치료에서 신체 동작 모델들을 통합하여 적용한다.

2) 외상/방출 모델

이 모델은 신체기억(body memory)을 중요시 여김으로 신체 증상과 개인의 경험이 관련된 강한 정서들을 정화하고 해소하는 정서모델이다. 정신적 외상 즉 트로마의 기억은 우리 신체내의 부적절한 신체부분으로 남아서 수축하고 긴장하는 요소로 작용한다. 그러므로 PTSD(외상 후 스트레스 증후군), 그리고 Newham(1999)이 분류한 누적적 억압의 정서관계로 인한 만성 트로마 경향들을 작업하는 데 효과적이다. 과거 외상 경험의 재 경험 또는 초기 어린 시절로의 퇴행하는 방법을 통해 신체와 관련된 정서 경험을 하고 해소 할 수 있다.

이 정서 모델에는 프로이트와 라이히의 사고에 의해 모두 설명된다. 프로이트나 브로이어 역시 모두 방출되지 못한 정신적 트로마가 신경증의 원인이라고 밝혔으며 트로마의 공격을 받은 경험은 방어적 경직을 일으켜서 분리되거나 마비된 '낮선 신체(foreign body)'의 특징을 가진다고 했다. 이 이론은 계속적으로 심리치료의 중요모델도 남아 있다.

라이히도 외상 경험이 신체 경직으로 남아 있는 증상을 낯선 신체라고 공공연히 언급하지는 않았지만, 외상 경험이 우리 자신의 몸을 낯선 것으로 경험케 하고 이것이 감정과 정서표현을 억압하고 무감각하게 만든다고 하여 프로이트의 치료적 정서 방출과 유사한 생각을 하였다.

적응모델이 구부러진 사지를 똑바로 펴는 일이라면 이 모델은 강한 정서 방출을 통해서 몸의 분리를 해소하고 내쫓는 것이다.

그러나 이 방법에서는 충격적 사건의 재경험으로 인한 강력한 정서 방출에는 비생산적이고 위험한 요소가 있으므로 트로마의 재경험을 피하거나 좀 더 부드럽고 지지적이고 점진적으로 외상경험을 다루는 치유의 방법으로 보완하려는 경향이 있다. 즉 일종의 신체 기법으로서 신체부분에 갇힌 외상적 경험과 관련된 기억을 느리게 조금씩 쫓아가면서 불안을 자각하게 한다. 라이히의 방법처럼 호흡, 맥박, 몸 떨기, 등의 신체적 반응을 함께 경험하면서 트로마를 조금씩조금씩 방출할 수 있다.

3) 과정 모델

과정모델은 더 자연스런 치유이고 내담자 중심적인 과정이기 때문에 내담자의 내적 과정에 대해 질문하고, 분석하고, 설명하고 해석하지 않도록 한다. 더 순수한 과정모델은 내담자의 어떤 점도 잘, 잘못이 없다는 생각으로 '치유(healing)'라는 개념 마저도 버린다. Kurtz(1985, Totton, 2003, 재인용)의 설명을 들어 본다.

"만약 당신이 누구를 돕기 원한다면 …… 그 사람이 자기내적 경험을 하도록 하라. 그들이 자기 경험을 설명하지 않도록 하라. 그들이 왜 그런 식으로 느끼는지 묻지 말라. 그렇다면 바로 그 순간 당신은 그 과정을 망치고 있는 중이다. 당신은 그 사람의 배를 좌초시키는 중이다. 설명을 요구하지 말라. 당신에게는 설명이 필요 없다. 당신에게는 아무것도 필요 없다. 그것은 당신의 문제가 아니다. 만약 당신이 치료자가 되고자 한다면 그들을 단지 내적으로 향하게 해서 경험하도록 하라. 당신은 그 경험들을 한 가지도 이해할 필요가 없다(p. 58)."

과정 모델로 작업하는 치료자는 내담자가 스스로 자발적인 놀이와 즉흥댄스 같은 활동을 통해서 이미지와 심리적 동기, 그리고 신체를 탐색하도록 내담자의 치료적 여행을 안내한다. 내담자의 저항이 나타나면 돌파하려고 하지 말고 현재 일어나고 있는 그 흐름을 따라간다. 치료자는 자기 이론, 건강 및 정상성에 대한 표준 개념도 피해야 한다.

F. 펄츠는 신체자각과 충동에 초점을 두고서 과거에 억압된(repressed) 기억과 재경험에 관심이 없고 현재 억압하고 있는(repressing)힘을 재조직하기를 중요시 하였다. 그러므로 게슈탈트 치료를 일명 신체 심리치료(Body Psychotherapy) 또는 심신 통합 접근(Integrated Mind-Body Approach)라고 부른다. 그는 치료를 위해 내담자가 자신의 창조적 정체성을 발달시키도록 도우라고 주장했다.

과정 중심 모델은 카오스 및 복합성 이론 같은 초현대 아방가르드 사상과 고대 불교 및 도교의 통합물로서 상태(state) 중심에서 과정(process) 중심으로 초점을 바꾸었다.

"우리 신체들은 하나의 사물이 아니라 하나의 과정으로서의 우리 자신이다. 그래서 멈춰 버린 과정이 바로 구조로 나타난다"(Keleman, 1975; Totton, 2003, p. 59. 재인용). 이와 같이 움직임의 과정이 멈춰 버린 결과가 형태(form)라는 의미로, R. 슈타이너는 형태(form)란 움직임(movement)의 흔적이라고 말했다.

1970년대 융학파 치료자들도 신체・동작 자각 과정을 포함시키고 있으며 이 모델에는 동양명상의 초점두기(focusing)와 주의 깊음(mindfulness)의 과정도 여기에 포함된다. Totton(2003)은 초점 두기와 주의 깊음은 거의 유사한 개념이며 같은 맥락이라고 했다.

4) 표현 모델

표현모델은 인간의 신체와 동작 자체가 창의적인 가치가 있다고 보고 개인의 창의적 능력과 표현적 능력에 관심을 두는 동작예술심리치료이다. 그러므로 이 범주에는 마리안 체이스로부터 시작하여 무용치료라는 자체의 세트로 발달한 무용치료는 물론이고 더 범위가 확대된 DMT가 우선적으로 이 범주에 포함된다. 그리고 이 모델에서는 특히 동작과 목소리 표현을 중시하므로 신체 동작 표현 이외의 다양한 방법의 통합적인 표현매체의 사용을 포함하여 다학문적으로 접근하는 통합치료적 경향을 가진 동작중심 표현예술치료가 이 모델에 포함된다.

무용 동작 표현 이외에 수많은 형태의 오래된 고대 무용과 동작에서 나온 기본적인 형태의 동작들이 사용된다. Totton(2003)에 의하면 예를 들면 자세, 동작, 호흡에 집중하는 감수성 기르기 같은 E. Gindler 기법, 각종 무예(Martial arts)와 체조, 그리고 리듬 있는 반복을 통해 조화로운 에너지 흐름을 얻는 유리드미 동작들이 명상요소와 함께 이 범주에 포함시킨다. 마리안 체이스에 의하면 이런 동작들 속에는 신비스럽고 치유적인 '기본적 댄스(basic dance)'가 들어 있다고 묘사했다. 이런 동작들을 예술심리치료로 적용할 때는 강력한 정서 방출의 직면보다는 부지부식간의 개인적 정서의 부드러운 직면 과정을 경험하기 때문에 엄격한 직면과 심리치료의 과정을 적용하지 않으면서 부분적인 심리치료의 과정으로 적용될 수 있다.

Newham(1999)에 의해 목소리 동작치료(Voice Movement Therapy)는 원래 음악치료의 영역에서 전문적으로 연구되어 표현예술치료로 확대된 것이다. 왜냐하면 언어나 심미적 형태의 음악과는 다른 원초적 목소리의 표현은 동작과 분리된 표현으로 간주할 수 없고 이런 동작은 Chodorow(1991)가 분류하는 원시 무의식적 차원의 동작 표현이기 때문이다.

이상의 4가지 모델들이 무용 치료, 동작치료, 동작 중심 표현예술치료의 그 어느 측면에서 보더라도 엄격하게 상호 배타적 경계성이 있다기보다 상호 보완적이다. 비록 단순한 마사지 형태나 손 접촉(hand on 또는 touch) 같은 신체기법들을 예술심리치료의 영역에 둘 수 없다는 논의가 있다 할지라도 그 신체기법들을 창의적이고 자발적인 집단놀이의 형태로 사용하는 예술치료자들이 있기 때문이다. 예를 들면 마사지의 한 종류인 리드미컬 마사지(Rhythmical Massage)의 한 가지 기법을 4사람이 한조가 되어 서서하는 형태로 3사람이 한사람을 3방향에서 살짝 터치하는 방법, 그리고 한사람을 눕히고 서 있는 사람이 타월을 사용해서 누운 사람의 신체 부분을 하나씩 차례로 들어 올리거나 솔질하는 방법 등 여러 가지 창의적인 방법과 연결해서 응용할 수 있다. 요즘 한국에서도 요가 동작을 요가 춤으로 발전시키는 경향이 있다. 안나 할프린이 동작 리추얼 MR을 척추 위주의 요가동작과 펠덴크라이스 동작들을 즉흥동작, 다른 예술매체, 그리고 심리치료적 구조와 연결해서 예술치료의 형태로 사용하는 방법과 이와 같다.

왜냐하면 고대의 신체 기법들은 고대의 원형적 지혜를 담은 원형적 동작들과 관계가 깊으므로 고대 문화유산들을 함부로 버리기에는 많은 지혜가 들어 있기 때문에 예술심리치료자들의 창의성이 필요해진다. 또 여러 전문적 치료자들이 예술심리치료적으로 접근할 때 이미 이상의 범주들이 배합되어 쓰이는 경향이 있다. 특히 표현 치료의 범주에서 이미 이런 통합의 경향이 현저하다. 그러므로 여기서 통합치료를 다섯째 범주로 다루지 않겠다.

2. 동작 연구

동작 관찰과 연구를 위해서 가장 먼저 현대무용의 아버지라 불리며 미국 DMT 발달 과정에 중요한 영향을 준 Rudolf Laban에 대해서 공부해야 한다. 라반의 연구를 살펴보기 전에 19 세기 초 당시 유럽 무용계에 미쳤던 혁신적이고 급진적 사고의 영향을 빼놓을 수 없다.

당시 19C초 유럽에서는 물질과학 · 정신영성의 이원화, 또는 신체 · 정신영성의 이원화(이 문제를 다른 말로 표현하면 종교의 이상주의 · 과학의 객관주의)의 이원화라는 사회의 이원주의를 극복하려는 새로운 미학과 철학이 대두되었다. 이러한 사상적 영향이 충격적으로 무용계에도 나타났다. 그것은 슈타이너의 영적 과학(Spiritual Science)이 루돌프 라반과 마리 위그만에게 계승되어 무용미학의 혁신을 일으키게 되었다. 그러나 흥미로운 점은 영적 과학을 연구했던 슈타이너와 라반이 각각 무용혁신에 공헌한 특성은 이 두 사람이 아주 다른 방향으로 연구가 이루어 졌다는 점이다. 즉 슈타이너는 유리드미(독일어로는 오이리트미)라는 동작 예술을 창시했고, 라반은 동작의 관찰과 분석을 위한 동작표기기법인 라반 표기법(Labannotation)을 만들어냈다.

그러나 금세기 초에 이르러서 정신영성의 성전이라 불리는 인간의 신체 내에서 신체와 정신영성의 통합을 이루는 문제에 대해서는 아직 갈 길이 먼 것 같다. 그러나 예술심리치료의 영역 특히 동작 예술심리치료에서의 도전이 인간의 정신영성을 포함하는 홀리스틱 심신통합치료를 위해 문을 열어 주고 있다. 특히 표현예술치료에서는 최근 예술치료에서의 영성통합의 문제를 분명하게 인식하고 표명하고 있다. 이런 추세는 그동안의 예술치료의 오랜 경험과 DMT의 공헌에서 비롯되었다.

한편 Laban의 연구 중심의 미국 DMT에서는 객관적 동작 관찰에 초점을 두었지만 최근 영국 DMT에서는 흥미로운 변화가 엿보인다. 다음에서는 라반의 동작 연구의 변화과정을 살펴본다.

1) 라반 동작분석(LMA) 이론

미국의 무용 동작 치료사들이 라반 동작 분석(Laban Movement Analysis, LMA)을 배우기 이전 1960년대 중반까지는 무용 동작 치료는 환자의 동작을 묘사할 전문적 언어 체계가 없는 햇병아리 영역에 있었다. LMA는 무용 동작 치료의 이론이자 방법으로서 1900년도 초 루돌프 라반의 연구로 시작되었으나 1950년대 영국의 무용 치료자인 W. Lamb에 의해 무용과 동작의 치료적 사용에 통합되었다. 즉 라반의 용어인 에포트(effort)와 Lamb의 용어인 형태(shape)와 합쳐져서 Effort/Shape개념으로 완성되어 그 이름이 '라반 동작 분석', LMA 또는 단순히 '라반 분석(Laban Analysis)'이라고 불린다.

에포트(Effort)란 동작역동에 나타나는 운동에너지의 사용방법으로 4가지의 움직임

요소들이다. 이 4가지의 동작 요소들은 각각 두 가지의 양극적 특성을 가지고 있다.

- 공간(space) 요소 : 직선적 / 곡선적
- 무게(weight) 요소 : 강한 / 가벼운
- 시간(time) 요소 : 빠른(갑작스런) / 느린(지체된)
- 흐름(flow) 요소 : 묶인 / 자유로운

이상의 4가지 요소들이 분리되어 한 내담자의 동작에 한 가지 요소가 나타나는 것이 아니라 각각의 요소들이 상호 의존적으로 나타난다. 한 순간에 8가지 특성의 동작 요소들 중에서 어떤 요소들이 배합되어 지배적으로 나오는가를 더 큰 동작의 맥락 속에서 관찰해야 한다.

라반(1971, Behar-Horenstein & Janet-Sigel, 1999. 재인용)은 신체동작 분석을 위해 다음과 같은 대답으로 묘사하라고 권하였다.

"어느 신체 부분이 움직이고 있는가?"

"공간의 어느 방향으로 움직임이 발휘되는가?"

"동작이 어떤 속도로 진행되는가?"

"하고 있는 동작에 어느 정도의 근육 에너지가 사용되고 있는가?"(p. 7)

형태(Shape)란 내담자가 공간 속에서 움직일 때 동작의 형태나 질을 묘사하는 체계로서 환경과의 관계 대상에서 자기분화(self differentiation)되는 관계의 특성을 말해준다. Lamb(1965, Behar-Horenstein & Janet-Sigel, 1999, 재인용)의 형태요소는 수평차원, 수직차원, 전후차원의 3차원으로 분류했고 각 차원에서의 - 양극적 특징으로 오른쪽/왼쪽, 위/아래, 앞/뒤 6가지로 묘사된다. 이 3차원은 동작의 길이, 넓이, 높이와 관련하여 열기/닫기, 오르기/내리기, 나아가기/물러가기로 묘사될 수 있다.

2) 미국의 LMA

Irmgard Bartenieff는 물리치료사로서 LMA를 미국으로 가져다가 무용치료와 물리치료에 적용하여 발전시킨 사람이다.

신체동작에 대한 그녀의 관점은 신체동작은 계속적으로 변화하는 한 과정으로 보았다. 그리고 동작 전체의 맥락에서 잠재적 동작표현의 관심을 가졌다.

"직선 요소의 결핍……, 이것은 공간 형태동작과 에포트를 전체적으로 배합하는 환자의 전체적인 에포트・형태의 조직이라는 맥락에서 취급되어져야 한다. 예를 들면 흐름(flow)과 무게(weight) 요소의 배합, 흐름과 시간 요소의 배합 등 을 치료자가 내담자의 동작 레파토리에서 모든 배합을 탐색함으로써 치료자는 내담자의 (여러 동작 요소들의 배합) 속에서 내담자가 사용하는 그 직선 요소에 접근할 수 있을 것이다"(Bartenieff & Lewis, 1980, Levy, 1988, p. 141. 재인용).

이것은 바르티니에프의 철학과 방법론으로서 특정 근육체계의 발달이 어떤 정서적 태도에 효과를 준다는 의미이다. 또 다른 방법론으로 공간을 사용하는 활동적 게임을 통해서 공간요소와 배합된 에포트 요소의 발달을 즐겁고 비위협적인 방법으로 내담자를 촉진한다. 이런 방법들은 내담자들이 동작 잠재력을 탐색하고 동작 충동(Movement Impulse)들을 에포트/형태요소의 배합으로 표현하도록 돕는다.

바르테니에프의 LMA 실천의 특징은 에포트와 형태를 여러 가지 로 배합하여 내담자의 동작 잠재성이나 동작 충동들이 에포트의 표현으로 나타나도록 돕는 것이다. 한편 에포트 표현이 신체적 발달뿐 아니라 정서 발달도 촉진한다는 철학을 가졌으므로 에포트/형태를 통한 근육체계의 발달과 성격발달과의 관련성 연구의 문호를 열어주었다.

3) LMA와 성격 연구

앞서 언급했듯이 무용치료 발달이 LMA 연구에 의존되어 무용치료의 안내자가 되었던 미국의 경우와 같이 영국의 DMT 시작도 유사했다. 그러나 미국의 LMA 실천과 영국의 그것과는 대조되는 점이 있다. 미국에서는 라반의 개념을 위주로 라반의 사고의 틀 속에서 정신분석치료, 인본주의치료, 게슈탈트 치료, 자아심리학 치료 등을 첨가하여 실천했다. 간단히 말하면 바르테니에프의 미국식 LMA는 순수한 동작연구와 동작에 대한 지식으로부터 DMT를 시작하고 실천한 데 비해서 영국의 North는 동작의 기초를 인간의 성격(Personality) 개념으로 비약시켜 버린 점이다.

Marian North는 영국의 지도적인 무용치료사였다. 그녀의 연구의 주제는 동작, 행동, 성격 적응과의 상호관계였다. North(1972, Levy, 1988. 재인용)의 연구인 동작을 통한 성격평가(Personality Assesment Through Movement)에서 12명의 유아들을 대상으로 반구조화된 동작 수업을 통해 에포트를 이용한 동작 분석과 통각 검사, I. Q. 및 성격 설문검사를 하였다. 그녀의 평가와 교사 보고와의 상관이 높았으나 전체적으로 과학적 검증이 미약하다는 평가를 받았음에도 불구하고 LMA의 객관적이고 과학적 동작연구인 에포트 요소가 심리적 영역인 성격연구에 적용시킨 초기 연구로 평가되고 있다.

액션 프로파일

호주 출신이며 영국에서 무용동작 치료사 및 게슈탈트 치료사로서 활동하고 있는Pamela Ramsden(1992)은 Action Profilers International 연구소의 창립멤버이다.

그녀는 라반과 램브의 오랜 연구인 LMA를 인간의 자기발달(Self Development)을 위한 성격연구로 체계화하였다. 관리자 자질과 능력 개발을 위해 경영관리의 영역에서 에포프·형태연구를 구체화하고 확대시킨 연구이다.

인간 성격의 동기적 측면에서 나온 두 가지 행동 특성은 제스처 성격(Gestural personality)과 포스처 성격(postural Personality)으로 나타난다. 제스처는 한두 개의 신체부분 동작이 실험, 시도, 대응, 변화, 학습, 실행, 도전, 참가 및 종사 등의 부분 행동의 측면을 표현한다. 포스처는 유지하고, 지탱하고, 붙잡고, 안정하고, 정착하고 등의 역할 및 태도 같은 존재적 측면을 전체적 동작으로 표현한다. 포스처 표현의 예를 든다면 '권위적, 친절한, 수줍은, 공격적, 모성적, 겁내는, 냉담한' 등으로 나타날 것이다.

제스처와 포스처의 두 가지 성격의 조화로운 통합동작(Integrated Movement)을 PGM(Posture Gesture Merging)이라 한다. 이런 사람은 행동의지(will)가 심신에 통합되어 있으므로 행동결과에 관계없이 활동과정에 만족감을 가지며 사고와 행동이 일치하는 행위적 사고하기(action thinking) 또는 행위동기(ActionMotivation)이라 한다.

다음의 〈표 10〉은 LMA의 중립적이고 객관적 동작 요소들을 동작의 질로 알기 쉽고 관찰가능하게 표현한 것이다(Ramsden, 1992).

〈표 10〉 동작요소와 동작의 질

한극의 동작의 질	중립적 에포트 요소	다른극의 동작의 질
곡선의 동작(초점 분산된 동작)	공간(space) 요소	직선의 동작(초점 집중된 동작)
압력이 적은 동작(가벼운 동작)	무게(weight) 요소	압력이 많은 동작(강한 동작)
감속화 동작(느린동작)	시간(time) 요소	가속화 동작(빠른 동작)
자유로운 동작 (통제가 적은 동작)	흐름(flow) 요소	묶인 동작(통제가 많은 동작)
한극의 동작의 질	중립적 형태 요소	다른 극의 동작의 질
펼치는 동작	수평(horizontal) 차원	둘러싸는 동작
위로 올라가는 동작	수직(vertical) 차원	아래로 내려가는 동작
앞으로 나아가는 동작	전후(sagittal) 차원	뒤로 물러가는 동작

동기적 측면의 세 가지의 주요 성격심리는 에포트 요소와 형태 요소를 배합한 동작의 질로 설명한다. 첫째, 행동잠재력에 주의 기울이기(attending), 둘째, 행동을 취할 의도하기(intending). 행동 수행하기(committing)의 3가지 범주로 설명한다. 그리고 이 세 가지 범주는 각각 에포트 요소 2가지 중 어느 한가지로 나타나고 또 형태 요소의 어느 한가지로 각각 나타난다. 이런 각각의 행동이 PGM 행동으로 나타날 때 효율적인 심신 통합 행동이 된다고 하였다.

다음 [그림 7] [그림 8]은 행동 잠재력에 주의 기울이기(attending)행동이 에포트의 공간요소와 관련하여 정보조사하기(investigating) 행동으로 나타난다. 형태의 수직 요소가 관련해서는 가능성 탐색하기(exploring) 행동으로 나타나는 과정을 그린 것이다. 만약 조사하기(investigating)의 동기가 곡선의 PGM 동작으로 행하는 경우 그 사람은 여러 개로 초점이 분산된 정보들을 모아서 서로 연결을 짓고(Making connections), 그 데이터를 집단으로 분류하고(Grouping data) 조직해서 질서 있게 짜여진 정보를 얻는 사람이다.

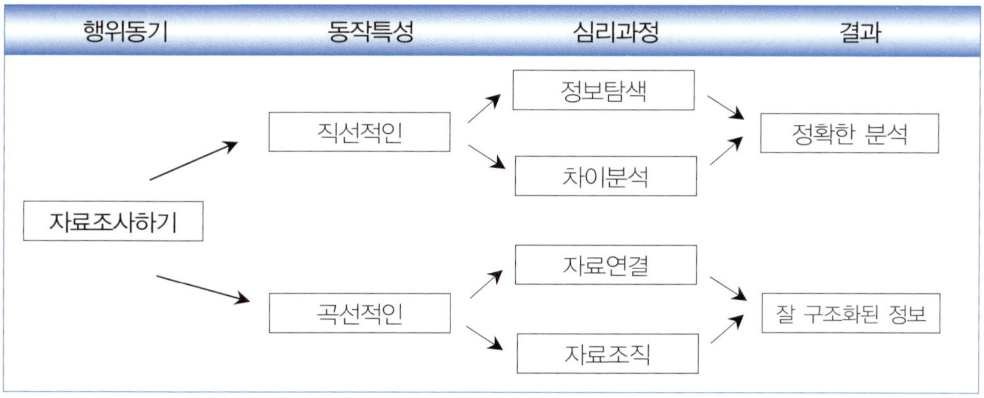

[그림 7] 주의 기울이기(조사하기) : 에포트요소

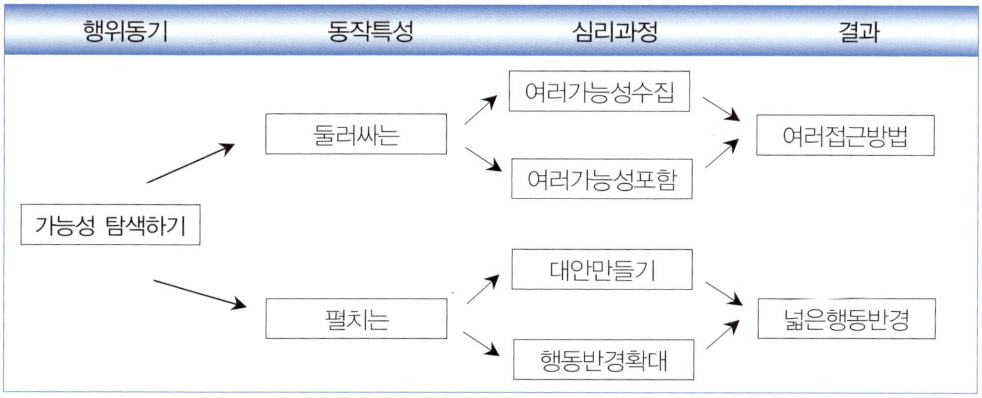

[그림 8] 주의 기울이기(탐색하기) : 형태요소

[그림 9]와 [그림 10]은 행동의도가 에포트 동작과 형태 동작으로 나타나는 과정이다.

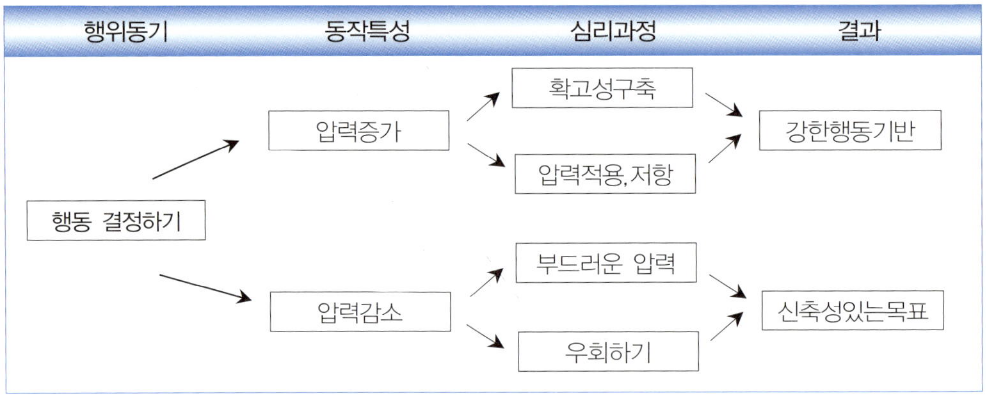

[그림 9] 행동 의도하기(결정하기) : 에포트요소

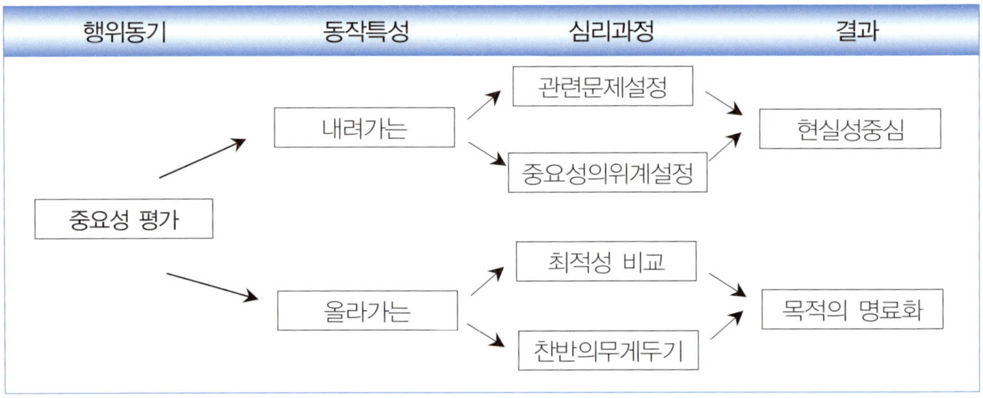

[그림 10] 행동 의도하기(평가하기) : 형태요소

[그림 11] [그림 12]는 행동 수행하기가 에포트의 시간요소 동작과 전후 형태의 동작으로 나타나는 과정이다.

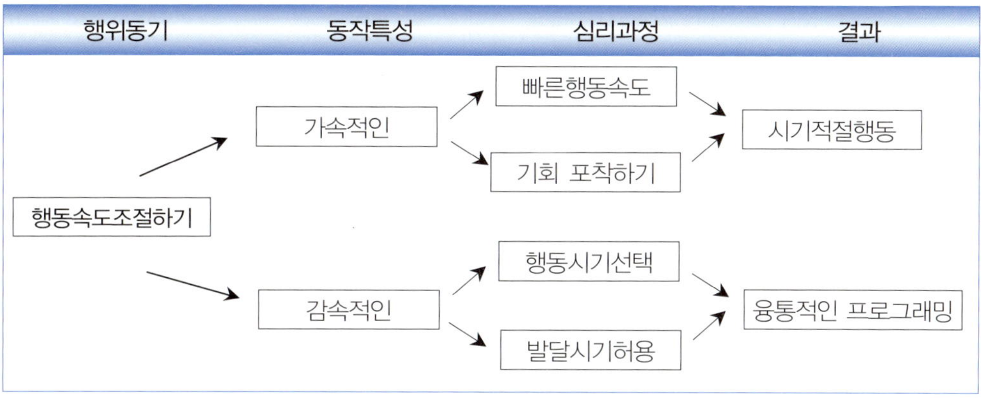

[그림 11] 행동 수행하기(속도조절하기) : 에포트요소

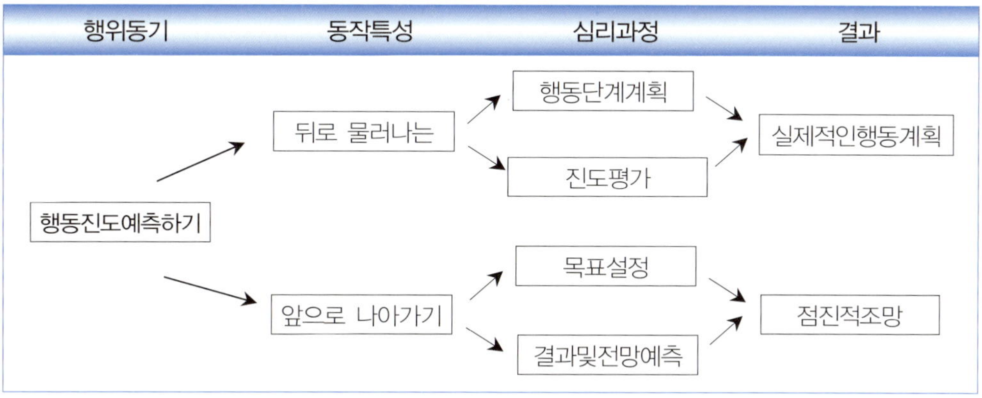

[그림 12] 행동 수행하기(행동 예측하기) : 형태요소

액션 프로파일을 이용하는 자기발달의 원리들을 정리해 보면 다음과 같다.

첫째, 액션 프로파일의 패턴은 단순히 에너지 인식의 개념이므로 좋고 나쁨의 평가 개념이 없다.

둘째, 행동수행이나 직무의 만족을 위해 개인은 행동의 동기 측면에 동조할 필요가 있다. 동기가 높을수록 주도적이고 창조적이다.

셋째, 효과성을 위해 주어진 과제와 관련된 자기와 타인의 동기에 조화를 이루는 방법이 필요하다.

4) 케스틴버그 동작 프로파일: KMP

정신과 의사이며 정신분석자인 Judith Kestenberg 박사는 LMA 개념을 프로이트의 심리성적 발달과 관련된 신체동작 패턴과 리듬 패턴의 연구로 통합시켜 개인의 심리운동 발달을 측정하는 동작 진단의 체계로 만들었다. 이것이 KMP(Kestenberg Movement Profile)이다.

심리성적 발달단계에 따르는 동작과 리듬의 패턴은 다음과 같다(Loman, 1995).

첫째, 구강기(Oral phase) 동작리듬은 '빨기리듬'과 '깨물기 리듬'이다.

빨기 리듬은 생후 6개월 사이에 부드러운 흔들림의 동작을 통해 양육자와의 결합, 자기위안이 추구된다. 이 동작의 요소는 수평적 차원에서 일어나며, 무엇이든지 입에 넣고 빠는 것을 즐긴다.

깨물기 리듬은 치아가 나오는 시기(생후 6개월~1년)에 입의 불편감과 근육 긴장을 해소하기 위해 예리하게 수축하여 경계성의 형성과 분리 기능을 하는 중간 단계의 동작 리듬이다. 음식물을 자르는 실용적인 기능을 하지만 두드리기 흔들기, 박수 치기, 강타하기 등의 힘을 가하는 행동으로 나타난다.

둘째, 항문기(Anal phase)(생후 1년~18개월)의 리듬은 '항문 비틀기'와 '항문 조이기' 리듬이다.

항문 비틀기 리듬은 외부 공간을 기어가고 적응하기 위해 허리와 골반이 유연해진다. 이 리듬은 괄약근에서 시작되어 척추전체의 움직임으로 나타나 몸 전체에 퍼진다. 이 시기에 아기는 몸의 이동 기술을 습득하는데 장난을 치고 즐겁게 놀기도 하면 수줍어하기도 한다. 때로는 음식을 문질러대거나 손가락 페이팅 같은 창조적 어지르기를 즐긴다.

항문 조이기 리듬은 대변 통제, 기어오르기, 자율성, 안정성, 조직성, 수직성, 직면성, 의도성, 자기(self) 표현, 중력에 적절한 대응 등의 발달 과제가 이 시기에 나타난다. 이 시기는 수평 차원에서 수직 차원으로 이행하여 직립해서 세상과 직면하는 과도기이다. 찰흙으로 물건 만들기, 그릇 속에 물건 던져 넣기, "아니."라고 강하게 주장하기, 자신을 내세우기, 화를 내는 시기이다.

셋째, 요도기(Urethral phase)(3세~3세 반)에는 '요도달리기' 리듬과 '요도달리기-정지-다시가기' 리듬이 발달한다.

요도기 리듬단계의 발달 과제는 신체 이동, 신체조작, 정지를 잘 못하지만 달리기 학습이다. 목적 없이 자유롭게 움직이는 단계이다. 수직 차원의 안정성에서 전후차원으로 자유롭게 움직인다. 이 리듬은 소변의 흐름 리듬이 시작되는 괄약근에서 비롯된다. 놀이기구를 쫓아가고 붙잡는 활동이 대표적이다.

요도달리기 정지-다시가기 리듬은 소변 통제에서 습득한 리듬처럼 달리는 동안에 넘어지지 않고 정지하고 다시 가기 행동이다. 이 시기에 발달하는 동작 특징은 빠르고 급한 시간 감각을 가진 갑작스럽고 예리한 동작을 할 줄 안다. 물 뿌리기, 신호등 놀이, 의자 빼앗기 놀이를 즐긴다.

넷째, 성기기(Genital phase)는 4세경의 내부 성기기와 5~7세경의 외부 성기기로 나뉜다.

내부 성기기의 발달 과제는 과거의 욕구와 현재의 욕구를 통합하는 일이다. 이 시기에 아이들은 내부 골반 기관에서부터 나오는 파도 같은 리듬감각에 흥미를 갖는다. 성숙한 양육행동같이 인형놀이를 하지만 문란한 상태로 퇴행하는 행위 사이를 오락가락한다. 자신의 욕구를 충족시키는 데 무엇이 필요한지 불분명해서 심술부리기 시작한다.

외부 성기기에는 관심이 외부로 향해 지면서 전체근육과 대근육을 쓰는 활동이 발달하고 친구관계도 발달한다. 이 시기의 동작 특징으로는 외부 성기로부터 비롯되는 점프하고, 도약하는 강하고 결렬한 움직임이다.

정상적인 아동일 지라도 어느 단계에서든지 이전 단계에서 달성하지 못한 동작의 숙달을 위해 퇴행한다. 이런 일시적 퇴행은 현재 단계의 발달 과제가 너무 압도적일 경우 신축성을 나타내는 것이다.

치료자가 내담자에게 사용하는 캐스틴버그의 동작기법으로 동조(Attunement) 기법와 조절(Adjustment)기법이 있다. 이 기법들은 치료 관계에서 공감, 신뢰를 나타내는 비언어적인 표현이다. 이 기법은 거울되기(mirroring) 같은 일종의 반영기법의 변화된 형태이다. 동조는 반드시 신체동작을 모방하는 것이 아니라 내담자의 근육긴장의 변화를 리듬으로 반영하고 공유하는 행동이다. 그래서 긴장흐름의 동조(Tension-flow Attunement)라고 생각할 수 있다. 조절은 여러 사람들 간의 관계에서 호흡 패턴의 유사성 그리고 신체 형태의 유사성을 공유하는 행동이다. 형태흐름의 조절(Shape-flow Adjustment) 이 두 가지 능력은 치료자의 치료적 능력을 높여준다.

KMP를 적용한 치료 사례는 다음의 사례연구 난에서 제시할 것이다.

5) 동작 관찰 척도

다음의 동작 관찰 척도는 원래 Arlynne Smuels(1972, Levy, 1988, pp. 211~214, 재인용)가 제작한 것으로 후속 치료자들이 흔히 에포트의 정도를 측정하기 위해 최신화해서 사용한다.

동작 관찰 척도

에포트-흐름(Effort-Flow): 동작의 긴장

묶인 1-2-3-4-5 자유로운

자유로운 1-2-3-4-5 묶인

자유로운 동작에서 묶인 동작으로 변화했나? ____________________

묶인 동작에서 자유로운 동작으로 변화했나? ____________________

갑작스런 동작 ______________ 지체된 동작 ____________________

에포트 요소들(Efforts):

공간:

직접적(직선의, 빗나가지 않은) 1－2－3－4－5

간접적(나선형의, 융통성 있는) 1－2－3－4－5

시간 :

느린(지체된, 꾸물거리는) 1－2－3－4－5

빠른(갑작스런, 즉시적인) 1－2－3－4－5

힘 :

강한(힘센, 격렬한) 1－2－3－4－5

가벼운(무게 없는, 떠 있는) 1－2－3－4－5

형태-흐름(Shap-Flow): 몸을 향하는 동작과 몸에서 멀어지는 동작

안에서 밖으로 ______________________

밖에서 안으로 ______________________

형태(Shape):

오르는(올라가는) ______________________

가라앉는(내려가는) ______________________

넓어지는(펼쳐지는, 팽창하는) ______________________

좁아지는 ______________________

나아가는(앞으로 전진하는) ______________________

물러가는(위축되는) ______________________

공간경로(Path in Space):

단면적(한 차원의 직선석 동작) ______________________

역전적 ______________________

양면적(두 차원 사용, 구불대는) ______________________

평면차원(Planes):

(기초적 강조)				(부차적 강조)	
수직적	________	위/아래	________	옆으로	________
수평적	________	옆으로	________	앞/뒤로	________
전후적	________	앞/뒤로	________	위/아래로	________

신체태도(Body Attitude): 일어난 동작이 몸 안에서 유지되는 특성

좁은 ____________________

중립적 ____________________

넓은 ____________________

가라앉는 ____________________

기타 ____________________

운동범위(Kinesphere):자신의 신체 주위의 개인 공간의 범위

작은 1-2-3-4-5 큰

구체적 영역들:

높은_____ 앞으로_____ 중간_____ 옆_____ 낮은_____ 뒤_____

제스처(신체부분의 동작) · 포스처(몸전체에 퍼진 그리고 전체가 관여된 동작):

제스처 1-2-3-4-5

포스처 1-2-3-4-5

포스처에서 제스처로

제스처에서 포스처로

변화의 비율

동작이 일어나는 신체 부분:

손_____ 발_____ 다리_____ 팔_____ 머리_____ 몸통_____

눈접촉:

없음 1-2-3-4-5 많음

몸통참여: 몸통이 어떻게 사용되느냐의 방법

한 단위 동작 ____________________

수직 차원의 한 단위 동작 ____________________

두 단위 동작 : 상부____________ 경직 하부 경직 ____________

신체 축 확대(열려지기, 넓어지기) ____________________

하부와 반대로 비틀기 있음 ____________________

하부와 반대로 비틀기 없음 ____________________

몸통의 일치적 사용-몸통의 불일치적 사용 ____________________

긴장 영역

얼굴____ 입____ 턱____ 목____ 어깨____ 가슴____ 등____

중간부분____ 골반____ 팔____ 손____ 손가락____ 다리____

리듬: 신체 부분들의 일치성

비일치적 1－2－3－4－5 일치적

에너지 수준

낮음 1－2－3－4－5 높음

표현의 양(동작을 통한 감정표현의 양)

제한된 1－2－3－4－5 확대된

표현의 종류: 표현의 질적 특성

비특질적 1－2－3－4－5 특질적

자발성 빈도:

비자발적 1－2－3－4－5 자발적

타인과의 반응:

비반응적 1－2－3－4－5 반응적

비주도적 1－2－3－4－5 주도적

3. 치료단계와 회기 과정

심리치료 분야에서 치료회기 단계와 과정들에 대해 다양하게 연구되었다. 집단상담 심리치료 영역에서는 집단 역동의 전개과정에 따라 초기단계, 과도기 단계, 작업단계, 종결단계로 구조화하여 회기 과정을 이해하고 진행하고자 하고 있다.

다음은 동작 심리치료 및 예술심리치료 과정에 적용되는 치료의 단계 및 회기과정을 소개한다.

1) 예술치료를 위한 융 심리치료 단계

분석치료자로서 심층무의식 이론을 예술치료를 실천하는 데 필요한 예술심리치료 과정 이론으로 구조화 했던 융의 회기 구조 4단계는 다음과 같다(Richard & Clara trans.1989). 둘째 단계부터 예술적 탐색과 표현이 계속되고 언어치료가 병행된다.

첫째, 고백단계에서는 내담자가 자기 생활에서 오는 문제와 증상에 대해서 말하기와 치료자는 내담자와 신뢰관계를 형성하기 위해 내담자를 경청한다.

둘째, 해명(설명)단계에서는 떠오르는 이미지와 환상을 그림이나 동작으로 표현한다. 첫 단계에서 말해졌던 문제나 주제에 대해서 깊이 자각되고 그 의미들이 탐색된다.

셋째, 교육단계에서는 자각되고 탐색된 의미들을 다시 재조직하고 현실 생활에 적용할 수 있는가에 대해 탐색하고 연결짓는다. 이 단계는 내담자의 치료회기를 현실적으로 유용하게 만들려는 사회적 태도를 발달시키기 위함이다.

넷째, 변형단계에서는 사회적 차원의 변화를 넘어서는 자기반영이 계속되고 더 높은 정신영적 차원을 지향함으로써 통합된 자기(Self)의 실현 단계로 나아가는 개성화(Individuation)과정을 계속한다. 일종의 연금술적 변형단계라 하여 단선적이고 연속적 개념의 변화와 구별하는 경향이다.

2) 표현예술치료 5단계 심리치료 과정

동작중심 표현예술치료에서 중심적 역할을 하는 게슈탈트 치료자이며 표현예술치료자인 Halprin(2003)은 표현예술치료 과정의 전개와 진행을 다음 5부분으로 구조화하였다 [그림 13].

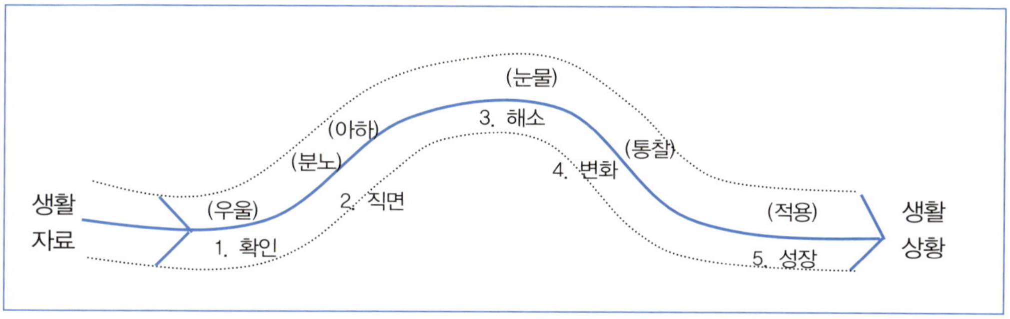

[그림 13] 치료의 5단계 과정

첫째, 발견(Idenification)의 단계에서는 내담자의 생활문제나 증상에 관련된 자료들을 발견하고 그 중 의미 있다고 여기는 자료에 초점을 맞추어 작업주제를 선택하고 그 주제를 표현하여 이름 짓기를 한다. 마치 예술작품에 제목을 달듯이 자신의 치료회기에서 다루고 싶은 작업 주제를 선택한다.

둘째, 직면(Confrontation) 단계에서는 이전 단계에서 선택된 문제나 주제에 더 깊이 들어가서 탐색하여 만난다. 이 단계에서 개인 무의식(그림자) 차원의 자료들을 직면한다. 대부분 부정적 이미지와 강한 감정들과 마주친다. 이 감정들은 난국과 장애 탐색 결과 직면되는 미해결 과제와 관계된 미해결 감정들이다.

셋째, 해소(Release) 단계에서는 직면된 부정적이고 강한 감정들을 방출하거나 내보내기(letting go)를 통해 부정적 감정의 헤소나 감소를 경험하는 단계이다. 결국 난국과 미해결 과제에 대한 감정이나 이미지가 감소하거나 해소된다.

넷째, 변화단계(Change) 단계에서는 해소의 결과로 새로운 감정과 이미지가 떠오름에 따라 새로운 상태에 도달하고 통찰이 일어난다. 이 단계에서 필요한 일은 해소와 변화의 상태를 내적으로 각인시키는 일이다.

다섯째, 성장(Growth) 단계에서는 이전 단계에서 변화되고 통찰된 것들을 내담자의 현실 생활에서 적용하는 일이다. 적용의 다양성과 창의성이 요구되므로 창의적인 문제해결이 된다.

위의 단계들은 심리치료단계들을 직접적으로 동작 중심 표현예술치료에 적용한 것으로 매 단계 마다 언어표현과 함께 동작 표현으로 진행된다. 예를 들면 문제나 주제의 발견 단계에서도 동작으로 생각하고 탐색할 수 있다, 동작표현의 유도를 위해 그림그리기와 언어사용이 병행된다.

이 5단계들은 장기치료 과정에서 순환적이고 반복적으로 나타날 수 있지만 단회기의 동작 과정에서도 보다 H & N의 즉시성과 즉흥성에 따라 여러 단계들이 각각 독자적으로 나타나기도 하고 또는 서로 연결되어 분명하게 나타날 수 있다. 이것이 동작이 가지고 있는 무의식성이 동작 표현에 의해 상징성을 띄면서 게슈탈트의 형성과 해소가 즉시적으로 가능하다는 장점을 지닌다.

3) 동작 심리치료의 단회기 과정들

우선 Stanton-Jones(1992)는 개인 회기와 집단회기 모두를 위해서 다음과 같은 단계들을 적용한다.

첫째, 시작의 원(Check-in circle) 단계에서는 내담자들이 자신의 문제와 증상에 대해 말하고 치료자는 경청한다. 초기 단계에서 초점두기와 목표 설정을 위해 척도질문을 사용하는 것이 좋다. 집단일 경우는 원으로 둘러앉고 개인회기일 경우는 넓은 방 한켠에 놓아둔 두 개의 의자에 서로 마주보고 앉는다.

둘째, 준비운동(Warm-up exercise) 단계에서는 동작연습에 사용될 음악이 선택된다. 다음단계에서 개인 내적 자료를 탐색하고 표현할 때 음악은 별로 도움이 되지 않을 수 있으므로 주로 준비단계에서 음악의 도움으로 동작에 접근한다. 동작의 기본적인 형태요소를 이용하는 수직차원, 수평차원, 앞뒤전후 차원의 동작들을 사용한다. 치료자들의 특성에 따라 다양하겠지만 이 단계에서 개인 동작의 범위(ROM)이 확장이 추구된다.

셋째, 주 과정(Main process)단계에서는 내담자로 하여금 동작을 통한 자유연상과 동작표현을 촉진하게 하고 이와 병행하여 언어반응도 한다. 이 단계에서 치료자는 반영기법과 심미적 반응 기법을 사용한다.

넷째, 종결의 원(Check-out circle)단계에서는 이전 모든 단계들의 경험을 서로 언어적으로 표현하고 나눈다. 큰 방안에 원으로 둘러앉거나 방 한켠에 있는 의자에 마주보고 앉는다.

다음은 A. Halprin(2000; 임용자 · 김용량 역, 2002)의 치료 회기를 요약한 것이다.

첫째, 시작의 원(Check-in circle)단계에서는 다른 치료 과정과 유사하다. 내담자들이 그 동안에 자신에게 일어났던 좋은 일과 나쁜 일들에 대해 말하면 치료자는 경청하고 내담자의 현재 감정을 묻는다.

둘째, 탐색단계로서 내향화 단계라고 한다. 이 단계는 일종의 준비(Warm-up)작업단계로서 자신의 내면으로 들어가서 내적 자료를 탐색하는 내적 탐색의 단계이기도 하다. 감각자각과 호흡자각을 이용해서 내면으로 들어가거나 내면의 동작 충동이 탐색되면 동작 자체를 탐색의 도구로 사용 할 수 있다. 그러나 치료자가 이 단계에서 선택하는 기법에 따라 이 단계의 명칭이 달라질 수 있다. 조용한 방법이라면 내향화 단계라고 말해도 된다.

셋째, 표현단계는 외향화 단계라고 한다. 이전 단계에서 탐색되고 자각된 이미지와 감정들을 동작으로 표현할 뿐 아니라 그림 그리기와 글쓰기 및 언어 표현이 병행된다. 이 단계에서 탐색이 더 깊이 이루어져도 된다.

넷째, 종결의 원(Check-out circle)에서는 회기과정의 경험을 나누고 헤어진다. 동작의 형태로 종결할 경우에는 원으로 둘러서서 간단히 감정표현을 하고 끝내는 동작을 다 같이한다.

시작이나 종결의 형태를 원으로 표현하는 대신에 시작 나누기, 종결 나누기라고 말해도 되지만 이 말들이 무용 동작 회기의 특징을 나타내는 용어들임을 말해 두고 싶다.

마지막으로 모든 형태의 치료와 치료자들에게 인본주의적 치료 관계나 태도들이 기본적인 기법으로 간주하므로 마리안 체이스의 회기과정을 소개한다. 대부분의 치료자들이 체이스의 단계에 따라 3단계로 회기를 나누기도 한다.

첫째, 준비(Warm-up)단계에서 제일 먼저 하는 활동은 초기접촉(initial contact)으로 내담자들이 서로 만나서 상호작용 하는 단계이다. 주어진 낯선 그 순간에 투사되는 내담자 감정들에 대해 특정 개입의 형태를 띠고 서로 의사소통하고 접촉하도록 돕는다. 그 개입의 방법으로 동작을 통해 거울 되기(mirroring)또는 공감적 반응하기, 동작 이끌어내기. 동작 명료화와 동작 확대하기, 동작으로 주고받는 동작대화의 방법을 사용한다.

초기 접촉이 끝나면 집단원의 형태로 무용회기를 갖기 위해 평안한 느낌으로 서서히 집단의 한 부분이 되도록 한다. 그리고 신체 차원의 동작 연습으로 단순한 형태의 집단 리듬 동작(예를 들면 민속 음악에 맞춰 발 구르기 등)을 한다. 이 동작들을 서서히 신체부분들에 들어있는 동작 표현을 하도록 돕는다. 이때 언어표현도 함께 한다. 이 활동은 내담자들이 즐거운 신체 행위의 동작이 일어나도록 돕는다.

둘째, 주제발달(Theme Development) 단계에서는 개인이나 집단의 감정을 선택하여 치료자 자신이 치료적 도구가 되어 그 감정을 언어적 그리고 비언어적으로 반영한다. 그리고 내담자의 동작을 명료화시키고 확대한다.

이 과정에서 언어, 동작, 이미지를 함께 사용하는 예를 들어본다. 만약 한 내담자가 무의식 적으로 몸을 양쪽 옆으로 흔들면서 "내 등에서 내려와."라고 말한다면 치료자는 단순히 이 동작을 강화하고 동작과 함께 말이나 소리를 첨가하여 내담자의 감정을 반영함으로써 집단원들의 주의를 이끈다. 그리고 집단원들로 하여금 이 동작을 리듬 있게 계속하면서 말이나 소리를 배합하도록 촉진한다. 이렇게 표현이 더 발달하는 과정에서 내담자의 표현 뒤에 있는 의미에 초점을 맞추어 그 의미를 명료화 시키도록 돕는다. “너의 등 위에 무엇이 있지?” “네가 누군가에게 말한다고 상상해 보아.” “만약 너의 등에 무엇인가 있다면 그것이 어떻게 느낄까?” “그게 누구일까?” 이런 질문들을 한다면 그 이면의 갈등과 심리적 자료들을 들추어내면서 동작 작업이 더 발달될 것이다. 때때로 내담자에게 동작의 패턴을 제시하기도 한다.

셋째, 종결(Closure) 단계에서는 내담자들이 회기과정에 대한 만족함과 해결감을 가지도록 지지적 종결을 한다. 집단원들을 다시 원으로 서게 하여 서로 연결감과 지지감, 그리고 서로의 감사함을 갖도록 반복적인 공동체적 동작을 한다. 그리고 나서 마지막으로 집단원들이 자발적으로 경험을 나눌 것이다.

4. 적용 사례들

동작을 예술심리치료적으로 적용하는 사례들을 소개함에 있어서 우선 단회기를 성공적으로 이끄는 전형적인 개인치료 사례를 소개함으로써 이 분야의 치료 공부를 하는 학도들에게 도움을 주고자 한다. 그리고 집단프로그램을 구성하는 데 도움을 주고자 동작 표현예술치료 프로그램의 내용을 사례로 제시한 다음 증상 대상별로 접근한 사례를 제시한다.

1) 신체 심리치료 사례

다음 사례는 Totton(2003) 실제 사례가 아닌 전형적 모범사례를 단순화 시켜 제공함으로써 치료회기 내에서 일어나는 일을 좀 더 쉽게 이해하도록 만든 것이다.

(1) 두통환자의 사례

한 남자 내담자는 ‘정신을 잃을’ 정도의 두통 때문에 일주일에 한번 씩 치료자를 만난다. 그는 치료자에게 지난 주일을 어떻게 보냈는가에 대해 치료자에게 말하고 두통 때문에 그가 무슨 일에도 집중할 수 없었음을 호소한다. 그러자 치료자는 "우선 그 두통에 대해 초점을 맞추어야 되지 않을까요?"라고 제안하고 "그 두통이 어떻게 느껴지는지에 대해 더 정확히 말해 주겠어요?"라고 주제 속으로 더 깊이 들어가도록 안내한다.

내담자는 이전 회기에서 자신의 몸의 상태에 초점 맞추는 데 익숙해져 있다. 그는 자신의 두통에 대한 내적 자각을 명료화하기 위해 잠시 말을 멈춘다. 이때 치료자는 그가 두 눈들을 조이면서 그의 목을 끌어당겨서 자라모양으로 두 어깨 사이로 움츠리는 행동을 관찰하였다. 그 내담자는 "대부분 내 눈들과 이마 주변에서 느껴져요." "그게 칼로 찌르는 것 같은 고통이고. ……마치 누군가 못을 내 이마 속으로 박아 넣고 있는 중인 것 같아요."라고 천천히 설명한다.

"당신은 아마 나에게 그것을 보여 줄 수 있어요?" "어떻게 당신이 못을 박고 있는 것같이 그렇게 할 수 있는지 그런 종류의 고통을 느낄 수 있도록 어떻게 못을 박는지를 보여주세요."라고 치료자가 제안하고 일어서자 내담자는 치료자 앞으로 다가와서 서서 마임 같은 동작으로 손에 못과 망치를 들고 치료자의 눈 사이 이마에 망치질을 하는 것 같은 동작을 한다. 매번 망치질을 할 때마다 그는 신음 소리를 내면서 그의 이빨들을 뒤로 잡아당겨서 그가 먼저 했던 자라동작처럼 한다.

치료자는 재빨리 다른 대안들을 생각해 내어 그로 하여금 더 많이 소리를 내도록하여 공격성과 폭력성의 신체적 표현을 더 강하게 하도록 요구하고 지지한다. 이 공격성들은 아마도 그의 두통 이면에 억압된 분노일 것이다.

치료자는 이것과 관련하여 다른 어떤 문제가 있는지를 탐색하였다. 그 내담자는 치료자에게 상처를 주는 행동을 하고 있는 것처럼 보이고 이 행동은 치료과정에 중요한 어떤 것을 나타내고 있는지 모른다. 비록 몇 초 만에 결정한 것이지만 치료자가 그 장면에서 결정한 것은 이 '두통'의 목적을 탐색하기로 한 것이다.

"자 이제 당신의 두통이 되어 보세요." "당신은 이제 두통입니다. 당신은 그(내담자 이름을 부르는 것이 좋다)에게 두통을 주고 있는 당신의 한 부분입니다. 당신은 그에게 왜 이런 고통을 주어야 할 필요가 있는지 그에게 말해 줄 수 있어요?"라고 제안하고 요청한다. 그리고 치료자는 직접적으로 두통이 된 내담자에게 말하기를

" '두통 메이커' 당신은 나에게 왜 이런 일을 하고 있지요? 당신은 무엇이 필요하지요?"라고 묻는다. 이 장면에서 사실상 치료자는 고통 받는 내담자가 되어 내담자의 일부가 된 '두통 메이커'에게 대화를 하는 게슈탈트 대화를 내담자를 대신해서 말해 주고 있다.

내담자는 본능적으로 '두통 메이커'가 되어 자신에게 대답한다. "나는 너의 주의를 산만하게 하려고 노력하는 중이야."라고 투덜거리며 말한다. "나는 네가 많은 일들에 대해 심각하게 생각하기를 그만두기를 원해. 이제 그만해! 생각하기 중지!" 그는 점점 더 격렬해지면서 치료자의 이마에 '망치질하기'를 계속한다.

치료자는 여전히 고통 받는 내담자의 역할을 하면서 묻는다. "내가 계속 생각한다면 무슨 일이 일어날 것 같은가?" "내가 생각하면 안 되는 그것이 무엇이지?"

" '순이'에 대해서야."라고 내담자가 소리쳤다. '순이'는 내담자의 애인이다.

" 생각하지 마." "무엇에 대해서?"

"'순이'와 헤어지는 것에 대해서 !"

그리고 그는 자기가 한 말에 대해서 충격을 받았다. 그는 망치질을 그만두고 깊이 숨 쉬면서 약간 멍하니 바라보면서 서 버린다. 치료자는 그에게 회복할 시간을 주려고 두 사람은 의자에 도로 앉아 조용히 머문다. 치료자는 그의 두통을 '정신을 잃을' 정도라고 묘사한 일을 기억한다. 이제 내담자와 치료자 모두 그의 정신을 잃게 하는 것이 무엇인지를 알게 되었다고 치료자가 생각했다. 내담자가 한편으로 오래사귄 애인과 헤어질 것을 원하고 있다 할지라도 그 역시 그 결과에 대해 두려워하고 있으며 자신의 불만족을 보지 않으려고 한다.

그들이 이런 대화를 하는 동안 치료자는 역시 경미한 두통을 느끼고 불편스러웠다. 치료자가 이런 식으로 내담자의 과정을 반영할 때는 특히 치료자를 긴장하도록 만드는 어떤 것이 있다고 알고 있다. 치료자는 '정신을 잃게 하는 플래시' 속에는 내담자의 진정한 감정을 감추어 버리는 부정적인 세력이 있음을 알았다. 치료자의 경험으로 보아 그것들을 충분히 이해한다면 긍정적이고, 창조적인 기능이 있다. 그것이 긍정적인 기능을 할 경우 그에게 무언가 감추기 위해 '정신 잃음'을 가져오는 기능과 빛을 향해 일들을 열어주는 기능 이 두 가지를 모두 해준다.

이러한 견해를 내담자와 나누기를 할 때 내담자는 긴장이 된다. 왜냐하면 그 내담자가 모든 세세한 부분에 "너무 많이 생각한다."고 치료자에게 투사하는 자신이 싫어지기 때문이다. 이점을 치료자가 지적한다. "자, 당신이 당신 자신에게 하듯이 내 이마에 망치질을 할 때 바로 당신이 한 말이 바로 '생각하기 중지!'이다."

이와 같은 치료자와의 전이 관계는 다른 회기에서 더 다루어진다.

(2) 가족폭력 경험자의 사례

이 남자 내담자는 2년 동안 일주일에 2번씩 치료 회기에 온다. 그가 어렸을 때 아버지에게 당한 신체적 폭력은 그의 생활에 부정적 영향을 주었다. 치료자는 많은 고통이 그의 몸속에 축적되어 있음을 알고 있다. 그러나 치료자는 그 고통을 파헤치는 데 매우 조심해 왔다. 왜냐하면 그 고통의 감정들을 안전하게 수용할 수 있을 한 내담자의 고통의 감정을 재차 자극하길 원치 않았기 때문이다.

그러나 최근에 내담자가 치료자에게 느꼈던 의심과 불신을 회기 중에 작업해 왔으므로 이로 인해 내담자에게 그의 외상적 자료가 느껴지지 않을까 하고 치료자는 생각하고 있다. 회기 중에 내담자는 "나는 상당히 두려움을 느끼고 있어요. 당신에 대한 두려움은 아니에요. 그러나 이제 당신을 상당히 신뢰하게 되었어요. 그러나 표면 아래, 그 밑에 성가신 공포감이 있어요."라고 한다.

"당신이 공포스럽다고 느끼는 것을 어떻게 알게 되었지요? 공포처럼 느껴지는 그 무엇을 경험하고 있느냐는 말이지요."라고 치료자가 물으면서 내담자로 하여금 자신의 신체경험과 연결시키도록 안내하고 지금 일어나고 있는 것이 바로 그것이라고 알려주고 있다.

"음, 나는 차갑다고 느끼고 있어요. 그리고 뱃속이 거북하고, 거북하기보다 더 불길하게 느끼는 것 이외에……. 내 숨을 고르게 잡을 수가 없고……. 가슴이 이상하게 느껴지고……."라고 천천히 대답한다.

"어떻게 이상해요?"

"……같이. ……같이 얼어붙은 느낌이다. 검은 색. 얼어붙은 검은 호수같이 느낀다."

내담자는 고통스러워지고 있다.

치료자는 내담자가 땀을 흘리면서 창백해져 있고 그의 목소리는 마치 숨 쉬려고 투쟁하는 것처럼 애쓰고 있는 것을 보고 안다.

치료자는 침착함과 이완의 상태를 유지하면서 반응한다. "으음. 좋아요 ○○씨. 하나의 얼어붙은 검은 호수같이. 그저 맘 놓고 그 이미지의 정반대 이미지가 무엇인지 말해 봐요. 얼어붙은 검은 호수의 반대되는 어떤 것을 마음속에 그려 볼 수 있어요? 마음에 떠오르는 무엇이 있나요?"

내담자는 잠시 침묵한다. "해뜨기……, 나는 해 뜨는 것을 보고 있고……. 당신이 알고 있듯이 온통 빨갛고, 오렌지색이고 노란, 열려지고 있는 모든 것 그리고 따뜻해지는 모든 것……."

"좋아요. 해뜨기 그것은 아름답지요. 그 이미지에 머물러 있어요. ○○씨 그리고 지금 당신의 몸속에 무엇을 경험하고 있는지 나에게 말하세요."라고 치료자가 말한다.

"아직도 차갑게, 그러나 이제 좀 편해진 것 같아요." 내담자는 이제 눈에 띄게 덜 고통스러워 보인다. 그러나 아직도 창백하게 굳어 있다. 그의 호흡은 점점 깊어진다. "내 뱃속에 거북한 것들이 없고……. 박쥐들……. 종각 속의 박쥐떼처럼! 이제 내 가슴속으로 그것들이 날아오르려고 한다."

"그것들이 날아오르도록 내버려두어도 괜찮을까요? 해 뜨는 곳 높이 날아오르도록?"

내담자는 이 이미지를 내면적으로 그렇게 되는지 검사하기 위해 침묵한다. "예, 괜찮다고……. 느껴져요. 나는 그들을 그렇게 날아오르도록……. 내버려두고 있어요. 그렇지만……, 모든 것을 떨리도록 만들어요."

치료자는 내담자의 가슴과 몸통이 정말로 떨리는 것을 볼 수 있다. 치료자는 이것이 내담자의 몸속에 묻혔던 고통이 방출되는 긍정적인 표시로 인정하고 그 움직임을 지속하도록 장려한다.

"좋아요, ○○씨 그렇게 잘 떨도록 하는 일……. 그건 좋은 거예요. 박쥐들이 멀리 날아가도록 하세요. 당신 자신을 그냥 그렇게 떨도록 내버려두세요. 좋아요. 그것들이 퍼져나가도록 하세요."

그 떨림은 내담자의 가슴으로부터 나와서 그의 어깨 동작과 팔 동작으로 점 점 강하고 충분하게 떨며 퍼져나간다. 치료자는 이 떨림의 동작이 자연적으로 사라질 때까지 지지하고 장려한다. 내담자는 깊은 호흡을 쉬면서 점차적으로 그 떨림이 사라지면서 안정된다. 그는 두 눈을 감는다.

"이제 어떤 느낌이 드세요?"

"좋아요."라고 천천히 말한다. "아주 좋은 느낌……. 이상하지만 좋은 느낌이에요. 이완된……."

치료자는 그들의 치료 여행이 다음 단계에 도달했음을 알고 있다. 궁극적으로 그 내담자는 그의 신체 지각 및 이미지를 그의 고통스런 사건의 기억들과 연결시킬 것이다.

2) 동작중심 표현예술치료 사례

(1) 비만 여성의 사례

이 여성 내담자는 세 번째의 동작중심 표현예술치료 회기에 왔다. 내담자는 치료자에게 그녀가 자신의 몸을 얼마나 좋아하지 않는다는 것에 대해 이야기하기 시작한다.

"내 몸이 너무 크고, 너무 뚱뚱하고, 너무 무거워요. 내 몸이 바보 같고 어색한 게 싫어요. 내가 무겁게 쿵쿵 거리고 사람들과 부딪히는 게 너무 싫어요."

치료자는 그녀가 소파위에서 몸을 움직이면서 이 이야기를 하는 동안에 그녀가 설명하는 것들을 행동화하고 있는 것을 목격했다. 그리고 그녀는 이 이야기에 진정한 분노가 들어 있을지라도 이것을 유머스럽게 패러디하고 있었다.

"그것이 어떠한지 제게 보여 주시겠어요?"라고 치료자가 제안한다.

"이렇게 크고 바보 같고 어색하고."

"그것이 어떻게 움직이지요?"

치료자가 장려해 줌에 따라 내담자는 일어서서 그 방안을 풍자스러운 모습으로 돌아다니고 치료자는 조용히 그녀가 하는 대로 따라다닌다. 치료자는 자신이 몸이 큰 여성의 역할이 되어 내담자의 동작들을 과장하는 방식으로 내담자의 동작을 거울 반영한다. 그러자 곧 치료자와 내담자 두 사람은 같이 껑충거리며 방안을 돌아다니면서 세차게 웃는다. 내담자는 "이건 뚱보들의 춤이야!"라고 외친다. 그녀는 재미있게 이 동작을 했지만 내담자에게는 심각한 어떤 점이 있었고 치료자는 내담자가 한 동작들 가운데 동물 같고 공격적인 점이 있음을 알아차리기 시작했다.

치료자는 내담자가 한 동작들 가운데 이런 새로운 특징의 동작을 거울반영 해 줌에 따라 내담자 이것을 선택해서 자신의 동작을 한다. 이 때 치료자는 뒤로 물러나서 소파에 앉으면서 내담자에게 춤출 공간을 내어준다.

"춤을 계속하세요. 내게 그 감정을 보여 주세요."라고 치료자가 말한다.

내담자는 고릴라 같은 어떤 점을 동작으로 표현하기 시작한다. 그녀는 손으로 가슴을 두드리고 으르렁거리는 얼굴표현을 한다. 이 때 치료자가 묻는다.

"그것과 함께 나오는 무슨 소리가 있어요?"

그러자 내담자는 몇 분 동안 으르렁대고 '어흥' 하는 소리를 낸다. 그러자 치료자가 여기에 함께 참가하여 두 고릴라가 서로 으르렁대는 동작과 자세를 한다. 다시 이 고릴라들의 춤은 앞서의 뚱보들의 춤과 같이 재미있는 춤으로 되었고 일 분 후에 내담자와 치료자는 둘이 지칠 정도로 웃어대고 난 후 자연스럽게 느끼면서 소파에 와서 앉았다.

"뚱보들의 춤처럼 고릴라들의 춤도 그렇지? 쿵쿵대며 걷고 사람들에게 부딪치는 너의 몸이 마치 좀 공격적인 것처럼 보이지 않니? 몸이 좀 화난 것 같다고 생각되지 않아?"라고 치료자가 논평했다.

"내가 가슴을 치고 으르렁 대는 동안에 나는 생각하기를 나를 혼란스럽게 하지마! 만약 나를 혼란스럽게 하면 너를 가만 안 둘 기야!"라고 내담자가 말했다.

"그게 네가 일반적으로 사람들과 관계하는 방식이야?"라고 치료자는 상당히 확신을 가지고 물었지만 그 내담자는 잘 모르고 있는 것 같았다.

"아니오, 절대로. 내 친구들이 말하기를 내가 사람들이 나를 넘어 들어오도록 만든대요."

"네가 너 자신을 잘 보살피고 있는지, 아닌지 의아스럽다. 아마도 너의 몸을 좀 다른 방식으로 체험하기 시작 할 꺼다."라고 치료자가 제안을 한다.

"너는 사람들과 부딪치면서 쿵쿵거리며 다니는 방식을 싫어한다고 말했다. 그러나 그것은 단지 '나는 공간을 차지할 자격이 있어.'라고 말하고 있는 것이 아닐까? 남이 나를 넘어들어 오는 대신에 내가 넘어들어 갈 자격이 있다고 말야……."

그 내담자는 자신을 이렇게 본다고 하는 자신의 태도를 이해하려고 그렇게 열심인 것 같지 않았다. 그리고 치료자 역시 내담자가 이점을 잘 이해하는지 어쩐지를 알지 못한다고 곰곰이 생각하는 중이었다. 그러나 분명한 점은 치료자와 내담자 모두 자신들을 위해 창의적이고 유용하게 자신들을 탐색하는 방법-동작을 통한 탐색과 표현을 이용한 심리치료의 방법을 알고 실천했다는 점이 이 심리치료의 장점이다.

(2) 폭력 목격자의 사례

다음 사례는 D. Halprin(1999)의 동작 중심 표현예술치료 사례이다. 내담자의 배경은 다음과 같다.

> 원인 모를 탈모증 때문에 항상 아름다운 모자나 스카프를 머리에 두르고 다닌다. 통원 치료, 약물치료, 식이요법 등 모든 노력에도 불구하고 효과 없음에 대해 고통스러워하고 있다. 이 번 회기에 작업할 주제는 할프린 동작 중심 표현 예술치료 프로그램의 일부 중 '가면(Mask)과 이면(Unmask)' 프로그램에서 탐색된 주제를 가지고 작업한 내용을 소개한다.
>
> 내담자는 유아기에 부모가 이혼을 했고 이혼한 후의 어머니의 생활과 내담자가 관련된 주제가 탐색되었다. 내담자는 홀어머니와 함께 사는 과정에서 어머니의 남자 친구가 어머니를 죽이겠다고 위협하면서 저지르는 폭력상황을 여러 차례 경험했다.
>
> 내담자는 조용한 성격을 가진 여성으로 어머니의 힘든 삶을 이해하려고 노력하면서 자기가 어머니에게 말썽을 일으키지 않는 존재이기를 원했다. 이 작업주제의 탐색 중에 그린 그림으로 '분노의 화산' '괴물'이란 제목의 그림을 그렸다.
>
> 이 회기가 끝난 후에 자신이 가졌던 분노를 표현하는 편지를 썼고 이혼한 아버지에게는 그녀가 자기 생활에서 행하는 결정들을 지지해 줄 것을 요청하는 편지를 썼다. 이 회기 작업에서는 자기 어머니와의 갈등 및 미해결 감정을 다루었다.

회기 축어록은 다음과 같다.

▶ 치료자 : 캄캄하면 어떤 일이 일어 날 것 같은 상상을 하는가?

▷ 내담자 : 잘 모르겠다(울고 있다). 나를 잡아먹으려는 끔직한 괴물이 있다는 생각이 든다.

▶ 치료자 : 괴물이 되어 동작해 보라(상상과 상징에 의한 동작 지지).

▷ 내담자 : 할 수 없다. 너무 크고 무겁다(머리를 무릎 사이로 수그리고 수축된 자세로 몸을 둥그렇게 말고 있다).

▶ 치료자 : 그 자세로 머물러서 그 괴물에게 말해보라(게슈탈트 대화 촉진).

▷ 내담자 : 나는 생각 할 수도, 볼 수도 , 말할 수도 없다. 항상 이런 감정으로 지낸다.

▶ 치료자 : 그 끈적끈적한 감정과 함께 머물러 있으라(감정에 머물기를 안내). 그 끈적끈적한 감정을 동작으로 표현해 보라(감정에 의한 동작 안내).

▷ 내담자 : (내담자는 두 팔을 천천히 움직이기 시작한다. 그리고 고도로 수축되고 위축 된 동작을 한 뒤 그 동작에서 빠져나기 시작한다. 그녀의 팔들은 마치 그녀 의 입, 눈, 그리고 머리에서 무엇인가를 잡아당기는 것 같이 보인다.)

▶ 치료자 : 지금하고 있는 잡아당기는 동작을 계속하면서 그 끈적끈적한 것과 함께 머 물러 있으라(동작과 감정에 함께 머물기 안내).

▷ 내담자 : (팔 동작들이 서서히 힘 있게 된다. 그녀의 팔들이 흔들리면서 뻗쳐진다.)

▶ 치료자 : 이제는 네가 동작이 되어 말을 해보라(말하는 동작 안내).

▷ 내담자 : 나는 어둠이야. 나는 네가 볼 수 없도록 방해할 거야. 나는 네가 어떤 말 도 못하게 방해할 거야(말하는 동작을 계속한다).

▶ 치료자 :그 동작에 머물러 있으라. 그런 다음 그 동작을 발달시켜 보라. 그 동작이 가고 싶은 장소가 어디인가?(동작 안내하기)

▷ 내담자 : (팔과 손동작이 머리에서 무언가 잡아당기는 동작에서 밀고 때리는 동작으로 옮겨감.) 저리가! 나가! 저리가!(말하는 동작의 계속)

▶ 치료자 : 누구에게 말하고 있나?

▷ 내담자 : 그 괴물에게.

▶ 치료자 : 그 괴물이 어떻게 생겼는지 상상해 보라.

▷ 내담자 : 잘 모른다. 난 잘 모르는 이 감정이 싫다.

▶ 치료자 : 좋다. 괴물 동작으로 바꾸어 괴물의 동작으로 역할을 해 보라(역할 바꾸기 안내).

▷ 내담자 : 좋아. 이리와 봐. 난 너를 봐야겠다(내담자의 동작이 점점 거칠어지고 공격 적이 된다). 나는 너를 증오해. 나는 너를 죽일 거야. 반드시 죽일 거야! 맙소사. 이 괴물이 나의 분노이다. 난 너무 화가 나서 엄마의 남자 친구를 죽이고 싶어. 엄마가 우리를 위해 맞서 싸우지 않아서 나는 너무 화가 나 있어. 나 는 엄마를 더 이상 이해할 수 없을 정도로 지쳤어. 지쳤어. 당신들 모두 바보들!(내담자는 자신의 공격적 행동과 소리에 지침. 마치 화산이 폭발할 것 같음. 몇 분 후에 조용해짐). 나는 스스로 안전한 내 가정을 꾸미고 싶다.

▶ 치료자 : 지금 여기서 그걸 해보라(변화를 동작표현하기로 안내).

▷ 내담자 : (팔로 몸 주위에 원을 그리는 동작을 되풀이함. 자기 머리를 쓰다듬음. 방안을 걸어다니고 자기가 걸어다닌 상상의 원 안으로 발을 들여놓음. 그리고 치료자와 눈을 마주친다.) 좋은 느낌이다. 이제 나는 그걸 본다. 더 이상 아름다운 그림은 없다.

3) 증상 대상별 사례

(1) 자폐아 사례

자폐증 진단을 받은 4세 남아에게 KMP를 적용한 치료사례이다(Loman, 1995: 류분순, 2004 재인용). 내담자의 W의 배경은 다음과 같다. 하얀색, 단정한 옷차림, 조심스럽고 소심한 행동, 움츠러드는 행동, 눈맞춤 피하기, 발끝으로 걷기, 반복적 행동, 몸 흔들기, 머리 부딪치기, 말 않기 등이다. 검사결과 신경과적 장애는 없었고, 사립특수교육학교에 다닌다. 일주일에 2번씩 30분의 회기를 대근육 운동기구, 매트, 나무토막들을 넣는 상자가 있는 카펫이 깔린 큰방에서 진행하였다.

제1회기 요약: 관계 형성

회기목표는 새로운 환경에 대한 탐색을 돕고 치료자와의 관계 형성하기, 움직임의 유형 관찰하기, 함께 동작하기 이다. 함께 동작하기에서는 W의 동작에 반드시 맞추지 않고 감정이입의 느낌을 갖도록 W의 근육 긴장과 이완 패턴에 맞추었다.

회기 초에 W는 치료사에게는 거의 관심이 없이 풍선 돌리기, 튀기기를 했다. 치료사가 다른 풍선으로 그의 동작을 반영해 주면서 따라 다녀도 관심이 없었고 눈 맞춤도 피했다. 치료사가 눈 맞춤을 시도하려고 W와 마주보며 가지 못하도록 가로 막았다. 그 대결의 순간에 W는 치료사를 똑바로 보았다.

이 순간 치료 받던 다른 어린이 M이 우리사이로 걸어왔다. W는 아마 방해 받았다고 화가 났는지 드러누워 이를 보였다 . W는 M을 강하고 격렬하게 밀고 발로 찼다. 다른 치료사가 그들을 떼어놓고 이 공격 에너지를 다른 방향으로 창조적으로 배출하도록 하기 위해 풍선놀이로 다시 전환했다. W 의 공격적 움직임과 강렬한 소리의 상호작용이 점차 누그러졌다.

제2~3회기 요약 : 자기 주장적 동작과 항문기 동작

W가 회기에 늦게 도착했을 때 M과 K는 이미 치료를 시작하고 있었다. 처음에 W는 화가 나서 매트위에서 매우 격렬하게 발을 굴렀다. 치료사는 근육긴장과 몸의 형태를 그대로 흉내 냈다. M이 즐거운 듯 W를 바라보고 그에게 갔다. W는 입을 열고 이를 드러내면서 뻣뻣한 근육긴장을 계속하면서 M이 다가오는 것에 저항했다. 아무런 공격적인 행동은 하지 않았다. W의 발 구르기는 지난 회기보다 더 성숙한 형태로 했다. 치료사는 두 소년의 등을 토닥거리며 "M이 너하고 인사하고 싶었는데 네가 아직 준비가 되지 않았나 보다."라고 말했다.

3회기에 W가 도착하자마자 매트 위를 이리저리 돌아다니기 시작했다. 치료사도 그의 옆에서 돌아다녔다. 눈접촉의 가능성을 높이기 위해 그의 앞에서 걸어다니면서 그와 눈이 마주칠 때마다 그의 움직임을 반영하자 그는 미소를 지었다. M이 방에 들어왔을 때도 미소를 지었다. 잠시 나마 서로 인정하는 것 같았다.

W는 매트를 떠나 바(bar)로 기어 올라가서(이것은 항문기 움직임임) 기운차게 바를 흔들어댔다.

치료사는 마주보고 같은 리듬으로 동조(Attunment)하면서 바 흔들기 놀이를 했다. 그 동안 눈 맞춤을 계속했고 그 놀이가 동조적 상호작용을 하는 데 도움을 주었다.

치료관계가 발전했고 연결과 상호작용이 확립된 느낌이다. 그가 손이 안 닿는 바를 잡으려고 손을 뻗쳤을 때 치료사가 손을 내밀었고 그가 치료사의 손을 잡았다. 바에서 내려올 때, 치료사가 안아서 내릴 때 근육 긴장을 풀지 않았다. 치료사의 도움에 대해 경계심을 나타내는 것이다.

제4~14회기 요약 : 항문기 동작 발달

이 기간에 W는 치료사와 M과의 관계 발달 및 항문기 동작 발달이 계속되었다. W와 M은 사다리 오르기를 교대로 했다.

W의 자기주장 행동은 M이 그가 하고 있던 타이어 타기를 하려하자 힘으로 M을 밀어내는 행동으로 나타났다.

W는 관계 발전에 대한 흥미를 나타냈다. 그는 새로운 인상을 쓰며 소리를 질렀고, 장난감 전화기로 약 올리는 놀이, 까꿍 놀이를 했다. 기어오르기 놀이를 모험적으로 했고, 치료사 팔에 통을 굴려 넣었다 뺐다 하는 놀이도 했다.

한번은 그가 옷장문을 열려고 해서 치료사가 하지 말라고 말하자 그가 큰 소리를 지르며 좌절한 듯 뻣뻣한 동작으로 매트에 주저앉았다. 치료사가 그 옆에 앉아서 "너를 옷장 속에 들어가지 못하게 해서 네가 화가 났구나."하고 감정 반영을 해주었다. 그 다음에 또 그것을 못하게 했을 때, 그가 사다리와 발을 쿵쿵 구르며 걸어가서 심하게 사다리를 흔들었다. 쿵쿵 구르기와 흔들기는 분노의 표현이었다. 치료사는 그의 분노 표현을 강화시킨 셈이다.

털썩 매트위로 뛰어내리기, 바에 기어오르기와 내리기, 도움을 구하려고 손을 뻗치기, 콩 주머니를 가지고 놀다가 땅바닥에 세게 내던지기 동작이 나타난 것은 항문기 동작의 발달이다.

제15~20회기 요약 : 자기방어 동작유형

15회기에서 W가 파란 종이를 가지고 바로 기어 올라가서 꼼꼼히 그 종이를 바주위에 놓았다. M이 그 종이를 집어가자 그는 문으로 주의를 돌리고 걸어 나가는 회피행동 유형을 보였다. W를 격려하여 그를 들어 올려 그 종이를 도로 회수하도록 했다. 그가 털썩 주저앉아 울어서 치료사가 이제 종이를 가졌으니 괜찮다고 말하며 그를 어루만지는 접촉을 했더니 진정하고 울음을 그쳤다. 다음번에 같은 일이 있을 때 그 종이를 붙잡고 놓지 않는 힘의 흐름을 사용하였다.

그가 이리저리 돌아다닐 때 치료사가 따라 움직이는 지를 보기 위해 치료사를 바라보고 만족의 미소를 지었다.

16회기에 그의 긴장 특성을 동조하는 리듬을 사용 할 때 그와 좀 더 멀리 떨어져 움직였다. 더 많은 눈 맞춤이 있었고 새로운 소리를 빨리, 짧게, 높게 냈다.

17회기에 실내 롤러스피어를 타고 다니면서 M이 끼어들려고 애쓰자 용감히 맞섰다. 발을 쿵쿵 굴렀을 때와 새로운 유형의 구르기 동작을 했을 때 치료자는 정확한 동작 반영을 하지 않고 매트위에 가볍게 리듬을 치거나 소리로 반응하여 새로운 동조적 상호작용을 하였다.

18회기에 W가 걸음의 리듬을 변화시키면서 걸을 때 치료사가 매트를 두드리는 새로운 유형의 댄스 리추얼을 했다. 4개의 막대기를 세웠다 쓰러뜨리기는 항문기 수직성과 관련된다.

제 19 회기에 더 높은 바 오르기를 할 때 그를 떠받쳐 주고 손을 붙잡아 주는 접촉을 한다. 자율적으로 하는 움직임이 나타났다.

제21~23회기 : 동작 리추얼 만들기

21회기에서 치료자와 같이 이리저리 돌아다니면서 달기고, 걷고, 다시 달리는 동안 원으로 돌아다니는 유형을 나타냈다. 그가 원을 벗어나는 움직임을 할 때마다 치료사는 드러누었고 다시 원으로 돌아오면 치료자가 일어나 앉았다. 치료사가 일어나 앉고 누워 있을 때 그는 일어나라는 몸짓으로 치료사 무릎에 손을 얹었다. 우리는 이 유형을 발전시켜 그가 원을 벗어나 방구석으로 달려가면 치료사가 드러

눕고, 그가 치료사에게 와서 치료사 무릎을 만지면 일어나기를 했다. 그가 일관된 미소 짓기, 접촉, 눈 맞춤을 한 것이 처음이었다. W가 주도권을 쥐고 통제력을 발휘했고 그의 동작을 리듬으로 동조했을 때 창의적 동작을 나타냈다. 이 회기는 이전의 동작 리추얼과 관계를 전환시킨 회기였다.

22~23회기는 원 동작 리추얼과 바 기어오르면서 접촉했다. 다른 어린이들과 함께 기어오르기를 했다. 치료사에게 믿음을 가지고 접촉했다.

제24~26회기 요약: 요도기 동작 발달

혼자 힘으로 바에 기어오르기는 항문 조이기 능력의 터득을 의미한다. 그 다음 단계의 발달은 달리면서 속도 바꾸기(요도기 달리기/정지 /다시 달리기 리듬) 같은 시간 조절의 흥미가 나타난다. 빙빙 돌리기 에 대한 관심이 나타난다. 자발적인 움직임이 많이 나타난다.

그의 발음은 한 구절을 반복하는 것보다 다양한 소리가 나타났다. 일정치 않는 다양하게 손과 팔을 움직이는 유동적 유형의 동작이 생겼다.

제27~28회기 요약 : 자발성

27회기에서 원 동작 리추얼을 할 때 자발적 상호작용이 일어났다. 그는 다른 아이와 함께 바에서 뛰어내리고 미소 짓는다. 여럿이 함께 손을 포개 놓았다가 얼른 떼어놓는 놀이도 했다. 바에서 더 위험하게 뛰어내리는 행동을 하고 싶어 했다.

28회기에서도 자발적 상호 작용이 계속되었다. 언어의 단서를 이해하고 몸을 붙잡고, 돌리기 할 때도 긴장을 풀 수 있었다. 그가 원 동작 리추얼에서 원을 벗어날 때 치료자가 드러누으면 그가 신체 접촉하기에서 그가 손을 뺨, 무릎, 목 등에 올려놓으면 치료사는 그 신체 부위를 이름을 불렀다. 원 동작 의식에서 뻣뻣한 동작의 원 그리기를 깨뜨리고 상호 자발적인 관계 형성 능력을 갖게 되었다.

(2) 약물 및 알코올 중독 여성 사례

치료환경:

알코올 및 약물 중독 환자들을 위한 프로그램으로 28일 입원 환자와 6주 외래 환자들 중 여성을 위한 집중 치료로 구성된 것이다. 사회복지사, 가족 치료사, 간호사, 창조적 예술치료자, 상담 레지던트, 에어로빅 강사들이 스탭으로 참여했다. 이 프로그램은 밀도 있게 구조화된 것으로 매일 매일의 교육과정, 다양한 치료집단, 운동 및 이완 프로그램, 주장훈련, 자아 존중감 집단과 야간에는 알코올 및 약물집단 모임 프로그램으로 구성되어 있다. 이 프로그램의 일부로 한 시간짜리 무용 동작 치료 가 일주일에 3 번씩 실시되었다. 회기의 집단 크기는 평균 8명이고 보통 매 회기 시작에 언어적 과정으로 시작되고 회기 종결 시 언어적 과정으로 끝낸다.

DMT 회기를 시작하기 전에 이 집단의 3명의 여성이 중독과 수치감이라는 제목의 세미나에 참석했다. 3명 모두 수치감의 문제에 관련이 되어 있었다. 치료자와 의논하여 수치감이라는 주제로 표현 동작 회기를 갖기로 결정했다.

치료자의 제안으로 3명의 여성 각각은 자신의 감정들을 반영하는 4 가지 동작행위들을 개발할 시간을 주었고 그 동작 과정들의 순서를 정하여 집단 속에서 나누기를 하라고 요청되었다. 그 동작들의 과정들은 단어 연상과 함께 반복되고 그리고 끝으로 그 순서에 어느 부분을 첨가하거나 변경하라고 했다.

수치감의 표현 :

다음은 3 여성들 중 2명의 수치감 표현의 사례를 요약한 것이다(Murray-Lane, 1995).

사례 M:

M은 20대 후반의 키가 큰 백인 여성으로, 이혼하고 딸과 함께 살고 있다. 병원 치료를 받기 전까지 시청 공무원 전일직으로 일했다. 사춘기 초부터 장기간 약물을 복용해왔다고 보고했다. 첫 회기에 자신의 신체와 자신의 감정에 대한 혐오감이 있고 이 집단에 참여하고 싶지 않다고 말했다. 그는 좌절을 잘 느끼고 분노 때문에

치료자와 동료들과의 거리를 둔다고 했다.

M의 동작 과정과 단어 연상은 다음과 같다; 그녀는 두 팔을 흔들면서 집단을 향해 스키핑으로 뛰었다. "행복해."라고 말하면서 웃었다. 그 다음에는 여전히 집단을 향해 있으면서 두 눈들을 내리 떴다. 그녀는 가슴과 성기부분을 접촉하면서 "혐오스러워."라고 말하면서 울기 시작했다. 그러고 나서 공중에 주먹질하고 추잡한 제스처를 했다. 그녀는 "분노!"라고 소리치고 계속 울었다. 마지막 동작으로 그녀는 고개를 떨구고 두 손으로 팔짱을 낀 채 집단에서 외면한 채 눈물 섞인 속삭임으로 "수치."라고 말했다.

첫째 동작 표현을 끝낸 후 그녀는 마지막 부분에 변화를 한 가지 추가한다. 즉 그녀는 팔짱을 낀 채로 이번에는 집단을 바라보고 눈을 들어서 집단 동료들을 직면하고서 '수치'라고 되풀이했다. 회기 마지막 나누기 시간에 집단원들에게 그녀는 아동기에 성 학대를 당했다고 고백했다. 그녀는 자신의 몸에 대해 수치감과 혐오감을 느낀다고 말했다. 그녀의 첫번째 동작 표현은 행복한 소녀시절을 나타낸 것이다. 둘째 동작에서 눈 접촉 없이 거칠게 자신을 접촉했던 행동은 그녀의 수치감을 나타낸다. 그녀의 수치감과 분노는 만성적이 되었고 기분을 변화시키는 약물은 그 감정들을 쫓아내 주었다. 약물 복용에도 불구하고 그녀의 과거 비밀들은 사라지지 않고 달라붙어 있다. 그녀는 강박적 식사와 공격 행동이 하나의 방어가 되지 않을까 생각하기 시작했다. 그녀의 마지막 동작 순서는 슬픈 그녀의 비밀들을 나타낸 것이었다. 그 과거 비밀에 대해 말한 것이 이번이 처음이라고 했다.

사례 D:

D는 체중이 무거운 60대 흑인 여성이다. 세 아들을 둔 전업주부 기혼 여성으로 그녀의 성인 생활 대부분을 술로 지냈다. 그 결과 신체적 건강이 악화 되었다. 그녀는 알코올중독으로 인하여 여러 차례 교통사고를 일으켰다. 그녀의 가족은 항상 그녀의 음주의 범위를 축소화 해주고 합리화 해 주었다. 지금 치료회기에 이르기까지 그녀는 자신을 수동적 불평자라고 표현했다. 그녀는 거의 말이 없고, 다른 여성과 관계하기 어려워하고 소외되고 위축되어 있다.

이 치료 회기에서 그녀는 자신의 음주와 혐오감에 대해 주도적으로 마음을 열고 말했다. 그녀의 동작 과정은 치료자의 제시와 다르게 세 부분으로 되어 있다. 첫 부분은 누가 자기를 주시하는지를 살펴보는 것처럼 방안을 둘러보고 고개를 낮추고 내려앉은 수동적 자세를 하고 마치 술을 먹는 것같이 하며 '비밀'이라고 말했다. 그 다음에 그녀는 재빨리 집단으로부터 돌아서서 방구석으로 달려가서 '도망'이라고 말했다. 그리고 그녀는 구석에서 집단원에게 등을 돌린 채 계속해서 남아 있었다. 그리고 웅크리면서 '수치'라고 말했다. 마지막의 동작 수정 첨가 동작에서는 집단을 향해 서서 어떤 주장의 태도로 자세에 무게를 가지고 '맑은 정신'이라고 말했다.

마지막 나누기 시간에 그녀는 자신의 음주 '비밀' 때문에 당황했고 자기 의식적이었다고 말했다. 첫번째 고개를 수그리고 내려앉은 자세를 하는 동작에서 "비밀"의 감정이 현저하게 표현되었다. 그 다음 동작에서 보여준 것처럼 그 비밀의 힘이 불편감이 일어나도록 했다. 그녀가 술에 취해 통제를 잃었을 때 마다 가족들이 그녀를 음주의 여파로 부터 구해줌으로써 자신감을 상실하고 혼동스럽게 지내왔다. 이렇게 해서 그녀는 음주사실을 부인하고 그녀의 질병을 인정하지 않는 문제를 가졌다고 했다. 마지막 동작 과정에서 좀 더 주장적 표현을 사용함으로써 자신을 다르게 경험했다고 말했다. 이 동작이 그 순간 그녀의 부인(denial)을 돌파하고, 현재와 연결시켜서 희망감을 허락하게 되었다고 말했다.

(3) 중독 집단 치료 사례

방어의 벽:

5명은 알코올 중독이고 3명은 약물중독으로 진단 받은 8명의 집단으로 연령은 26세로부터 60세에 이르는 흑인, 백인, 히스패닉 여성으로 이루어져 있다. 이 집단은 2 주일 동안 깊이 있게 집중 탐색 작업을 같이 하였다. 이 8명은 이 집단 회기에 들어오기 전 프로그램으로 부인(denial) 워크숍 집단 프로그램에 참석했다.

이 동작 집단회기를 시작하기 전에 집단 주제와 관련된 벽, 방어, 장애 등에 대해 간단한 토론을 했다.

집단 회기를 시작 할 때 그 구성원들은 그들이 중독되어 있다는 자신들의 일부분을 표현하는 벽들을 만들라고 요청되었다, 벽을 만들기 위한 소도구들로 골판지, 베게, 스카프, 인덱스카드, 담요, 마스크 등이 준비되었다. 주저하지 않고 대부분의 여성들은 소도구들을 선택하여 그 방안의 벽 쪽과 가장자리에 벽들을 디자인하였다. 몇 명은 방 한가운데에 벽을 만들었다. 그 벽들은 무시무시하고 크고 문이나 창문들이 없었다. 그 벽을 표현한 말들은 "뒤로 물러남." "나는 좋아." "아무 문제없어." "아무도 필요 없어." "나를 내버려둬." 등이었다. 그들의 그림에는 정지, 욕하는 제스처, 위험 경고의 표식이 그려져 있었다. 으르렁대는 사자, '어흥'거리는 호랑이, 성난 곰, 망보는 올빼미 그림들도 그 벽에 게시되었다. 벽들이 완성되었을 그 여성들은 조용해졌다. 그들은 서로서로 따로 격리되어 앉아 있었다. 치료자는 그들에게 자신이 만든 벽들과 의미 있는 관계로 자신을 위치시켜 표현해 보라고 요구했다.

20대 백인 여성은 무릎은 접어서 턱까지 받치고 두 팔로 단단히 다리를 감싸고 앉았다. "나의 중독된 부분은 놀라 있어요. 내가 지금까지 알고 있는 건 술 마시는 것뿐이에요."라고 말한다. 그녀는 많은 시간을 들여 그녀의 벽을 크고 꼼꼼하게 만들었다. "단지 옳다."

강하고 건장하게 생긴 한 여성은 벽이 그녀의 코 높이에 이르도록 그녀 주위를 높게 둘러싸도록 해서 검은 선글라스가 벽의 밖을 엿볼 수 있게 만들었다. "나는 벽 위의 올빼미같이……. 항상 여기가 안전한지 어떤지 경계하고 있는 것같이 느낀다. 불신하면서……. 편집적으로……."라고 말했다.

야단법석을 떠는 50대 의 한 여성은 담요로 잎사귀처럼 자신을 감싸고 그녀의 벽은 그녀를 덮게 했다. "나는 혼자에요. 나는 약을 먹어요. 그리고 고통이 있어요. 이게 날 죽일 것 같지만 난 아무도 필요 없어요."라고 말했다.

집단은 오랫동안 이렇게 남아 있었다. 치료자는 그들이 그 벽 에 오래 남아 있을 것인지, 아니면 어떤 변화를 일으키고 싶은지를 조용히 물었다. 그러자 극적인 에너지의 분출과 함께 세 명의 여성이 튀어나와서 그들의 벽들을 부수었다. 그들은 던지고, 종이를 찢고, 마스크를 떼내고 담요를 벗어던졌다. 또 다른 여성들은 더 조심스럽게 벽에다 문이나 창문을 크게 만들고 좀 더 변화를 반영하는 말과 상징들을 만들었다.

이 시점에서는 그들의 생활에 어떤 방향성을 띠지 않았다. 벽들을 부셔 버린 여성들은 같이 손을 잡고 원으로 들어와서 방 한가운데 조용히 서 있었다. 다른 여성들은 벽 뒤에서 지켜보고 있었다.

치료자는 그들의 내적 투쟁이 그 변화에 표현되었다고 언급하고 그 벽들 밖의 익숙지 않는 영역을 탐색해 보기 위해 원으로 서보자고 제안했다.

천천히 여러 다른 시차를 두고 원에 참가하거나, 잠간 원에 머물거나, 벽 뒤의 안전한 곳으로 돌아가기도 했다. 그러나 그들은 계속 몸을 미미하게 흔들더니 처음에는 한 여성이 조용히 속삭이는 소리로 주기도문을 읊기 시작했다. 그러자 다른 사람들이 참가하여 성량이 커졌다. 집단은 여기서 끝났다.

회기 마지막 나누기에서 그들의 부인(denial) 체계로 인해 만들어냈던 그들의 장애들은 분노 공격성, 소외라고 밝혔다. 그들이 도저히 벗어날 수 없었다고 느꼈던 그 속박 패턴이 바로 그 벽들이었음을 인정했다.

그들은 자신들의 건강한 측면, 변화의 잠재력의 측면들을 표현하라고 요구 받을 때마다 그들은 불안과 공포를 경험했다고 했다. 대부분의 여성들이 그 집단의 지지 역동이 없이는 그런 변화에 접근할 수 없었다고 말했다. 그런 지지를 받았음에도 불구하고 그 과정은 힘들었다. 중독은 가장 쉽고 유혹적이나 그것과의 투쟁은 쉽지 않다고 인정했다.

그들은 원 속에서 '안전하고' '수용되는' 느낌을 가졌다. 이 감정은 그들의 몸속에서 '연결되고' '열려지는' 느낌으로 변화되었다. 그들은 원으로 연결되기를 원한다고 표현했다. 궁극적으로 동작 작업은 그 여성 집단원들로 하여금 중독과는 다른 내적 자신들과 집단 경험들을 모두 체험하도록 허락했고 그들의 건강 능력을 인정하는 모험을 하도록 허락했다.

(4) 정신 분열증 사례

이 사례는 S. Chaiklin(1979, Levy 1988, 재인용)이 정신분열증 환자들이 소외를 극복하고 그들의 정서를 표현하고, 그들의 입원 환경과 관련하여 개인 공간을 통제하도록 도왔던 사례를 요약해서 논의한 내용이다.

21세의 흑인 남성 J는 긴장형 정신분열 그리고 정신지체로 진단 받았다. 진단 검사 결과에 의하면 그의 정신 연령은 4년 5개월이다. 그는 일주일에 한번씩 3달 동안 개인치료 회기를 가졌다.

치료자는 치료목표를 신체적 차원의 목표에 중점을 두고 J가 좀 더 힘과 민첩함을 가지고 행동하기, 깊은 호흡 촉진하기, 자신의 신체 통제 능력을 증가시키기, 신체 방어기제를 이완하기, 그리고 언어화 능력을 장려하기로 설정하였다. 치료자와의 관계 형성을 통하여 위축으로부터 벗어나고 정서적 방어와 신체적 경직성을 감소시키기로 시도하였다.

그는 회기 초에 계속해서 몸이 경직되어 있고 눈을 감고서 입을 열지 않았다. 그의 회기 과정은 마치 복잡한 퍼즐을 맞추어야하는 게임 같았다. 12회기 동안에 각 신체 부분들 간의 경직성은 헐거워졌으며 전체 신체가 하나의 통일체로 흐르면서 움직일 수 있었다.

처음에 치료자는 J의 호흡을 깊고 강하게 만드는 데 초점을 두었다. 얼마 안가서 그는 호흡 연습을 스스로 할 수 있었고 5회기에 이르러서 힘과 강도를 가지고 호흡할 수 있었다.

그 다음에는 그의 동작의 범위(range of movement)를 넓히기 위하여 여러 가지 소도구들을 사용하였다. 특히 J가 지능이 낮기 때문에 소도구들을 사용하여 도움을 주기로 하였다. 치료자와 환자가 함께 작업할 때에 치료자는 환자의 장애는 인지적 원인보다는 정서적 원인과 결핍된 교육의 악영향으로 비롯되었다고 간주했다. 치료자가 소도구들을 사용한 이유는 J가 그 도구들에 잘 반응하면서 공간을 사용하면서 게임들을 창조해 나갔기 때문이었다. 예를 들면, 스트레치 로프는 그에게 두 팔을 양쪽 방향으로 스트레치하는 기회를 주었고; 후프(굴렁쇠)는 그의 긴장된 팔을 돌리고 이완하는 데 사용되었고 그리고 둘이 같이 움직이다가 서로를 가로막는 '공간 게임'에도 사용하였다. 물결치며 펄럭이는 긴 리본이나 테이프(streamer)는 리듬 있게 흐르는 동작을 촉진하는 데 사용하고, 풍선은 손가락으로 잡는 데 집중하도록 한다. 이런 소도구들이 회기 내내 환자의 눈들을 열게 해서 그것들이 공간의 어디로부터 내려오는지를 주시하도록 장려한다.

치료자와의 관계가 깊어짐에 따라 그는 스스로 치료자와 두 손을 잡고 밀고 잡아당기는 것을 하거나 치료자와 등을 서로 맞대고 음악에 맞춰 부드럽게 흔들었다.

6회기에 가서 그는 그의 무게를 사용하여 "아니오."라고 말하면서 그가 움직이고 싶지 않을 때는 자기주장을 표현하기 시작했다.

치료자와 상호작용하는 동작에서 J가 의미 있는 공간 사용을 만들어 가도록 장려했다. 그가 사용하는 공간을 존중해 줌으로써 그는 치료 관계에서 신뢰를 형성하는 데 도움을 주었다. 치료자는 그가 자기를 닫고 거리두기의 욕구를 표현하도록 촉진했다.

7회기 경에 가서는 지금까지의 순수한 동작 중심의 회기는 물러가고 정서중심으로 확 돌아서 회기 내내 대화를 한다. 계속되는 회기들에서 울고, 웃고 처음으로 얼굴표정을 지으면서 감정의 폭을 나타냈다.

마지막 회기에서 J는 어떤 동작에서 어떤 감정이 나타났을 때 그 감정을 변화시키기 위해 그 동작을 변화시킬 수 있다는 것을 알았다. 그래서 그는 그의 감정을 통제하기 위해서 자신의 동작을 조작하기 시작하였다. 그는 더 이상 눈을 감고 몸을 경직되게 해서 환경과 전적으로 차단시키는 것에 더 이상 매달리지 않는다. 치료자는 J가 자신을 책임지는 것을 배우도록 도왔다. 치료자는 J에게 그의 개인적 공간 그리고 그 자신을 정의하고 규제하는 모든 형태들로써의 밀고, 당기고, 기대고, 흔들고, 막고, 잡고, 스트레치하는 공간을 제공해 주었다. J는 개인 작업으로 12회기를 마치고 난 후 2달 후에 무용치료를 보여주는 필름제작에 참가할 수 있었다.

4) 집단 프로그램 사례

(1) 암 환자를 위한 프로그램

이 프로그램은 동작 중심 표현예술치료자 양성교육기관인 Tamalpa Institute를 창설한 Anna Halprin이 1987년 캘리포니아 Menlo Park에 있는 암센터에서 유방암 환자를 대상으로 10년 동안 실시했던 치유 프로그램의 일부분을 소개한 것이다(임용자 · 김용량 역, 2002).

앞서 회기구조에서 소개한 바와 같이 이 프로그램의 각 회기 구성은 보통 시작 나누기 단계, 내향화 단계, 표현화 단계, 그리고 종결 나누기의 4단계로 구조화되어 있다. 그러나 여기서는 독자들의 프로그램 적용을 돕기 위해 주 활동 단계인 표현단계를 중심으로 프로그램의 실제회기를 요약하여 소개한다.

회기구조

내면화 단계에서는 주로 감각자각(Sensory awareness)을 위한 연습을 한다. 이 때 참여자들은 시작 나누기(Check-in circle)에서 참여자들의 이야기를 경청하는 것과 다르게 외부의 영역에서 자신의 내부 영역으로 들어가기 위해 자신의 감각에 귀를 기울인다. 이것은 자신에 육체에 거주하기 위한 첫 단계이고 자신의 신체와 동작에 인식할 수 있는 첫 단계이기 때문에 표현 단계 이전에 매우 중요하다. 감각자각을 위해서는 우리의 신체감각의 두 가지 근원인 호흡과 맥박을 자각하는 일이다. 이 두 가지의 자각은 무한한 반응을 일으키기 때문에 신체 심리치료에서 중시하는 기법의 기초 원리로 되어 있음을 앞에서 이미 배웠다.

주 활동 단계에서는 발견된 자료들을 가지고 자신만의 표현을 발견하여 자신만의 춤을 만든다. 그리고 글쓰기, 그림 그리기 그리고 경험 나누기를 통해 자신의 삶과의 관련성을 찾아낸다.

표현단계가 끝나면 종결 나누기(Check-out circle)를 한다. 만약 특히 어려움을 겪는 사람이 있다면 원의 중앙으로 초대한 뒤 사랑과 보살핌 및 축복의 동작과 소리의 리추얼을 해줄 수 있다.

치료환경:

전형적 집단의 구성 인원은 14명이다. 의사, 간호사, 복지사 등이 참석할 수 있다. 20~70대의 연령대이다. 참여자들은 대개 춤 경험이 없다.

자연과 어우러진 장소가 좋고 신을 벗고 할 수 있는 넓은 공간이 필요하다. 의자가 있는 작은 거실이 딸려 있으면 더욱 좋다. 그러나 병원의 넓은 방을 이용해도 에너지를 담은 공간으로 바뀌진다.

필요한 도구로는 45×55 정도, 크기의 스케치북, 약간의 타악기들, CD와 카세트를 위한 오디오 시스템, 글쓰기를 위한 자신만의 일지, 가볍고 편안한 옷 등이다.

제1회기: 자화상 그리기와 춤추기

① 그리기 예비연습 : 오른 손에 검은 크레용을 잡고 공중에서 소용돌이 동작을 하다가 그대로 내려와 종이위에 그대로 소용돌이를 그린다. 종이를 뒤집어 왼손으로 똑같이 한다. 다 그린 다음 날카로운 직선들을 첨가한다. 이 그림들의 선을 더 짙게 하고 색칠하고 강조해 본다.

② 내면 탐색 : 눈을 감고 이전 단계의 내면화 단계의 감각, 느낌, 이미지로 되돌아가서 마음의 눈으로 머리부터 발끝까지 온몸을 답사하고 느낀다. 자기가 가장 좋아하는 자연풍경 속에 있다고 상상하고 그림을 그린다.

③ 단어 탐색 : 그림 이미지들을 묘사하기 위해 외형적 단어, 감정단어, 연상 단어들을 형용사와 명사 동사들로 표현한다.

④ 나누기 : 짝을 지어 자기 그림을 들고 크게 읽어 준다.

⑤ 동작 표현 : 탐색된 단어들을 읽어 줄 때 느낌을 신체적 동작으로 표현 한다. 동작표현의 영감을 얻기 위해 계속 그림을 참조하라.

⑥ 제목 달고 춤추기 : 동작 표현 후 그림이나 단어를 추가 할 수 있다. 그리고 탐색된 단어들을 조합하여 "나는 ……이다."라는 문장을 만든다. 예를 들면 "나는 성난 강이다." "나는 소용돌이치는 강이다." "나는 소용돌이치는 성난 강이다." 이 제목을 춤춘다.

⑦ 짝과 역할을 바꾸어 한다.

제2회기 : 자기의 동물 이미지 찾기

① 심상 시각화 안내 : 눈을 감고 깊이 호흡하면서 빈 공간을 상상한다. 빈 공간을 자연 풍경으로 채우고 자기에게 동물이 찾아와 친구가 된다. 자신이 그 동물이 되어 동물의 소리, 움직임 등을 구체적으로 표현한다. 그 동물이 다른 동물과 상호작용하게 해본다. 다시 자기로 돌아온다.

② 동물 그리기 : 동물 그림을 그린 후 탐색 단어들을 쓴다. 좋아하는 단어들을 4가지를 조합하여 문장을 만들어 노랫말이나 이야기를 만든다.

③ 동물 춤추기 : 3사람이 한조가 된다. 한 사람이 춤을 추면 다른 사람이 반영 춤을 추고 나머지 한 사람은 글이나 노랫말을 읽어준다. 역할을 바꾸어 해본다.

④ 동물과의 대화 : 동물에게 "나의 병과 생활의 어려운 문제를 네가 어떻게 도와줄 수 있지?"라고 묻고 대답한 것 등을 글로 쓴다.

제3회기 : 지지적 관계 맺기

① 수동 능동 Ⅰ(인도하기와 따라하기 Ⅰ) : 두 사람이 한조가 되어 A는 누워 있고 B는 옆에 앉는다. A는 몸에 힘을 빼고 B 는 A의 머리, 팔, 다리 등을 천천히 올렸다, 내렸다, 여러 방향으로 움직여본다. 약 10분 후에 역할을 바꾼다. 이것을 앉아서 그리고 서서 해본다.

② 수동 능동 Ⅱ(인도하기와 따라하기 Ⅱ) : 두 사람이 한 조가 되어 A는 눈을 감고 B의 손에 자기 손을 얹고 B가 인도하고 A가 따라간다. 여러 방향과 여러 속도로 인도하는 실험을 한다. 손을 얹는 대신 다른 신체 부위를 사용해서 인도해 본다. 역할은 바꾸어 해본다.

③ 융합하기 : 인도하고 따라하기가 아니다. 서로의 동작을 반영하기 위해 항상 현재에 머물기 한다. 잠시라도 상대와 자기 동작에 인식하지 않으면 상대와 접촉이 끊어진다. 체크아웃 시간에 느낌과 경험을 나눈다.

④ 능동 능동 : 두 사람이 두 손을 마주대고 가볍게 밀기 시작한다. 한계에 도달할 때 까지 민다. 신체의 다른 부분 즉 엉덩이, 등을 대고 서로 민다. 서로 끌어당기기도 해본다.

⑤ 나누기: 어떤 것을 더 하기 원하는가?, 어떤 것을 하고 싶지 않은가? 실제로 원하지 않는 것은 무엇인가? 실제로 가지지 않은 것을 가지기를 원하는 것이 있는가에 대해 질문하고 긍정적인 측면의 자기주장을 배우고 바람직한 관계형성에 대해 고려해 본다.

제4회기 : 기도의 춤추기

① 기도를 위한 공간 준비: 웅장한 수도원이나 사원이 아니더라도 창고, 야외 등 어디서든지 할 수 있다. 참여자들은 미리 기도 프로그램이라는 것을 알고 성스런 물건이나 개인적으로 의미 있는 물건을 가져오도록 한다. 그리고 제단 마련 등을 꾸미는 시간이 필요하다.

② 감각 깨닫기:기도를 위한 동작 원천으로 척추 동작을 이용한 감각 깨닫기가 필요하다. 척추를 올리고 내리는 동작에 초점을 둔다. 이 동안에 감정, 감각, 이미지가 연결되도록 한다.

③ 기도 춤추기: 개인적인 기도 춤추기를 한다. 그리고 난 후 자연적으로 하나의 큰 집단이 되어 집단적으로 춤추게 된다.

④ 그림 그리기: 그림 그리고 경험을 글로 쓴다.

⑤ 나누기 : 원으로 둘러앉아 손을 잡고 날숨에 부드러운 소리를 낸다. 서로 경청하여 혼합된 목소리를 집단으로 표현한다. 어떤 노래를 선택하여 비언어적인 종결을 한다.

제5회기 : 면역체계 드라마 춤

① 면역체계 설명서 : 준비 단계에서 '면역체계 설명서'(임용자 · 김용량 역, 2002, 참조)를 참가자들에게 나누어 주고 각 면역세포들의 특성을 읽게 한다.

② 면역체계 춤추기: 역할 집단과 지원집단으로 나눈다. 참여자들이 각자 하고 싶은 면역 세포 및 암세포들을 선택하고 어떤 방법으로 춤을 출 것인지 논의한다. 나머지 집단은 지원 집단이 되어 소리, 단어, 소도구, 또는 각 역할의 특징이 되는 어떤 것을 담당한다. 암세포의 역할을 하는 사람들은 매우 힘없이 하거나 반대로 활기 넘치게 동작하도록 하라. 암세포들을 사람이 아닌 물건으로 대체하면

암세포의 공격적인 에너지와 직접적으로 직면하는 일이 없어서 좋다. 그러나 사람들이 연기할 때에는 암 세포들의 죽음을 연기할 수 있어서 좋다.

③ 시각화와 그림 그리기 : 이 부분에서는 시각화를 통해 면역 체계를 개인화 한다. 눈을 감고 어떤 면역 세포의 이미지를 상상하고 분명히 보게 한다. 그 모양과 움직임 그리고 자신을 위해 하는 일, 그 전략 등을 상상하고 대화한다. 이미지를 그림으로 그리고 그 중요부분을 선과 색으로 강조하라. 글쓰기를 한다.

④ 이미지 춤추기 : 두 사람이 짝이 되어 그림에 대해 나누기를 하고 춤을 추고 이 역할을 교대한다. 그림에 다시 색과 선으로 강조한다. 이미지에 이름을 붙이고 매일 이이미지를 찾아가서 자기 방어로 이용하는 연습을 한다.

제6회기 : 나무들의 자연치유

① 감각 자각 : 자연의 요소를 직접 접촉하거나 내적시각화를 통해 치유를 증진한다. 준비단계로 여럿이 한 줄로 서서 눈을 가리고 손 접촉을 피하고 나뭇가지나 줄기로 손과 손을 연결한다 . 그 줄의 인도자만 눈을 뜨고 숲속이나 주위 어느 곳이나 인도한다.

② 자신의 나무 발견하기 : 인도된 곳에서 눈을 뜨고 자기를 부른다고 느끼는 나무를 발견하라. 몸의 여러 부분으로 나무를 접촉하라 나무를 감싸 안아 보라. 최소 10분이 상 접촉하라. 접촉으로 발생하는 감각, 정서, 이미지에 집중하라.

③ 나무 춤추기 : 자기가 나무 안에 있고 나무가 내안에 있다고 동일시하라. 그리고 그 나무와 함께 춤추라.

④ 그림과 대화 : 자기의 나무를 그림으로 그리고 나무와의 대화를 글로 쓴다.

제7회기 : 자연 시각화(자연 심상 안내)

이 회기는 상상의 감각을 이용하여 자연의 대원리를 각자의 육체 속에 자리잡게 안내하는 일이다. 심상안내를 위한 안내문을 읽어준다. 안내문을 만들 때 바다, 하늘, 태양을 이미지를 이용한다. 이 일은 명상의 원리를 이용하는 것과 같다. 이미지 안내문은 치유예술로서의 춤(임용자 · 김용량 역, 2002. pp. 205~208)을 참조하라.

제8회기 : 깊은 이완 기법

① 타월 기법 : A는 바닥에 눕고 B는 타월을 사용해서 A의 머리, 팔, 다리를 들었다 놓았다 하고 여러 방향으로 움직이고 흔든다, 흔들 경우 온몸이 잔물결 효과가 나는지에 주의하라. 타월이 바람인 것처럼 온몸을 타월로 솔질해 주라.

② 자연춤 : 타월작업을 끝낸 후 편안하고 부드러운 음악에 맞춰 이완된 자연스런 움직임으로 몸을 펴는 동작을 5분 정도 한다. 이완의 상태를 유지하면서 두 사람이 춤추기에 합류한다.

제9회기 : 축하의 춤추기

마지막으로 재미, 유머, 자발성, 놀이 등이 치유 요소임을 인식하는 회기이다. 즉 웃음과 놀이로 회기들을 종결하기이다.

① 준비단계 : 감각 자각을 위한 동작 이외에 댄스게임을 하는 것이 좋다. 예를 들면 '정지! 보기! 듣기!' 댄스게임에서는 자유로운 즉흥 춤을 추다가 어떤 집단원이 '정지! 보기! 듣기!'라고 외치면 춤을 멈추고 외친 사람의 다음 지시인 '마룻바닥에 구르기' 또는 '원숭이 흉내내기' 같은 동작 지시를 한다. 그리고 반복된다.

② 동작 명상 : 이전 회기에서 했던 동물 이미지, 기도 이미지, 자연 속의 자기이미지들을 기억하고 본다.

③ 두 번째 자화상 : 다시 두 번째 자화상을 그리고 한 단어의 제목을 달고 그 한 단어로 시, 또는 노래를 지어 본다. 짝과 그림에 대한 이야기를 나누고 서로 춤을 춘다.

④ 종결나누기 : 전체 회기내용들을 이끌어 내고 그리고 긍정적인 이미지에 대해서 이야기들을 나눈다. 그리고 원으로 모여서 동작과 소리로 종결한다.

(2) 반사회적 정신증 환자를 위한 프로그램

이 사례는 McConnell(1988)이 법원에서 반사회적 범죄행위로 유죄판결을 받은 사람들 중 정신분열증 또는 망상증의 정신과적 진단을 받은 환자들을 22명을 대상으로 통제 집단과 실험집단을 구성하여 신체지각, 자아개념, 반사회적 행동을 변화시키고자 창의적 동작 치료 프로그램을 실시한 내용의 일부분이다. 이 프로그램은 위와 같은 배경을 가진 사람들뿐 아니라 사회적 적응에 실패하는 청소년 및 성인을 돕는 프로그램 적용에 도움이 된다고 간주되어 프로그램의 사례로 실험집단의 주 처치 활동 내용들을 소개한다.

제1회기 : 일상적 에포트 표현과 용해 동작

① 호흡연습 : 회기의 시작은 반가부좌 자세로 앉아서 허리를 펴고 심호흡 연습으로 시작 된다. 한사람씩 차례로 10번씩 호흡의 횟수를 소리 내어 세면 나머지 집단원들이 호흡한다. 다음에는 누운 자세로 무릎을 세우고 팔을 가슴 위에 교차시켜서 등이 최소한도로 바닥에 닿도록 하고 이완된 상태로 10분간 호흡한다. 이 때 긍정적 이미지를 가지도록 격려한다. 드비시 같은 고전 음악을 사용한다.

② 내적 리듬 연습 : 일상생활의 개인 리듬의 유형을 발견하여 행동으로 그 에포트를 표현하도록 요구한다. 이 리듬은 개인의 내적 감정의 표현이다.

③ 용해 동작 연습 : 시간・흐름의 에포트를 이용한 집단 동작 연습으로 참가자들이 녹는 물체(인절미, 아이스크림, 버터, 부드럽게 녹는 쇠)가 되어 느리고 지체되고 무거운 동작요소를 과장해 본다.

④ 개인 공간에 대한 토론 : 개인감정과 공간사용에 대하여, 그리고 자기 공간과 타인 공간의 존중에 대하여 이야기를 나눈다.

제2회기: 요가 호흡과 쓰레기통 동작

① 호흡연습 : 제1회기와 같다.

② 요가호흡 : 요가 호흡은 내적 동작을 위한 연습이다. 앉아서 두 손을 머리위로 올리면서 넷을 세면서 들 숨 쉬고 두 손을 내리면서 넷 세는 동안 날숨 쉰다. 일어서서 두 손을 천천히 위로 올리고 발끝을 들고 들숨 쉬고 몸을 앞으로 구부리면서 날 숨 쉰다.

③ 쓰레기통 동작 연습 : 이 동작은 모으고 흐트러지는 것 같이 열고 닫는(opening &

closing) 기본 동작연습이다. 마치 쓰레기 통 속으로 구겨지면서 들어갔다가 펴지면서 나오는 물건들-종이 뭉치, 깡통, 작은 종이 상자 같은 이미지를 표현한다. 바닥에 누워서도 할 수 있다. 열리는 동작의 감정은 양육적 개념을 가진다.

제3회기 :내적 움직임과 정서 표현

① 동작 표현 연습 : 호흡연습을 한 후에 시작한다. 병동에서 직원들과 당면하는 문제 그리고 궁극적으로는 자신의 범죄에 직면한 감정과 그리고 범죄관련 동작들을 표현하는 일이다. 여러 가지 문제의 감정들은 구체적인 동작들 '주먹질(punch)' '획 내려치기(slash)' '비틀기(wring)' '가볍게 두드리기(dab)' 등을 통해 나올 것이다.

② 음악 반영놀이 : 여러 가지 타악기(봉고, 벨, 트라이앵글, 막대, 우드크랙커)들을 사용하는 음악과 고전 음악, 재즈음악, 등을 함께 사용하여 감정들과 동작을 표현한다.

제4회기: 직업 드라마 춤과 직선 · 곡선의 경험

① 직업 드라마 춤 : 호흡연습을 한 후에 시작한다. 과거 직업을 나타내는 표현 동작을 한다. 웨이트레스, 공장직공, 정원사, 베이비시터 등의 직업을 표현하기.

② 직선 곡선 체험동작 : 두 사람이 짝이 되어 한사람이 목소리로 인도하고 다른 사람은 눈을 감고 직선 또는 곡선으로 따라간다.

제5회기 : 직업 드라마 춤과 에포트

① 직업드라마 춤 : 호흡연습이 끝난 후 의사, 간호사, 환자의 직업 행동 특성을 동작으로 표현한다. 이 때 주장적, 비주장적, 공격적 표현을 행동으로 나타내 본다.

② 힘 · 공간 에포트 동작 연습 : 열고 닫는(open & closed) 동작과 '가볍게 두드리기' '주먹질' '털기' 동작을 함께 연결해서 연습한다.

제6회기 : 강 · 약의 역동적 동작

호흡연습이 끝난 후 친구와의 의사소통에서 찬성 표현, 병원 직원과 환자와의 반대 동작 표현들을 강함과 약함의 동작으로 표현해 본다. 강한 반대, 약한 반대, 강한 찬성 약한 찬성의 표현 연습해 본다. 이때 느린, 지체된, 직선적, 곡선적, 딱딱한 요소들이 주먹질, 가볍게 두드리기, 털기, 비틀기의 동작으로 나올 수 있다.

제7회기 : 센터링과 신뢰의 균형

① 센터링 : 호흡연습 후 두발을 모으고 서서 구부림 자세에서 서서히 일어서면서 척추를 정렬하면서 신체 전체 머리부터 발끝까지 직선감을 느끼고 자각하기이다. 다음에는 누워서 그리고 구르면서 직선감 느끼고 자각하기이다.

② 신뢰의 균형 : 두 사람이 등을 마주대고 서서 그리고 앉아서 한 사람은 구부리고 다른 사람은 뒤로 젖히면서 이완하기를 교대로 한다.

제8회기 : 인도하기 / 따라하기와 기대기 / 지지하기

① 인도하기 / 따라하기 : 호흡연습을 한 후 두 사람이 마주보고 한 사람이 동작하면 다른 사람이 거울 반영하기이다. 끝난 후에 원으로 서서 다양한 음악의 속도에 따라 한사람씩 집단 속에서 인도하고 집단 모두가 동작을 반영한다.

② 기대기 / 지지하기 : 제7회기에 서서 했던 신뢰의 균형같이 하지만 팔들을 엮은 채 뒤로 들어 업는다.

제9회기 : 신체 자각하기와 수축 / 팽창의 원

① 신체 자각하기 : 호흡연습 후에 전원이 원으로 서서 눈을 감고 치료자의 지시를 경청한다. "당신의 머리를 생각하세요. 당신의 머리를 이완하고 머리와 다른 신체 부분과 이완되게 접촉하고 있습니까?"라는 식으로 모든 신체부분에 대해서 차례로 해나간다. 중간에 5번씩 심호흡을 하면서 온몸을 심호흡으로 채운다.

② 수축 / 팽창의 원 : 원으로 서서 손을 잡고 2, 3분간 서 있다가 모두 원 중심으로 들어가서 모두 머리와 어깨를 수그리고 인사하였다. 두 손과 어깨를 위로

들면서 뒤로 물러서서 큰 원을 만든다.

제10회기 : 원형 춤 반영과 뒤로 움직이기

① 원형 춤 반영 : 호흡 연습 후에 원으로 서서 한 사람 씩 기본적인 댄스 동작으로 인도하면 집단원이 반영한다.

② 뒤로 움직이기 : 주변 공간 지각을 위해 좁힌 원으로 서서 손잡고 눈을 감은 채 서서히 뒤로 걷다가 치료자가 '정지' 하면 뒤로 돌아서 다시 좁은 원으로 뒤로 걸어 들어간다.

제11회기 : 레가토와 스타카토

레가토와 스타카토를 하기 전에 심호흡과 제 2회기에 했던 요가 동작을 한다. 그리고 명상과 센터링 동작한다.

레가토와 스타카토 연습은 형태 지각에 초점을 두고 이와 관련된 에포트 요소로는 흐름(자유로운/지체된)과 시간(느리고/빠른)의 연습이다. 두 사람 중 한사람이A가 되어 레가토를 부드럽게 흐르는 동작을 하면 B는 강하고 날카롭게 스타카토 동작을 주장적으로 한다. 교대로 한다.

제12회기 : 주기 / 받기와 장님조각

① 주기 / 받기 : 호흡연습을 한 후에 음악에 맞춰 모든 참가자들이 움직이면서 공, 책, 콩 주머니를 주고받는다. 아주 조그만 물건을 주고받을 때는 아무도 눈치채지 못하게 주고받는다. 이런 것을 '밀수 놀이'라고 한다.

② 장님 조각 : 공간 속에서 이미지 상상을 통해 느낌 감각을 기르는 연습이다. 두 사람이 짝을 이루어 한 사람이 서거나 무릎을 구부린다. 다른 사람이 눈을 감고 파트너의 이미지를 만져서 조각 형태를 만든다. 눈을 뜨고 상상한 조각 형태가 어떠한지 살펴본다. 교대로 해보고 조각경험을 집단과 함께 나누기한다.

제13회기 : 가족 조각과 공놀이

① 가족 반영 : 호흡연습을 한 후 일가족 4~5명 정도의 집단으로 나누어 가족주제('휴가 중인 가족' '일하는 가족')를 선택한 후 각 가족 의 역할과 조각가의 역

할을 배정하여 조각가는 각 가족의 역할을 조각의 형태로 디자인한다. 집단 별로 발표하고 관찰한 후 나누기한다.

② 공놀이 : 공이나 플라스틱 원반을 준비한다. A와 B팀으로 나누어 A팀이 술래가 되고 B 팀은 공을 던진다. B팀은 서로 떨어진 두 영역으로 나누어 서서 자기 편 끼리 공을 던지고 받을 때 A팀은 중간 영역에서 던지는 공을 가로채야 한다. 공을 주고받는 데 3번 실패하면 두 팀이 교대한다.

제14회기 : 제스처 게임

호흡 연습을 한 후에 참가자들이 제스처로 감정을 표현하면 감정 알아맞추기를 한다. 제13회에 했던 공놀이를 한다.

제15회기 : 분노의 표현

호흡연습과 센터링 동작을 연습한 후에 주 활동을 한다. 분노의 경험을 회상한 후에 언어로 나누기 한다. 감정을 과장하여 소리・동작으로 표현한다. 음악에 맞춰 분노의 동작 표현으로 주먹질, 비틀기, 온몸 털기 등을 할 수 있다. 말하면서 동작(talking with movement)한다.

제16회기 : 억압된 분노의 표현

호흡연습과 센터링 동작 연습을 한다. 시설 생활에서 억압된 분노를 동작과 소리로 표현한다. 제 15회기의 활동의 연장이다. 분노의 소리 표현을 한다. 종결 나누기를 하고 작별한다.

참고문헌

〈제1부 : 미술심리치료의 이해〉

가족스트레스 연구회(1994). 엄마의 스트레스. 서울 : 창지사.

강위영 · 공마리아(2001). 정서 및 행동장애 아동의 적응훈련 프로그램. 서울 : 도서출판 특수교육.

경찰청(2007). 2006 경찰백서, 186~189. 경찰청.

공마리아 외(2004). 미술치료개론. 대구 : 동아문화사.

권기덕 · 김동연 · 최외선 편저(1997). 가족미술치료. 대구 : 동아문화사.

권기덕 · 김동연 · 최외선(2000). 가족미술치료(12판). 대구 : 동아문화사.

권희경 · 이춘재 · 진수경 · 서경희 · 이지은(1996). 여대생의 다이어트 행동과 심리적 변인들과의 관계. 가톨릭대학교 학생생활상담. 15, 3~24.

김옥희 · 김갑숙(2006). 여성주의 집단미술치료가 성폭력 생존자의 자존감과 불안에 미치는 효과, 미술치료연구. 제13권 제2호, 311~335.

김정택 · 신동균(1978). STAI의 한국표준화에 관한 연구. 최신의학지. 제56권, 69~75.

이부영(2006). 분석심리학: C. G. Jung의 인간심성론. 서울 : 일조각.

이형득(2002). 집단상담의 실제. 서울 : 중앙적성출판사.

조영숙 · 공마리아(2003). 반항성 장애아동의 공격적 행동 감소를 위한 미술치료사례연구. 미술치료연구, 제10권 제2호.

조정자 · 김동연(1996). 미술치료기법을 통한 성폭행피해아동의 상담사례, 미술치료 연구, 제3권 제2호, 145~159.

조정자(2002). 미술치료가 성폭력에서 성매매로 이어진 청소년의 자아개념 증진에 미치는 효과. 미술치료연구 제9권 제2호, 139~170.

조정자(2006). 아동기 성학대 피해 여성의 외상 후 스트레스 장애 극복을 위한 인지행동 미술치료 사례연구, 미술치료연구. 제13권 제2호, 227~253.

최금란 · 김갑숙(2004). 성폭력 피해를 입은 정신지체아의 위기극복을 위한 미술치료연구, 미술치료연구, 제11권 제1호, 101~121.

최선남(1995). 아동 우울에 영향을 미치는 가족변인과 동적 가족화에 의한 우울판별 연구, 영남대대학원 박사학위논문.

한국미술치료학회(2001). 미술치료의 이론과 실제. 대구 : 동아문화사.

한국미술치료학회(1998). 인물화 및 집·나무·사람그림에 의한 심리진단법. 대구 : 동아문화사.

한국성폭력상담소(2006). 2005 상담현황분석, 통계자료집.

홍대식(1993). 심리학개론. 서울 : 양영각.

加藤孝正(1986). 動的家族畵(KFD). 臨床描畵研究. I, 89~104.

加藤孝正・神戸誠(2000). 學校畵·家族畵ハンドブック. 東京 : 金剛出版.

皆藤章(2004). 風景構成法の時期とその語る. 東京: 誠信書房.

皆藤章, 川寄克哲(2002). 風景構成法の事例と展開-心理臨床の體驗. 東京: 誠信書房.

高橋雅春(1994). 描畵 テスト入門-HTPテスト. 東京 : 文教書院.

高橋雅春(1994). 樹木畵テスト. 東京 : 文教書院.

菅 原(1984). 自意識尺度(Self-Consciousness Scale)日本語版作成の試み. 心理學研究. 55, 184~188.

福屋武人・松原由枝(1966). 描畵を技法としてどう使うか-ワルテッグ描畵テストを中心に-臨床描畵研 究, XI. 東京: 金剛出版, 3~22.

山中康裕(1990). 繪畵療法とイメージ, MSSM法の紹介をかねて(水島恵一編). 現代のエスプリ, 275. 至文堂.

山中康裕(1990). コラージュ療法の發展的利用. 森谷寛之他 編, コラージュ療法入門, 大阪: 創元社.

山中康裕(1992). なぐリ描き法(氏原寛 外 編). 心理臨床大事典, 培風館.

山中康裕(1993). 私のスクイグル. 臨床描畵研究, Ⅷ. 51~69. 東京: 金剛出版.

杉浦京子(1994). コラージュ療法. 東京 : 川島書店.

石川 元(1990). 家族繪畵療法. 東京 : 海鳴社.

入江是淸(1966). 精神分裂病者の繪畵に關する臨床精神醫學的研究-自由畵・ワルテッグ描畵 テスト・ 繪畵療法-. 東邦醫學雜誌, 13: 217

中井久夫(1982). 相互限界吟味を加味したSquiggle. 藝術療法, 13: 17~21.

下坂幸三(1987). 思春期やせ症と近縁狀態. 圖說臨床精神醫學講座. 4, 36~46.

Conte, J. R.(Ed).(2002). *Critical issues in child sexual abuse*. Thousand Okas, C. A.: Sage.

Dietz, C. A. & Craft, J. L.(1980). Family dynamics of incest: A new perspective, Social Casework: *The Journal of Contemporary Social Work, 69,* 602~609.

Ellis, A.(1991). *Reason and Emotion in psychotherapy*. Birch Lane Press book.

Ellis, A.(1994). *Using RET Effectively in Bernard*, M. Using Rational-Emotive Therapy

Effectively. Plenum Press: London.

Ellis, A.(1995). Changing Rational-Emotive Therapy(RET) to Rational Emotive Behavior Therapy(REBT). *Rational-Emotive & Cognitive-behavior Therapy(REBT).* V 13, n 2. 85~89.

Harold, S. Koplewicz & Robin, F. Goodman(1999). *Childhood Revealed*: Art Expressing Pain, Discovery & Hope. New York University. N. Y.

Finklhor, D.(1980). Risk factors in the sexual victimization of children: *Child Abuse and Neglect, 4.* 265~273.

Frances F. Kaplan(2005). *Art, Science and Art Therapy, Repainting the Picture.* Jessica Kingsley Publishers. London and Philadelphia.

Fridrich, W. F.(2002). *Psychological assessment of sexually abused children and their families.* Thousand Okas, C. A.: Sage.

Goodwin, J. M., McCarty. & DiVasto, P.(1981). Prior incest in mothers of abused children. *Child Abuse and Neglect, 5.* 87~95.

Hanes, Michael(2000). Catharsis in art therapy: a case study of a sexually abused adolescent, *American Journal of Art Therapy, 38(3),* 70~74.

Herman, J.(1983). Recognition and treatment of incestuous families. *International Journal of Family Therapy, 5(2),* 81~99.

Hillman. D. & Solek-Tefft, J.(1988). Spiders and Flise: *Help for Parents and Teachers of Sexually Abused Children.* Lexington, M. A.: Lexington Books.

Kearney, A. Christopher(2003). *Casebook in Child Behavior Disorders.* Thomson. University of Nevada, Las Vegas.

Landgarten, H. B.(1987). *Family Art Psychotherapy.* N. Y. & London: Brunner/Mazel.

Marian, Liebmann(2005). *Art Therapy with Offenders.* Jessica Kingsley Publishers, N. Y. & U. K.

Malchio야, C. A.(2001). Using drawing as intervention with traumatized children. *Trauma and Loss: Research and Intervention, 1*(1). 21~28.

Russell, D.(1983). The incidence and prevalence of intra-familial and extra-familial sexual abuse of female children. *Child Abusc and Ncglect 7,* 133~146.

Spielberger, C. D.(1972). Anxiety. *Current Trends, Therapy and Research, New York: Academic Press.* N. Y.

Spielberger, C. D., Gorsuch, R. L. & Lushene, R. E.(1970). *Manual for the State-Trait*

Anxiety Inventory. Palo Alto: consulting psychologist Press. California.

Susan, Hogan(2005). *Gender Issues in Art Therapy*. Jessica Kingsley Publishers, London and Philadelphia.

Sweig, S. Terri, L.(2000). Women Healing Group Time-Limited, Psychoeducational Group Therapy for Childhood sexual Abuse survivor, Art Therapy: *Journal of American Art Therapy Association, 17*. 255~264.

Taubman. S.(1984). Incest in context. *Social Work, 29(1)*, 35~40.

Young, J. E. & Gluhoski, V. L.(1997). *A schema-focused perspective on satisfaction in close relationships*. In R. J. Sternberg & M. Hojjat(eds.), Satisfaction in Close Relationships(356~381). N. Y.: Guilford.

Alexander, M. J. & Higgins, E. T.(1993). Emotional trade-offs of becoming a parent: *Social Psychology. 65(6)*, 1259~1269.

Alissi, A. S.(1980). *Perspectives on Social Group Work Practice*. New York : The Free Press.

Alschuler, R. H. & Hattwick, L. W.(1947). *Painting and personality*. A study of young children Ⅱ. Chicago : University of chicago press.

American Psychological Association(1994). *Diagnostic and Statistical Manual of Mental Disorders(4th Ed.)*. W. DC : APA.

Anastiasi, A. & Foley, J. P.(1991). A survey of the literature on artistic behavior in the abnormal: Historical and theoretical background. *Journal of genetic psychology. 25*, 111~142.

Anastopoulos, A. D. Dupaul, G. J. & Barkley, R. A.(1991). Stimulus Medication and Parent Training, Therapies for Attention Deficit-Hyperactivity Disorder. *Journal of Learning Disabilities, 4*, 210~218.

Arnheim(1986). New Essays an the Psychology of Art. Berkley University of California Press.

Ascota, M. I.(1989). *The Kinetic Family Drawing* : A Development and Validity Study. Ph. D. Dissertation. Washington University.

Atkins, M. S. & Pelham, W. E.(1991). School-Based Assessment of Attention Deficit-Hyperactivity Disorder. *Journal of Learning Disabilities, 4*, 197~200.

Auerbach, J. G.(1950). Psychological observation on "doodling" in neurotics. *Journal Nervous Mental Disease, 3*. 304~332.

Baker, B. L.(1991). Effects of parent training on families of children with mental retardation: Increased burden or generalized benefit? *American Journal on Mental Retardation. 96(2),* 127~136.

Barkley, R. A.(1991). The use of psychopharmacology to study influences in parent-child interactions, *Journal of Abnormal Child Psychology. 9,* 303~310.

Barkley, R. A., Fisher, M., Edelbrock, C. S. & Smallish, S.(1991). The adolescent outcome of hyperactive children diagnosed by research criteria: Mother-children inter by criteria, Journal of C*hild Psychiatry. 32(2)*, 233~255.

Baruch, D. W. & Miller, H.(1951). The Use of Spontaneous Drawings in Group Therapy. *American Journal of Psychotherapy. 5,* 45~58.

Bates, M. M. & Johnson, C. D.(1972). *Group leadership* : A Manual for Group Counseling leaders, Denver, Colorado : Love Publishing Company.

Beck, A. T.(1987). Cognitive models of depression. *Journal of Cognitive Psychotherapy. 1,* 5~37.

Belkin, G. S.(1977). *Practical Counseling in the Schools.* Dubuque, Iowa : W. C. Brown Co., Publishers.

Bell, N. W, & Vogel, E. F.(1960). *A Modern Introduction to the Family.* Glencoe, IL : Free Press.

Bellack, A. & Hersen, M.(1990). *Handbook of comparative treatments for adult disorders.* N. Y. : John Wiley & Sons.

Benedek, T.(1949). *The emotional structure of the family.* In R. N. Anshen(Ed.), The Family : Its Functions and Destiny. New York : Harper, pp. 202~225

Bertalanffy, L. von.(1968). *General Systems Therapy* : Foundation, Development, Applications, New York : Brazillier

Betensky, M.(1973). *Self-discovery Through Self-expression.* Springfield, IL : Charles C. Thomas.

Bing, E.(1970). The conjoint family drawing, *Family. Process. 9*(2): 173, June.

Bloch, D.(1973). *Techniques of Family Psychotherapy, A Primer.* New York : Grune & stratton.

Bloomquist, M. L.(1991). *Skills training for children with behavior disorders,* New York: Guilford.

Blos, P.(1941). The adolescent Personality. New York : Appleton-Century-Grofts.

Boszormenyi-Nagy, I. & Framo, J. L.(1965). *Intensive Family Therapy* : Theoretical and Practical Aspects. New York : Harper & Row.

Boszormenyi-Nagy, I. & Ulrich, D. N.(1968). *Contextual family therapy*. In A. S. Gurman & D. P. Kniskern(Eds.), Handbook of Family Therapy. New York : Brunner/Mazel.

Bowen, M.(1992). *Family Therapy in Clinical Practice*. London : Jason Aronson.

Bradley, S. & Sloman, L.(1975). Elective mutism in immigrant families. *Journal of the American Academy of Child Psychiatry, 14*, 510~14, 1975.

Brant, R. S. T. & Tisza, V. B.(1977). The sexually Misused child. American Journal of Orthopsychiatry, 47(1), 80~90.

Broderick, C. B.(1971). *Beyond the five conceptual frameworks* : A decade of development in family theory. In C. B. Broderick(Ed.), A Decade of family Research and action, Minneapolis : National Council on family Relations.

Bross, A.(1982). *Family Therapy*. New York : Guilford Press.

Brown, F. G.(1976). *Principles of Education & Psychological Testing*. Holt, Rine-hart & Winston.

Brown, S. L.(1980). *Dynamic family therapy*. In H. Davanloo(Ed.), Short-term Dynamic Psychotherapy. New York : Jason Aronson.

Buck, J. N.(1970). *The house-tree-person technique(revised manual)*. Cali Western psychological services.

Burns, R. C.(1979). *Kinetic family Drawings: Practice and research Panel*. Annual meeting of the american association of psychiatric services for children. Chicago. New York: Taperecording. Audio transcripts Ltd.

Campbell, S. B.(1991). Active and Aggressive Preschoolers. *Internalizing and Externalizing of Dysfunction. Hillsdale:* Lawrence Erlbaum.

Cane, F.(1948). *The artist in each of us*. 1951, Reprint Craftsburry Common, V. T. : Art Therapy Publications.

Cane, F.(1950). *The Artist in Each of Us*. New York : Pantheon.

Cantwell, D. P. Williams & Wilkins(1992). *Oppositional defiant disorder. In Comprehensive Textbook of Psychiatry. ed 5*, H. I. Kaplan, B. J. Sadock, Editor, p. 1842. Williams & Wilkins, Baltimore.

Carlat, D. J., Camargo, Jr. C. A.(1991). Review of Bulimia Nervosa in males. *American*

Journal of Psychiatry. 148, 831~843.

Carol, ine Case & Tessa, Dalley(1990). *Working with Children in Art Therapy.* London and New York : Tavistock Routledge.

Cascio, W. F. & Silbey, V.(1979). Utility of the assessment center as a selection device. *Journal of Applied Psychology, 64.* 107~118.

Casey, A. M. & WcWilliam, R. A.(2005). Where is everybody?: Organizing results to promote child engagement, *Young Exceptional Children. 8(2).* 2~10.

Castenada, A., MeCandless, B. R. & Palermo, D. S.(1956). A children' s form of the Manifest Anxiety Scale. *Child Development, 27.* 317~326.

Cath, S. H., Gurwitt, A. R. & Ross, J. M.(1982, Eds.). *Faster and Child* : Developmental perspectives. Boston : Little Brown.

Cathy, A. M.(1998). The Art Therapy Sourcebook: N. Y.: Paperback.

Claman, L.(1980). The Squiggle Drawing Game in Child Psychotherapy, *American Journal psychotherapy, 34*(33), 414~425.

Cocker, S., Vize, C., Wade, T. & Cooper, P.(1993). Patients with Bulimia Nervosa, Who Fail to Engage in Cognitive Behavior Therapy, *International Journal of Eating Disorders. 13(1).* 35~40.

Cohn, F. W.(1981). Art Therapy. Psychotic Expression and Symbolism. *The Arts in Psychotherapy, 8*(1).

Cooper, P. J. & Taylor, M. J.(1988). Body Image disturbance in Bulimia Nervosa, *British Journal of Psychiatry. 153,* 32~36.

Coopersmith, S.(1959). A method for determining types of self-esteem. *Journal of Abnormal and Social Psychology. 59,* 87~94.

Corfman, E.(1979). Et al. Families Today. Rockville, MD : U. S. Department of Health, *Education and Welfare, Vol. I.*

Corman, I.(1964). Le test Du dessin de familles [The family drawing test]. Paris : Presses de Universitaires de France.

Coser, R.(1964). *The Family, Its Structure and Functions.* New York : St. Martin' s Press.

Coward, H.(1985). *Jung and eastern thought.* New York: State University of New York press.

Cuin, J. & Gomila, J.(1953). Le dessin de lu Fumille chez I' enfunt. Criteres de elusaifieution[The Family drawing of the child : Criteria for classification].

Annales Medique Psychologie, 4, 502~506.

Cummings, J. A.(1980). An evaluation of and objective scoring system for KFD. Discritation Abstracts International, 41. 2313B.(University Microfilms No. 8029117)

Cutter, F.(1982). *Art and the Wish to* , Chicago : Nelson Hall.

Davanloo, H.(1980).(Ed.). *Short-term Dynamic Psychotherapy*. New York : Jason Aronson.

De Francis, V.(1971). Protecting the child victims of sex crimes committed by adults. Fed. Prob. 35, 15~20.

Dell, P. J.(1982). Beyond homeostasis : Toward a concept of coherence. *Family Process, 21*(1), 21~41.

Deren, S.(1975). An empirical evaluation of the validity of a Draw-a-Family test. *Journal of Clinical Psychology, 31*, 542~546.

Di leo, J.(1973). *Children' s drawings as diagnostic aids*. New York: State Brunner /Mazel.

Diane, Waller.(1993). *Group Interactive Art Therapy*. London and New York : Routledge.

Dicks, G. V.(1967). *Marital Tensions* : Clinical Studies Towards a Psychological Therapy of interaction. London : Routledge & Kegan Paul.

Duhl, B. S.(1983). *From the Inside Out and Other Metaphors*. New York : Brunner/mazel.

Duvall, E. M.(1977). *Marriage and Family Development*(5th, ed.). New York : Lippincott.

Dyson, L. L.(1993). Response to the presence of a children with disabilities: Parental stress and family functioning over time. *American Journal on Mental Retardation. 98(2)*, 207~218.

Dyson, L.(1997). Father and mother of school-age children with developmental disabilities: Parental stress and family functioning and social support. *American Journal on Mental Retardation. 102(3)*, 267~279.

Ehrenzwelg, A.(1967). *The Psycho-Analysis of Artistic Vision and Hearing*. New York : George Braziller.

Eisler, R. M. & Hersen, M.(1973). Behavioral Techniques in family-oriented crisis intervention. *Archives of General Psychiatry, 28*. 111~16.

Eller, B.(1993). Males with eating disorders. *In* Giannini A. J., Slaby, A. E.(ed), *The Eating Disorders*. N. Y. : Brunner/Mazel, Inc.

Eng. H.(1954). *The Psychology of Childrens Drawings*(2nd ed.). London: Routledge and Kegan Paul.

Engel, G. A.(1968). Life setting conducive to illness-the giving up complex. *Annals of Internal Medicine.*, *6*, 293~300.

Eninor, Ulman(1975). *Art Therapy in Theory and Practice*, New York : Schocken Books.

Epstein, N. B. & Hogan, D. S.(1981). Problem-centered systems family therapy. *Journal of Marital Therapy*, *7*(1), 23~32.

Erickson, G. D. & Hogan, T. P.(1981). *Family Therapy* : An Introduction to Theory and Technique(2nd ed.). Monterey, CA : Books/Cole.

Fabre, C.(1992). Emotionally Disturbed Young People : The Value of Their Pictorial Expression and of Its Promotion. *The Arts in Psychotherapy, Vol.* 19.

Feater, B. W. & Rhoads, J. M.(1972). Psychodynamic behavior therapy : Clinical aspects, *Archives of General Psychiatry*, *26*, 503~511.

Feder, E., Feder, B.(1981). *The Expressive Arts Therapies*. Englewood Cliffs, NJ : Prentice-Hall.

Fein, L. G.(1979). Current status of psychological diagnostic testing in university training programs and in delivery of service systems. *Psychological Reports, 44*. 863~879.

Ferrara, N.(1991). Art As A Reflection Of Child Development. *The American Journal of Art Therapy. Vol. 30.*

Fischer, R.(1969). *Art interpretation and art therapy*. In I. Jakab(Ed.), Psychiatry and Art. Basel : Karger, 33.

Flury, M.(1954). Zeichnc dcinc familic [Draw your family]. *Praxis der Kinderpsychologie and Kinderpsychiatrie*. *3*, 117~125.

Ford, F. R. & Herrick, F.(1974). Family lifestyles. *American Journal of Ortho-psychiatry.*, *44*, 61~69.

Framo, J. L.(1972, Ed.). *Family Interaction* : A Dialogue Between Family Researchers and Family Therapists. New York : Springer.

Frank, F.(1973). *The zen of seeing*. New York: Vintage books random house.

Freeman, H.(1971). What child' s drawings can reveal. *Mother*, *35*. 34~36.

Freud, S.(1950). *La sience des rēves, PUF.*(高橋義孝 譯:夢判斷. フロイト著作集 2. 人文書院, 1958).

Freud, S.(1958). *On Creativity and the Unconscious* : Papers on the Psychology of Art, Literature, Love, Religion, New York : Harper & Row.

Fuman, E. A.(1974). *Child's Parent Dies* : Studies in Childhood Bereavement. New Haven :Yale University Press.

Gardner, H.(1980). *Artful Scribbles* : The Significance of Children's Drawings. New York : Basic Books.

Gardner, R. A.(1971). *Therapeutic Communication With Children* : The Mutual Story-Telling Technique. New York : Wiley & Sons.

Garner, D. M.(1991). *Eating Disorders Inventory(EDI)-2.* Psychological Assessment Resources. Odessa, F. L. : Psychology Assessment Resources.

Garrow, J. S. & Webster, J.(1985). Qutelet' s Index(W/ H^2) as a measure of Fatness. *International Journal of Obesity Disorders. 9*, 147~153.

Gendre, F., Chetrit, S. & Dupont, J. B.(1977). Use of the Draw-a-Family Test with children : A preliminary study. *Revue de Psychologic Appliquce. 27*, 243~284.

Gittleman, R.(1980). The role of psychological tests for differential iagnosis in child psychiatry. *Journal of the American Academy of Child Psychiatry, 19*, 413~438.

Gittleman-Klein, R.(1978). *Validity of projective tests for psychodiagnosis in children.* In R. L. Spitzer & D. F. Klein(Eds.). Critical issues in psychiatric diagnosis(pp. 141~166). New York : Raven Press.

Glaser, K.(1976). Masked depression in children and adolescents. *American Journal of Psychotherapy, 21*, 563~574.

Glick, I. D. & Kessler, D. R.(1974). *Marital and Family Therapy.* New York : Grune & Stratton.

Goh, D. S., Teslow, C. J. & Fuller, G. B.(1981). The practice of psychological assessment among school psychologists, *Professional Psychology, 12*, 696~706.

Goldenberg, I. & Goldenberg, H.(1980). *Family Therapy* : An Overview. Monterey, CA : Books/Cole.

Goodenough, F. L.(1926.) *Measurement of intelligence by drawings*, New york: Harcourt, Brace and world Inc.

Goodman, N.(1976). *Languages of Art(2nd.* ed.). Indianapolis : Hackett.

Gorman, B. S. & Allison, D. B.(1995). Measures of Restricted Eating. In D. B. Allison(Ed.), *Handbook of Assessment Methods for Eating Behaviors and Weight-Related Problems.* London : Sage Publications.

Greenburg, L.(1975). Therapeutic grief work with children. *Social Casework, 56*, 396~403.

Greenfeld, D. M., Harding, P., Glass, E. & Bliss, A.(1989). Eating Behavior in an adolescent population. *International Journal of Eating Disorders, 6*, 99~111.

Greenspoon, D.(1982). Case study : The development of self-expression in a severely disturbed adolescent. *American Journal of Art Therapy, 22*(1).

Guerin, J. P.(1963)(Ed.). *Family Therapy* : Theory and Practice. New York :Gardner Press.

Gurman, A. S. & Kniskcm, D. P. 1981(Eds.). *Handbook of Family Therapy*. New York : Brunner/Mazel.

Haeseler, N.(1982). Why are patients with Anorexia Nervosa responsive to Art Therapy? In A. DiMara, E. Kramer & L. Regener. Art Therapy : *A Bride Between Two Worlds*, Falls Church, V. A.: American Art Therapy Association.

Haley, J. m. & Hoffman, L.(1967). *Techniques of Family Therapy*. New York : Basic Books.

Hammer, E. F.(1971). *The clinical application of projective drawings*. Springfield, IL : C. C. Thomas.

Harriet, Wadeson.(1980). *Art Psychotherapy*, New York : Wiley Interscience Publication.

Harris, D. B.(1963). *Children's drawings as measures of intellectual maturity*. New York : Harcourt, Brace, & World, Inc.

Harris, D. B. & Roberts, J.(1972). *Intellectual maturity of children : Demographic and sociometric Factors*(Vital and Health Statistics, Series II, No, 116). W, DC : U. S. Government Printing Office.

Hatterer, L. J.(1965). *The Artist in Society* : Problems and Treatment of the Creative Personality, New York : Grive Press.

Havelka, J.(1968). *The Mature of the Creative Process in Art*. The Hague : Martinus Nijhoff.

Heaterton, T. F., Herman, C. P., Polivy, J., king, G. A. & McGree, S. T.(1988). The measurement of restraint, An analysis of conceptual and psychometric issues. *Journal of Abnormal Psychology, 97*, 19~28.

Heaterton, T. F., Nichols, P., Mahamedi, F. & Kell, P.(1995). Body Weight, Dieting, and Eating Disorder symptoms among college students 1982 to 1992. *American Journal of Psychiatry, 152*, 1623~1629.

Heineman, T.(1975). *Kinetic Family Drawings of siblings of severely emotionally disturbed children. Tests Abstracts.* School of Social Welfare, University of California at Berkeley.

Heinicke, C. M. & Westheimer, I. J.(1965). Brief Separations. New York : International Universities Press.

Herjanic, B. & Wilbois, R. P.(1978). Sexual abuse of children : Detection and management. *Journal of the American Medical Association, 239*, 331~33.

Herr, J. & Weakland, J. H.(1979). *Counseling Elder and Their Families* : Practical Techniques for Applied Gerontology. New York : Springer.

Herzog, D. B. & Copeland, P. M.(1986). Understanding Eating Disorders, *Family Therapy Today*. 1(4), 3~4.

Hetherinton, M, M. & Rolls, B. J.(1991). Eating Behavior in Eating Disorder Response to preloads. *Physiology and Behavior. 50*, 101~108.

Hill, A.(1945). Art Versus Illness. London : George Allen and Urwin.

Hill, A. J. & Oliver, S. & Rogers, P. J.(1992). Eating in the Adult World: the rise of dieting in child and adolescence. *British Journal of Clinical Psychology. 31*, 95~105.

Hinz, L. D. & Willamson, D. A.(1987). Bulimia and Depression: A review of the Affective variety hypothesis. *Psychological Bulletin, 102.* 150~158.

Holderness, C. C., Brooks-Gunn, J., Warren, M. P.(1994). Co-morbidity of Eating Disorders and substance abuse, review of the literature. *International Journal of Eating Disorders. 16*, 1~34.

Horrowitz, M. J.(1970). *Image Formation and Cognition*. New York: Appleton-Century Crafts.

Howard, M. Knoff. & H. Thompson Prout(2000). *Kinetic Drawing System for Family and School : A Handbook*. Florida : Western Psychological Service.

Howells, J. G.(1980, Ed.). *Advance in Family Psychiatry*. New York : International Universities Pres, Vol. 2.

Hughes, M. A.(2004). The natural medicine guide to anxiety, and depression without drugs and without talk therapy, *Library Journal. 129(4)*, 93~104.

Hulse, W. C.(1952). Childhood conflict expressed through family drawings. *Journal of Projective Techniques. 16*. 66~79.

Jackson, D. D.(1968, Ed.). *Communication, Family and Marriage*. Palo Alto, C. A. : Science and Behavior Books.

Jacobi, J.(1955). Pictures from the unconscious. *Journal of Projective Techniques, 19*. 264~270.

Jacobson, D. A.(1973). *A study of kinetic Family Drawings of public school ages 6~9*. Dissertation Abstracts International, 34, 2935B.(University Microfilms No. 73~29, 455).

Jerry, J. B.(1989). *Parent-Child Relations*. N. Y.: Macmillan Publishing Co, Inc.

Johnston, C.(1996). Parent characteristics and parent-child interactions in families of non-problem children and ADHD children with higher and lower levels of oppositional-defiant behavior. *Journal of Abnormal Child Psychology. 24(1)*, 85~104.

Johnston, D. D.(1975) *Comparison of DAF and KFD in children from intact and divorced homes*. Thesis abstracts . San . Jose. california state univ.

Jolles, I.(1952). Study of the validity of some hypotheses for the qualitative interpretation of H-T-P for children of elementary school age. *Sexual identification, Journal of Clinical Psychology, 8*, 113~119, 1952.

Judith A. R.(2001). Approaches to Art Therapy: Therapy and Technique. London and philadelphia: Jessica Kingsley publishers.

Jung, C. G.(1979). World and image. Ballingen series Ⅶ. NJ: Princeton university press.

Junge, M. & Maya, V.(1985). Woman in their forties : A group portrait and implications for psychotherapy. *Woman and Therapy*. 4(3), Fall.

Junge, M.(1984). The book about Daddy dying : A preventative art therapy technique to help families deal with the death of a family member. *Art Therapy, 2(1)*, 4~9, March.

Kaffman, M.(1963). Short-term therapy. *Family Process, 2*, 216~234.

Kahana, R. J. & Levin, S.(1971). Aging and the conflict of generations. *Journal of Geriatric Psychiatry. 4*, 115~135.

Kato, T., Ikura, H. & Kuboda, Y.(1978). The action of K-F-D and the child's attitude towards family members. *Japanese Bulletin of Art Therapy*, 9, 25~31.

Kauffman, B. N.(1981). *A miracle to believe in: They loved an child back to life*. New York : Doubleday.

kellog R.(1969). Analyzing children's art California : california national press books.

Kestenberg, J. S.(1975). Children and Parents. Nw York : Jason Aronson & Stratton.

Kiell, N.(1965). Psychiatry and Psychology in the Visual Arts and Aesthetic : A Bibliography. Madison : University of Wisconsin Press.

Klepsch, M. & Logic, L.(1982). Children draw and tell. New York, Brunner/Mazel.

Knoff. H. M. & Prout. H. T.(1985). *Kinetic drawing system for family and school*: A handbook. Los angeles: Western psychological services.

Koch, Charles(1958). *Le test de L'arbre(Vitte)*. 林 勝造 · 國吉政一 · 一谷彊 譯(1970). バウム · テスト-樹木畵 による人格診斷法, 日本文化科學社.

Koppitz, E. M.(1968). *Psychological evaluation of children's human figure drawing*. New York : Grune and Stratton.

Kramer, E.(1971). *Art as Therapy with Children*. New York : Schocken Press.

Kramer, E. C.(1993). *Art as therapy with children*. Chicago, Illinois, Magnolia Street Publishers.

Kramer. E. & Ulman, E.(1982). *Art Therapy*. In C. R. Reynolds & T. B. Guthin(Eds.). The handbook of School Psychology. New York : John Wiley & Sons. 656~666.

Kreitler, H. & Kreitler, S.(1972). *Psychology of the Arts*. Durham, NC : University Press.

Kris, E.(1952). *Psychoanalytic Explorations in Art*. New York : International Universities Press.

Kritzberg, N. I.(1975). *The Structured Therapeutic Game Method of Child Analytic Psychotherapy*. New York : Press, Hicksville.

Kubie, L.(1956). *Psychoanalysis and Marriage* : Practical and theoretical issues. In V. Eienstein(Ed.), Neurotic Interaction in Marriage. New York : Basic Books.

Kubler-Ross, E.(1975). *Death : The Final Stage of Growth*. Englewood Cliffs, N. J. : Prentice-Hall.

Kutnick, P.(1978). Children's drawings of their classrooms : *Development and social maturity. Child Study Journal, 8*. 175~185.

Kwiatkowska, H.(1978). *Family Art Therapy*. Springfield, I. L. : C. C. Thomas.

Lahey B. B, Loeber R, Quay H. C, Frick P J, Grimm J(1992). *Oppositional Defiant Disorders: Issues to be resolved for DSM-IV. J Am Aced child Adolesce Psychiatry, 31:* 539.

Lambert, N. M. & Sandoval, I.(1980). The Prevalence of Learning disabilities in sample of children considered hyperactive, *Journal of Abnormal Child Psychology*, 8, 33~50.

Landgarten, H. B.(1987). *Family Art Psychotherapy. A Clinical Guide and Casebook*, N. Y. : Brunner/Mazel.

Landgarten, H. B. & Lubbers, D.(1991). *Adult art therapy*, New York: brunner/Mazel.

Landisberg, Selma.(1947). A study of the H-T-P test. *The training school bulletin. 44.* 140~152.

Lange, A. & van der Hart, Anna(1983). *Directive Family Therapy*. New York : Brunner/Mazel.

Langsley, D. G. & Kaplan, D. M.(1968). *The Treatment of Families in Crisis*. New York : Grune & Stratton.

Lantz, J. E.(1978). *Family and Marital Therapy* : A Transactional Approach. New York : Appleton-Century Grofts.

Lask, B., Bryant-Waugh R.(1992). Early-onset Anorexia Nervosa and Eating Disorder. Journal of Child Psychiatry. 35, 281~300.

Lazarus, R. S., Folkman, S.(1984). Stress, Appraisal and Coping, N. Y. Springer Publishing Co.

Ledesma, L. K.(1979). *The Kinetic Family Drawings of Filipo adolescents*. Dissertation Abstracts International, 40, 1866B(University Microfilms No. 7922072).

Lewis, H. P.(1973, Ed.). *Child Art* : The Beginnings of Self-Affirmation. Berkeley : Diablo Press.

Lieberman, F. B.(1992). *Validity of the Kinetic Family Drawings as A Measurement of the Perception of Family Relationship and Family Dynamics(parental care)*. Unpublished Ph. D. Dissertation. Pace University.

Linderman, E. W.(1967). *Invitation th Vision* : Ideas and Imaginations for Art. Dubuqye, IA : William C. Brown.

Lodesma, L. K.(1979). The kinetic family drawings of fillpino adolescents. *Dissertation abstracts international. 40.*

Lowenfeld, V. & Britain, W. L.(1975). *Creative and Mental Growth*(6th ed). New York : Macmillan.

Lubbers, D.(1991). Treatment of Women with Eating Disorders, H. b. Landgarten & D. Lubbers.(1991). *Adult Art Psychotherapy*. N. Y. : Brunner/mazel, Inc.

Luthe, W.(1976). *Creativity Mobilization Technique.* New York : Grune & Stratton.

Luthman, S.(1974). *The Dynamic Family. Palo Alto,* CA : Science & Behavior Books.

Macgregor, R., Richie, A., Serrano, A. & Schuster, F.(1964). *Multiple Impact Therapy with Families.* New York : Mcgraw-hill.

Machover, K.(1949). *Personality projection in the drawing of the human figure.* Springfield, IL: C. C. Thomas.

Malchiodi, C. A.(1998). *Medical Art Therapy with Children.* London & Philadelphia: The Jessica Kingsley Publishers.

Mangum, M. E.(1976). *Familial identification in back, anglo, and chicano MR children using K-F-D.* Dissertation abstracts international 36. 7343A. University Microfilms No. 76~10. 846.

Marian, Liebmann(1991). *Art Therapy For Groups.* Massachusetts : Brookline Books.

Marshall, S., Marshall, H. H. & Lyon, R. P.(1973). Enuresis : An analysis of various therapeutic approaches. *Pediatrics, 51,* 813~17.

Martin, P. A.(1976). *Marital Therapy Manual.* New York : Brunner/Mazel.

Mash, E. J. & Johnston, C(1983). Parental perceptions of child behavior problems, parenting self-esteem, and mothers reported stress in younger and older hyperactive and normal children, *Journal of Consulting and Clinic Psychology. 51(1),* 86~89.

Maslow, A. H.(1964). *Religions, Values, and peak-experiences.* Columbus, Ohio state university.

McGrehor, J. P.(1979). *Kinetic Family Drawing Test* : A validity study. Dissertation Abstracts International, 40, 927B~928B. University Microfilms No. 7918101)

McHugh, A. F.(1966). Children's figure drawings in neurotic and conduct disturbances. *Journal of Clinical Psychology, 22,* 219~221.

McNiff, S.(1981). *The Arts and Psychotherapy.* Springfield, IL : Charles C. Thomas.

McPhee, I. P. & Wegner, K. W.(1976). Kinetic Family Drawing styles and emotionally disturbed childhood behavior. *Journal of Personality Assessment, 40,* 487~491.

Meyers, D.(1978). Toward an objective evaluation procedure for the kinetic family drawings(K-F-D). *Journal of personality assessment. 42.* 358~365.

Miller, D.(1983). *The Age Between.* New York : Jason Aronson.

Miller, L. C.(1976). *School Behavior Checklist*. Los Angeles : Western Psychological Services.

Milner, M.(1976). *On Not Being Able to Paint*. New York : International Universities Press.

Mizushima, K.(1972). Art therapies in Japan. *Interpersonal Development. 2*(4), 213~222.

Moore, R. W.(1981). *Art Therapy in Mental Health*. Washington, D. C. : National Institute of Mental Health.

Mostkoff, D. L. & Lazarus, P. J.(1983). The Kinetic Family Drawing : The reliability of an objective scoring system. *Psychology in the Schools, 20*. 16~20.

Moustakas, C. E.(1967). *Creativity and Conformity*. New York : Van Nostrand Reinnolds.

Mussen, P. H. Conger J. J. Kagan J. Huston, A. C.(1984). *Child Development and Personality*. New York : Harper International Edition. New York : Harper & Row, Pub.

Naevestad, M.(1979). *The Colors of Rage and Love* : A Picture Book of Internal Events. London : White Polaris Press.

Napier, A. Y. & Whitaker, C. A.(1978). *The Family Crucible*. New York : Harper & Row.

Naumburg, M.(1953). *Schizophrenic Art* : It's Meaning in Psychotherapy. New York : Grune & Stratton.

Naumburg, M.(1966). *Dynamically Oriented Art Therapy* : It's Principles and Practices. New York : Grune & Stratton.

Neumann, E.(1969). *Art and the Creative Unconscious* : Four Essays. New York : Princeton University Press.

Nickerson, E. T.(1980). *More Recent Approaches of Working Therapeutically with Children and Teenagers*. Paper Presented at Division 27(Psychotherapy). American Psychological association Midwiner Conference. San Diego.

O'Brian, R. O. & Patton, W. F.(1974). Development of an objective Scoring method for the kinetic family drawing. *Journal of personality assessment. 38*. 156~164.

O'Hare, D.(1981, Ed.). *Psychology and the Arts*. New Jersey : Humanities Press.

Ogden, J. & Evan, C.(1996). The problem with weighting : effects on mood, s elf-esteem and 25 body image. *International Journal of Obese Relate Mental Disorder. 20*, 272~277.

Osorio, Brana, J.(1996). *The Kinetic Family Drawing as a measure of Minuchin's structural family concepts among hispanic American Families with substance-abusing and nonsubstance-abusing adolescents*. Doctoral dissertation. Texas Woman's University.

Papp, P.(1977, Ed.). *Family Therapy* : Full-Length Case Studies. New York : Gardner Press.

Paul, N. L. & Grosser, G.(1965). Operational mourning and its role in conjoint family therapy. *Community Mental Health Journal, 1*(4), 339~345.

Paul, W.(1967). The use of empathy in the resolution of grief. Perspective. *Biol. Med., II*, 143~155.

Pckford, R. W.(1976). *Studies in Psychiatric Art* : Its Psychodynamics, Therapeutic Value and Relationship to Modern Art. Springfield, IL : Charles C. Thomas.

Peckman, M.(1977). *Man's Rage for Chaos : Biology, Behavior, and the Arts*. New York : Schocken Press.

Perkins, D. & Leondor, B.(1977, Ed.). *The Arts and Cognition*. Baltimore : Johns Hopkins University Press.

Perry, D. G. & Bussey, K.(1984). *Social Development*. Prentice-Hall.

Petersen, C. S.(1977). Roots as shown in kinetic family drawings. *The commentary, 38*, 156~164.

Pickford, R. W.(1972). *Psychology and Visual Aesthetics*. London : Hutchinson.

Pillps, W.(1963, Ed.). *Art and Psychoanalysis*. Cleveland : World Publishing, CO.

Pinney, E. L. & Slipp, S.(1982). *Glossary of Group and Family Therapy*. New York : Brunner/Mazel.

Plank, E. N. & Plank, R.(1978). *Children and death : As seen through art and autobiographies*. In R. S. eissler, et al.(Eds.), Psychoanalytic Study of the child, Vol. 33. New Haven : Yale University Press.

Plokker, J. H.(1965). *Art from the Mentally Disturbed*. Boston : Little Brown.

Prinzhom, H.(1972). *Artistry of the Mentally, III* : A Contribution to the Psychology and Psychopathology of Configuration. New York : Springer-Verlag.

Progoff, I.(1963). *The Symbolic and Real*, New York : Julian Press.

Prout, H. T. & Celmer. D. S.(1984). School drawings and academic achievement : A validity study if the kinetic school drawing technique. *Psychology in the schools, 21*, 176~180.

Raskin, L. M. and Bloom A. S.(1977). Kinetic family drawing by Children with learning disabilities. *Journal of learning disabilities, 10*, 370~374.

Reasoner, E. R.(1994). Self-esteem as an antidote to crime and Violence, ERIC document reproduction service. ED, 373~381.

Rees, H. E.(1942). *A Psychology of Artistic Creation*. New York : Bureau of Publications, Teachers College, Columbia University.

Reitman, F.(1950). *Psychotic Art*, London : Boutledge and Kegan Paul.

Renner, M.(1969). *Der Wartegg-Zeichentest*. Verlag: Ernst Reinhardt.

Reusch, J.(1961). *Therapeutic Communication*. New York : W. W. Norton.

Reynolds, C. R.(1978) A quick-scoring guide to the interpretation of children's kinetic family drawing(K-F-D). *Psychology in the schools, 15*. 489~492.

Rhine, P. C.(1978). Adjustment indicators in kinetic family drawings by children : A validation study. *Dissertation abstracts international, 39*. 2~8.

Rhodes, S. & Wilson, J.(1981). *Surviving Family Life*. New York : G. P. Putnam's Sons.

Rhyne, J.(1962). *The Gestalt Art Experience*. Palo Alto, C. A. : Science and Behavior Books.

Robson, B.(1979). *My Parents are Divorced Too*, What Teenagers Experience and How They Cope. Toronto : Dorset.

Roman, M & Blackbum, S.(1979). *Family Secrets*. New York : Times Books.

Roman, M. & Haddad, W.(1978). The Disposable Parent. New York : Holt, Rine Hart and Winston.

Rorschach, H.(1967). *Psychodiagnostic*, PUF.(鈴木陸夫 譯: 新・完譯精神診斷學, 金子書 房, 1998)

Roth, J. & Huber. G.(1979). *Familiendynami*k. sonderdruck. Aus jahrgang. Stuttgart : Klett-Cotta.

Saavedra, J. M.(1980). Effect of perceived parental warmth and control on the self-evaluation of puerto Rican adolescent. MALES. *Behavior Science Research. 15*.

Sachs, H.(1951). *The Creative Unconscious* : Studies in the Psychoanalysis of Art(2nd de). Cambridge, MA : Sci-Art Publishers.

Sarbaugh, M. E.(1982). Kinetic drawing-school(Kd-s) technique. *Illinois school psychologist's association monograph seres. I*, 1~70.

Sargent, J.(1986). Family therapy interventions for anorections and bulimics. *Family Therapy Today. 1*(4), 1~8.

Satir, V.(1972). *People making*. Palo Alto, CA : Science & Behavior Books.

Sayed, A. J. & Leavereton, D. R.(1974). Kinetic family drawings of children with debats. *Child psychiatry and human development. 5,* 40~50.

Schacfer-Simmem, H.(1948). *The Unfolding of Artistic Activity.* Berkeley : University of California Press.

Schechtel, E. G.(1950) Projection and its relation to character attitudes and creativity in the kinesthetic response. *Psychiatry, 13,* 69~100.

Science Research Associates.(1978). *Science Research Associates Achievement Test.* Chicago : Author.

Scneider, D. E.(1950). *The Psychoanalyst and the Artist.* New York : Famar, Straus & Co.

Seaman, P.(2004). Parenting in poor environments, stress, support and coping, *Journal of Social Policy. 33(2),* 332~341.

Sechehaye, M. A.(1960). *Symbolic Realization.* New York : International Universities Press.

Sharp, C. W., Clark, S. A., Dunban J. R., Blackwood, D. H. R. & Shapiro, C. M.(1994) : Clinical presentation of Anorexia Nervosa in males : 24 New cases. *International Journal of Eating Disorders. 15,* 125~134.

Shaw, J. G.(1989). *A Developmental Study in the Kinetic Family Drawing For a Nonclinic*, Black Child Population in the Midwestern region of the United States, Unpubiished Ed. D., Dissertation. Andrews University.

Shore, M. P.(1967, Ed.). *Red is the Color of Hurting.* Bethesda, MD : National Institute of Mental Health.

Silver, R. & Carrion, F.(1991). Using The Silver Drawing Test in School And Hospital. *The American Journal of Art Therapy. Vol. 30.*

Silverstone, P. H.(1990). Low Self-Esteem in disordered patients in the absence of depression. *Psychological Reports. 67,* 276~278.

Sims, C. A.(1974). Kinetic Family Drawings and the Family Relations Indicator. *Journal of Critical Psychology. 30,* 87~88.

Sobel, M. & Sobel, W.(1976). Discrimination adolescent male delinquents through the use of Kinetic Family Drawings. *Journal of Personality Assessment. 40,* 91~94.

Soliman, H.(2004). Social work intervention in disasters and traumatic stress events: An Emerging Practice Area. *30(2),* 987~1001.

Sours, J. A.(1980). *Starving to Death in a Sea of Objects : The Anorexia Nervosa Syndrome.* N. Y. : Jason Aronson.

Straus, M. A.(1977). *Family measurement techniques*. University of minn.

Striegel-Moore, R. H., Silverstein, L. R. & Rodin, J.(1993). The social self in Bulimia Nervorsa : Public Self-Consciousness, social anxiety, and perceived flaudulence, *Journal of Abnormal. 102*, 297~303.

Strupp, H. H. & Hadley, S. W.(1977). A tripartite model of mental health and therapeutic outcomes. *American Psychologist, 32*, 187~196.

Takano, S. & Kurihara. R.(1992). Using the Squiggle-Drawing Game in Assessment of Preschool Children. *Tsukuba Psychological Research, 14.*

Tanofsky, M. Ryan, A. Borman-Spurrell E, Welch, R. Wilfley, D. Brownnell, K.(1997). Comparison of psychiatric Diagnosis of men and women with binge Eating Disorder, *International Journal of Eating Disorders. 21,* 49~54.

Tessa Dalle(1984). *Art as Therapy*, London and New York : Tavistock Publications.

Thompson, L. V.(1975). *Kinetic Family Drawings of adolescents*. Dissertation Abstracts International, 36, 3077B~3078B.(University Microfilms No. 75~29, 095)

Thorpe, L. P., Clark, W. W. & Tiegs, E. W.(1953). *California Test of Personality*. Montercy, C. A/ : MacGraw-Hill.

Ticen, S.(1990). Feed Me…cleanse me…sexual trauma projected in the art of bulimics. *Journal of the American Art Therapy Association. 7(1)*, 17~21.

Touyz, S. W., Kopec-Schrader, E. M., Beumont, P. J. V.(1993). Anorexia Nervosa in males: a report of 12 cases. *Australian and New Zealand Journal of Psychiatry*. 27, 512~517.

Turnbull, A. P. & Turnbull, H. R.(2001). Families, professionals, and exceptionality: A special partnership(3nd ed). Columbus, O. H.: Merrill.

Ulman, E. & Levy, C. A.(1980). *Art Therapy* : View Point. New York: Schocken.

Van Krevelen, D. A.(1975). On the use of a Family Drawing Test. *Acta Puedopsychiatria,* 41, 104~109.

Van Riper(1971). The Nature of Stuttering, Englewood Cliffs, N. J : Prentice-Hall.

Wade, T. C., Baker, T. B., Morton, T. L. & Baker, L. J.(1978). The status of psychological testing in clinical psychology : Relationships between test use and professional activities and orientation. *Journal of Personality Assessment, 42*, 3~10.

Wadeson, H. S.(1980). *Art Psychotherapy*. N. Y. : John Wilry & Sons.

Wadeson, H.(1980). Art psychotherapy. N. Y. : John Wiley and Sones.

Waelder, R.(1965). *Psychoanalytic Avenues to Art.* New York : International Universities Press.

Wagner, E. E.(1983). *The Hand Test revised manual.* Los Angeles : Western Psychological Services.

Walsh, F.(Ed.). *Normal Family Processes.* New York : Guilford Press, 1982.

Walton, J. R.(1983). *Kinetic School Drawings of referred school children.* Paper presented at the National Association of School Psychologists, Detroit.

Washner, T. S.(1946). Interpretations of spontaneous drawing and paintings. *Genetic Psychology Monographs, 33,* 70.

Watzlawick, P., Weakland, J. H. & Fisch, R.(1974). *Change.* New York : Norton.

Weakland, J.(1960). *The double bind hypothesis of schizophrenia and three-party interaction.* In D. D. Jackson(Ed.). Studies in Schizophrenia. New York : Basic Books.

Weighll, W. E., Buglass D.(1984). Weight change and Psychological State in Obese women. *Appetite. 5,* 95~102.

Widtocher, D.(1965). *L'interpretation des dessins d'entants* [The interpretation of children's drawings]. Brussels : Charlos Dessart.

Wilfley, D. & Rodin, J.(1995). Cultural Influences of Eating Disorders. In K. Brownell & C. Fairburn(Eds), *Eating Disorders and Obesity : A Comprehensive Handbook, London :* Guilford Press.

Williams, G. H. & Wood, M. M.(1977). *Developmental art therapy.* Baltimore: University Park Press.

Williams, J. N.(1940). Am interpretation of the drawings made by maladjusted children. *Virginia medical monthly. 67,* 533~588.

Willmuth, M. & Boedy, D.(1979). *The verbal diagnostic and art therapy combined* : An extended evaluation procedure with family groups. Art Psychotherapy, 6(1).

Winner, E.(1982). *Invested Worlds : The Psychology of the Arts*. Cambridge :Harvard University Press.

Winnicott, D. W.(1964). *Why children play.* In The Child, the Family and the Outside World. Middlesex, England : Penguin Books.

Winnicott, D. W.(1971). *Therapeutic Consultations in Child Psychiatry.* New York : Basic Books.

Wohl, A. & Kaufman, B.(1985). Silent screams and Hidden cries. New York.: Brunner /Mazel.

Wolff, W.(1946). *The personality of the pre-school child.* New York : Grune and stratton.

Worden, W. J.(1982). *Grief Counseling and Grief Therapy.* New York : Springer.

World Health Organization(1992). *The ICD-10 Classification of Mental And Diagnostic Guidelines.* Geneva : WHO.

Zeligs, R.(1974). Children's Experience with Death.. Springfield, IL : Charles C. Thomas.

Zuk, G. H.(1956). *The influence of social context on impulse and control tendencies in pre-adolescents.* Genetic Psychology Monography, 54.

Zuk, G. H.(1971). *Family therapy.* In J. Haley(Ed.). Changing Families : A Family Therapy Reader. New York : Grune & Stratton.

Zuk, G. H.(1978). Values and family therapy. Psychotherapy : *Theory. Research and Practice, 15*, 48~55.

Zuk, G. & Boszormenyi-Nagy, I.(1969). *Family Therapy and Disturbed Families.* Palo Alto, CA : Science & Behavior Books.

〈제2부 : 음악심리치료의 이해〉

김군자(1998). 음악치료의 이론과 실제, 서울 : 양서원.

김동수(2005). 음악치료 길라잡이, 서울 : 작은우리.

오선화(2004). 음악치료의 이해, 서울 : 홍익재.

이승현(1999). 음악치료가 자폐아동의 상호작용에 미치는 효과. 미간행 석사학위 논문, 이화여자대학교 교육대학원.

임영숙(2001). 간호중재로서의 음악치료, 서울 : 현문사.

임은희(1998). 음악치료의 이해와 실제, 서울 : 홍익재.

정현주 · 김동인(2005). 음악치료 놀이극, 서울 : 학지사.

정현주 외 공저(2006). 음악치료 기법과 모델, 서울 : 학지사.

정현주(2005). 음악치료학의 이해와 적용, 서울 : 이화여자대학교 출판부.

조형임(1999). 오르프 음악교육의 이론과 실제, 서울 : 학문사.

최병철(1999). 음악치료학, 서울 : 학지사.

최애나(2000). 음악치료가 정신질환자의 대인관계기술과 정신병적 행동에 미치는 영향. 미간행 석사학위 논문, 이화여자대학교 교육대학원.

Alvin, J.(1978). *Music Therapy for the autistic child.* London : Oxford University Press.

Boxill, E. H.(1984). *Music Therapy for the developmentally disabled.* Rockville, MD : Aspen Systems Corporation.

Brusia, K.(1987). *Defining music therapy*(2nd ed.). Gilsum, N. H. : Barcelona.

Gaston, E. T.(1968). *Music in Therapy.* NY : the MacMillan Company.

Findlay, E.(1971). *Rhythm and movement : Applications of Dalcroze Eurhythmics Secancus*, NJ : Summy Birchard.

Isenberg-Grzeda, C., goldberg, F. & Dvorkin, J.(2004). Psychodynamic Approach to Music Therapy In "Introduction to Approaches in Music Therapy(pp. 79~101) Ed. D. Alicia)." American Music Therapy association, Inc.

Kindermusik(1999). *Kindermusik Professional educator training.* greensboro, NC : Author.

Nordoff, P. & Rovvins, C.(1983). *Therapy in Music for Handicapped Children*, London : Victor Gillancz.

Orff, G.(1974). The Orff music therapy : *Active furtbering of the development of the child.* London : Schott.

Pasiali, P., De L'etoile, S. K. & tandy, K.(2004). *Kindermsik and Musik Therapy.* In A. Darrow(Ed.). introduction to approaches in music therapy(pp. 35~49). Silver spring, MD : American Music Therapy Association, Inc.

Sears, W. W.(1968). *The effect of music on muscle tonus.* In E. G. Gaston(Ed). Music Therapy 1957(pp. 199~205). Lawrence, KS : Allen Press.

Thaut, M. H.(1998). *Music therapy in neurological rehabilitation.* In W. B. Davis, K.E. Gfeller & M.H. Thaut(Eds.), An introduction to music therapy : Theory and Practice(2nd ed., pp. 221~247). McGraw-Hill College.

〈제3부 : 동작예술심리치료의 이해〉

김민예숙 역(2003). 정신통합-원리와 기법에 대한 편람. 울산 : 춘해대학 출판부.

류분순(2004). 춤동작 치료. 서울 : 학지사.

이부영(1998). 분석 심리학. 서울 : 일조각.

이정명 · 전미향 · 전태옥 역(2007). 인간중심 표현예술치료-창조적 연결. 서울 : 시그마 프레스.

이죽내(1995). 분석심리학적 정신치료. 현대상담심리치료의 이론과 실제(윤순임 외 14인, pp. 95~124). 서울 : 중앙적성출판사.

임용자(2005). 전체성 교육으로서의 오이리트미에 관한 연구. 미간행 발도로프교사자격 청구논문. (사)한국 슈타이너 교육 협회.

_____(2000). 발달 및 치유도구로서의 유리드미. 한국심리학회지: 상담 및 심리 치료 12, 2, 185~203.

_____(2004). 표현 예술의 이론과 실제~동작, 미술, 언어 표현의 통합적 접근. 서울 : 문음사.

임용자 · 김옥경 역(2007). 정신통합-펼쳐지는 자기(Self). 서울 : 하나의학사.

임용자 · 김용량 역(2002). 치유예술로서의 춤. 서울 : 물병자리.

임용자 · 나해숙 역(2003). 춤동작 치료와 심층 심리학-융 분석심리학적 접근에 의한 동작상상. 서울 : 물병자리.

정인석(1998). 트랜스퍼스날 심리학. 서울 : 대왕사.

Atkins, S., Adams, M., McKinny, C., McKinny, H., Rose, L., Wentworth, J., Woodworth, J. (2003). *Expressive therapy-creative process in art and life.* Boone. North Carolina: Parkway Publishers, Inc.

Behar-Horenstein, L. S. & Ganet-Sigel, J(1999). *The art and practice of dance/movement therapy.* Heights, MA: Pearson Custom Publishing.

Baker, E. & Nelson, A. (2001). Orgon therapy, in R. J. Corsini(Ed.) *Handbook of innovative therapy(462~472).* New York: John Wiley & Son, Inc.

Bernstein, P. L. (Ed. 1979). *Eight thoretical approaches in dance movement therapy.* Dubuque, Iowa: Kendal/Hunt Publishing Co.

Brown, M. Y. (2004). *The practice of psychosynthesis-unfolding self.* Los Angeles: Psychosynthesis Press.

Chodorow, J. (1997). *Jung on active imagination.* Princeton, New Jersey: Princeton University Press.

_____(1991). *Dance and depth psychology-moving imagination.* New York: Routledge

Costanis, M. N. (1978). *Therapy in motion.* The Board of Trustees of the University of

Illinois. Manufactured in USA

Crampton, M.(2001). Psychosynthesis. in R. J. Corsini(Eds.), *Handbook of innovative therapy(567~577).* New York: John Wiley & Sons. Inc.

Dosamantes-Beaudry, I.(2001). A psychoanalytically informed application of dance/movement therapy in D. J. Wiener(Ed.). *Beyond talk therapy using movement and expressive technique in clinical practice(245~262).* Washington, DC: American Psychological Association.

Duggan, D.(2001). Dance/movement therapy.(R. J. Corsini ed.), *Handbook of innovative therapy(146~154).* New York: John Wiley & Sons,

Feitis, R.(1978). *Ida Rolf talks: about Rolfing and physical reality.* New York: Harper & Row Publishers. Inc.

Green, B.(2001). Body therapies, in R. J. Corsini(Ed.) *Handbook of innovative therapy(58~66).* New York: John Wiley & Son, Inc.

Jahner, G.(2001). *Emboding change-the transformative power of expressive arts and ritual.* Unpublished Doctoral Dissertation, Union Institute Graduate School.

Halprin, A.(2000). *Dance as a healing art.* Mendocino, CA: LifeRhythm.

______(1979). *Movement ritual.* Kentfield, CA: Tamalpa Institute.

Halprin, D.(2003). *Expressive body in life, art and therapy-working with movement, metaphore and meaning.* Philadelphia: Jessica Kingsley Publishers.

______(1999). Living artfully: movement as an integrative process in S. K. Levine & E. G. Levine(Eds.). *Foundations of expressive arts therapy(133~249).* London & Philadephia:Jessica Kingsley Publishers.

Harlow, D. & Yu, T.(1992). *The ROM dance.* Madison,WT:St' Mary's Hospital Press.

Leibowitz, J. & Connington, B.(1990). *The Alexander technique.* New York: Harperperennial.

Levy, F. J.(1988). *Dance movement therapy-a healing art.* Reston, Virginia: The American Alliance for Health, Physical Education Recreation and Dance.

Loman, S.(1995). The case of Warren: a KMP approach to autism. in F. J. Levy, J. P. Fried & F. Leventhal(Eds.), *Dance and other expressive art therapies(213~224).* New York & London: Routledge.

Lowen, A.(1975). *Bioenergetics.* New York: Penguin Compass.

McConnell, J. A.(1988). *Effects of movement trainning on body awareness, self concept, and antisocial behavior in forensic psychiatric patients.* Unpublished Doctoral Dissertation, The Ohio State University.

Murphy, M.(1992). *Explorations into the further evolution of human nature.* New York:

Penguin Putnam Inc.

Murray-Lane(1995). Walls of addiction. in F. J. Levy, J. P. Fried & F. Leventhal(Eds.), *Dance and other expressive art therapies-when words are not enough(93~100).* New York & London: Routledge.

Nahm-Mijo, T.(1979). *Spirituality and physical movement: an inquiryinto human grpwth potential.* Unpublished Dotoral Dissertation, University of California.

Newham, P.(1999). *Using voice and movement in therapy.* London: Jessica Kingsley Publishers Ltd.

Payne, H.(1992). Introduction. in H. Payne(Ed.) *Dance movement therapy:theory and practice(1~17).* London & New York: Routledge.

______(2006). Introduction. in H. Payne(Ed.) *Dance movement therapy: theory, research and practice(1~16).* London & New York: Routledge.

Poplawski, T.(1998). *Eurythmy-rhythm, dance and soul.* NewYork: Anthroposophy Press Inc.

Ramsden, P.(1992). The action profile system of movement assement for self development. in H. Payne(Eds.), *Dance movement therapy: theory and practice(218~241).* London & New York: Routledge.

Reinemann, D.(1998). *ROM dance: a treatment for symptoms of depressin and anxiety in adult with mental retardation.* Unpublished Doctoral Dissertation, Northern Illinois University.

Richard, W. & Clara, W.(Trans.1989). *Me mories, dreams, reflections.* New York: Vintage Books.

Selye, H.(1976). *The stress of life.* New York: Mcgraw-Hill.

Stanton-Jones, K.(1992). *An introduction to dance movement therapy in psychiatry* .London & New York: Tavistock/Routledge.

Stopa, J.B.(1995). *The short-term effects of the range of motion dance program on the mood of individuals with depression.* Unpublished Masters Thesis, Rush University.

Totton, N.(1998). *The water in glass: body and mind in psychoanalysis.* London: Rebus.

(2003). *Body psychotherapy-An introduction.* Philadelphia: Open University Press.

Wagner, J. H.(1996). *Silent conversation for spectators: The development a performance aesthetic for the absolute dance.* Unpublished Doctor's Dissertation, Cornell University.

저자소개

이은진

군산대학교 미술학과 졸업
대구대학교 미술치료(석사), 특수교육학과 정서행동장애아 교육(박사)
전) 한일장신대학교, 우석대학교 겸임교수
　　원광대학교 동서보완의학대학원 예술치료학과 강의전담교수 역임
현) 대구대학교 특수교육재활과학연구소 연구교수

〈주요저서〉
미술치료(동문사, 2008)
자아성장 집단 미술치료가 발달장애아 부모의 양육스트레스
　및 모-자 상호작용에 미치는 영향(2005) 외 20여 편

최애나

서울대학교 음악대학 음악학사
이화여자대학교 음악치료 교육석사
한양대학교 아동심리치료학과 심리치료학박사

전) 원광대학교 동서보완의학대학원 예술치료학과 강의전담 교수
현) 배재대학교 심리철학과 교수
　　서울 음악치료교육연구소 소장
　　한국 예술심리치료학회 이사
　　음악치료 전문가, 예술치료 전문가

〈저서 및 논문〉
예술심리치료(창지사, 2008)
뷰티 테라피(군자출판사, 근간)
Group music intervention reduces aggression and improves self esteem
　　in children with highly aggressive behavior(SCI) 외 다수

임용자

연세대학교 교육대학원 상담 전공 석사
홍익대학교 대학원 상담심리 전공 박사
미국 Tamalpa Institute 표현예술치료사 과정 졸업
전) 광운대학교 정보복지대학원 심리치료학과 겸임교수
원광대학교 동서보완의학대학원 예술치료학과 강의교수
현) 대전대학교 보건스포츠대학원 예술치료학과 대우교수

〈저서 및 논문〉
역서) 인간관계론(문음사)
표현예술치료의 이론과 실제(문음사)
논문) 전체성 교육으로서의 오이리트미에 관한 연구
발달 및 치료도구로서의 교육예술 유리드미 외 다수

예술심리치료의 이해

초판 1쇄 발행 2008년 3월 5일
초판 2쇄 발행 2011년 1월 25일

지은이 | 이은진, 최애나, 임용자
펴낸이 | 김기섭
책임편집 | 최창숙
펴낸곳 | 창지사 www.changjisa.com
121-809 서울시 마포구 대흥동 161
전화 (02) 719-2211~3
팩스 (02) 701-9386
등록 | 1977년 4월 28일 · 제1-421호

ISBN 978-89-426-0466-1 93180

값 17,000원